언어는 본능이 아니다

이 도서의 국립중앙도서관 출판예정도서목록(CIP)은 서지정보유통지원시스템 홈페이지
(http://seoji.nl.go.kr)와 국가자료공동목록시스템(http://www.nl.go.kr/kolisnet)에서 이용하실 수
있습니다. CIP제어번호: CIP2020032569(양장), CIP2020032574(무선)

언어는 본능이 아니다

비비안 에반스Vyvyan Evans 지음 김형엽·원호혁 옮김

THE LANGUAGE MYTH:

Why Language Is Not an Instinct?

한울
아카데미

The Language Myth : Why Language Is Not an Instinct

by Vyvyan Evans

진실에 대항하는 결정적인 적敵이란

아주 가끔은 의도적이면서 교묘하고 부정한 거짓말이 아니라

오히려 끈질기면서도 설득적이고 현실성을 결여한 신화 같은 이야기로 볼 수 있다.

존 F. 케네디 John F. Kennedy

차례

감사의 글

일찍이 대학원 시절부터 이 저서 집필을 기획하기는 했지만, 좀 더 나은 내용으로 거듭나려면 경험 그리고 배움 등의 축적이 필요하지 않았을까 싶기도 하다. 그리고 특별히 저술에 착수하는 데 강력한 견인차 역할이 무엇이었는가를 돌아보면 바로 브라이튼 피어Brighton Pier 출신인 스테파니 푸르셀Stephanie Pourcel이 나에게 보여주었던 도전 그 자체였다고 할 수 있을 것이다. 지금으로부터 수년 전 그녀의 도전정신은 놈 촘스키Noam Chomsky 및 그의 추종자들과 밀접하게 연결되어 있던 '본능으로서의 언어'라는 이론이 왜 올바른 방향에 있지 못했는지를 설명하려는 시도에 분명하게 반영되어 있었다. 이 저서가 바로 그런 도전에 대한 나 자신의 응답이 아닐까 싶기도 하다. 또한 나는 이런 시도가 나 자신이 의도하는 목표에 부응하기를 충심으로 바라고 있다. 게다가 이런 작업을 바탕으로 언어란 과연 어떻게 작용하는 것이며, 언어가 인간 정신에 어떻게 연관되어 있고, 또한 이런 설명들이 언어로 하여금 인간에게 무슨 의미를 부여해주는지에 관해 과연 어떤 내용을 밝히는가를 설명해야 하는 좀 더 커다란 직무를 충실하게 수행하기를 희망한다.

수많은 동료들이 이 저서에 포함된 연구는 물론 집필 내용에 지원을 아끼지 않았다. 우선 벤 베르겐Ben Bergen, 앤디 클라크Andy Clark, 에바 다브로프스카Ewa Dabrowska, 아델 골드버그Adele Goldberg, 조지 레이코프George Lakoff, 이네케 메넨Ineke Mennen, 토라 텐브링크Thora Tenbrink, 마이크 토마셀로Mike Tomasello, 마크 터너Mark Turner, 마이크 휠러Mike Wheeler 등이 논리적 측면 혹은 특별한 조언이나 질문에 단순하게 답변해주는 과정 등에서 보여주었던 노고에 감사의 마음을 표하고 싶다. 또한 벤 앰브리지Ben Ambridge, 미하일로 안토비치Mihailo Antovic, 바스티엥 부토네Bastien Boutonnet, 비비언 마스트Vivien Mast, 스베토슬라브Svetoslave, 안토노바-바우만Antonova-Baumann, 앨런 월링턴Alan Wallington 등이 모든 장에 상세한 피드백을 보내준 것에 대하여 너무도 많은 신세를 지었음도 밝히는 바다. 특히 폴 이보츤Paul Ibbotson의 경우 그가 보여준 엄청난 노고를 언급하지 않을 수 없다. 폴은 엄청난 시간을 할애하는 희생을 감행하면서 저서의 초고 전체를 처음부터 끝까지 주저 없이 완벽하게 읽어준 장본인이었다. 그가 보여준 어마어마하면서도 광범위한 논평들은 저서 내용에 관련된 다양한 측면을 제시하는 데 큰 축을 형성하는 결정적인 대들보이기도 했다. 나는 그가 제시했던 여러 조언에 대하여 나 자신이 대응했던 방식뿐만 아니라 그 논평들을 저서 내용에 포함시킨 과정 등 모두에 대해 폴이 널리 양해해줄 것을 진심으로 바란다. 이와 더불어 케임브리지Cambridge 대학 출판부에 속한 익명의 검토 위원들이 제기했던 정말 세밀하면서도 참으로 도움이 컸던 조언들에 대해서도 심심한 사의를 표하고 싶다.

끝으로 케임브리지 대학 출판부 편집자 앤드류 위너드Andrew Winnard가 보내주었던 지원 및 배려에 감사의 뜻을 전하고 싶다. 앤드류로 말하자면 확고한 판단력과 효율성의 귀감이라고 할 수 있으며, 이 저서에 대하여 여러 측면에서 도움이 컸던 조언의 제공자이기도 하다. 나는 저술을 통해 앤드류가 배려했던 지원에 일말이나마 보답할 수 있기를 희망하는 바다.

나는 이 저서를 나의 박사학위 지도교수이면서 동료였고 공동저자이면서 절친한 벗이었던 안드레아 타일러Andrea Tyler에게 헌정하려고 한다. 수년간 앤드Ande와 나는 '활용으로서의 언어 이론'이라는 범주 속에서 서로 지식을 나누었던 상호 협력자였으며, 여기서 말하는 이론은 향후 본 저서에서 수없이 개진될 내용이기도 하다. 나는 그가 본 저서를 위한 두 사람의 공조 과정에서 내가 저자로서 맡은 바 역할의 완수 부분을 인정해주기를 바란다.

옮긴이의 글

이 책을 처음 대면하는 순간 놀라움을 금할 수 없었다. 바로 얼마 전 로버트 버윅Robert C. Berwick과 촘스키 두 학자가 저술했던 *Why Only Us: Language and Evolution*[국내에는 『왜 우리만이 언어를 사용하는가: 언어와 진화』(2018)로 출판되었다]을 번역하면서 인간의 언어와 본능 사이에 필연적 연관성이 존재한다는 주장을 소개했었기 때문이다. 이 책에 의하면 언어적 능력은 철저하게 선천적인 요소로 전제되어야 했고, 언어 현상에 관련된 부분은 모두 이 조건에 근거해서 설명되어야 했다. 이처럼 인간 언어가 다른 동물들의 의사소통 수단과 차이점을 갖는다는 사실은 바로 인간 두뇌의 진화적 발달과 밀접한 연관성에 토대를 두고 있었다. 이와 같은 두뇌 발달로 말미암아 인간은 진화 단계들을 겪으면서 자신에게만 유일하게 존재하는 언어를 소유할 수 있었다. 따라서 두 학자의 주장을 다시 살펴보면 인간 언어와 동물 의사소통을 완전히 별개로 분류하면서 인간 언어만의 독자적 특성에 초점을 맞춘 본능 중심 언어 이론을 피력했다고 정리해볼 수 있다.

그렇지만 이번에 마주한 이 책에서는 앞서 언급했던 언어 능력 부분이 철저하게 재분석되면서 전체 내용이 분쇄되어가는 과정을 정면에서 보지 않을 수 없었다. 먼저 언어의 시초를 설명할 때 인간의 유일성 및 독특성을 강조하는 데 초점을 맞추는 대신, 오히려 인간과 동물을 특정 집합의 동등 구성원들로서 관찰했고, 이를 바탕으로 언어와 동물의 의사소통을 수평 위치에 두면서 양쪽 대상이 상호 일맥상통할 수 있다는 관점에서 논점을 색다르게 제시했다. 즉, 인간과 동물을 동등하게 하나의 생명체 묶음 속에 둠으로써 인간을 동물 범주라는 큰 테두리의 한 요소로 재인식시켰고, 이를 토대로 언어의 특성들을 체계적으로 소개하고 있었다.

그리고 제기된 내용 중에서 눈여겨보아야 할 부분이 있다면, 바로 '본능으로서의 언어 이론'이 안고 있는 문제점을 명료하게 정리하고 총체적으로 망라했다는 것이다. 특히 여기서 말하는 '본능 중심의 언어 이론'은 촘스키 교수가 제창했던 언어학 이론 중 하나인 변형생성문법의 기초가 되었으며, 더불어 어떤 이유로 인간이 지금의 모습으로 언어를 소유하게 되었는가를 설명하는 데 핵심적인 모태가 되기도 했다. 그러나 이 책의 서술에 의하면 본능 중심의 이론적 관점이 비록 학계에서 상당한 관심의 대상이 되었던 것 또한 사실이었지만, 그와 같은 평가 뒷면에 본능 기반 이론이 언어 속성에 관련된 가설을 설정하면서 연관된 언어 자료에 대한 광범위한 검토 없이 서둘러서 주장을 펼치려 했다는 문제점을 분명하게 지적한다. 즉, 이론의 적용 과정에서 촘스키를 필두로 완성되었고 발전했던 언어학 모델이 실제로 언어 자체에 대한 포괄적이면서도 세밀한 연구·조사의 충분한 수행 결과가 되지 못했다. 비록 기존의 본능 중심 이론에 기초하여 세상의 언어들 사이에서 공통점을 찾을 수 있을지 모르지만, 가장 먼저 환기할 점이 있다면 언어들의 수가 알려진 바와 다르게 대단위라는 사실이다. 이 외에도 지금까지 알려진 언어들만으로 공통점을 논한다는 것이 아직은 범주 자체가 충분하게 평가되지 못한 채 수적으로 일부분에 국한된 환경에서 판단을 내린 결론에 불과할 수 있음을 간과하지 말아야 한다. 게다가 현재 세계에 분포된 언어들을 자세하게 관찰해보면 그들 내부에 엄청난 수준의 다양성이 포함되어 있음도 반드시 기억해야만 한다. 따라서 본능 중심의 언어학 모델에서는 이론 자체가 언어들의 수적 측면은 물론 다각적인 특징을 상세하게 살펴서 상황을 규명하고 설명하는 데 충분한 잠재성을 구비하고 있는가를 발견하기가 쉽지 않다. 그리고 아이들이 언어를 습득해나가는 단계적 발전 과정에 대한 설명 부분에서도 여전히 아주 많은 것들이 간과되고 있음을 확인할 수 있다. 그래서 이 부분에 대해서도 더 많은 연구를 확실하게 수행하면서 연구의 필요성 및 당위성을 심각하게 고려해야 한다.

이처럼 1950년대에 즈음해서 이후에 주류를 형성했던 본능 중심 이론으로부터 발생할 수 있는 논리적 문제점들을 지적하려는 시도는 이 책이 나오기 이전부터 전개되고 있었다. 이전의 이론 방식을 대신하면서 동시에 새로운 언어학적 방법론에서의 흐름을 대표하는 이론 방식으로 '활용 중심의 언어 이론'이 중요하게 거론되고 있다. 실제로 내용 속에서 제기된 수많은 증거와 그에 관한 분석을 보는 과정에서 '본능'보다는 '활용'이 중심이 되는 지점으로 방향을 전환하는 것이 이론적 우월성을 점할 수 있을 뿐만 아니라 이처럼 새롭게 방향을 갖춘 방법이 언어 상태와 함께 언어 특성을 훨씬 일반적이고도 일관성 있게 분석하는 길을 열어줄 수 있을 것이다. 이 책의 저자를 포함해서 언어학자 중 다수는 비록 고통을 수반하더라도 이전과 달리 인간이 언어를 습득하는 과정에서 아이가 부모 혹은 보모로부터 언어를 배우는 학습 과정 단계를 매우 중대한 사안으로 평가한다. 이 과정을 명료하게 규명하려는 차원에서도 앞서 언급했던 '활용으로서의 언어 이론'을 언어분석을 위한 핵심적 방법론으로 제안하고 있다.

앞서 제기한 언어 이론에 반하여 본능으로서의 언어 이론에 포함된 여러 종류의 오류를 지칭하려는 차원에서 원서 (및 번역서) 제목에 '신화Myth'라는 용어가 포함되어 있으며, 이는 기존 본능에 근거한 언어 이론 자체의 논리적 결점을 가리키려는 목표에 초점을 두고 있다. 그리고 신화가 의미하는 오류들은 그 하위 범주에 또 다른 신화로서 언어에 대한 논리적 설명에서의 오류들을 포함할 수 있다는 사실 또한 명심해야 할 것이다. 그렇다면 제목에 포함된 '신화'라는 용어의 진정한 의도는 무엇일까? 이 말의 목적은 바로 현재까지 언어학자들이 언어가 인간에게만 존재했던 유전적 요인으로 말미암아 지금의 언어 형태를 갖출 수 있었다는 논리에 대하여 논리적 문제점을 지적하면서, 본능에 기초한 언어 탄생 연관 주장의 논리적 모순점들을 여과없이 제시하려는 데 있다고 보아야 한다. 특히 '신화'라는 용어를 '그릇된 선입견'으로 해석한다면, 제목에 포함된 해당 용어 선택은 언어학자들이 일반인 사이에서 언어에 관하여 일말의 의심 없이 이전부터 알려졌던 사항들을 무조건 수용하는 태도의 문제점을 지적하려는 수단으로써 선택했다고 볼 수도 있지 않을까 싶다. 그렇다면 과연 '신화'라는 용어의 본래 의미를 확실하게 보여주는 경우는 무엇일까? 다음에 제시된 기존의 언어 관련 선입견 항목에서 선입견에 관련된 오류의 속성을 이해하는 과정을 통해 해당 용어의 본래 의미와 의도를 확실하게 파악할 수 있을 것이다.

첫째: 정치적 경계와 언어의 사용 경계에서 일치성이 가능하다.
둘째: 언어 평가에서 우월성을 반영한 상하 양분화가 가능하다.
셋째: 표현의 정확성 및 부정확성에 대한 가치 부여가 가능하다.
넷째: 언어에 따라서 논리적 혹은 비논리적 판단 부여가 가능하다.

가장 먼저 제시한 항목은 국가의 경계를 중심으로 언어의 종류를 분류할 수 있다고 생각하는 경향을 지적한다. 그러나 실제로 국경선과 언어 사이에는 완전한 일대일 상응 관계가 존재할 수 없다. 간단하게 영어를 놓고 상황을 살펴보면 바로 앞서 제기한 사안에 논리적 맹점을 어렵지 않게 확인할 수 있다. 즉, 영어는 영국, 미국은 물론 아프리카 대륙, 인도 대륙, 호주 대륙

등지에서 널리 공용어로서 위상을 갖고 있으며, 이를 토대로 영어의 활용 영역이 매우 광범위하다는 사실을 이해할 수 있다. 프랑스어의 경우에도 캐나다 동북부 퀘벡을 보면 이미 국가 경계를 넘었음을 알 수 있고, 심지어 캐나다는 언어를 기반으로 자치권을 추구한다. 이런 상황은 언어의 사용 경계가 정치적 경계와 일치한다는 믿음의 오류를 여실히 보여준다.

두 번째 항목은 언어학 연구에 심각한 방해가 되기도 한다. 일단 언어학 연구자들은 자신들이 연구하는 대상 모두를 수평 지점에 놓고 객관적으로 관찰하려고 최선을 다하고 있지만, 그들의 노력과 달리 일반인 사이에서는 지역에 따른 언어 간 우열을 믿는 성향이 매우 농후하다. 특히 근대 시대에 들어서면서 언어에 관한 연구가 주로 유럽 중심으로 수행되었고, 이를 바탕으로 시행된 연구들이 유럽에 초점을 맞춘 인구어印歐語 중심으로 제시되었기 때문에 상대적으로 관심 대상 밖에 놓여 있었던 아시아, 아프리카 지역의 언어에 대한 충분한 관찰 및 조사가 미비한 상황이었다. 따라서 서구 지역을 중심으로 활동하던 학자들이 자신들의 연구 대상 언어에 초점을 맞추면서 이외 지역 언어를 하위에 놓았음은 어느 정도 이해할 수 있지만, 순수 학문적 측면에서 별로 바람직한 현상으로 보기는 어려울 것이다.

세 번째 항목은 대부분 언어 교육 현장에서 교사들을 중심으로 나타나는 현상이기도 하다. 교사들은 학습자들을 상대로 언어를 교육하면서 항상 정확한 표현에 대하여 규칙을 강조하고, 반드시 해당 규칙을 준용하도록 지도하고 있다. 그렇지만 언어 활용에 대하여 표현의 실수를 지적하는 기준은 그렇게 간단히 규정되는 것이 아니다. 게다가 해당 표현을 실수라고 단정하는 것도 그렇게 간단한 일이 아니다. 언어에 관련된 역사적 관점에서 바라보면 현재 표현의 기준조차도 시간의 흐름과 함께 수시로 변화되었다는 사실을 확인할 수 있으며, 하나의 문장을 판단할 때 표준 언어에 대비하여 옳고 그름을 판단하는 것 자체가 무리일 수 있다. 때로는 사회적으로 수용되는 언어 표현 중에 표준 규칙에 어긋나지만, 여전히 있는 그대로 수용되는 예들을 얼마든지 확인할 수 있다. 'It's me'만 해도 앞서 말한 문제점을 그대로 반영한다고 볼 수 있다.

네 번째 항목은 언어의 논리성, 비논리성을 판단하는 기준에 문법적 표현 방식의 유무가 결정적인 역할을 하는 형태에 밀접하게 연관되어 있다. 예를 들어 영어, 독일어, 프랑스어 등은 모두 하나의 언어 그룹인 동일 어족語族에 속하지만, 독일어와 프랑스어에 포함된 문법적 성gender이 형용사, 명사의 일치 관계agreement를 보이는 반면 영어에는 유사한 문법적 기능이 존재하지 않는다. 즉, 독일어, 프랑스어에는 성의 차이를 보여줄 수 있는 형태소가 분포해 있어서 특정 품사의 용어 간 관계의 밀접성이 나타나지만, 이런 기능을 갖추지 못한 영어에서는 같은 결과를 기대할 수 없다. 따라서 이 점에 기초하여 독일어와 프랑스어가 영어보다 표현 방식에서 높은 수준의 논리성을 보인다는 주장이 있을 수 있다. 그러나 여기서 제기한 일치 관계 표현에서의 가능성만으로는 독일어, 프랑스어가 영어에 비교하여 더욱 논리적인 언어라고 간단하게 결론지을 수 없다.

위에서 제기한 항목들을 기반으로 이 책에 포함된 '신화'의 진정한 의미를 이해할 수 있다면, 결국 이 말을 통해 저자인 비비안 에반스Vyvyan Evans 박사가 인간이 특정 개념에 대하여 굳건하게 수용하고 추종했던 태도의 수정이 절대적으로 필요하다는 사실을 제기하려고 노력한 결심과 시도 과정을 어렵지 않게 이해할 수 있다. 최근까지 언어학계에서 널리 수용되었던 촘스키 교수의 '변형생성문법' 이론의 핵심을 형성한 본능의 관점에서 인간 언어의 탄생 및 진화 발달 과정을 설명하던 시도를 좀 더 객관적인 관점에서 조망하고 해당 이론이 여러 가지 문제점을 함유하고 있음을 주지하려는 노력의 효시로서 바로 '신화'라는 용어를 선택했다고 봐야 할 것이다. 이에 더하여 앞서 언급했듯이 논리적으로 본연의 취약점을 안고 있는 기존의 '본능으로서의 언어 이론'을 대신하는 차원에서 '활용으로서의 언어 이론'을 제시함으로써 앞으로 언어학 연구자들이 언어를 연구하면서 추구해야 할 방향성에서 재조정 노력이 심도 있게 고려되어야 함을 분명하게 제기한다.

역자로서 이 책을 번역하면서 경이와 보람의 양면성을 모두 가질 수 있었다. 앞서 언급한 설명에서와 같이 놀라움은 바로 기존의 언어 설명 방식에서의 엄청난 변화의 직접적인 경험 자체라고 할 수 있다. 보람은 바로 향후 언어학 분야에 몸을 담그려는 신진 학자들에게 언어의 탄생과 진화에 관해 또 다른 길을 보여줄 수 있는 문을 열었다는 나름의 결단이 아닐까 싶다.

이 책이 지금까지 모습을 갖출 수 있도록 같이 노력을 아끼지 않았던 공동 역자 원호혁에게 무한한 감사를 보내고 싶다. 연구를 수행하는 과정에서 항상 조언을 아끼지 않던 모습은 이전의 여러 논문의 완성에서는 물론 지금의 결과를 마주하는 순간에도 여실하게 마음에 남아 있다. 마음 깊이 간직하고 있는 그에 대한 고마움을 전하고 싶다. 그리고 원고의 수준 향상을 위해서 묵묵하게 전체 내용을 확인해준 이호범 학생에게도 이 자리를 빌려 심심한 감사의 마음을 전하고 싶다. 엄청난 시간과 노력이 들었음은 물론, 난관도 많은 작업이었지만 굴하지 않고 한마디 불평도 없이 항상 옆을 지켜주던 모습이 눈에 선하게 남아 있다. 끝으로 이 책을 번역하는 데 처음부터 마지막까지 전 과정에 도움을 아끼지 않은 출판사 관계자들에게도 깊은 감사를 전한다. 이 책의 선정 과정에서 작업에 착수할 수 있도록 용기를 북돋아 주었을 뿐만 아니라, 과업이 완성되는 최종 순간까지 격려의 말과 귀중한 조언을 보내주었다. 그것들이 마음속에 커다란 여운으로 남아 있으며, 지금 이 순간에도 뇌리에 강한 울림을 전해주고 있다.

일러두기

본문 중 괄호 안 •표식과 함께 쓰인 것은 옮긴이 설명입니다.

1

언어와 정신세계 다시 바라보기

Language and mind rethought

이 책은 언어 그 자체에 대한 내용뿐만 아니라 언어와 사고 그리고 정신 등과의 연관 관계도 함께 다룬다. 인간이 언어를 어떻게 습득하는가에 대한 이야기와 함께 여러 언어들이 어떤 이유로 음성, 어휘, 문법 등에서 차이점을 보이는지에 대한 내용도 포함한다. 언어는 인간 삶의 핵심이며, 논증적 관점에서 인간을 다른 생명체들과 확실하게 차별화시키는 문화적 도구라고 봐야 한다. 일부 설명을 따르자면 언어란 인간만의 독특한 요소라고 할 수 있는 예술, 종교, 과학 등의 발생 가능성을 열어주는 '특정한' 상징적 행위이기도 하다.[1] 미국 흑인 저자 토니 모리슨Toni Morrison은 자신의 노벨상 수상 연설에서 앞서 언급한 언어의 역할을 다음과 같이 언급하기도 했다. 즉, "우리는 불멸이 아니며 이것이 바로 삶에 의미를 부여하는 점이 아닐까 싶다. 우리는 언어를 사용하며, 이것은 바로 인간 삶의 척도일 수 있다.[2] 언어란 정말 엄청난 대상이 아닐 수 없다"라고 말이다.

이 저서에서는 지난 세기 중반 이래로 행동심리학 및 뇌 과학 분야에서 논의가 뜨거웠던 논쟁을 언급한다. 바로 인간이 언어 자체를 선천적으로 소유하는 것인지, 혹은 언어가 인간에게 널리 허용된 정신적 활용 기능과 능력 등을 토대로 사용하던 과정 속에서 나타나게 된 결과물인지에 대한 관점들이 여기에 해당한다. 최근까지의 경향을 보면 인간이 언어의 기초적 요인들을 기반으로 구성된 회로를 소유한 상태로 세상에 나온다는 입장에 초점이 맞춰져 있었지만, 시간이 흐르면서 이와 같은 주장은 확고한 기반을 조금씩 잃어가고 있었다.

그렇다면 언어의 선천성을 주장하는 견해가 지향하려는 목표는 과연 무엇일까? 분명한 것은 현대 인류 호모사피엔스Homo Sapience가 생물학적으로 볼 때 다른 동물들과 달리 언어를 습득할 수 있는 능력을 이미 갖고 있다는 점이다. 즉, 복잡한 구조의 분리된 그리고 분별적 단위로서의 특성을 갖춘 음성적 단위들을 생성하는 조음調音 능력을 진화시켰다고 볼 수 있다. 또한 인간은 이와 같은 음성들을 조절하고 생성할 수 있는 근육 구조를 갖추었으며, 더불어 해당 음성의 소리들을 적절하게 체계를 갖춘 연결 구조로 변화시킬 수 있게 하면서도 문법적으로도 제대로 형성된 문장들을 구축할 수 있도록 관련된 음성들의 연결 구조들을 효율적으로 기억하면서 아울러 되짚어낼 수 있는 능력을 소유하고 있다. 게다가 인간은 음성 연결 구조들을 인지하면서도 인식할 수 있도록 하는 통계적 처리 능력들도 소지하고 있다. 중요한 사실은 인간이 일종의 의도적 주체자이며, 이를 기반으로 음성 연결 구조들의 의미 연결성에 대한 인식과 해당 의미 내용을 해석할 수 있다는 점이다. 여기서 가장 중요한 요점은 비록 언어를 하나의 단순한 언어규약으로서의 언어적 관습에 불과하다고 볼 수도 있지만, 어떤 언어 집단이든 언어가 인간이 서로 복합적 생각들을 전달하고 상호 이해할 수 있도록 하는 길을 열어준다는 면에서 놀라울 정도로 '상호 유사한', 마치 '의기투합하는' 것 같은 모습을 보인다는 사실이다. 이 말을 되짚어 보면 영어에서 어휘 'cat'을 형성하는 소리 단위가 프랑스어French에서 'chat'이라는 철자 체계 단위, 힌디어Hindi에서 'billi'라는 철자 체계 단위 등과 같은 음성 분절음 소리 단위와 의미적으로 동일한 대상을 가리킨다는 사실에 대해 사람들이 서로 동의하는 상황을 말한다고 볼 수 있다.

전통적으로 알려진 지식에 의하면 인간이 앞서 언급한 언어를 위해 생리적으로 준비된 상태 이상으로 정신세계 범위 내부 어딘가에 축적된 문법 규칙(보편적 지식의 구조)의 집합체를 선천적으로 소유하고 있으며, 이런 능력에 의해 문법 자체를 별도의 노력 없이 습득할 수 있다는 주장이 제기되었다. 이런 생각은 7000여 가지의 세계 도처에 퍼져 있는 언어의 하부를 구성하는 문법이 실제로 동일할 수 있다는 가능성을 제시하는 것이다. 간략하게 정리해보면 인류 종족이 두뇌에 내재되어 있으면서 유전적인 암호 체계를 따르는 특수한 문법 부위를 스스로 진화시켰다고 말할 수 있을 것이다.

이와 같은 정리 내용은 때로 보편문법이라고 일컬어지기도 하는데, 이 용어의 핵심은 인간이 언어를 표현하는 외형적 형태가 어떤 다양한 모습이 출현해도 모든 언어는 결국 그 기저에서 동일성에 기초한다는 개념으로 귀결된다고 보는 데 있다. 어느 언어 학습자든 영어, 일본어, 스와힐리어Swahili, 통가어Tongan 등 언어라는 것을 배우려 시도할 때도 그 차이가 전혀 나타나지 않는다고 할 수 있다. 물론 이들 언어들을 보면 어휘에서 상당히 다른 모습을 보이기는 한다. 그리고 언어 각자는 일부 겹치는 부분이 없지는 않더라도 매우 다른 음성 집합 구성을 사용하는 것을 볼 수 있다. 그러나 이런 모든 사항의 저변에는 바로 인간 언어의 핵심적 요소들인 문법이 유전자DNA 내부에 마치 사전 기획처럼 포함되어 있음을 알아야 한다. 즉, 인간은 소유한 공통적인 유전적 유산으로 인해 언어를 생성할 수 있도록 하는 선천적 요인인 보편문법을 갖고 태어난다는 것이다. 마치 뇌, 간, 심장, 신장 등 인간에게만 특화된 개별적 신체기관들이 성장하듯이 언어도 발달한다고 볼 수 있다. 이 말은 인간 뇌 내부에서 성장하고, 어떤 다른 종에서도 찾을 수 없는 인간의 문법 구조라는 결과를 가리킨다. 그리고 무엇보다도 인간이 바로 자신의 종에 연관된 언어를 발달시키고 습득하는 능력 저변은 바로 태어나면서부터 소유하는 문법 지식이라는 특화된 사항에 달려 있음을 잊지 말아야 한다.

이 저서는 내가 포함시키려는 지식들의 범주로서 여기에 제기된 내용들은 언어에 대한 과학적 연구라고 일컫는 언어학 관점에 의거하여 전개된다. 언어학에는 본 저서에 제기된 분야 외에도 무수한 영역 및 하위 영역들이 포함되어 있기는 하지만, 내가 다음에 제시된 장들을 채택한 데에는 나름 특별한 이유가 있다. 객관적인 관찰을 중심으로 제기된 많은 증거들이 바로 앞에서 언급한 방향과 달리 언어가 선천적이지 않다는 사실을 밝히려는 데 초점을 맞추었기 때문이다.

간단히 정리해서 나는 다음과 같은 사안을 확인시키는 데 목적을 둔다고 할 수 있다. 즉, 인간 언어란 소위 '보편문법'이라는 인간 문법의 지식으로서 사전에 기획된 언어 특성으로부터 출현하는 것이 *아니다라는* 사안을 제기하려고 한다. 나의 주장은 언어가 인간 정신을 대변하면서 또한 인간 정신의 일반적인 특징이나 능력으로부터 성장하는 것임을 보이려는 데 있다. 여기서 말하는 인간 정신이란 특별히 인류 종에만 국한된 문화 지능을 가리킨다고 보면 된다. 그리고 언어가 인간 상호 개인 사이의 의사소통을 위한 친사회적 성향을 대변한다고도 볼 수 있다. 이런 개념을 토대로 인간이 유아기에 언어를 습득할 시기에는 주로 부모 혹은 보모 등으로부터 힘들게 말을 배우면서 습득 과정을 밟아가며, 이런 과정에서 수많은 오류를 범한다는 사실을 이해시키려고 애를 쓸 것이다. 언어란 단순하게 자동적 수단만으로 그리고 어떤 애씀의 흔적도 없이 나타날 수는 없다. 결국 언어란 우리 자신이 겪을 초기 입력 단계를 접하면서 이를 바탕으로 모국어를 구축하는 과정을 통해 최초로 출현한다고 봐야 한다. 더욱이 인간 유아들을, 앞으로 언급되기는 하겠지만, 언어의 학습 실행을 위해 빈손으로 태어난 빈 그릇처럼 바라보지 말아야 한다. 인간은 모국어를 능숙하게 습득할 수 있게 하는 일련의 다양한 일상적 학습 장치들을 갖추고 있다고 할 수 있다.

그렇지만 지금의 논의가 문제가 되는 이유가 무엇인지 궁금할 수도 있다. 또한 이런 의문에 관심을 가져야 하는 이유도 궁금할 수 있다. 분명한 것은 언어 연구가 또 다른 연구 분야들에 매우 중요한 요인이며, 이런 연구가 인간에게 언어가 의미하는 바가 무엇인지의 중심이 되면서도 아울러 인간 삶의 척도가 될 수 있다고 한다면 언어에 대한 정확한 이해는 나름 이유가 된다고 할 수 있을 것이다. 그리고 어떤 다른 요소들보다 언어의 중심적 역할 때문이라도 언어 자체를 정확하게 이해한다는 측면은 핵심적인 사안이 아닐 수 없다. 그 외에서 우리는 언어가 정신적 기능 그리고 사회적 생활 같은 측면에 어떻게 연계성을 갖는가에 대해서도 반드시 이해할 수 있어야만 한다. 또한 어쩌면 이런 사항 이상으로 언어가 인간성 자체를 규정하는 데도 하나의 지표가 될 수 있음을 알아야 한다. 만약 문호 셰익스피어Shakespeare가 언어를 통해 인간 마음을 창안 혹은 재창안하는 시도를 하지 않았다면 어떤 일이 벌어졌을까? 언어란 인간을 지구상의 다른 종들로부터 분리시키는 요인으로서 문화적 행태라는 패러다임의 예 이상이라고 봐야 한다. 인간 모두는 언어를 볼 때 인간의 본질을 이해하게 하면서 또한 인간의 정서적으로 감정 기복 등에 대한 분석을 가능하게 할 수 있다는 방식으로 언어에 관해 이미 결정되고 기정사실화된 관심을 갖고 있다. 다만 언어가 없다면 우리는 더 이상 인간일 수 없다는 측면에서 언어 자체를 당연한 것으로 받아들인다고 하더라도 언어에 대해서는 나름 관심을 갖고 바라봐야 한다.

그리고 바로 이어서 *정말로* 중요한 내용을 말하려고 한다. 나를 위시한 많은 전문 언어학자들이 보편문법, 즉 '언어 신화'라는 명칭의 시조라고 할 수 있는 언어적 관점을 이미 낡은 주장으로 여기고 있음에도 그 주장은 여전히 생명을 면면히 이어가고 있으며, *완전하게* 잘못된 오류를 포함하지만 여전히 살아서 움찔거린다. 나는 본 저서를 토대로 이와 같은 낡은 주장이 신화일 수밖에 없는 이유를 저술을 통해 보이고자 하며, 또한 그 이론의 실상이 무엇인지도 아울러 보이려고 한다. 그래서 이 저서는 모든 언어 사용자들은 물론 사고하는 연구자들 모두를 위한 사용설명서라고 할 수 있다. 이어서 본 저서가 전체적으로 언어 자체가 실제로 작용하는 방법을 합리적으로 조망할 수 있는 장을 열어주는 기회가 될 수 있기를 희망한다.

본 저서는 여러 광범위한 분야들이 내놓은 발견을 연구한 것이며, 여기에는 언어학, 심리학, 철학, 신경생물학, 영장류 동물학, 행동학(동물), 인지 인류학 등이 포함되어 있다. 1980년 중반 이래 제시되었던 이들 학문 분야의 발견은 인간 정신은 물론 언어의 속성 및 구조에 대해서뿐만 아니라 인간의 모국어들을 습득하는 방법에 관한 오랫동안 지속된 가정들을 돋보이게 했던 요인들이었다고 할 수 있다. 이 저서에서 나는 이제라도 그 모습을 보여주기 시작한 현실을 제시하려고 한다.

≈

언어학은 다른 분야에 비하면 꽤 최근의 학문 분야라고 할 수 있으며, 특히 과거로부터 널리 수용된 철학, 수사학 등을 감안하거나 혹은 최근의 과학 분야로서 천문학, 의학 등을 보더라도 그 역사가 매우 짧다고 볼 수 있다. 언어학의 시초 학자는 스위스 언어학자로서 1961년 『일반 언어학론 Course in General Linguistics』이라는 유고집의 당사자였던 소쉬르Ferdinand de Saussure를 생각할 수 있다. 그러나 20세기 중후반 대부분을 차지하던 시대정신은 언어를 일종의 본능으로 보려는 이성주의의 극명한 형태를 따랐고, 이런 추세는 비인간의 의사소통 형태로부터 완벽하게 박리된 사고를 갖고 있었다. 이와 같은 언어에 대한 신화에서는 모든 인간 언어가 인간의 선천적인 요소로서 인간 정신 깊은 곳에 위치한 보편성이라는 유일의 집합 구조에만 좌우된다고 생각했다.

이런 부류의 관점을 갖게 된 연유는 바로 실질적으로 아주 세밀한 연구조사가 수행되기 이전의 모든 경우에서 언어의 속성을 가정한 수많은 개념에 기인한다고 할 수 있다. 비록 우리가 바라볼 수 있는 세계의 언어들이 아직은 일부분에 멈춰 있기는 하지만, 현재 우리는 세계에 분포된 많은 언어 내부에 엄청나게 많은 다양성이 포함되어 있음을 인지하고 있다. 또한 아이들이 어떻게 언어를 습득하는가에 대해서도 아주 많은 것을 알고 있기도 하고, 이런 상황은 저자인 내가 이미 언어에 대한 신화라고 명명한 *본능으로서의 언어 이론*이 원래 1950년대 그리고 1960년대에 형성되었던 시점 훨씬 이전부터 전개되었다. 사실 이처럼 증거에서도 확실하게 나타나는 우월성은 나를 포함한 다수의 언어학자들을 언어가 아주 중요한 방식으로서 그리고 더 일반적이면서도 일반화가 가능한 인간 정신의 특성들을 반영한다는 아주 확고한 결론으로 유도한다. 더 중요한 사안은 비록 고통을 수반하기는 하지만 인간이 언어를 부모 그리고 보모들로부터 배운다는 사실이다. 이런 점을 쉽게 나타내려는 방식으로 *활용으로서의 언어 이론*을 제시하려고 한다. 이에 대조하여 본능으로서의 언어 이론은 일종의 신화적 개념일 뿐만 아니라 본능에 근거한 언어 이론 자체가 그 안에 포함된 하위 신화들로 구성되어 있음을 함께 설득하는 것이 바로 나의 목표다.

언어를 찬찬히 살펴보기

더 앞으로 나가기 전에 언어란 과연 무엇을 위한 것인지 그리고 어떻게 구성되어 있는지를 먼저 생각해보자. 언어는 인간 생활에 무엇보다도 중요한 요인이다. 매일 식료품점에서 식품을 살 때는 물론 직업을 구할 때나 표를 구입하기 위해서 그리고 전자메일을 작성하는 데도 언어를 사용한다. 물론 전화 통화나 상대방에게 잘 보이려는 목적으로 데이트에 초청하거나 청혼 그리고 결혼식 진행 또는 다툼을 하거나 이 상황을 수습할 때도 언어는 반드시 필요하다. 언어를 통해 친구를 사귀며 적을 만들기도 하고 하루 시간을 보내는 등 많을 일을 하곤 한다. 인간의 일상적 생활에서 언어는 큰 어려움 없이 생성, 이해 과정을 겪으며 이런 상황을 우리는 당연한 것으로 여긴다. 그렇지만 이와 같은 편안함 저변 단계에 엄청난 비율의 복잡함의 존재 여부도 동시에 알아야 한다. 우리는 전치사preposition: P의 부사 기원에 대한 사실이나 혹은 수동 및 직설법 사이의 차이점을 이해하지 못할 뿐 아니라 문장 내부에 이중 목적어를 취하는 구조가 무엇인지 알 수 없을지 모른다. 만약 영어에서 연어linking verb: BE를 활용시키는 방식이나 혹은 완료형에 대한 질문을 받더라도 대답하기 매우 곤란할 것이다. 세계 도처에서 영어를 사용하는 약 400만 명 이상의 사람들이 그러하듯이 우리 모두는 매일 수많은 횟수의 표현 속에서 활용형을 어렵지 않게 사용한다. 즉, 우리의 언어에 대한 지식이 외부적으로 명확하게 나타나기보다 암묵적으로 내재되어 있다고 할 수 있다. 만일 당신에게 외국인이 연어 등의 활용 방식을 문의한다면 영어 문법서의 도움을 받지 않고 정확하게 설명할 수 없을지도 모른다. 그렇지만 여전히 이런 어려움 속에서도 상대방에게 설명을 시도할 수는 있다. 우리 각자가 자신의 두뇌에 어떤 영문법 저서보다도 훨씬 경이로운 수준의 '정신적 문법'을 지녔기 때문이다. 정리하자면 모든 화자들이 'be' 동사를 제대로 사용하는 방법을 알기 위해 해당 동사가 언어라는 사실을 꼭 알아야 하는 것은 아니다.

음성언어는 비록 소리를 사용하지만 자체적으로 기호적 특성도 갖추면서 다음과 같은 사항으로 심각한 상황을 가져올 수도 있다. 즉, 인간 주변의 여러 형태의 문화 행태와 다르게 언어는 인구학적·사회경제학적·인종적 차이에 크게 구애를 받지 않는다는 사실이다.[3] 이 세상의 모든 사람들은 인지적으로 정상 능력을 갖춘 존재로서 언어 사용을 너무도 당연시 여길 정도로 수월하게 언어를 사용한다. 달리 보자면 언어 사용 부분에 대해서라면 빈부, 피부색이나 안구 색채와 하등 상관이 없음을 의미한다고 보면 된다. 인간은 최소 1년 정도의 기간 내에 한 가지 언어를 습득할 수 있도록 되어 있다. 물론 이 지구상에서 70억 명 이상의 사람들이 둘 이상의 언어를 사용하면서 성장한다고 볼 수도 있지만 말이다. 이런 상황에서 영어 사용 인구 내부에서 단일어 사용의 형태가 절대적인 기준이라고 보지 말아야 할 것이다. 그리고 인간을 볼 때 4세 정도까지는 정상적 성장을 보이는 아이가 마치 언어에 관해 천재와도 같이 여겨질 수도 있다. 그럼에도 불구하고 우리는 삶 전체를 통해 모국어를 '학습하는' 과정을 수행한다. 이와 같은 경우는 특히 인간이 구사하는 언어가 변모하고 진화하는 과정이 시대별로 볼 때 종종 시간적으로 상당히 단기간 범위에서도(인간의 수명을 비교적 짧은 시간으로 유추한다.) 발생한다는 이유에서도 비슷한 측면을 확인할 수 있을지 모르겠다.

일상에서 인간을 실질적으로 확인할 수 있는 상황에서 언어는 신속하고도 효율적인 표현을 가능하게 하며, 복잡 미묘한 사고를 암호화하면서 동시에 전송하는 탁월한 수단을 열어준다. 언어의 이와 같은 작용은 언어적 의사소통 저변을 형성하는 두 가지 핵심적 주요 기능을 충분히 만족시키는 가운데 이뤄진다.

첫째 기능은 바로 언어가 인간의 희망 사항, 감정, 선호, 혐오, 사고 등을 표현하는 가능성에 있다. 이와 같은 측면은 사고를 암호화하면서 동시에 외재화하는 것으로부터 달성된다. 이런 목적을 위해 언어에서는 상징표식이 사용된다. 여기서 상징표식이란 언어에서 의미를 포함하는 조각들로 볼 수 있다. 이런 조각들 속에는 여러 하위 단위들이 포함되며, 'uninterested'에서 'un-' 혹은 '-ed'와 같은 단어 내부 요소나 'walk', 'yesterday', 'knickers'와 같은 단어 자체, 또는 'behind the sofa'처럼 절을 형성하는 단어의 구성체 그리고 'she left her knickers behind the sofa'라는 문장을 구성하는 절의 집단 구성체들이 여기에 관련되어 있다.

영어나 다른 언어들을 형성하는 상징표식들은 형태 그리고 의미라는 양면적 특성을 보인다. 이 중 의미가 관습적 관점에서 형태들과 연관된 사고, 개념 등 자체를 가리키는 반면에 형태는 음성, 기록, 기호 등으로 구성되며, 특히 기호의 경우 영국 청각장애 공동체의 수화를 가리키는 영국 수화British Sign Language: BSL를 대표적 예로 볼 수 있다. 예를 들면 영어에서 'cat'이라는 단어는 /k/, /æ/, /t/ 등의 세 음소를 토대로 /kæt/이라는 연결체를 기술적으로 완성시키는 하부 분절음 구성요소들을 포함한다. 이처럼 소리로 표현된 구성체의 의미는 관습적 관점에서 이미 우리가 인지하는 고양이라는 개념에 연계성을 갖게 되며, 이런 개념에는 고양이를 상징하는 다리, 콧수염, 꼬리를 갖추고 동시에 특이한 울음소리를 내면서 특이하면서도 고양이다운 행동 양식 등을 보이는 내용들이 포함되어 있다고 볼 수 있다.

그렇지만 언어가 의사소통이라는 역할을 효과적으로 수행하기 위해서는 형태와 의미의 연계성만을 위한 기호들을 수용하는 것만으로는 충분하지 않다고 본다. 이미 언급한 사안 외에 앞서 지적했던 형태-의미 연계과정들은 바로 우리가 속한 사회 내부 구성원 속에서 인식되기도 하고 그들이 손쉽게 접근할 수 있는 요건을 갖춰야 한다. 무엇보다도 인간이 자신들의 생각을 전달하는 데 목적이 있다고 봐야 한다. 즉, 의사소통 목적을 가리키는 것이다. 따라서 의사소통에는 화자가 의중을 전송하는 과정과 함께 청자가 해당 전송 대상을 해독, 해석하는 과정이 포함되어 있다. 정리해보면 언어가 상징표식 기능 혹은 의사소통 기능을 충족시킨다고 볼 수 있다.

그러나 또 하나 알아야 할 점은 언어에서 상징표식으로 암호화를 거치도록 선택된 전달 사항이 항상 상호적 그리고 사회적 역할을 수행한다는 사실이다. 바로 언어의 두 번째 기능을 가리키는 말이기도 하다. 예를 들면 때로 세상을 의도한 바대로 변모시키려는 의도로 언어를 사용할 수 있다. 성직자 중 한 사람이 적절한 상황 속에서 여성과 남성을 가리켜 '이제 두 사람을 부부로 선언합니다'라고 말하면서 이미 결혼에 동의한 예비 신랑·신부에게 선포하면 이와 같은 표현은 아주 특별한 모습으로 세상을 변모시키게 된다. 선언이 공표되고 난 이후부터는 결혼 당사자들에게 법적·사회적·윤리적 상태가 더 이상 돌이킬 수 없는 단계로 접어들게 된다. 이처럼 새로 탄생한 부부는 선언 공표 이전과는 달리 상대방에게 의무 및 잠재적인 요구를 할 수 있는 자격을 갖게 된다. 일부 국가에서는 둘 사이의 세무 상태에도 변화가 일어난다. 정리하자면 언어란 실질적으로 세상에서 결과를 도출하는 '행위 작용'을 수행할 수 있다고 볼 수 있다.

그러나 앞서 들었던 예와 달리 언어를 통해 세상의 여러 면을 변화시키기 위해 반드시 성직자, 수상 혹은 군주여야만 하는 것은 아니다. 예로서 'Shut that door on the way out!(나가면서 문 좀 닫아!)'라는 일상의 표현조차도 언어를 통해 이뤄지는 행동의 일종이 되기도 한다. 이런 상황에서는 언어가 우리에게 완전한 평등을 부여해준다고 볼 수 있다. 즉, 우리 모두가 앞서 제기한 표현을 말할 수 있기 때문이다. 이런 표현은 누군가로 하여금 무엇인가를 하도록 유도하는 시도이며 이를 기초로 세상을 말하는 사람의 의중, 의도에 맞게 변모시킬 수 있다.

또한 언어가 기능으로서 상호성을 만족시킨다는 사실은 인간으로 하여금 세상에서 각자의 사고와 발견을 표현하는 가능성을 열어주기도 한다. 여러 표현 중 '테러리스트' 그리고 '자유의 투사'라는 말들은 동일한 사람을 가리킬 수 있으며, 동일인에 대한 이와 같은 차별화된 표현은 보는 사람들의 개별적 관점의 방향들과 논점의 안건들에 따라 달라지기도 한다. 언어를 사용하면서 '대테러 전쟁' 혹은 동일한 대응 방식을 낙태에 적용시키면서 '낙태 합법화 반대'라고 명명하는 것 등은 단순한 말장난 이상일 수도 있다. 언어는 자체의 표현들과 함께 사고의 체계들을 같이 포함하거나 때로 특정 문제점을 재구성하고 이런 구성 과정은 때로 긍정적으로 때로 부정적으로 받아들여지기도 한다.[4] 이처럼 언어가 마치 장착된 무기처럼 표현되기도 한다. 즉, 언어 자체가 바로 실세계의 결과를 가져올 수 있다는 말이다.[5]

언어는 단어로부터 선택된 결과를 토대로 인간으로 하여금 상호 영향을 끼치게 하는 방법이나 다른 이들로 하여금 감정을 느끼게 하는 역할을 수행할 수 있다. 'Shut up!(입 닥쳐!)' 혹은 '당신 말을 끊어서 정말 미안하군요'처럼 서로 상반되는 표현들이 명시적으로 같은 뜻을 전하지만, 듣는 사람에게 아주 다른 행동을 끌어낼 수 있다. 그 이유는 다른 사람에게 제시하는 방법이 대부분 언어를 통하는 데 원인이 있다고 보기 때문이다. 인간 자신이 사용하려고 선택하는 언어 속성이 결국 청자에 대한 화자의 태도와 함께 화자 자신 및 화자 스스로가 처한 상황에 관련된 정보를 표시한다고 볼 수 있다.

나는 이미 언어의 핵심 열쇠가 바로 상호작용이라고 제언했다. 예를 들면 언어의 사용은 남을 헐뜯는다든지, 누군가를 알아간다든지, 사업을 수행한다든지, 상점에서 물건을 구입한다든지, 인간 남녀가 서로에게 매력적으로 보이려 한다든지, 영원한 사랑을 맹세한다든지 등을 잘 반영한다. 하지만 정확하게는 우리가 사회 기능만을 시행하려는 목적에서 과연 언어를 사용하는 것인가? 이 점에 대해서는 인간이 서로를 이해시키려는 목적을 쟁취하기 위해 문화적으로 인정될 수 있는 여러 활동에 참여를 바탕으로 언어를 사용한다고 생각한다. 게다가 언어 사용은 앞서 언급한 여러 활동의 연합 '안에서' 발생하며, 사실 이런 과정을 염두에 두지 않는 언어 사용은 절대로 불가능하다고 봐야 한다.

예를 들자면 당신이 존 웨인John Wayne의 카우보이 장화를 사려고 신발 상점에 갔다고 상상해보자. 일단 상점에서는 물건을 파는 점원이 당신에게 다가갈 것이고, 도움이 필요한지 확인할 것이며, 당신의 발 치수를 확인하고, 크기가 맞는 신발을 창고에서 가져와 잘 맞는지 확인하고는 가격을 흥정하고 신발을 상자에 넣고 포장하는 등의 점원과의 상호작용을 거치게 될 것이다. 이런 서비스들과의 조우가 바로 문화적으로 인정된 연합 활동의 예인 것이다. 그리고 이에 대한 핵심은 언어의 사용이 바라던 결과를 완성하는 데 목적을 둔다는 사실이다. 즉, 장화의 구입을 가리킨다.

그렇지만 이런 종류의 서비스 조우 과정 단계들이 이행되는 동안 언어 사용과 더불어 해당 과정들을 겪으면서 해당되는 사람들이 과연 어떤 과정까지 이르렀는지를 확인하기 위해서 우리는 현재 상황이 어찌 돌아가고 있는가를 정신적으로 표현하기 위한 수단을 구체적으로 구축해야만 한다. 여기에는 언어로부터 수용되는 정보뿐만 아니라 당신이 신발을 신어보려고 할 때 점원이 창고에서 원하는 색이 아닌 신발을 가져오거나 장화가 너무 작아서 기분 나쁜 상태를 알아차리게 하는 상황 등이 모두 포함되어야 한다. 이런 연합적 행위들이 진행되면서 축적되는 정보는 언어 사용인 대화 속에서 그리고 우리 자신이 처한 연속적이면서 시시각각으로 변화는 상황들로부터 점점 채워져가는 모습을 보여준다.

≈

이제부터는 단어들이 상징표식으로 구축되어 있다는 사실, 즉 형태-의미 연결체 구성에 대해 돌아보려고 한다. 언어는 기호의 사용을 지지해주는 광범위하면서 다양한 종류의 지식들을 포함한다. 이 중 하나의 지식이 특정한 언어를 형성하는 개별화된 소리들과 연관성을 갖게 되며, 이 음성들이 한 구성체로 조합하도록 규정하는 규칙들도 이에 관련되어 있다. 인간이 발음할 수 있는 음성 자체의 숫자는 일정하게 제한되어 있기는 하지만, 언어에 따라서는 해당 언어를 구성하기 위해서 단어를 구성하면서 음성 집합에서 다른 요소들을 선택하기도 한다. 바로 프랑스 화자가 영어에서의 'th' 발음을 하지 못하고, 중국어 화자가 'fried rice'를 발음할 때 'r' 발음을 제대로 하지 못해 'flied lice'가 되는 이유가 여기에 있는 것이다. 실제로 영어 화자는 종종 외국어를 발음할 때 똑같이 어리숙한 발음 상태를 보이기도 한다. 마치 이전에 내가 프랑스어를 헤맸던 경험에서 같은 상황을 확인할 수 있을 것이다. 간단하게 보면 상당한 수의 프랑스어 발음들은 영어에서는 찾을 수 없기 때문일 것이다.

표준 영어는 12개의 단순모음으로 구성되어 있다. 'pit'에서 /ɪ/, 'pet'에서 /e/ 등이 바로 이에 해당된다. 이에 더해 2개의 연속모음 구조인 이중모음이 8개 존재하며, 'day'에서 /eɪ/가 바로 여기에 속한다. 영어에는 또한 24개의 자음이 있으며, 'zip'의 /z/, 'ring'의 /ŋ/등이 해당된다. 이런 구성을 모두 합치면 영어에서 단어를 형성하는 데 사용되는 음성은 모두 44개에 달하며, 이는 영국식 표준 영어British Received Pronunciation: RP 발음을 기준으로 한다. 이와 같은 총괄 숫자는 영어 자체를 형성하는 26개의 철자를 감안하면 정말 놀라운 일이 아닐 수 없다. 그렇지만 이전에 와트T. S. Watt에 의해 수차례 밝혀진 바 있듯이 영어 철자 체계는 이미 악명 높을 정도로 신뢰를 잃었다.

나는 tough(f), bough(•묵음), cough(f) dough(•묵음)로부터
이미 잘 알고 있지 않았을까?

hiccough(f), thorough(•묵음), slough(•묵음), through(•묵음)에 대하여
다른 이들은 어쩔 줄 몰라 했지만 너만은 아니었어.
정말 잘 했구나! 그리고 이제 네가 어쩌면
훨씬 알기 어려운 난제들을 배우고 싶기는 한지?
heard(ə)에 매우 신중해야만 해 다음과 같은 끔찍한 단어,
즉 보기에는 beard(ɪə) 같지만, bird(ə)와 같이 발음되는 것을.
그리고 dead가 있어, 말할 때는 bed(e)처럼 bead(i)와 다르게 말이야.
부디 그 단어를 'deed'(i)로는 부르지 말아줘!
그리고 meat(i), great(eɪ), threat(e) 등에 조심하기 바라네.
(이들은 각자 suite(it), straight(eɪt), debt(et)와 같은 각운을 따르네요.)[6)]

두 번째 유형의 지식은 단어의 구조에 대한 것이다. 우리 각자는 본능적으로 단순한 구조의 단어가 모여서 복잡한 단어들을 구성한다는 것을 잘 알고 있다. 이때 최종 단어의 의미는 부분 구조의 의미를 종합하여 구성된다. 'teaching(가르치기)', 'teacher(교사)', 'teachable(가르칠 수 있는)' 등에서 서로의 차이점을 알아차릴 수 있다. 선생님은 가르치기를 실행하는 사람을 가리키지만, 이에 반해 가르침을 받는 사람은 가르칠 수 있는 (혹은 그와 다른) 이라고 말할 수 있을 것이다. 이들 예를 보면 영어 어간 'teach'에 해당 의미를 도출하기 위해 접미사 '-er', '-ing', '-able' 등이 첨가된 것을 알 수 있다. 일단 'teacher'라는 구조로부터 가르치는 행위를 하는 사람임을 알 수는 있어도 이와 같은 의미가 '-er'에 의한 것일지라도 유사한 의미를 생성한다는 목적만으로 닥치는 대로 해당 접미사를 첨가해서는 안 될 것이다. 단어에 따라 원하는 의미가 나오지 않을 수 있다. 예로 'villager(마을 사람)'의 경우 단어 내부 마지막 부분으로 인하여 'villages(마을)'하는 사람을 가리키지 않으며, 'bestseller(베스트셀러)'가 'bestsells(잘 판다)'을 수행하는 사람이 아니기 때문

이다. 실제로 'bestseller'는 사람을 가리키지 않는다.

또 다른 유형의 지식은 단어 및 다른 언어학적 표현들에 관련된 의미 영역에 관련되어 있다. 이런 종류의 지식은 예를 들어 책상 위에 놓인 사전 등에 제시된 간략하게 정리된 정의와도 같은 종류만을 지칭하는 것은 아니다. 인간이 뇌 내부에 간직하는 단어들에 연관된 의미들은 어쩌면 백과사전에 가깝다고 볼 수 있다. 사실 이런 지식은 보통 백과사전 지식이라고 명명되기도 한다. 예를 들어서 'open a book', 'open your briefcase', 'open the curtains', 'open your mouth', 'open her blouse' 등의 구절에 포함된 단어 'open'의 의미를 이해하기 위해 모든 사항을 인지하고 있다고 생각해보기로 하자. 이처럼 해당 구절들을 이해하기 위해 당신 두뇌 속에 축적된 지식에 접근하려면 여러 종류의 대상이 'opened'를 거쳐야 하는 상황들이 무엇인지에 대하여 해당 범주에 관한 지식을 전부 소유해야 한다. 무엇보다도 서류가방, 입(구강), 블라우스 등처럼 '담는 용기'에 해당하면서 열리는 부분에서 서로 다른 형태와 열 때도 서로 방식 및 목적에서 차이점이 있다는 사안 등을 감안해 이들 대상물들에게 동사 'open'을 적용시킬 수 있다. 단지 서적이 과연 용기로 볼 수 있는지 그리고 커튼을 열듯이 개방시키는 유형의 용기가 존재하는지에 대하여 분명하지 않은 점들이 있을 수 있다. 전통적으로는 'open'이 은행 계좌 '개설opening'처럼 아주 다른 상황에서 아주 다르게 사용되는 데 관련되기도 한다. 우리 뇌 속에 들어 있는 단어 의미들은 결코 사전 정도의 협소하고 딱딱 떨어지기만 하는 정의와는 아주 다른 존재라는 점을 알아야 한다. 차라리 이와 같은 의미들의 적용 여부는 'open'이 적용되는 대상 및 환경을 감안해야 하며, 열기라는 행위가 적용되는 방법 그리고 '열기'가 발생해야 하는 목적에 부합해야 한다고 봐야 한다. 자, 이제 열기라는 측면에서 당신이 그 속에서 무슨 대상물들을 찾으려 하며, '열기'에 관련된 이유가 무엇인가에 의거하여 당신이 블라우스 그리고 서류가방을 연다는 행위를 어떻게 착수하는가를 생각해보기로 하자.

또 다른 종류의 지식은 무한 수의 새로운 문장을 구성하기 위해 규칙적인 패턴에 기초하여 단어들을 조합시키는 능력에 연계되어 있다. 그리고 인간은 이런 지식을 이용해 영어 문장 구조를 생성하며 이런 지식은 인간 내부에 존재하는 추상적인 규칙이라는 지식으로 보관되어 있다. 이들 지식 중 일부는 단어 순서를 결정하는 데 관련되어 있기도 하다. 인간은 본능적으로 다음 문장 'The window cleaner nervously kissed the supermodel(창문닦이가 긴장한 채로 슈퍼모델에게 키스를 했다)'에서 창문닦이가 슈퍼모델에게 키스 행위를 했음을 잘 알 수 있다. 그렇지만 만약 이 문장이 'The supermodel confidently kissed the window cleaner(슈퍼모델이 당당하게 창문닦이에게 키스를 했다)'처럼 순서를 재구성하는 경우 '키스 수행자' 그리고 '키스 수령자'의 역할에 차이가 발생하게 된다. 언어를 이해한다는 사실은 누구든 부분적으로나마 문장에서 단어들이 위치하는 상태에 관한 지식을 알고 있음을 가리킨다. 무엇보다도 위의 예에서 창문닦이 그리고 슈퍼모델의 키스에 연관된 역학은 순서에 따라 차이를 갖게 된다. 물론 다른 언어들은 엄청난 방식으로 차이를 보이기도 한다. 예를 들어 헝가리어에는 고정된 단어 순서가 아예 존재하지 않는다. 언어 각각은 방금 말한 것과 같은 관습적 요인들로 가득한 독특한 체계로 나타날 수 있다.

이에 더해 인간은 언어의 핵심적 요인으로 볼 수 있는 숙어라는 요소들을 소유하며, 이 표현들은 종종 학습자들에게 많은 오해를 불러일으킨다. 예를 들어 영어에서 'sleep tight, sleep soundly, sleep deeply(푹 주무세요)' 등을 볼 때 마침 'sleep wide'라고 하면 문제가 발생할 수도 있다. 'to bend over backwards'가 조금 이상하게 보여도 아주 열심히 노력하다를 의미하며, 'to jump down someone's throat(한마디도 못하게 눌러버리다)'는 주어진 단어의 구성과는 다르게 별도의 의미를 가리킨다. 그리고 'to kick the bucket'은 '죽다'를 의미하며, 이 중 한 단어만 바꾸더라도 완전히 다른 뜻이 된다. 이에 관련된 예로 'to kick the mop'은 어쩌면 죽음보다는 차라리 아주 참담한 심정의 건물 관리인을 지칭한다고 볼 수 있을지 모른다.

마지막으로 언급하려는 내용으로서 맥락 상황 처리의 단서라고 여길 수 있는 것에 관련된 사항을 다루려고 한다. 여기에는 우리가 이야기를 할 때 수반되는 제스처, 얼굴 표정, 발음 속에서의 강세, 억양, 음높이 등과 같은 특성에 관련된 단서들이 연관되어 있다. 예를 들면 발화의 음높이의 오르내림은 발화 내용 자체를 의문문으로 받아들이는지 평서문으로 받아들이는지 결정해줄 수 있다. 게다가 제대로 조절된 멈춤 혹은 직시하는 형태 등은 의미를 표식하기에 아주 효율적인 수단이 되기도 한다. 예로서 저널리스트 마리나 하이드Marina Hyde는 자신의 글 「더 가디언The Guardian」에서 토니 블레어Tony Blair가 한때 두렵게 여기던 공보비서관 '앨리스터 캠벨Alistair Campbell'은 의견 개진 수단으로 표정만 지음으로써 표현을 대신했다고 말했다. 그 표정이란 바로 '내게 시간만 있다면 당신을 끝까지 쫓아가고 싶군요'를 가리키는 것이었다.7)

신화 그리고 현실

나는 본 저서에서 본능으로서의 언어 이론에 연관된 수많은 신화들을 제시하려고 한다. 최근의 지식을 받아들인다는 전제하에 이와 같은 요인들을 좀 더 이치에 들어맞는 실제 상황들과 대별시키려고 한다. 여기서 말하는 실제 상황들은 완전히 다른 이론 체계로서, 즉 활용으로서의 언어를 가리킨다. 제2장을 필두로 각 장들은 신화적 이야기란 무엇인지를 간략하게 정리하는 부분으로 시작될 것이며, 따라서 실제 상황이 본래 있어야 할 위치로부터 멀리 떨어지게 된 원인에 대한 이유를 제시할 것이다. 핵심이 될 요점은 바로 부분적이라도 실제 상황을 지지하는 증거를 토대로 신화적 상황을 타파하고자 하는 것이다. 그렇게 하면서 현재의 연구가 언어의 속성, 언어의 기능, 언어의 구성 등을 밝히면서 언어가 어떻게 학습되고, 언어 자체가 인간 정신의 기본적 측면들을 반영하는 방식들을 밝혀 보이려는 데 목적을 두고자 한다.

이런 관점 속에서 적절한 질문을 생각해보면 '신화'가 지칭하려는 의미가 정확히 무엇일까? 아닐까 싶다. 그리고 이와 동등하게 '실제 상황'이란 과연 무엇을 의미하는가? 등이 있을 수 있다. 내가 의도하는 것은 신화란 언어, 정신 등에 연계되어 발견한 실제 결과들이 상당히 기괴한 모습으로 나타나는 언어학적 현상으로서 결국 증명이 불가능한 설명 그 자체를 가리킨다. 바로 신화란 우리가 직접 관찰한 현상을 설명하려는 최고의 추정 시도를 가리킬 수도 있다. 거기에 더해서 어떤 것이든 신화로 만든다는 것이 언어를 이해한다는 접근을 상당 부분 추측에 불과한 결과로 보는 방식에 관련되어 있다고 할 수 있다. 예를 들어 본능으로서의 언어 이론의 저변은 미국에서 저명한 (혹은 반대로 인지도가 전혀 없는) 촘스키가 1950~1960년대에 걸쳐 제시한 주장으로부터 기원을 찾을 수 있다. 촘스키는 언어의 속성에 관해 수많은 관찰을 수행했고 이를 토대로 언어의 발생은 엄청난 노력의 결과가 아니며, 인간 모두가 언어를 습득하는 능력을 지니고 있어 언어는 단지 인간 정신에서만 성장할 뿐 다른 종에서는 절대 찾을 수 없다는 주장을 피력하면서 인간에게만 고유한 보편문법이 존재한다고 주장했다. 즉, 이런 관점은 언어가 본능이라고 보는 관점으로 정리할 수 있다.

그러나 독자 중 몇 명은 본능으로서의 언어 이론이 실질적인 발견을 통하지 못한다는 사실을 알게 됨으로써 상당한 충격을 받을 수 있다. 앞서 언급한 주장은 어린아이들이 언어를 습득하면서 보여주는 현상을 상세하게 관찰하는 과정 없이 펼쳐졌다. 이 주장이 출현한 지 50여 년이 지난 지금에도 촘스키 및 동료들의 연구가 진행 중이기는 하지만 본능으로서의 언어 이론이라는 주장을 실체화하는 데 충분한 결과를 보이지 못했다. 촘스키 논점들은 사실 꽤 논리적이기는 하지만, 이것은 촘스키 자신(그리고 동료들)에게만 너무도 자명한 사실에 불과할 뿐 증거 자체가 요구되는 사안이 아니라는 점을 명심해야 한다. 그리고 신화들은 대부분 증거 자체를 요구하지 않기 때문에 믿거나 말거나 방식으로 치우칠 수 있다. 이 말의 의미는 신화를 다시 살펴보면 제례적 과정에서 다시금 구성된 이야기로서 근본적으로 그럴듯하면서도 제도화된 의례적 특성을 보이고 있어서 '진실'이라는 측면에서 본다면 엄청난 악몽이 아닐 수 없다. 훌륭한 이론은 궁극적으로 증거라는 형태를 통해 옳고 그름을 가늠하는 속에서 실제 상황이 확실히 자리를 잡고 있다고 믿음을 주는 것이다. 또한 훌륭한 이론은 최소의 원칙 안에서 옳지 않다고 증명할 방식을 포함해야 한다.[8] 과학적 발견이 여기에 따르는 것처럼 훌륭한 이론은 나의 희망대로 본능으로서의 언어 이론을 주장하는 것을 아주 난감한 상황으로 전환시킬 것이다.

이와는 대조적으로 실질 상황이란 언어 현상에 관련된 상세한 관찰, 데이터 수집 그리고 분석 등에 의거한 설명으로 구성되어 있다. 달리 말하자면 본 저서에서 묘사하려는 실제 상황이란 단지 홀로 앉아서 상상하듯이 추측만을 좇기보다는 사실의 발견과 그 과정에 근거한 분석들을 따르는 것을 가리킨다.

여기서 내가 제시하려는 신화들 그리고 실제 상황들은 언어 및 정신에 대한 연구에서 불꽃 튀는 질문 중 몇 가지에 초점을 맞춘다. 일단 다음 질문이 여기에 속한다고 볼 수 있다.

인간의 언어는 동물들의 의사소통 체계와 연관성이 없을까?

신화적 관점에서 본다면 언어는 인간 전유물이며 인간에게만 존재한다. 그리고 언어는 비인간적 존재 사이에서 찾을 수 있는 그 무엇에도 견줄 수 없으며, 결과적으로 비인간 존재의 의사소통 능력과 어떤 연관성도 찾을 수 없다. 따라서 신화는 인간 언어와 다른 종들의 의사소통 체계 사이에 엄청난 분리선이 있다는 주장을 강력하게 제시한다. 좀 더 일반적으로 보자면 언어 자체가 인간을 다른 종으로부터 분리시키는 분기점이라고 볼 수 있다. 그렇지만 최근 들어 유인원에서 고래 그리고 긴꼬리원숭이vervet에서 찌르레기에 이르기까지 여러 종에 관련된 의사소통의 발견에 의하면 언어로 인간과 동물 사이에 넘을 수 없는 계곡을 운운하는 견해 자체가 너무 과장된 표현이 아닐까 싶기도 하다. 사실은 인간 언어가 보여주는 여러 특성들이 그 수준에서 다양한 차이가 있기는 하지만 동물들의 의사소통 체계 속에서 발견되기도 한다. 요점을 짚어본다면 인간 언어 자체가 특별하다는 점을 더욱 확실하게 이해하기 위해서는 때로는 언어가 다른 종들의 의사소통 체계에 어떻게 관련되어 있고, 이들 체계로부터 어떻게 유래된 것인지를 확인하는 노력이 있어야 한다고 본다. 이런 노력은 비록 인간과 질적인 차이점을 보일지라도 궁극적으로 비인간 의사소통 체계들에 연관되어 있다는 점을 제안한다고 볼 수 있다. 또 다른 질문은 다음과 같다.

언어 보편성이란 존재하는 것일까?

본능으로서의 언어 이론을 따르자면 인간 유아들은 언어를 학습하기 위한 사전 장비를 갖춘 채 세상에 나온다고 한다. 언어 자체가 큰 노력 없이도 자동적으로 출현하게 된다는 것이다. 또한 인간은 보편문법을 가지고 태어나기 때문이라고 본다. 여기서 보편문법이란 언어 전체가 공유하는 문법적 특성에 해당하는 보편적 존재를 가리키며, 이와 같은 보편성들은 사전적으로 특화된 목록이라고 간주할 수 있다. 더욱이 모든 언어들은 전체가 보편문법으로부터 출발한다고 알려져 있기 때문에 특정 언어 하나만으로도 보편문법의 내부 구조를 밝혀낼 수 있다. 달리 말하면 언어들은 각자 다른 소리체계 및 어휘들로 이루어져 있지만 그 저변에서는 영어와 별반 차이가 없다고 할 수 있을 것이다. 그러므로 언어를 이해한다는 측면에서 연구자들이 반드시 저 먼 곳의 이국적인 언어 모두를 이해할 필요가 없으며, 전체 언어가 과연 어떤 방식으로 움직이는지를 이해하기 위해서라면 영어에만 초점을 맞춰도 가능하다고 말할 수 있다. 그러나 언어를 동물의 의사소통 형태에 무관하다고 여기는 신화처럼 언어 보편성이란 신화에도 증거 자체와 상충되는 사항들이 발견된다. 여기서 주장하려는 내용은 활용에서의 특별한 경우에서 혹은 언어들이 진행되는 과정에서 언어 자체가 출현하고 또한 다양화 과정을 거치게 된다는 관점이다. 일단 언어적 다양화를 위한 일부이기는 하지만 본능으로서의 언어라는 세계관에 일치하지 않는 증거들을 훑어본 뒤 언어에서 다양성이 발생하는 데 종합적인 공동 역할 수행에 참여하는 활용 기반의 언어적 능동 요인들을 일부만이라도 제시하려고 한다.

언어는 선천적인가?

누구도 인간 아이들이 생물학적으로 언어에 대한 준비성을 소지하고 이 세상에 나오게 되었다는 사안에 문제를 제기하지 않을 것이다. 즉, 인간은 발화 생성 기관부터 정보 처리 능력, 기억 저장까지 어떤 다른 종들이 갖추지 못한 발화 언어, 기호 언어 등을 습득할 수 있는 장치를 소유하고 있다는 것이다. 그러나 이 사안을 현미경으로 들여다보듯이 자세히 살펴보면 본능으로서의 언어 이론이 문법적 지식이라는 특정 지식이 태어날 당시 확실하게 존재하리라는 관점을 제안하고 있음을 알 수 있다. 모든 인간에게 선천적인 보편문법이라는 언어적 지식은 인간 두뇌 내부에 마치 미세한 회로처럼 구성되어 있다는 것이다. 이런 선천적 견해는 여러 방향에서 바라보더라도 정말 매력적이지 않을 수 없다. 한순간에 아이들이 말을 배우면서 실수를 범하더라도 부모나 보모들로부터 오류를 지적 받는 과정을 겪지 않고도 언어를 습득하는 방법을 설명해야 하는 문제에 대한 해결을 완결시킬 수 있다. 물론 부모들이 대체적으로 아이들이 언어 습득 과정에서 저지를 수 있는 실수를 체계적으로 지적하고, 바로 잡아주지 못한다는 사실은 널리 알려져 있기는 하다. 그리고 아이들은 부모들이 정정해주지 않더라도 모국어를 습득할 수 있으며 실제로 습득하는 모습을 보여준다.[9] 게다가 아이들은 정식으로 학교에 등교하기도 전에 이미 언어를 습득한다. 결국 아이들은 자신들이 이미 습득한 발화 언어를 따로 '학습'할 필요가 없다고 볼 수 있다. 그렇지만 지금까지의 단정적 서술 내용은 자신이 결정적으로 발화시키는 언어가 무엇이든 학습의 필요성을 제거할 수 있으며, 여기서 말하는 학습이란 단어 등을 배우는 약간의 사소해 보일 수 있는 과업 실행 등을 가리키는 것은 아니다. 모든 언어들이 공유하는 언어의 핵심요인이 태어나기 전부터 인간 두뇌 속에 존재한다고 보는 데서 언어 신화의 주장이 태동하게 된다. 그러나 지금에 이르러서는 앞서 말했던 특수한 전제들은 정확한 내용이 아니며 이제부터 그에 대한 이야기를 명확하게 밝혀낼 것이다.

언어란 정신의 독립적인 별개 단위인가?

서구 중심의 철학적 사조를 보면 정신이 별개의 기능이라는 개념으로 인식되는 아주 취약한 전통을 안고 있다. 1950년대 인지과학의 발전으로 디지털 컴퓨터가 마치 인간 정신을 대변하는 것처럼 인식하게 되었다. 정신이 컴퓨터라는 개념이 인지과학계에서 중심적이면서도 상당히 영향력을 갖춘 직감적 믿음이었던 반면 정신은 마치 컴퓨터 마냥 내부 단위 구조로서 모듈 형식을 따른다는 진보적 주장이 철학자 제리 포더Jerry Fodor로부터 제기되었다. 지금은 비록 고전서로 알려져 있지만 여전히 그 영향력을 떨치는 1983년판 『정신의 모듈 구조Modularity of Mind』를 통해 저자는 언어가 정신적 모듈의 전형적 예라는 주장을 피력한다. 또한 이런 견해는 본능으로서의 언어 이론 측에 완벽한 의미를 부여하는 결과를 낳았다. 포더에 따르면 정신적 모듈이란 전용專用 성향을 보이는 신경 구조 내부에서 실현되어야 한다. 이 구조는 각자 특정하고 제한된 정보에만 대응해야 하며, 하나의 모듈은 다른 모듈로부터 어떤 영향도 받지 않도록 되어 있다. 결과적으로 특별히 선택된 하나의 모듈이 손상된다면 해당 모듈에 국한된 행동에만 고장이 발생한다. 또한 모듈이 별도의 정보를 관장한다면 생명의 발달, 즉 생명 주기의 진행 단계 속에서 해당 정보가 요구되는 특별한 시점에 이르게 될 때 바로 그 모듈이 출현할 수 있게 될 것이다. 따라서 정신 모듈은 발달의 관점에서 보면 나름 특성화된 진행 목록을 따른다고 볼 수 있다. 일상생활에서 인간은 자신들이 지닌 외형적 가공물들의 부분을 모두 특별한 기능에 연계시킬 수 있다. 구성 자체의 모듈화의 원리란 단순히 컴퓨터에만 비유되는 데 한정되지 않아야 하며, 우리가 매일 사용하는 자동차, 장난감 등의 일상용품에서 찾을 수 있는 수많은 양상을 위한 실용적이면서 아울러 합리적인 접근 방식이라고 할 수 있다. 그럼에도 불구하고 해당 증거들을 보면 언어를 정신 모듈로 보면서 정신 자체를 모듈 구조로 보려는 사고 방향에 충분한 근거를 제시하지 못하는 상황을 지금부터라도 확실하게 보이려고 한다.

보편적인 정신언어 표현이 존재하는가?

언어의 신화가 주장하기를 영어, 일본어 등 자연언어에서의 의미란 궁극적으로 사고라는 보편적 언어, 즉 정신언어 표현으로부터 파생한다. 정신언어 표현이란 정신의 내적·사적 언어로서 사고를 가능하게 해주는 대상을 가리킨다. 모든 인간이 이것을 선천적으로 공유한다는 의미에서 보편적이라고 한다. 그 내용은 언어와 같고 기호로 이루어져 있으며, 정신적 통사 규칙에 기초해 구성될 수 있는 결과물임을 가리킨다. 정신언어 표현을 전제하지 않고는 어떤 언어라도 의미와 어휘를 학습할 수 없으며, 이는 해당 표현이 발화에 도달했든 말든 상관이 없다. 그러나 확실한 것은 정신언어 표현은 그 방향에서 이미 오류에 빠진 정신에 관한 개념을 전제한다는 점이다. 즉, 인간 정신이 바로 컴퓨터와 유사하다고 보는 관점을 의미하는 것이다. 또한 이런 관점을 그대로 유지하려고 하면 스스로를 미궁에 빠뜨릴 수 있는 수많은 난제에 부딪치게 될 것이다.

사고란 언어와 별개로 존재하는가?

언어 신화에 의하면 사람들 모두가 언어란 논쟁, 설득, 확신 등을 위해 동원되는 방식으로 사고에 영향을 주기는 하지만, 사실은 사고란 원칙적으로 독립된 별개의 존재다. 언어 내에서 문법과 의미 표기들의 (언어적 상대성으로 알려져 있기도 함) 체계적 패턴이 대상 언어가 사용되는 해당 사회집단에서의 사고 형태에 응분의 차이점들을 형성한다는 개념은 사실 아주 잘못된 사고방식이다. 앞으로 볼 일이지만 본능으로서의 언어 이론가들은 언어적 상대성을 완전히 틀린 방향으로 바라본다. 그 외에도 현재 아주 많은 과학적인 증거들을 찾을 수 있으며, 이들 증거들은 사실상 모국어의 언어적 형태화 과정 속에 정말로 화자들이 세상을 인식하는 방법으로서의 이미 숙달된 결과를 보여주는 요소들이 포함되어 있다는 사안을 제시한다.

≈

앞서 제기한 간략한 소개를 통해 확연하게 드러나는 것이 있다면 바로 다음 사항이 아닐까 한다. 본능으로서의 언어 이론에서 주장하는 언어 그리고 이성적 사고 양자 모두는 너무 복잡하고 불가사의한 내용들이라서 특별한 지식을 활용하지 않는다면 쉽게 설명되지 않는다. 여기서 지적한 지식은 그 원천을 알 수 없기 때문에 '특별하다'라고 볼 수도 있다. 경험 혹은 일반적인 학습 구조들로는 이와 같은 인간 정신의 독특한 특성들을 설명하지 못한다. 그래서 확실한 것은 언어는 어쩌면 구조적으로 컴퓨터 내부 구조를 갖추고 있는 대상으로서 인간 유전자질로도 볼 수 있다고 생각한다. 즉, 보편문법으로 귀결되어야 한다.

리처드 도킨스Richard Dawkins는 앞선 말한 설명 방향을 가리켜 불신으로부터의 논증이라고 말하지만,[10] 다니엘 에버렛Daniel Everett은 동일한 사안을 놓고 상상력 부족이라는 관점으로 강등시켜버렸다.[11] 보편문법에 대해서는 우리가 아주 똑똑해서 정교수가 되었다고 한들 아이들이 언어의 지축을 형성하는 복잡한 문법을 어떻게 배우는지 확실하게 알 수가 없다. 결국 이런 상황으로 인하여 아이들은 언어를 배운다기보다는 차라리 선천적으로 타고나는 것이 확실하다고밖에 달리 볼 수가 없다.

인지과학자 안소니 체메로Anthony Chemero는 이런 설명 방향을 가리켜 헤겔 철학의 논쟁이라고 불렀으며,[12] 이런 접근은 지금껏 널리 놀림거리가 되었던 헤겔 '증명' 방식으로 알려져 있다. 1801년 헤겔은 태양계 내부 행성 수를 7개라고 주장했는데, 사실 확실한 증거에 의거해 언급한 내용이 아니었다. 실제로 태양계 행성은 8개이고, 명왕성을 포함해서 5개의 왜성이 있지만 말이다. 본능으로서의 언어 이론이 바로 헤겔 논쟁과 판에 박은 듯이 동일하다고 볼 수 있다.

그러나 추측을 잠시 접어두더라도 오늘날에 이르러 언어가 학습되는 방법, 언어가 다른 방식이나 개념을 형성하는 방향, 언어와 개념 지식의 상호연관 과정 등에 관해 엄청나게 많이 알려져 있다. 다만 이와 관련된 모든 사항을 알지는 못하지만 현재 전환 단계에서 전체 중 일부라도 알고 있으리라는 측면에서 본능으로서의 언어 이론에서의 관점보다 더 많은 부분을 알고 있는 입장에 있다고 할 수 있다. 다음 내용들을 통해 관념보다는 실질적 상황에 더 근접하는 경우를 제시하려고 하며, 이런 방향은 활용으로서의 언어 이론에 해당하는 것이다.

허수아비란?

이 저서에 대하여 제기하고 싶은 반대 중 하나를 들자면 정작 공격 대상이 되는 대상이 허수아비라는 것이다. 틀림없이 이들 '신화'가 진지한 상황하에서 선택되지 못한 것인가? 사실은 내 동료 중 한 사람이 다음과 같이 말하면서 나를 심하게 질책했다. 즉, 그 내용은 바로 "여기서 '신화들'이란 어떤 이도 납득하거나 수용하기 쉽지 않은 극단적 관점"이라고 비판한 표현을 가리킨다.

하지만 이 말은 사실과 다르다. 여기서 신화로 분류하는 관점들은 영어가 공용어인 지역들의 여러 유명 대학에서 지금까지 사용되는 다수의 언어학 교재들 속에 이미 구축된 사안들로서 세상에 제기된 내용들이다. 나는 교육자로서 이 교재들을 사용하도록 교육받았고, 내 자신이 교육을 담당하는 대학생 및 대학원생(미래의 연구자들, 교육자들 그리고 언어 전문가들 등) 할 것 없이 모두가 해당 교재를 반드시 읽어야만 한다. 대학생들은 보편문법이 '존재한다'는 가르침, 언어란 비인간 존재의 의사소통 체계에 '비견할 수 없다'는 가르침, 모든 언어는 원칙적으로 영어와 '유사하다'라는 가르침 등을 정기적으로 들어야만 한다.

예를 들면 세계에서 언어 연관 교재로서 가장 많이 팔리는 책이 바로 빅토리아 프롬킨Victoria Fromkin 교수와 다른 교수들이 공동 저술한 『언어학 개론An Introduction to language』이다. 현재 제10판까지 개정된 저서 첫 장은 다음과 같은 내용을 선언으로 제시한다.

> 언어학자들이 시도하는 일이란 바로 단수 또는 복수의 언어들에 해당되는 법칙들의 발견 과업을 시도하는 것이다. 언어 모두에 관련되어 있으면서 언어의 보편적 특성들을 대표하는 법칙들이 바로 **보편문법**을 구성한다 … 인간 언어 모두의 특징을 결정하는 원칙들인 보편문법의 속성을 발견한다는 것은 언어학 이론의 주요 목적이기도 하다 … 이 문제에 대한 조사를 진행하면 할수록 촘스키 교수의 견해를 지지하는 더 많은 증거를 쌓아올리는 결과를 낳게 된다. 여기서 촘스키 교수의 관점이란 바로 보편문법의 존재를 인정하는 것이며, 보편문법이 생물학적으로 언어 능력을 부여받은 인간의 일부분이 된다는 점을 의미한다.[13)]

최근 들어 로렐 브린턴Laurel Brinton 교수가 출판한 영어 교재인 『현대 영어 구조The Structure of Modern English』의 도입부에는 다음 주장이 전개되어 있다.

> 언어는 규칙을 따르며, 생산적·보편적·선택적 그리고 습득화 등을 동시에 보여주는 대상이다. … 언어에서의 제약조건들의 전반적 집합이 **보편문법**이라

고 알려져 있다. 이것은 특정 언어에만 국한된 특성이 아니다. … 보편이라는 개념하의 유전적이라는 사안은 언어란 선천적이고 인간에게 언어 습득의 길을 열어주는 타고난 선천적 능력을 가리킨다.[14)]

곧 알게 될 일이지만 앞에서 제시한 대표적인 저서들에서 언급한 내용은 근본적 오류를 안고 있다. 즉, 이제 이런 말들은 수십 년의 역사를 가진 증거 우선주의 연구 방법론이란 벽을 마주하게 되었다.

더욱 염려스러운 것은 교육 수준을 갖춘 일반 독자들이 명문 하버드 대학교 스티븐 핑커Steven Pinker 교수가 저술한 베스트셀러에 노출되어 있다는 사실이다. 저자 자신의 재능, 서술능력, 박식함은 이미 정평이 높다. 교수는 자신의 저서를 통해 스스로가 확실한 교두보를 만들고 싶었던 본능으로서의 언어 이론을 수용하는 언어 및 정신에 관해 여러 견해를 쏟아냈다. 일반 독자들은 마치 인기 공상과학소설 같은 핑커 교수의 여러 저서들 『언어의 본능The Language Instinct』(1994), 『어휘와 규칙Words and Rules』(2001), 『인간 정신의 작업 방식How the Mind Works』(1997), 『빈 공간으로서의 정신세계The Blank Slate』(2002), 『사고의 요소들The Stuff of Thought』(2007) 등을 오래전에 읽은 상태이며, 이들 저술들이 주장하는 내용에 문제가 있음에도 용인될 수 있는 부분이 있다면 바로 저자 주장의 정당성을 제시하면서 보여주었던 놀라운 서술능력이 아닐까 싶다. 여러분이 비록 이런 저서들을 읽더라도 부디 그릇된 방향으로 가지 않기를 부탁하고 싶다! 앞으로 제시하겠지만 본능으로서의 언어 이론 집단은 정당한 방법으로 논쟁을 벌이지 않는다. 즉, 그들의 논점들은 해당 주장에 맞도록 조리되거나 꽤 자주 자신들의 견해를 위해 요구되는 사실들을 왜곡하든지 아니면 아예 제시하지 않기도 한다. 그 외에도 1994년 핑커 교수의 베스트셀러가 출현한 이후에도 과학은 꾸준히 발전했다. 그리고 이런 발전의 끝은 결국 핑커 자신이 언어 그리고 다수의 다른 사항 모두에 관련된 언급이 오류에 빠져 있음을 여실히 보여주는 것이었다.

자, 이제부터 그 부분을 밝히려 한다. 즉, 어떻게 보더라도 보편문법이란 존재하지도 않으며 언어는 선천적인 것이 아니라는 사실들 말이다. 그 이외에도 지금 세대의 대학생들에게도 최소한이나마 지금까지의 언어학 주장들이 충분한 실험 결과들을 수반하지 못했다는 문제점들을 제시하려고 한다. 그리고 일반 독자들도 모든 사실을 완전하게 그리고 최고 수준으로 반드시 알아야 마땅할 것이다. 이 부분은 언어가 인문학은 물론 인지과학, 행동과학 등에 해당하는 광범위한 분야들에 걸쳐 핵심적 기초이기 때문에 분명히 짚고 넘어가야 한다. 또한 언어는 인간이 행하는 모든 사항에 실질적인 핵심이기도 하다. 즉, 이 말의 요점은 언어란 인간 삶의 '수단이라는' 사실을 가리킨다고 볼 수 있다. 어떤 이유를 들이댄다고 해도 이 점은 반드시 정확하게 이해되고 평가되어야 한다.

내가 이 저서를 기획한 의도는 바로 내용 전체에서 비판하는 신화들이 허수아비에 더 이상 첨가되지 말아야 하기 때문이다. 여기서 묘사되고 지적되는 언어 신화 그 자체가 죽은 것은 아니다. 향후 각 장에서 문제로 삼을 부분별 신화들은 촘스키가 제시한 관념 언어학, 촘스키 교수의 동료인 정신분야 철학자 포더 교수가 제기했던 관념 심리학 등에 연관되어 있는 내용들이기도 하다. 물론 이들에 관련된 주장은 나중에 듣기로 하겠다. 이와 같은 신화들은 지금껏 사실에 근거한다고 널리 알려져 있었다. 아무리 하찮게 보이더라도 앞선 주장들을 다시 이야기하면서 지금까지의 주장들이 사실들을 광범위하게 분쇄시킨 방법을 세세하게 서술하는 것 자체가 엄청난 목표라고 할 수 있다. 본능으로서의 언어 이론이 나름 설득력이 없는 것은 아니다. 그러나 이런 설득력이 사실 자체를 가리키는 것은 아니다. 본능으로서의 언어 이론은 사실에 입각하지 않고 신화 같은 황망한 이야기라서 앞서 언급한 헤겔 철학의 논증에 불과하다고 봐야 한다. 케네디 대통령이 한때 발견했듯이 신화란 "지속적이고, 설득적이며 비현설적"인 대상으로서 진실 추구에 심대한 해악을 끼칠 수 있다.

진화로부터의 교훈

중세 존재의 거대한 고리라는 사상 속에서 모든 생명 및 물질이 상하 계층 구조를 갖추고 있다는 개념이 있었다. 르네상스 시대 개념에 따르면 신이 최고 정점에 있고, 그 다음 단계에 천사들이 위치한다. 그리고 인간이 나타나고 다음을 동물, 식물, 무생물 등이 하부 방향으로 배치되어 있다.

존재에 대한 이런 관점은 찰스 다윈Charles Darwin이 주창한 당시로서는 아주 위협적인 견해로 인간은 유인원으로부터 진화했다는 주장이 제시된 19세기 무렵 엄청난 도전에 맞닥뜨리게 되었다. 다윈의 신화적 윤곽은 기독교의 종교적 교리에 의한 창조론 신화를 송두리째 흔들어놓았다. 진화론은 인간이 질적으로 모든 생물체와는 다른 존재라고 믿었던 상식의 근간을 무너뜨리려 했다. 사실 인간은 동물이기는 해도 동물 자체로 보기에는 다른 점이 많기는 하다. 혹은 그런 관점이 지금도 여전히 살아 있기는 하다. 여하튼 이와 같은 생각은 무엇보다도 '동물'이라는 의미를 이성이 결핍되고 감정에 무조건 휘둘리며 육체적 기능에만 몰두하는 야생 짐승 정도로 여기면서 시작된다. 진화에 대한 내용이 위험하게 보이는 것은 창조론 관점에서 봐야 할 신의 권위 및 존재 자체에 맞서기 때문이기보다는 이 세계 내부에서 인간에게 가정된 위상 자체에 도전장을 내밀기 때문이다. 따라서 인간이 고양이, 개, 말 등의 동물들을 애완동물 또는 가축으로 보던 상호관계에 대한 전제를 심각하게 훼손시켰다.

오늘날 우리는 호모사피엔스(현명한 인간)라는 존재가 약 6만 년 전 침팬지, 보노보(난쟁이 침팬지) 등과 조상을 서로 나누고 있다는 사실을 잘 알고 있다. 그리고 호모사피엔스, 침팬지, 보노보 세 가지 종은 약 15만 년 전에 이미 고릴라, 오랑우탄 등과도 동일한 조상을 공유했다. 해부학적으로 본다면 지금의 모습을 갖춘 현대인들은 진화적 측면에서 3만 년 정도의 차이를 오차로 감안하더라도 17만 년 정도 이전으로 볼 수 있다. 이런 계측은 화석 탄소 측정 결과이며, 여성에게서 추출한 미토콘드리아 유전자를 유전학적으로 시간을 계산한 것이다.[15] 그리고 진화의 증거는 현대인으로의 방향 변화들이 점진적·지속적임을 잘 보여준다.[16] 따라서 인간은 직립원인(똑바로 일어섬)으로 하루아침에 발전한 것이 아니다. 1800만 년이라는 기간이 발달 과정을 잇고 있음을 명심해야 한다.

이 말은 언어의 속성과 함께 '독특함'이라는 위상이 '오직' 언어학자에게만 뭉클하게 다가온다는 사실을 가리킨다. 무엇보다도 나처럼 학자로서 살아가면서 언어를 연구하는 전문 언어학자들은 언어에 관련된 정보를 무지막지하게 축적하고 있었다. 이를 토대로 이전 세대 누구보다도 언어에 관해 많은 사항들을 알게 되었으며, 여기에는 내적 구조, 형태와 의미의 상관관계, 두뇌에서 발생하는 과정의 방식, 사람들이 생성하는 단어, 구 등의 사회문화적 위상 등이 포함되어 있다. 여러 언어학자를 위해 언어는 '가장 먼저' 독특한 '것임'을 알아야만 한다. 또한 인간 언어가 일찍이 어디서도 찾을 수 없을 만큼 풍부함을 보인다는 면도 알아야 한다. 버트런드 러셀Bertrand Russell은 다음과 같이 의미심장한 말을 남기기도 했다. "어떤 상황이든 개가 아무리 능수능란하게 울음소리를 낸다고 한들 자신의 부모들이 가난했으나 정직했다라고 우리에게 전하지는 못한다"라고 말이다. 조지 칼린George Carlin도 같은 맥락에서 "울음소리 '야옹'은 고양이에게는 '멍멍'을 의미한다"라는 농담을 남겼다. 요점은 바로 고양이는 '야옹', 개는 '멍멍' 소리를 낸다는 사실이다. 또한 이런 소리 유형들은 하등동물인 개 혹은 고양이 수준에서 나타내기를 원하던 모든 정신적 상황을 충분하게 표현할 수 있다.

이에 반해 인간은 방대한 단어들을 조합하고, 이를 통해 믿을 수 없을 만큼 복잡한 문법 구조를 갖춘 문장들을 형성한다. 그리고 이런 과정은 국가 경제의 인플레 현상부터 마치 팬티를 안팎을 뒤집어 입은 것처럼 보이는 (정말로 괴상망측한) 슈퍼맨의 패션 감각까지 인간이 원하는 모든 대상을 말로 나타낼 수 있게 한다.

그러나 언어의 독특함을 너무 강조하게 되면 인간 언어 그리고 다른 동물의 의사소통과 같은 교환수단 사이에 나타나는 차이점을 너무 과장하는 오류를 저지를 수 있다. 물론 이 부분은 차후에 다룰 예정이다. 무엇보다도 언어가 아주 유별난 대상이라고 한다면 언어를 마치 갑자기 공중에서 홀연히 나타났다고 주장하는 함정에 빠져들 수 있다. 본능으로서의 언어 이론에서 바로 이와 유사한 주장을 한다고 본다. 이런 사고방식의 창시자이며 확신자인 촘스키 교수는 언어가 마치 유전적 돌연변이인 것처럼 주장을 피력했다. 이런 관점으로 본다면 언어란 단숨에 거의 완벽한 상태로 그리고 언어 제비뽑기에서 우승자가 된 운이 철철 넘치는 한 사람에게만 출현한 것이라고 말할 수 있다.[17)]

그렇지만 이런 설명에는 비록 진화론을 따르던 학자들조차 비난을 제기할 수밖에 없는 많은 오류가 있다. 예를 들어 아주 저명한 생물인류학자 테렌스 디콘Terrence Deacon에 따르면 본능으로서의 언어 이론가들의 주장을 놓고 독일 유전학자 리처드 골든슈미트Richard Goldenschmidt가 1940년대에 말이 되지 않을뿐더러 우스꽝스러운 주장을 제기한 이후 오직 희망에만 매달리는 기괴한 이야기로 폄훼하기도 했다. 여기서 진화에 관련해서 희망에만 매달리는 기괴한 설명이란 진화가 한 세대로부터 다음 세대로 연결되면서 방대한 규모를 발생하고 이를 토대로 새로운 특성이 한순간에 출현하는 것을 수월하게 만들 수 있다고 주장하는 내용이다.[18)] 디콘에 의하면 촘스키는 진화라는 마법사가 모자 속에서 단번에 흰 토끼를 집어내는 것처럼 날랜 솜씨로 언어 기원을 설명하려는 것이라고 지적한다. 결과적으로 이것이 바로 희망에만 매달리는 기괴한 설명이며, 달리 보면 본능으로서의 언어 이론을 가리키고 진화의 사실들과 완전히 어긋난 이야기라고 할 수 있다. 현재 우리가 알고 있는 것처럼 언어는 선언어 시대pre-linguistic hominins의 인류로부터 육체적 상태는 물론 인지적인 (재)구조화의 수많은 변화가 발생을 겪은 후에야 비로소 현재 수준의 정교한 상태를 유지할 수 있게 되었다. 이와 같은 변화들은 선조 인류로부터 물려받은 영장류 두뇌 기능의 본래 의도에 영향을 미쳤고, '인간속'의 해부학적 요소들도 변모하게 만들었다. 게다가 이런 결과는 주어진 신체적 조건들이 인간속 네안데르탈인Homo neanderthalensis이 발화를 생성하도록 길을 열어주었다. 네안데르탈인들은 지금은 사라지고 없지만 현대인과 네안데르탈인의 공통 조상으로 여겨지는 인간속 하이델베르크 원인Homo heidelbergensis처럼 언어 능력을 지녔다고 알려져 있다.[19)]

이런 변화들은 아주 최소한이나마 두뇌에서 전두엽의 팽창과 같은 원시 인류 두뇌 내부에 실질적인 변이 발생을 전제로 한다. 발화를 용이하게 하는 조음 동작들이 가능하려면 구강에 연관된 대뇌의 엄청난 직접 조절이 가능해야만 한다. 즉, 발화란 가장 복잡한 신경근육들의 동작 중 하나로서, 놀라운 점은 78개의 근육을 포함한다는 사실이다.[20)] 다음 단계로 발생하는 변화란 바로 목에 위치한 후두(소리 생성 부위)가 하향하는 것이며, 이런 양상 결과로 인간 후두는 네 발 짐승들에 비해 좀 더 목 아래쪽에 위치하게 되었고, 여기에도 물론 진화가 진행하는 기간이 포함되어 있다. 다음 장에서 설명하겠지만 이런 현상들은 모두 발화 생성을 용이하게 하려는 것이지만, 이로 인해 말로 하기는 그렇지만 목이 메어 죽을 수 있는 위험을 감수해야 한다. 영국에서만 매년 약 1만 6000명이 이 증상으로 치료를 받는다. 이런 증상은 지위 고하를 막론하고 발생한다. 2002년에는 미국 대통령 조지 부시

George W. Bush도 프레츨pretzel을 먹다 목에 걸려 몇 초간 기절했다가 뱉어낸 사건이 있었다. 발화를 위해서는 기억 작용의 확대라는 변화 또한 요구되며 이를 토대로 사람들은 긴 장문의 발언들을 구성하고 생성할 수 있게 된다. 기억력의 상승은 사람의 통사 능력의 핵심 요소인 시간대에 따라 구성되는 일련 구조의 구축을 수행하는 데 매우 중요한 요인이며, 이 능력으로 문법적으로 적절하게 구성된 문장들을 생성할 수 있게 된다.

이와는 반대 예로 침팬지는 인간으로 치면 두 살짜리 정도의 작동기억 능력을 소지한다고 알려져 있다.[21] 그렇지만 여기서 중요한 점은 정교한 작동기억은 어휘들을 정확한 순서로 재정립시키고 일련 구조로 구축하는 데 매우 중요한 조건이라는 사실이다. 정리하자면 비록 인류 조상이 돌연변이라는 수단을 동원해서라도 언어 유전자를 발전시켰지만, 이를 실현하기 위한 두뇌 혹은 신체 구조를 갖추지 못했다면 유전자가 있다고 한들 아무 소용이 없었을 것이다.

언어를 위해 인류 선조의 유전자 구조에 점진적이면서 앞으로 나가는 형태의 변화를 전제할 수만 있다면 언어가 단계적 수순에 따라 출현했다는 말은 신빙성을 얻을 수 있다. 진화가 변화를 가리켜 단계별로 하나씩 쌓아가는 과정이라고 가르쳐주는 것처럼 또 다른 교훈도 진화적 자연 추이推移 원리에 연계되어 있다고 봐야 한다.[22]

자연 추이로서의 진화는 고전적인 다윈주의 형성을 의미하며, 여기서 진화란 어느 정도 앞으로의 진보적 적응 형태(적자생존에 비견)를 가리킨다. 자연 추이로서 진화에서는 유기체 그리고 환경 사이에 나타나는 상호 결정론적 연관성을 전제한다. 이 말은 유기체가 스스로가 처한 환경의 여러 조건들로부터 이점을 획득하기 위해 진화하는 모습을 가리킨다. 이런 관점에서 진화는 공진화共進化를 포함한다고 볼 수 있다. 예를 들면 꿀벌은 색을 자외선 영역까지 인식할 수 있다. 꽃들이 꿀벌들과 함께 진화를 수행하는 공진화 과정을 겪었기 때문에 자외선을 가장 많이 반사시키는 꽃들이 더 많이 수분受粉 작업의 대상이 될 수 있다.

인류 조상이 신체적 조건으로 볼 때 발화를 하지 못하기 때문에 언어 가능 존재들이 다른 수단을 통해 출현했을 것이다. 그리고 이런 과정에는 궁극적으로 발화 언어를 출현하게 만드는 신경해부학적 변화라는 공진화가 포함되어 있다.[23] 조금 의심스러운 점은 제스처이며, 이 말의 의미는 다음 장에서 볼 수 있듯이 침팬지 그리고 다른 영장류들이 의사소통 목적을 위한 제스처를 이미 갖추고 있다는 사실을 가리킨다.[24] 그래서 우리는 인간 언어를 들여다볼 때 다른 동물의 의사소통 수단들과의 유사점들(그리고 차이점들)을 확인하면서 과정을 수행할 수 있다. 형이상학 시인 존 던John Donne의 작품 표현에 따르면 어떤 종들도 독자로만 존재하지는 않는다. 따라서 언어도 주변에서 뜬금없이 홀로 갑작스럽게 나타나지 않았을 것이다. 언어란 이미 이전의 네 발 동물들에게서 확연하게 발견할 수 있는 의사소통의 경향에 토대를 둔다고 봐야 한다.[25] 그리고 조어助語의 다양한 형태들은 그 수준을 달리하면서 수많은 종 사이에 광범위하게 무궁무진하게 분포되어 있다.

결국 말하려는 점은 인간 언어는 어떻게든 다른 생명체에서 전혀 찾을 수 없는 정교한 수준에 도달해 있다는 것이다. 그리고 이런 결과는 바로 인간이 문화 지능이라는 특별한 종류의 지능을 발달시킨 덕분이며, 이 지능은 다른 생명체에서도 발견되는 의사소통 능력을 가속화시키는 것으로서 이 부분에 관해서는 나중에 활용으로서의 언어 이론이라는 새로운 통합적 견해를 검토, 심리하는 특별히 마지막 장에서 좀 더 자세하게 언급할 것이다. 그럼에도 이처럼 최고의 위상으로서 일종의 옥좌를 차지한 지능은 언어가 하나의 탁월한 예라고 생각하는 한에서는 범주에 속하는 협동적 행동들을 수월하게 해주기도 한다. 이것이 바로 이제부터 우리가 바라보려는 논점이기도 하다.

2

언어, 동물 의사소통 체계와 무관한가?

Is human language unrelated to animal communication systems?

신화: *인간은 언어를 갖고 있으며, 이는 인간에게만 고유한 것이다. 그리고 언어는 비인간 존재들 속에서 발견되는 무엇에도 비견되지 못하며, 다른 생명체들의 의사소통 능력과도 어떤 연관성도 보이지 않는다.*

비교적 최근까지 많은 사람이 인간 언어를 독특한 대상으로 여겼다. 일부 동물들을 보면 기초적인 의사소통 수단을 보이기는 하지만, 아주 제한적이면서 그다지 큰 관심 대상이 되지 못한다. 그리고 언어적 신화를 그대로 두고는 인간 언어를 동물 의사소통 형태와 연관조차 삼기 쉽지 않다. 비록 지금의 언어가 과거 조상어가 진화하면서 유래되었다고는 하지만, 언어가 영장류, 포유류 등 어떤 종류의 수많은 동물을 들여다봐도 하등의 연관성을 찾을 수 없음을 잘 알 수 있다. 그렇지만 유인원부터 고래까지, 긴꼬리원숭이부터 찌르레기까지 다른 종의 동물들이 서로 의사소통하는 방식에 관한 연구들이 축적되면서 인간 언어 그리고 비인간 의사소통 체계를 무 자르듯이 구분하려는 시도에 문제가 있다는 견해의 빈도수가 증가하기 시작했다. 인간 언어에 연관된 여러 특성이 수준별로 동물 의사소통 체계의 스펙트럼(범위)에 걸쳐 발견되기에 이르렀다.

핵심은 바로 분류상 인간에 가장 근접하다고 판단되는 영장류들이 유전자는 물론 행동 양식에서 매우 유사한 현상을 보인다는 사실이다. 디즈니 만화영어 〈정글북The Jungle Book〉을 보면 오랑우탄 루이 왕이 인간만 사용하는 불의 비밀을 지독하게 알고 싶어 하는 모습이 나타나 있다. 인도네시아 동물원의 오랑우탄인 토리Tori는 우리 안에 던져진 담배꽁초를 집어서 마치 사람이 담배를 피우는 듯한 동작을 흉내 내는 습관을 최초로 보여주었다.[1] 나중에 토리는 동물원 구경꾼들에게 두 손가락을 입에 갖다 대면서 담배를 요구하는 행동을 취하기까지 했다. 애석하게도 이런 행동에 사람들이 기꺼이 응하면서 토리는 이후 흡연 중독에 빠지게 되었다. 따라서 조련사는 토리를 다른 곳으로 옮겨 좀 더 확실하게 관리해야만 했다. 이런 상황은 사람들이 비록 토리가 인간 모습을 하고는 있지만 어린아이의 얼굴에 아주 연약한, 마치 막 태어난 유아의 팔, 다리, 손가락을 지녔다는 사실에 크게 구애받지 않았기 때문에 발생한 것이 아닐까 싶다.

인간 언어는 어휘 수에 있어 분명 원숭이, 유인원 등과 현격한 차이를 보인다. 또한 언어 자체만 봐도 동물 의사소통 체계가 범접할 수 없을 수준의 정교함을 보여준다. 이런 이유로 인간에 근접한 유인원들을 수 년 동안 집중 훈련해 언어를 습득시키려 해도 단지 기초 단계의 표현들만 익히는 정도로 마무리되곤 하는 것이다. 언어의 복잡성은 확실히 인간에게만 있는 유일한 특성이라고 할 수 있다. 그럼에도 여러 동물들이 비록 수준면에서 인간 언어에 미치기는 어렵지만, 자연계 내에서 나름 꽤 인상적인 복잡성을 보이고 있음을 잊지 말아야 한다. 좀 더 세밀하게 구성된 환경이 주어진다면 인간이 사회 속에서 그러하듯 꽤 복잡한 체계일지언정 습득 과정의 이행이 아주 불가능하지는 않을 것이다.

본능으로서의 언어 이론을 따르자면 인간 언어는 독자적이며 어떠한 의사소통 체계에도 절대 비견되지 않아야 한다. 촘스키 교수는 이 점을 분명히 밝혔고, 언어의 발생 시점에 대해서도 진화 시간대에서 아주 최근의 출현을 언급하면서 언어가 마치 이미 완성에 가까운 모습으로 한 명의 개인에게서 발생되고, 이후 진화 통로에서 단숨에 뛰어오른 것처럼 주장했다. 그는 2010년 자신의 글을 통해 "10만여 년 전에는 언어가 없었지만 … . 인간 중 프로메테우스Prometheus라고 칭할 수 있는 한 사람의 두뇌 속에 회로 재구성이 발생했다"[2]라고 말했다. 그리고 이런 과정이 바로 언어 탄생의 가능성을 열어주었다고 말이다.

이 장에서는 인간 언어가 유일하며 동물들의 의사소통 체계와는 완전히 별개의 존재라는 주장의 오류를 지적하려고 한다.[3] 실제로 언어를 확실하게 이해하려면 동물들의 의사소통 체계와 어떤 연관성을 보이는지, 아울러 언어가 이와 같은 의사소통 체계로부터 어떤 수순으로 유래되었는가를 제대로 이해해야 한다. 그 이유는 인간 언어가 최초 조어祖語의 체계로부터 진화했기 때문이며, 조어 체계는 오늘날에도 자연계에서 얼마든지 찾을 수 있는 사항이기도 하기 때문이다. 인간 언어와 동물 의사소통에 관한 수준 차이는 연속선 구조로 반영할 수 있다. 즉, 한쪽 끝에 정교 수준의 최고 수치에 해당하는 인간 언어가 있다면, 다른 끝에는 정교 수치 수준이 다소 떨어지는 동물 의사소통이 표시된다.

부지런한 벌부터 경이로운 찌르레기까지

언어의 목적은 과연 무엇일까? 앞서 말했듯이 두 가지 측면에서 바라볼 수 있다. 우선 대상에 관해 이야기를 전하는 기능이다. '그리고' 언어를 통해 인간 종에 속하는 여러 일원과 가게 및 은행 활동 등을 포함한 친구, 가족, 연인과의 관계성을 설정하는 다양한 방식으로 상호 교류하는 방법을 열어주는 기능이다. 이런 활동을 통해 서로의 행동, 사고, 감정 등에 영향을 끼치기도 한다. 이 두 가지 기능은 사람들이 각자 의사를 나누게 할 수 있다.

일종의 의사소통 수단으로 본다면 언어는 자연계에 분포한 다양한 존재들과 공통점을 갖게 될 것이다. 일부 동물들의 독특한 표식들은 있을지도 모를 포식자의 출현을 경계하는 표시로 해석되기도 한다. 예를 들어 말벌 몸에 둘러진 노란색, 검은색 테두리를 들 수 있다. 이와 같은 색채 표식은 잠재적 포식자들이 이미 소지하고 있는 고착화된 행동 양식이나 또는 노랑 및 검정 테두리 무늬의 생물이 포식자 자신의 입가에 침을 쐈던 끔찍한 공포의 경험 등을 통해 나름 효과를 가짐으로써 비로소 자기 보호 수단으로서 역할을 기약할 수 있을지 모른다. 어떻든 이런 색 표식은 일종의 메시지 전달 기능 등을 수행할 수도 있다.

물론 이런 색깔 표식의 '전달 내용'을 간단하게 언어-유사 대상이라고 여길 수는 없다. 의사소통 체계들은 흔히 일정 수준의 의도성을 포함한다고 가정할 수 있어야 한다. 즉, 신호 표시자가 일정 수준에서 볼 때 특정 상황에서 특정 목적을 위해 의식적으로 전달 내용을 건넬 수 있어야 한다. 그 외에 야생에서의 의사소통 체계는 다소 복잡성을 띨 수 있으며, 다소 개별적인 학습이 가능하기도 하고, 적용 범주에서 다소 탄력성을 가질 수도 있다. 비인간 의사소통 체계로서 괄목할 만한 복잡성을 지닌 것으로서 조류 울음소리 그리고 수염고래를 생각해볼 수 있다. 적용 범주의 탄력성 부분에서는 침팬지에 속하는 유인원의 제스처를 들 수 있으며, 여기서 제스처들은 개별적인 학습에 해당할 수도 있다. 특히 확실하게 밝히고 싶은 내용으로서 주장되는 바에 따르자면 일부 언어학자들이 인간 언어의 독특함을 보이기 위해 주장했던 특성 모두가 동물 의사소통 체계에도 반영된다는 사실을 말하고 싶다.

인간 언어에서 통사적 구조로서 가장 유용하고 중요한 특성을 들자면 단연코 회귀현상을 빼놓을 수 없다. 나중에 설명하겠지만 회귀현상은 문장 내부에 또 다른 문장을 분포시키는 방식으로서 인간이 다수의 문장 구조를 포함한 문장들을 생성하는 핵심적인 능력이다. 촘스키 교수 및 그의 동료들은 이 능력은 인간에게만 독특하다고 언급했다.[4] 그렇지만 동물들을 조사해보면 최소 한 종 이상에서 회귀현상을 수행하는 능력을 보이는 대상을 찾을 수 있으며, 이런 능력은 다른 종에서도 나타날 수 있다. 게다가 언어인류학자 에버렛은 아마존 정글에 홀로 거주하는 종족의 피라항어Pirahã에서는 회귀현상에 관련된 어떤 것도 찾을 수 없었다는 주장을 제기했다.[5]

그렇지만 여기서는 우선순위를 지키려고 한다. 따라서 먼저 자연계 내부에 존속하는 의사소통 체계 종류에 대한 이해가 먼저 이루어져야 한다고 본다. 먼저 작은 꿀벌로부터 시작해보자. 꿀벌은 집단체제를 이루며 여왕벌, 드론(수벌)과 함께 두 벌들의 자손인 일벌 등으로 구성되어 있다. 기존 연구로서 오스트리아 생태학자 카를 폰 프리슈Karl von Frisch가 최초로 꿀벌의 꼬리 흔들기 춤을 확인했다.[6] 폰 프리슈 교수는 노벨상을 수상했으며, 이후 더욱 경이로운 내용을 보여주었다. 사실 폰 프리슈 교수가 1950년대 자신의 발견을 처음으로 발표했을 때 그의 주장은 많은 의혹을 낳기도 했다. 그러나 꿀벌 춤에 대한 연구가 발표된 이후 6000건 이상의 조사를 통해 진실성이 입증되었다. 현재 다른 종들은 물론 꿀벌들도 먹이 공급지에 대하여 의사소통 능력이 있음이 널리 인정되었다.

〈그림 2-1〉

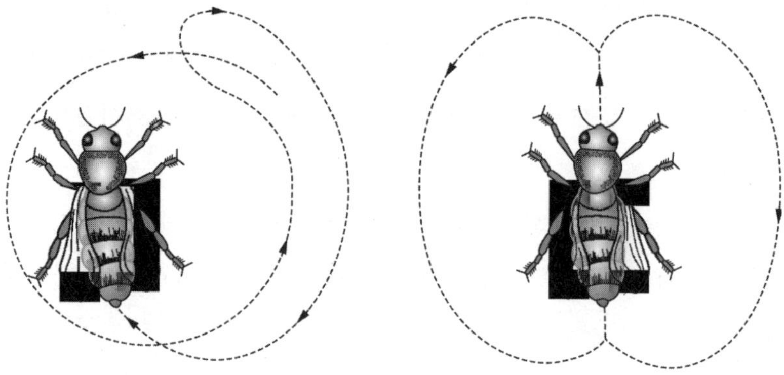

자료: Von Frisch(1976: 70).

일단 일벌이 꽃의 꿀이 위치한 공급지를 확인하면 다른 꿀을 수집하는 일벌들에게 알리고자 벌집으로 돌아간다. 이 정보의 교환은 공급지를 찾은 벌의 정교한 춤을 통해 다른 벌들에게 전달된다. 이 춤 속에서 다른 벌들은 벌집으로부터 공급지까지의 방향과 함께 거리를 파악한다. 예를 들어 이탈리아 벌들의 춤동작들을 관찰해보면 꼬리를 흔드는 꼬리 춤동작으로 60ft 이상의 거리를 가리키는 반면 둥근 형태의 한 번 돌기 형태로 공급지까지 약 20ft 정도의 거리를 그리고 반달 형태의 둥근 낫 모양 춤동작이 공급지까지 20~60ft 정도를 가리키는 것을 확인할 수 있다. 한 바퀴를 도는 행위(원무)를 하거나 꼬리 흔들기 춤 등의 동작 형태는 〈그림 2-1〉에 제시되어 있다.

아주 세밀한 구분은 춤동작이 반복되는 빈도수에서 대변되기도 한다. 춤동작을 더디게 반복하면 벌집으로부터 공급지까지 거리가 멀다는 의미다. 이런 의사소통 수단은 인간 언어 핵심 요소인 일부 특성에 해당된다고 볼 수 있다. 즉, 거리를 가리킬 때 동작 빈도수라는 임의적인 추상적 기호 암호를 사용한다는 사실이다. 그리고 둘 또는 셋 이상의 개별 대상 사이의 상호적인 신호방식을 포함한다. 또한 빈도수 방법은 제3의 대상물을 가리킨다는 행위를 가리키며, 여기서 직접 신호를 공유하는 주체 외의 제3자로서 꽃의 꿀을 가리킨다. 이 외에도 벌들의 춤동작은 문화적 차이를 나타낼 수 있다고 볼 수도 있다. 이 말은 벌의 종류에 따라서 동일한 의미를 전달하더라도 춤동작에서 약간의 차이가 있음을 가리킨다.

벌들이 의사소통으로서 춤동작을 취하는 대신 다른 종들은 발성 방식을 선택한다. 가장 눈에 띄는 예로 긴꼬리원숭이의 경고 발성을 들 수 있다. 이 원숭이들은 주로 아프리카 대륙 남쪽, 동쪽 지역에 서식한다. 이들은 뱀을 발견하면 카메라 셔터에서 나는 소리와 비슷한 소리를, 독수리나 표범을 보면 또 다른 방식으로 소리를 내는 방법을 통해 포식자의 종류에 따라 약간씩 다른 형태의 울음소리를 낸다. 다른 원숭이들은 비록 위협을 직접 목격하지 않더라도 소리에 따라서 확실하게 도망치곤 한다.[7)] 예를 들어 표범을 봤다는 소리가 나면 다른 원숭이들이 나무를 향해 달려 위쪽으로 나무를 타고 올라간다. 만일 독수리 경고 소리가 나면 모두가 하늘을 쳐다본다. 뱀에 관련된 소리를 들으면 땅으로 내려가며, 가끔씩 두 발로 일어서는 동작을 취하기도 한다. 긴꼬리원숭이들에게 이런 발성 방식이 성장기에서 상대적으로 특정 시점에 출현하고, 이런 소리들을 이전에 전혀 들어보지 못했다는 측면에서 애초부터 갖고 태어났다고 할 수도 있지만 문제는 이런 발성 자체가 완벽한 수준에 이를 수 있도록 부모로부터 지속적으로 가르침을 받는다는 사실이다. 그 외에도 연구에 따르면 아기 원숭이가 해당 발성을 정확하게 이행하지 못할 경우 종종 부모로부터 혼이 난다는 사실이 보고되었다.

분명히 앞서 말했던 의사소통 체계에 흥미로운 점이 없지는 않더라도 이런 소통 체계가 제한성의 틀에 매여 있음을 명심해야 한다. 바쁘게 움직이는 벌들 그리고 발성을 내는 긴꼬리원숭이 둘 모두에 적용되는 기호 체계가 사용되는 환경에 특화되어 있다. 여기서 우리는 기호 체계 적용 환경 그리고 해당 종의 삶의 안정성 및 생존성을 위해 적용시키는 의사소통 체계의 가치 등을 가벼이 보려는 것이 아니다. 그러나 인간 언어는 마음속 깊이의 연정부터 갑자기 소낙비가 들이치는 날씨를 언급하는 등에서와 같이 여러 상황을 가리키는 경우 이야기 전개 환경의 범주에서 훨씬 다양한 탄력성을 보일 수 있다.

그리고 앞서 제기한 인간 언어의 탄력성은 인간 사회에 따라 별개의 언어 다양성을 취하게 되면 더욱 상승하는 모습을 보인다. 스와힐리어, 일본어, 영어 등을 보면 탄력성의 이런 다양함이 훨씬 넓어지는 모습을 보인다. 여기에는 체계 그 자체가 선천적으로 탄력성을 지니고 있기 때문이라는 이유를 생각해볼 수 있다. 이런 탄력성은 인간이 상황에 따라 기호들을 다른 방법으로 선택하는 데서 나타나는 현상이기도 하다. 이때 선별된 기호들은 다른 상황에서라면 전혀 의미를 가리키지 못할 수도 있다. 음성과 어휘는 여러 가지 방법에 의하여 서로 조합될 수 있으며, 이런 과정은 개인이 자신의 두뇌 속에 소지한 채 생활하면서 일개인의 습득 가능성을 부여하는 추상적 문법이라는 '규칙'에 기반을 둔다.

바로 앞에서 언급한 탄력성이 일정 수준 단계를 갖추게 하는 특성이 바로 회귀방식이라고 보는 주장이 제기되었다. 여기서 회귀방식이란 인간으로 하여금 최종 문장 속에 또 다른 문장을 '내포시키는' 현상의 가능성을 열어주는 장치 체계라고 볼 수 있다. 예를 들어 보면 1999년 영화인 〈미이라The Mummy〉의 임호텝Imhotep이 읊었던 '죽음은 오직 시작일 뿐이다Death is only the beginning'라는 표현을 'X가 Y라고 말했다'라는 문법 형식으로 "'임호텝이 죽음은 오직 시작일 뿐이야'라고 말했다Imhotep said that death is only the beginning"와 같이 내포시킬 수 있다. 이 문장은 다시 또 다른 문장에 포함되면서 "에버린이 '임호텝의 죽음은 오직 시작일 뿐이야'라고 말했어요라고 말했다Evelyn said that Imhotep said that death is only the beginning"라는 문장을 만들 수 있다.

영어 표현 방식으로서 관계대명사 'who, which' 등을 허용하는 관계사절은 하나의 문장에 정보를 첨가하는 방법을 취하는 문장 형식이다. 또한 이런 방식에는 회귀방식이 적용되기도 한다. 따라서 복잡한 관계절은 회귀방식을 통해 만들어질 수 있다. 예를 들어 '포이베가 란제리 가게를 운영해 Phoebe runs a lingerie shop'라는 문장에 '주름진(여성용) 속바지를 파는 which sells frilly knickers'이라는 구문을 연결시켜서 '포이베가 주름진(여성용) 속바지를 파는 란제리 가게를 운영해 Phoebe runs a lingerie shop which sells frilly knickers'라는 관계절 포함 문장을 생성할 수 있다. 그리고 이와 같은 회귀방식 과정은 거의 무한적으로 발생할 수 있다. 따라서 '포이베가 주름진(여성용) 속바지를 파는 그리고 한쪽을 박음질한 보랏빛 스팽글이 구비된 가게를 운영해 Phoebe runs a lingerie shop which sells frilly knickers, which have purple sequins sewn down one side'가 생성될 수도 있다. 촘스키 교수와 그의 동료들은 회귀방식을 가리켜 인간 언어에만 있는 독특한 현상이며, 언어를 정의하는 결정적인 특성일 수 있다는 말을 남겼다.[8)]

그렇지만 최근 유럽 대륙의 찌르레기 연구를 보면 이 조류가 회귀방식을 습득할 수 있다는 증거가 나타나 있다.[9)] 찌르레기들은 상당 부분 길고 복잡한 울음소리를 내며 구성에서 일종의 음향적 반복 패턴 motif을 형성한다. 이들 반복 패턴은 딱딱거림 및 지저귐의 연속음 형태를 갖는다. 시카고 chicago 대학교 연구팀은[10)] 이런 반복 패턴을 디자인하고 딱딱거림(여기서는 A로 적음) 그리고 지저귐(여기서는 B로 적음) 소리의 특징을 녹음했다. 이들 반복 패턴은 크게 둘로 분류되었다. 그중 하나에 ABABAB 등처럼 반복적인 형태로 지속되는 것이 속한다. 둘째로는 AnBn과 같이 기본적 형태 AB 내부에 또 다른 동일요소가 반복적으로 삽입되는 패턴이 포함된다. 여기서 'n'은 삽입에 참여하는 요소를 가리키며, 예를 들어 AABB, AAABBB, AAAABBBB 등에서 AB 내부 구성 A, B 각자가 반복하는 모습을 가리킨다. 즉, 딱딱거림(A), 지저귐(B) 두 요소가 계속 반복되면서 무한수로 연속체를 생성시키는 현상으로서 비록 비언어적 예이기는 하지만 외형적 결과를 통해 회귀방식의 적용 여부를 관찰할 수 있다. 만약 찌르레기들이 이와 같은 반복 패턴에서의 차이점을 인지하거나 인지하도록 훈련받을 수 있다면 우리는 원칙적 입장에서 찌르레기들은 회귀방식 능력이 있다고 볼 수 있을 것이다.

이 점을 실험으로 확인하기 위해 찌르레기들을 두 그룹으로 나눠 각각의 패턴으로 훈련 과정을 거치게 했다. 그중 한 그룹은 비非회귀방식에 속하는 AB형태를 인지하는 모습을 보였다. 또 다른 그룹에서도 훈련할 때마다 매번 회귀방식 AnBn형태를 인지하는 모습을 보였다. 연구자들은 훈련 실시 이후 이들 경이로운 찌르레기들이 회귀방식이 적용된 형태들을 습득한다는 사실을 확인할 수 있었다.

그렇지만 아직은 좀 이른 감도 있다. 본능으로서의 언어학자들이 단순한 실험 결과만으로 너무 속단하지는 않았는지 비난을 서슴지 않을 것이다. 무엇보다도 인간 언어 통사론에서 회귀방식으로 인하여 다수의 구조적 문장이 생산된다는 사실이 바로 그들이 중시하는 요인 중 하나다. 그들은 찌르레기들이 인간과 엇비슷한 능력을 갖추고 있다는 사실이 제시하는 관점은 인간 언어 측면과는 궤를 다르게 본다. 정말 찌르레기 그리고 인간을 이와 같은 능력 측면에서 동일하게 보려는 시도가 너무 멀리 나간 관점일까? 그렇지만 나는 여기서 어떤 대상도 '동등화'하는 데 목적을 두려는 것이 아니다. 방금 언급했던 찌르레기의 딱딱거림 그리고 지저귐 울음 패턴의 인지 능력이 인간 언어 통사론이 보여주는 복잡성을 이해하는 수준에 이르렀다고 말하려는 것이 아니다. 나의 주장은 아주 간단해서, 즉 회귀방식이 인간만의 독특한 특징이 아니며 인간 언어의 유일성에 의거하여 다른 종들의 능력 그리고 의사소통 체계와 별개로 존재한다는 관점이 핵심에서 아주 벗어난 그릇된 견해임을 보이려는 데 있다.

그러나 찌르레기가 회귀방식 형태를 습득하는 것처럼 보이기는 하지만 정작 야생에서 동물 의사소통 체계의 복잡성은 과연 어찌 봐야 할까? 수중 청음기 활용 연구와 연속적 디지털 음향 분석을 통해 신비한 고래 노랫소리가 인간 음악에서 볼 수 있는 복잡성을 보인다는 사실을 확인할 수 있다. 그 외에도 고래 노랫소리에서 사회적 의사소통 기능도 발견할 수 있다.

예를 들어 혹등고래 노랫소리를 생각해보고자 한다. 혹등고래들은 주로 짝짓기 시기에 노랫소리를 낸다. 이 소리가 물론 짝짓기 시도 기능을 맡기도 하지만, 또 다른 여러 기능에 대해서는 정확하게 밝혀진 내용이 별로 없다. 수컷 혹등고래 노랫소리가 짝짓기 기능만 있는 것인지 아니면 사회적 집단화 기능 등을 갖는 것인지에 대해 아직은 확실하게 밝혀지지 않았다. 한 가지 분명한 사실이 있다면 그들의 노랫소리 내부에 상하 계층 구조가 존재하며, 다양한 주파수대의 음성화를 보인다는 사실이다.[11] 일단 노랫소리를 구성하는 기본 단위를 '음표들'로 가정하고 볼 때 한 번에 수 초 동안 하나의 소리가 지속되는 소리 연속 현상이 나타난다. 평균 4~6까지 정도의 음표들이 서로 섞여 소리를 형성하며, 이런 상황에서 하위 구 구조sub-phrase 단위를 형성하기도 한다. 이런 음성 패턴은 약 10초 동안 지속된다. 따라서 이 시간 동안 2개의 하위 구 구조 단위들이 합쳐지면서 하나의 구 구조를 형성하고, 이런 현상은 반복적으로 2~3분 동안 지속되면서 하나의 독특한 소리 패턴을 생성한다. 고래 노랫소리를 보면 이런 독특한 소리 패턴으로 구성되어 있으며, 30분 정도에서 수 일 동안 지속되기도 한다.

자연에서의 의사소통

일부 동물들의 음성화에서 볼 수 있는 놀라운 특징 중 하나는 긴꼬리원숭이 경고 울음을 보더라도 학습 방식으로 습득되는 것이 아니라는 것이다. 그리고 어린 긴꼬리원숭이가 전혀 경고 울음을 들어본 경험이 없다고 해도 성장기간 동안 자연스럽게 소리를 만들어내는 것을 발견할 수 있다. 그와는 반대로 인간 언어는 철저하게 학습을 통한 습득의 결과라고 할 수 있다. 그리고 이런 학습 과정은 문화적 전달 과정을 위시한 사회적 상호관계를 통해서만 이루어진다. 그 증거로 불행한 일이기는 하지만 (일정 기간 동안 언어에 노출되지 못했던) '야생 아동'의 경우를 보더라도 언어가 자동으로 출현하지 못하는 현상을 들 수 있다. 즉, 드물게 아이들이 사고 등으로 갑자기 실종되는 경우를 볼 수 있으며 비록 소설이기는 해도 루디야드 키플링Rudyard Kipling의 고전 소설에 등장하는 어린아이 모글리Mowgli가 좋은 예라고 할 수 있다. 모글리는 인도 정글에서 고아로 늑대들에 의하여 홀로 자란다. 그렇지만 결국 인간 세계로 돌아가게 되면서 인간 사회의 완전한 일원이 되는 과정을 겪게 된다.

삶의 현실은 그렇게 가슴 따뜻한 모습이 아니다. 기록이 확실하게 남은 경우를 보면 아베롱Aveyron 야생 아동으로서 빅토르Victor라고 불리던 아이가 1797년 남부프랑스 지역에서 발견되었다. 당시 약 12세 정도였으며, 발견 당시 모글리처럼 늑대 무리 사이에서 성장했다. 프랑스 내과의사가 이후 빅토르와 5년간 살면서 언어 교육을 시도했다. 그러나 빅토르는 자신의 이름, 단문, 명령 표현 정도만 구분할 뿐 말로 적절하게 표현하는 방법을 전혀 배우지 못했다.

내가 알기로는 야생 아동에 대한 가장 유명한 이야기라면 『타잔Tarzan』을 들 수 있다. 에드거 라이스 보로우Edgar Rice Borroughs가 쓴 책으로서 이야기에 따르면 타잔은 소년 시기까지 유인원이 돌봐준 것으로 되어 있다. 이런 와중에도 타잔은 언어에 탁월한 것으로 그려졌다. 그렇지만 실제는 이와 많이 다르다. 중요한 점은 언어의 발생은 결국 사회문화적 환경이 반드시 전제되어야 한다는 사실이다. 그리고 빅토르의 경우에서처럼 일단 아이는 누구라도 언어 습득을 위한 '결정적 시기'를 넘기고 나면 언어를 습득하는 능력이 눈에 띄게 저하되는 엄청난 변화를 겪게 된다. 앞서 말했던 긴꼬리원숭이의 경고 울음과 다르게 인간 아동들은 적절한 시기에 인간 언어 접촉을 하지 못하면 언어를 수행할 수 있는 능력을 결코 갖지 못하게 된다. 이유는 10대 초기에 다가서면서 학습 능력 자체가 눈에 띄게 저하되는 모습을 항상 보이기 때문이다.

인간 언어의 사회문화적 기반에 관련된 사안을 보면 해당되는 외적 조건의 문화적 환경에 따라 상당한 차이를 보인다. 언어가 다르면 문화 또한 다양한 형태를 보이게 된다. 이런 상황은 하나의 언어 권역에서조차 지역 문화 차이가 다양성을 가져올 수 있다는 부분에서 잘 알 수 있다. 조지 버나드 쇼George Bernard Shaw는 다음과 같은 이야기에서 이런 점을 잘 보여주었다. 즉, "영국 그리고 미국은 비록 영어라는 동일한 언어를 사용하지만, 분명히 2개의 별도 국가다"라고 말이다. 예를 들면, 동사 '툭 건네다to toss'라는 동사는 영국이든 미국이든 모두 '던지다to throw' 의미를 가리킨다. 그렇지만 'a tosser'를 보면 (미국 영어에서는) 여전히 무엇인가를 던지는 대상을 가리키지만, 영국 영어에서는 흔히 경멸 의미를 첨가해서 사용된다. 내 동료 중 미국 출신 학자 한 사람이 저명한 영국학술회 세미나에서 강연을 진행하면서 해당 어휘의 의미 차이를 미처 구분하지 못했다. 해당 표현의 경멸적 의미를 확인하지 못한 채 자신의 언어학적 논증을 진행하면서 노 교수 한 분을 가리켜 'tossing', 'tosser'라는 용어를 계속 언급했다. 그러던 중 그는 서서히 자신이 사용하는 어휘로부터 지금의 영국학술회 소속 회원들이 당황하는 표정을 보면서 비로소 무엇인가 잘못되었음을 깨닫기 시작했다. 그렇지만 여전히 자신의 표현 어휘에 포함된 또 다른 의미를 알아차리지 못했기에 자신의 무례가 무엇인지 어리둥절해 했다. 여기서 교훈이라면 인간 언어가 형성되고, 전달되고, 배우는 문화적 환경 조건의 중요성이며, 이런 환경은 인간 각자가 살고 속하는 사회적 그룹(들)의 속성에 기초한다고 볼 수 있다.

그렇지만 인간과 다른 동물들의 의사소통 체계 역시 사회문화적 영역에 관련되어 있음을 보이는 증거가 있을까? 혹등고래들처럼 수염고래가 노랫소리를 발성하는 반면에 소위 '이빨고래'라고 불리는 다른 부류의 고래가 있기는 하다. 이빨고래들은 수염고래의 길고, 낮은 소리 발성과 달리 클릭음(•흡입하면서 내는 소리)과 휘파람 소리 등을 빠르게 발성한다. 이 고래들은 인간 음성 주파수 대와 비교할 때 10~12배 이상의 넓은 영역의 음파 스펙트럼(•주파수역 길이)을 보여준다. 고주파수 고래 휘파람은 이빨고래의 소리로서 바다 밑으로 수천km에 걸쳐 퍼져가며 이 고래들은 이 소리를 토대로 해양에서 방향을 잡기도 하고 서로 사냥을 공조하는 의사소통 수단으로 사용하기도 한다. 물속에서 냄새 혹은 시각 등은 상당 부분 줄어들지만, 소리는 공기보다 4배 정도 빠르게 전달될 수 있다. 그래서 소리가 아주 유용하게 사용될 수 있는 것이다. 이에 대한 증거로 고래들은 진화를 통해 아주 예민한 청각을 갖게 되었다. 예를 들어 북극해의 어둡고 아주 찬 물속에 서식하는 흰돌고래의 경우를 보면 10Hz에서 150KHZ까지 아주 넓은 주파수역대를 듣는 것을 발견할 수 있다. 이를 통해 단지 10Hz에서 20KHz 영역만을 들을 수 있는 인간과 현격한 차이가 있음을 알 수 있다.

오늘날 과학자들은 이빨고래에 속하는 향유고래가 내는 휘파람 소리들이 자신들의 그룹 내에서 각자를 구분 짓거나 혹은 자신이 속하는 그룹의 표식 방법으로 활용되고 있음을 잘 알고 있다.[12] 놀랍게도 고래들은 휘파람의 조합을 토대로 자신의 이름과 함께 자신이 속하는 그룹을 확인할 수 있다.

향유고래들은 상당히 사회성이 높은 생물로서 총 몸무게 8kg에 달하며, 지금까지 알려진 동물들 중에서 (멸종했든 여전히 생존하든) 크기 면에서 최고의 두뇌를 갖고 있다. 암컷 향유고래는 수십 년에 걸쳐 지속되는 '여성클럽sororities'(•암컷 고래들이 군집 형성하는 형태를 마치 대학가에서 여학생들이 별도의 모임인 '여성클럽'을 구성하는 상황에 비유한 것이다.) 중 하나에서 살아간다. 향유고래의 평균수명은 약 70년 정도다. 암컷과 새끼 고래들은 수컷과 떨어져 살기 때문에 어린 고래의 양육을 위해 암컷끼리 서로 공조한다. 또한 여성클럽이라는 사회적 집단들은 서로 광의의 협동체를 형성하면서 궁극적으로는 고래 무리를 형성한다.

여성클럽 내에서 고래들의 클릭음 연속 발성은 일종의 소리 종결부로 알려진 고정 패턴을 형성한다. 해양학자들은 향유고래 소리 종결부 구성들이 사회적 기능을 보이지 않을까 아니면 특별히 고정된 소리 패턴을 토대로 고래 개개를 확인시키거나 또는 해당 고래가 속하는 여성클럽 표식을 나타내는 방법이 아닐까 하는 의혹을 품었다. 이 점을 확인하고자 과학자들이 최근 소리 종결부에 관한 조사를 도미니카 섬 해변에서 시행했다.[13] 해당 과학자들이 클릭음 탐지 특수 소프트웨어 장치를 이용해 기록들을 분석했다. 이런 과정의 결과를 통해 연구 대상인 소리 종결부 내부에 3단계의 구조적 정보가 포함되어 있고, 이것은 클릭음의 패턴 구성 과정에서 발생하는 다변화 결과라는 사실을 찾아냈다. 또한 소리 종결부는 향유고래들마다 개별화되어 있어서 고래 각자에게 별칭 혹은 '이름' 부여를 가능하게 한다. 나아가 이 부분은 해당 향유고래가 속하는 여성클럽을 확인하는 길도 열어주었다. 마지막으로 앞서 언급한 기능에 더해 특정 고래의 여성클럽이 어떠한 고래 무리에 속하는지도 아울러 암시하는 내용을 포함하고 있음을 알 수 있다. 향유고래들은 이와 같은 정보를 기반으로 새로운 그룹들을 구성할 때 활용한다. 즉, 암컷 향유고래들은 여성클럽을 형성하면서 다른 고래 무리보다는 동일한 고래 무리에 속하는 또 다른 암컷 향유고래와 함께 여성클럽을 만들려는 성향을 강하게 보여준다. 지금까지의 발견에서는 향유고래의 의사소통 체계가 인간과 마찬가지로 사회문화적 동기를 확실하게 보인다는 점을 제시한다는 사실을 분명하게 확인할 수 있다.[14)]

향유고래만이 사회문화적 관계를 확인시키고 설정하는 데 발화 방식을 활용하지는 않는다. 수염혹등고래를 보면 일종의 자신만을 위한 '방언'을 갖고 있음을 알 수 있다. 고래 노랫소리가 오랜 기간 진화를 거치는 동안 해양저변 바닥의 지리적인 환경을 고려하면 동일한 조건의 유사 지역에 속하는 고래들이 비슷한 소리를 내는 것은 당연한 일이라고 볼 수 있다. 그렇지만 지역적으로 다른 장소에 속하는 고래들은 분명하게 다른 노랫소리들을 보여준다.[15)]

마지막으로 의사소통 전략에 관해 이야기를 풀어나가는 방향으로 인간의 사촌쯤으로 여겨지는 영장류인 흔히 침팬지Pan troglodyte(•학명)로 관심을 돌리려 한다.

침팬지들은 자신들의 발성과 여러 면에서 아주 상이한 질적 차이를 보이는 제스처를 활용해 의사소통을 수행한다. 침팬지들의 발성은 긴꼬리원숭이와 마찬가지로 상당히 고정된 형태를 가지며, 그들 내에서 소리는 먹이 사냥하기, 적으로부터 방어하기, 위험을 경고하기 등을 함께 수행하려는 목적으로 이용된다. 그렇지만 야생 침팬지를 보면 그들의 제스처들이 군집 속에서 서로 관계를 맺으려는 차원으로 다양한 상황 및 주변 조건을 위해 활용되는 모습을 확인할 수 있다. 침팬지 제스처에는 놀기, 털 고르기, 돌보기, 교미하기 등이 포함된다. 침팬지들은 인간이 서로 관계를 맺기 위해 취하는 행동의 양상(이후 부분에서 자세히 다룰 예정)과 유사하게 무리 속 다른 침팬지들에게 영향을 미치려는 목적에서 의도적으로 제스처를 취하기도 한다. 제스처들은 인간 언어처럼 개별적으로 습득되며, 아울러 인간 언어 같이 매우 신축적 형태로 나타나기도 한다.

예로서 영어 전치사 'on(위)'처럼 공간적인 개념을 가리키는 전치사가 '파리가 책상 '위'에 앉을 수 있다'(수평적인 관점에서 윗면을 가리킴), 콧등 '위'(수직 방향에서의 표면을 가리킴)라든지 또는 천장 '위'(수평적이나 아래로 향하는 방향을 가리킴)에서와 같이 여러 표현에 사용될 수 있다. 침팬지들도 지금과 같은 'on'이 다양한 경우를 가리키는 것과 마찬가지로 상황에 따라 별도의 제스처를 사용할 수 있다. 이에 더해 유아 침팬지는 엄마의 몸 부위를 건드리는 시늉을 함으로써 젖을 원한다거나 등에 올라타고 싶다는 의사를 표시한다.

이와 유사하게 다른 부류의 제스처들이 동일한 목적에 활용될 수도 있다. 즉, 놀자는 의중을 표시하기 위해 땅 두드리기, 몸 물기 등의 행동을 취한다.[16] 이런 행동들은 인간이 별로 존경하고 싶지 않은 사람을 가리켜 '사기꾼' 또는 '악당'이라는 표현을 사용하듯이 여러 어휘들로 동일한 의미를 전달하는 방식을 거울처럼 있는 그대로 반영한다고 할 수 있다. 인간 언어에서 신축성과 마찬가지로 침팬지 행동 패턴에도 신축성이 있다는 사실은 매우 확실한 현상이다.

침팬지 제스처들은 일단 두 종류로 분류된다. 첫째는 특정 활동의 일부분에 해당하는 행위가 포함된다. 행위 자체가 제스처로 표현되면서 동시에 전체 활동을 대표한다. 예를 들면 유아 침팬지는 놀고 싶다는 표식으로 우선 첫 단계로 두 팔을 들려고 한다.

방금 제시한 특별한 행동을 표시하기 위한 전체 행위들의 부분들은 인간 발화 '행위'와 동등한 모습을 보여준다. 즉, 말 자체가 행동에 대한 '제어력'을 갖는 것이다.[17] 예로서 영국 총리 네빌 체임벌린Neville Chamberlain은 국가 전체가 전쟁에 돌입하게 되었음을 공표하기 위해 "조국이 이제 독일과 전쟁입니다"라는 문장을 방송으로 내보냈다. 총리에게 위임된 권위하에 제기된

이 선언은 영국, 독일 두 국가 간 사회정치적 그리고 법률적 상황을 완전히 뒤바꿔 놓았다. 이처럼 말의 표현 자체가 전쟁 상황을 가져오기도 하며, 바로 발화가 행동 결과의 원인이 되기도 한다.[18] 이에 연관된 사안으로 침팬지는 두 팔을 들어 올림으로써 놀기라는 정보를 제기한다. 이런 행동은 결국 이전 침팬지들에게 속했던 행동을 모방함으로써 실행된다.

두 번째는 일종의 의사소통 제스처로서 다른 침팬지들의 '관심을 끌기' 위한 목적으로 취해지는 행위가 여기에 속한다. 확실한 예로는 잎사귀 깎기를 들 수 있다. 주로 기운이 넘치는 수컷 침팬지의 전형적인 행위로서 잎사귀로 잡음을 내서 암컷 침팬지들에게 자신의 성기가 충분히 발기했다는 상황을 알리려 한다. 이런 종류의 제스처는 인간의 '관심 끌기' 등과 아주 유사한 모습을 보인다. 특히 전형적 표현인 '여보세요(hey)'라는 어휘가 있으며, 영국 영어에서는 이 말을 통해 상대의 관심을 끌거나 혹은 의사소통을 진행하기 이전에 서로의 대화 채널이 충분히 열려 있음을 확신시키기도 한다.

말하는 동물들

휴 로프팅Hugh Lofting이 지은 닥터 돌리틀Dr. Dolittle 이야기를 보면 빅토리아 시대 영국에서 퍼들비Puddleby-on-the-Marsh 마을 출신의 훌륭한 의사가 환자들을 포기하는 모습이 그려져 있다. 그 의사는 환자 대신 동물들을 키우기로 작정했으며, 또한 우연히 동물들의 소리들을 이해하면서 '대화'를 수행하는 능력을 갖고 있었다. 말하는 동물들이란 아주 까마득한 이전 시기부터 사람들이 꿈꿔왔던 주된 상상이었다. 그러나 동물들이 상상에서처럼 진짜로 말을 배우고 사람과 대화를 할 수 있을까?

20세기에 들어서 영장류 학자들 사이에서 이 부분에 대해 실험을 시도했던 연구들의 역사를 찾을 수 있다. 초기 1930년대에는 과학자들이 침팬지들에게 발화 어휘들을 인지하도록 가르치고 사람처럼 어휘들을 발성하도록 훈련을 시도했다. 그렇지만 아쉽게도 이런 노력은 헛수고가 되어버렸다. 그 중 특이한 경우로 비키Viki라는 침팬지가 마치 아이처럼 양육되었다. 그렇지만 6세 이후에도 그 침팬지(암컷)는 단지 '엄마', '아빠', '위쪽', '물잔' 등처럼 일부 어휘만 생성했으며, 이 예들이 해당 침팬지가 후두로 깍깍 대며 내는 소리 방식을 사용해서 생성한 전체 표현이다.[19]

이처럼 어휘 발성이 어려웠던 이유로 침팬지의 성도vocal tract 자체가 발성 목적에 들어맞지 않았던 것으로 판명되었다. 인류를 가리키는 '인간속'의 진화에서 발성 대응 성도 구조는 두 가지 단계를 거치면서 발달했다. 첫째 단계는 해부상 설골hyoid bone에 해당하는 후두(또는 목소리 부위)가 하향화하는 과정을 가리킨다. 이런 결과로 구강을 통해 좀 더 용이하게 공기가 밖으로 전달될 수 있다. 후두는 우리 생에서 초기 유아 시기를 거치면서 아래쪽으로 하강하며, 우리 삶에서의 이와 같은 변모 과정은 19세기 독일 생물학자 에른스트 헤켈Ernst Haeckel이 주창했던 "개체 발생은 계통 발생을 되풀이한다 ontogeny recapitulate phylogeny"라는 표어를 진화에서 그대로 반영한 예 중 하나라고 볼 수 있다. 인간 유아들은 후두가 꽤 위쪽에 위치한 채 태어나지만, 10대 초기에 이르러 성인에서 발견되는 최종 위치로 이동하면서 안착 상태에 다다르게 된다.

두 번째 단계는 두개골에 연관된 성도 위치 부분의 설골 부위 하향 조정이다. 설골 부위는 구강의 근육에 엮여 있으며, 혀 동작 및 삼키는 동작을 도모한다. 따라서 두개골에 연관되면서 아래로 움직이기 동작으로 혀가 좌우 방향과 함께 상하 방향 등으로 움직이도록 해 발화 전체 행위를 윤활하게 수행할 수 있게 한다. 어느 정도의 발화 능력을 갖추었다고 여겨졌던[20] 현대 인류(호모사피엔스) 및 네안데르탈인들의 공동 조상으로 알려진 하이

〈그림 2-2〉

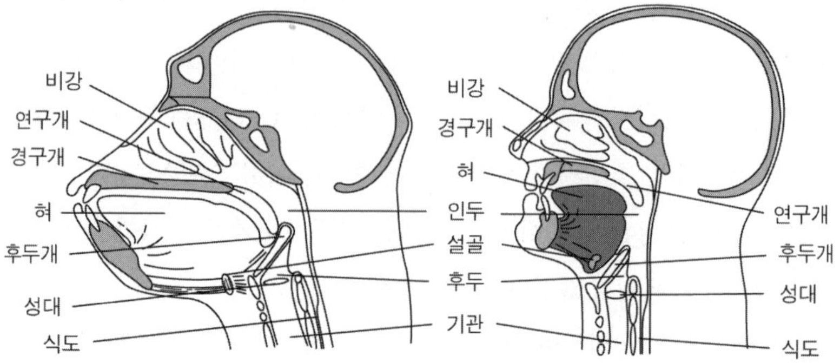

델베르크 원인이 포함된 인간속의 대상과 침팬지들은 판이한 결과를 보였으며, 침팬지의 경우 비록 성장과 함께 설골에 해당하는 부위가 하향 현상을 보이기는 하지만 인류와 달리 하향 현상 자체로 언어를 수행할 수 있는 수준까지 도달하지 못하는 결과를 볼 수 있다.[21] 그리고 침팬지 설골 부위 이동만 봐도 아주 미비한 정도에 불과하다. 이 말은 침팬지들이 구강으로 쉽게 공기를 이동시키지 못할 뿐만 아니라 혀 동작에서도 인간만큼의 유동성을 보일 정도로 제어능력을 갖추지 못했음을 보여주는 것이다. 또한 침팬지들의 진화 적응 과정을 봐도 인간 진화에서 발견된 언어 수행 기반 형성을 위한 두 가지 진화 과정을 찾을 수 없다.[22] 따라서 이처럼 두 진화 적응 과정들을 겪었던 인간속 대상은 가공할 정도의 범위와 수적 다양성을 포함한 음성들을 발성할 수 있다. 침팬지 부류(A) 그리고 인간 부류(B) 발성 기관의 차이는 〈그림 2-2〉에 확실하게 제시되어 있다.

1960년대 초 비교심리학자들은 침팬지들과 음성 방식으로 의사소통을 시행하려고 다양한 방식으로 기획된 훈련 방법들을 적용시켰다. 그중 한 가지가 바로 미국 수화American Sign Language: ASL 응용 훈련 방식이었다. 이런 실험에서 가장 많이 알려진 침팬지로서 워쇼Washoe는 야생에서 약 1년쯤 지났을 때 포획되었다. 그 이후 미국 심리학자 앨런Alan 그리고 비어트리스 가드너Beatrice Gardner가 워쇼를 맡아서 키웠다. 가드너는 사람 아기를 키우듯 워쇼를 화장실 교육을 시키면서 먹이고 입히면서 보호했다.

미국 수화에는 미국 그리고 캐나다 대부분 지역의 언어 장애인 공동체 등에서 주로 사용하는 어휘 및 단어들이 포함되어 있다. 워쇼는 4세쯤 되자 132개의 기호들을 생성할 수 있게 되었고, 그보다 더 많은 수의 기호들을 이해할 수 있었다.[23] 이후 몇 년이 흐르면서 워쇼의 실제 활용 어휘 수가 200여 개에 이르게 되었다.[24] 그 외에도 워쇼는 신어新語들을 만들어내기도 했다. 예를 들어 오리를 보면서 '물' 그리고 '새'라는 표식들을 합성시켜서 새로운 조어인 '물새waterbird'를 생성했다. 또한 경우에 따라서는 복잡한 개념을 지닌 발화를 구성하기 위해 5개 이상의 기호들을 합성시킬 수 있었다. 이에 관련된 예로 '워쇼 미안해Washoe sorry', '아기 넘어져baby down', '가 안으로go in', '안아 빨리hug hurry', '나가 열어줘 제발 빨리out open please hurry' 등이 제시되었다. 워쇼는 질의응답도 이행할 수 있었다. 특히 'what', 'where', 'who' 등의 의문사를 이용해 질문을 수행하는 데 더 유능한 활약을 보였다. 그렇지만 질문 중에서도 의문사 'how', 'where'(•혹시 when이 아닐까?), 'why' 등의 의문사를 사용할 때는 어려움을 겪기도 했다.

워쇼는 우리가 봐도 제대로 구축된 문장을 만들기 위해 어휘 순서를 정확하게 제자리에 넣어 사용하기도 했다. 예를 들면 문장 속에서 주어 그리고 목적어 등이 동사 양쪽에 나타나는 양상을 그대로 반영해 'You tickle me, I tickle you(당신이 나를 간지럽혀요, 내가 당신을 간지럽혀요)'처럼 문장을 구성하는 예를 확인할 수 있었다. 이런 예는 워쇼가 통사론 정보의 기초 정도는 습득할 수 있음을 보여주는 경우가 아닐까 싶다.

앞선 침팬지 언어 능력보다도 더 나아가 눈에 띄는 수준에 도달했던 예로서 워쇼가 자신의 수컷 새끼로 '입양'했던 로리스스Loulis를 기억할 수 있다. 가드너 연구원들은 로리스스가 자발적으로 워쇼로부터 기호를 습득한 모습을 기록으로 보여주었다. 게다가 보고서에서는 워쇼가 로리스스에게 좀 더 적극적으로 새로운 기호들을 가르쳤다는 사실을 언급했다.

본 저서 앞 장에서 말했듯이 침팬지 및 다른 유인원들은 인간에 비견해서 기억력 부분이 상대적으로 취약하게 나타났다. 그리고 인간의 통사 구조는 문장이 구성되는 과정에서 어휘들을 늘어서게 하기 위해 앞뒤를 기억하는 능력을 요구한다. 이런 부분을 해결하고자 제2방식이 고안되었다. 이 방식은 심리학자 데이비드 프리맥David Premack이 시도한 방법으로 학자 본인이 손수 암컷 침팬지 사라Sarah를 활용해 유명한 실험을 시행했다.

침팬지 사라는 언어 자체 대신 플라스틱으로 만들어진 표식을 사용하는 방법을 통해 교육을 받았다. 플라스틱 모형들은 다양한 형태를 띠었고, 모양뿐만 아니라 크기 및 재질에서도 차이가 있었다.[25] 이 방법의 장점이라면 사용되었던 기호가 문장을 구성하는 데 특수한 규칙을 따르면서 재배치될 수 있다는 측면이다. 그리고 사라가 바로 눈앞 표면에 문장 구조로서 플라스틱 모형들을 늘어놓으면서 발화를 생성할 수 있기 때문에 동물에게 문제가 되었던 기억력의 한계성 부담을 크게 줄일 수 있게 되었다.

프리맥과 그의 동료들은 사라가 워쇼가 구성했던 꽤 복잡한 수준 이상으로 복잡성을 지닌 문장을 이해하고 생성할 수 있는 능력을 갖고 있음을 찾아냈다. 예를 들면 사라는 'Randy give apple Sarah(랜디가 사과를 사라에게 준다)'와 같은 문장들을 생성할 수 있었다. 이 문장에는 동사를 중심으로 세 축의 참여자들이 포함되는 일종의 전달 상황 의미 전개가 암묵적으로 제시되어 있다. 즉, 전달 자체를 수행하는 '랜디'와 전달 객체로 역할을 담당하는 특정한 '사과' 그리고 '사라'라는 전달 객체의 수령자 등이 포함되어 있다.

이런 예문 외에도 사라는 'if … then' 구조의 조건 문장을 구성할 수도 있었다. 예를 들면 다음 문장 'If John eats his dinner then he gets ice cream (만약 존이 저녁을 먹는다면 그 사람은 아이스크림을 먹을 수 있을 거야)'를 볼 때 조건에 관한 내용과 실제 발생할 행동 내용 사이의 시간적 절차를 기억해야 할 뿐만 아니라 실제로 아이스크림을 먹는 결정 지점까지 이르기 전에 사전적인 조건 내용을 제언하는 부분에 대한 기억을 유지해야 한다. 이런 상황은 실질적으로는 매우 복잡한 상상력 재주라고 할 수 있다. 즉, 이러한 재주를 기반으로 사전적 조건 상황을 이해할 수 있기도 하면서 또한 존이 저녁을 먹지 않을 경우에는 아이스크림을 먹지 못하게 될 것이라는 아쉬운 상황도 역시 기억할 수 있게 된다. 이것은 사라가 최소한 이 측면에서 인간의 언어 능력에 근접할 수 있다고 볼 수 있을지 모른다.

언어의 기초 측면들을 일부라도 통달하는 놀라운 능력에 그렇게 크게 놀랄 필요는 없을 것이다. 어쨌든 침팬지들은 인간이 볼 때 가장 가까운 생명체임에는 틀림없다. 유전자 배열 구조를 보더라도 인간과 침팬지는 98%의 유사성을 보이기 때문이다. 인간 게놈 기획Human Genome Project에서 근무했던 영장류 과학자 프란스 드 발Frans de Waal은 "다윈은 인류가 유인원 후손이라는 주장을 폈더라도 그리 논란을 불러일으켰다고 할 수는 없다 … . 인류는 긴 팔, 꼬리 없는 몸뚱이로부터 행위 그리고 체온 등 모든 면에서 유인원 자체다"라는 말을 남겼다.[26)]

침팬지들의 정신 능력은 일반적으로 인간에 가깝다고 알려져 있다.[27)] 예를 들어 인간 그리고 침팬지 모두가 과거 사실을 기억하고 경험으로부터 배운다는 사실을 알 수 있다. 그 외에도 그 둘은 미래를 기약하기도 한다. 인간과 마찬가지로 침팬지도 자신의 무리에 속한 다른 일원들이 사고력이 있음을 추론으로 이해할 수 있다. 침팬지는 무리의 행동 및 시각적 단서들을 토대로 마치 인간이 여러 행위를 결정하는 특성이 보여주듯이 주변 일원들의 의도를 이해하고 읽어낼 수 있다.

이처럼 확인된 사실들에도 불구하고 일부 심리학자, 언어학자들은 침팬지의 의사소통 잠재력과 인간 잠재력 사이의 유사성에 관한 주장에 대하여 둘 사이의 직접적 관련성을 제기하지 않더라도 이에 관해 엄청난 비난을 서슴지 않는다. 심리학자 허버트 테라스Herbert Terrace의 경우 우선 가드너가 수행했던 워쇼 기획을 그대로 모방해보았다. 실험 침팬지로는 워쇼 대신 님 침스키Nim Chimsky(촘스키 이름을 본 땀)를 활용했다. 님 침스키에게도 워쇼와 마찬가지로 미국 수화를 가르쳤다. 그러나 워쇼와 다른 점은 이 침팬지에게서는 이전에 실험에 나타났던 복잡한 능력들을 전혀 확인할 수 없었다. 물론 님 침스키의 결과가 워쇼와 차이가 있는 데에는 여러 원인이 있으며, 특히 침팬지 사육자들의 양육 방법 등이 중요한 이유가 될 수 있다. 그렇지만 테라스 그리고 다른 실험자들 모두 동일한 결과에 도달하면서 이런 현상은 침팬지들이 기초적 의사소통 잠재력을 일부나마 소유하고 있으리라는 가능성마저 의심해 내동댕이쳐지는 상황에 놓이게 했다.[28]

핑커는 자신의 저서 『언어의 본능』에서 유인원이 의사소통을 배울 수 있다는 주장을 다음과 같이 조롱조로 표현했다.

> 동물들과 시간을 보낸 사람들 중에는 자신들이 사육한 대상의 의사소통의 힘을 너무 너그럽게 보는 경향이 있다. 우리 친척 중 숙모할머니 벨라Bella가 샴 고양이 러스티Rusty가 영어를 이해했다는 말을 아주 진솔하게 주장한 예를 보더라도 말이다.

워쇼 그리고 다른 유인원들에 대해서도 계속 이야기를 전개한다.

> 유인원들은 실제로 "미국 수화를 학습"하지 못했다. 그런 말도 안 되는 논증은 미국 수화가 독립된 언어 체계로서 복잡한 음운, 형태, 통사적 정보를 지닌다

는 사실에 의거하기보다는 수화 자체를 팬터마임 혹은 제스처 수준의 원시적 체계로 여기는 그릇된 믿음에서 출발한다.

이후 핑커는 다음처럼 말한다.

무엇이든 실험자들이 문법이라고 칭하고 싶어 했던 대상에서의 침팬지들의 능력은 거의 공空에 가깝다고 봐야 한다.(•'헛된 말'이라는 의미.) 실험에 활용된 표식들은 미국 수화 속의 표식들과 달리 상호협조 체계를 갖지 않으며 문법에서의 상相, 일치一致 등에 따라 굴절화(•동사, 명사 등)되는 현상에 연관성을 갖지 못한다.[29]

그렇지만 핑커의 신랄한 지적은 엉큼하기 짝이 없다. 정신이 혼미한 숙모를 차치하더라도 가드너 실험에서는 워쇼가 인간 문법을 습득했음을 주장하지 않았다. 해당 동물이 보여준 능력이 꽤 인간 문법에서 떨어져 있다는 이유만으로 유인원 한 마리의 완성을 감안하지 않으려는 판단은 자칫 목표지점을 스치고 지나가는 오류가 될 수 있다. 어떤 사람도 유인원이 인간과 유사하게 언어를 습득할 수 있다고 믿지는 않는다. 요는 인간 언어가 수많은 종류의 동물의 의사소통과 상호 연계성을 갖는지 아닌지를 제시할 수 있는 여러 전조들이 있을 수 있다는 점이다. 만일 이것이 사실로 확인될 수만 있다면 인간 언어는 초기 영장류 의사소통 형태로부터 진화를 거쳐 발달했다고 볼 수 있는 계기가 될 수도 있다. 그렇지만 핑커는 누구보다도 본능으로서의 언어 이론을 굳건하게 믿고 있던 터라 어떤 생명체도 인간이 소유한 보편문법을 갖고 태어난다고 볼 수 없다는 견해를 주장했다. 따라서 지구상 생명체 무엇이든 의사소통 체계를 갖고 있다고 해도 인간 언어와 유사성 및 연관성을 절대 보이지 말아야 한다. 그리고 핑커는 누구든 유사성의 가능성을 언급만 해도 숙모할머니 벨라처럼 정신 나간 사람쯤으로 여길 것이다.

이제 보여줄 일이지만 수많은 객관적 해설자들이 비록 비인간 생명체일지라도 인간 언어와 유사한 문법의 기초적 전조들이 있음을 지적하는 굉장한 정도의 증거가 존재한다. 이들의 경고는 당연히 중요한 사안들이다. 우리가 다루려는 사항은 바로 기초적이라는 점과 전조라는 점 등이다. 따라서 야생에서 인간에 근접하든지 그렇지 않든지 어떤 생명체에서도 인간 언어 능력과 동일하게 재현되는 증거를 찾을 수 없으며, 실제로 그와 같은 증거가 있다고 기대하지도 않는다. 그럼에도 불구하고 언어학자 짐 허포드 Jim Hurford는 진화적 측면에서 언어 발달에 관한 뛰어난 연구 성과를 통해 인간 외 다른 생명체에서 인간 언어 유사 대상의 종자들을 광범위하게 상술했다.[30] 허포드는 많은 동물 의사소통 체계들이 단순히 그들 사이에서 위협 또는 복종 등과 같은 상호 활동에 활용되기는 하지만, 일부 다른 종들은 그 이상의 상태를 보여주기도 한다는 사실을 관측했다. 일부 동물 의사소통 체계들은 제3자를 가리키거나 동시에 해당 제3자가 관심을 보이는 등의 기초적 의사소통 능력을 포함한다. 꿀벌의 꼬리 흔들기 춤과 더불어 수컷 침팬지가 잎사귀를 탁탁 자르는 제스처를 통해 암컷에게 자신의 발기된 성기를 보게 하려는 동작 등이 이에 속한다고 볼 수 있다. 이런 의사소통 체계로 말미암아 "현대 인간 언어의 최초 기원 중 일부가 정해졌다고 할 수 있다".[31]

언어의 구성요소들

인간 언어 그리고 동물 의사소통 체계 사이의 벌어진 틈에 대처하는 방법 중 하나가 인간 언어의 독특성을 이해하는 것이다. 그러면 이 둘 사이를 분리시키는 근본적 기준을 알 수 있다. 1960년 미국 언어학자 찰스 호케트

〈표 2-1〉 호케트 언어 구성요소 정리

1. 발성-청각 채널	언어가 청각 채널을 통해 지각되는 발화 소리로 전달된다.
2. 전면적·방향적	음향이 모든 방향 전면으로 퍼져나간다. 그렇지만 청자는 음향 출처 방향을 확인할 수 있다.
3. 신속 소멸	음향 표식은 신속하게 사라진다.
4. 총체적 피드백	화자가 자신의 의사소통 발성 음향을 청각으로 확인할 수 있다.
5. 상호교환	동일인이 화자 그리고 청자 역할을 수행할 수 있다.
6. 특수화	음향 표식들이 다른 기능(예로 박쥐의 소리반사 방향 위치 측정 등과 같은)보다 의사소통을 우선시한다.
7. 의미성	음향 표식들이 상호 주관적 측면을 기반으로 개별화·안정화 의미를 소유한다.
8. 임의성	음향 표식들이 의미의 특성을 반영하는 닮은 형태를 보이지 않는다. 예로 dog(영어), chien(프랑스어), perro(스페인어) 등 세 표식들을 놓고 보더라도 모두 '개'라는 동물을 가리키기 때문에 이 음향 표식들 중 어떤 것도 해당 동물의 특성을 전혀 반영하지 않는다는 사실을 확인할 수 있다.
9. 문화 전달	언어가 부모에게서 자녀로, 한 세대에서 다음 세대로 전달된다.
10. 학습 용이성	원칙적으로 한 언어를 사용하는 인간이 다른 언어도 배울 수 있다. 인지적으로 정상인은 누구든지 모든 언어를 배울 수 있다.
11. 분별성分別性	언어가 음성적으로 독립적인 단위들로 분리되며, 어떤 정보라도 이 단위들의 조합에 연관(암호화 과정)되어 전달될 수 있다.
12. 패턴의 이중성	언어가 패턴 형태에서 이중 계층을 갖춘다. 한 계층에서 개별적 음성들이 자체적으로 의미를 소유하지는 않지만, 하나씩 합쳐지는 조합을 통해 의미를 갖게 되는 단어를 구축한다. 다른 계층에서 단어들이 문장까지 다다르는 문법적 패턴화 과정을 형성한다.
13. 변위화變位化	언어 화자, 청자가 공간, 시간에서 현재가 아닌 상황의 논의를 가능하게 한다. 그래서 나는 어제 무엇을 했는지 그리고 오늘 아침 일터로 가는 길에 무엇을 봤는지 말할 수 있다.
14. 생산성	언어적 기본 재료들을 바탕으로 새로운 의미의 또 다른 문장들을 생성할 수 있다.
15. 기만성	언어가 거짓을 위해 사용될 수 있으며, 일찍이 발생하지도 않았거나 가능하지 않은 사항들을 말로 표현할 수 있다.
16. 재귀화	언어가 언어 자체를 이야기할 때도 투입 전개될 수 있다.

Charles Hockett가 열세 가지의 언어의 "구성요소"들 집합을 자신의 저서에 제시했다. 호케트는 이후 세 가지를 첨가해서 모두 열여섯 가지로 결론을 내렸다. 이 주장에서 확실한 것은 이들 구성요소들이 모든 인간 언어에서는 보편적이지만 다른 생명체의 의사소통 체계들에서는 일반적인 분포를 보이지 않는다는 점을 분명하게 언급한다는 것이다.[32] 〈표 2-1〉에 호케트가 제기한 구성요소들이 정리되어 있다.

그렇지만 호케트의 구성요소 모두가 동물 의사소통에서도 발견된다는 사실을 감안한다면, 이것은 결국 또 다른 헤겔식 논증에 대한 충격이 아닐 수 없다. 그리고 앞서 제기한 구성요소들을 봐도 이 중 최소 둘 혹은 셋 정도가 정작 인간 언어 어디에도 반영되어 있지 않다는 역설적 놀라움도 확인할 수 있다. 이 점은 앞으로 이 저서에서 자주 반복되겠지만, 이와 같은 일종의 먹음직스러운 아이러니를 통해 바로 비실증적 추론(실질적 증거들을 결여함)을 기반으로 그 기세를 취했던 본능이라는 측면이 때로 오류 결론으로 귀결될 수 있음을 분명히 확인할 수 있다. 실제 연구 조사들이 진행되기만 하면 그 결과들은 때때로 실질적으로 발견한 사항들이 우리가 기대하던 것과 다를 수도 있다는 면에서 정말로 유익한 교훈이 될 수 있을지 모른다.

과연 무슨 이유로 '구성요소들'인지?

언어를 생각할 때 여러 사람들에게 우선 떠오르는 생각은 바로 발화 다양화 현상이다. 그러나 인간 언어는 놀라움 그 자체가 아닐 수 없다. 즉, 표현을 특정한 방식에 국한시키지 않기 때문이다. 예로서 언어 장애인 공동체를 보면 수화 사용에서 정교한 문법(이미 수차례 보았던 것처럼)과 함께 복잡한 수준 어디에서도 기존의 발화 언어로부터 어떠한 차이도 보이지 않는다. 영국의 경우 12만 5000명의 언어 장애인과 약 20만 명의 아이들이 영국 수화를 모국어처럼 사용한다고 추산된다. 이것은 곧 영국 수화가 영국에서 어떤 특정 단일어에 대한 소수민족들의 인구 합계 등을 살펴보더라도 그중에서 단연코 최상위임을 분명하게 가리킨다. 더욱이 영국 수화는 영국 정부로부터 공식적으로 언어로 인지되었고, 2003년 공적 언어로서 그 위상을 인정받았다. 아이러니하게도 영어가 아직까지 영국 땅에서 동일한 위상을 갖지 못한 것과는 차이가 있지 않은가!

수화들이 발화 언어와 동일한 수준의[33] 완전한 언어로 인정받기는 해도 이 언어들은 아주 빈번하게 오해를 불러일으키기도 한다. 미국과 영국에서 사용되는 영어들은 상호 이해가 가능하기는 해도 수화 사용 측면에서 미국 수화 그리고 영국 수화 등이 대화에서 상호 이해하는 데 전혀 문제가 없으리라는 그릇된 오해를 수없이 가져오기도 한다.

수화 연구는 아직 걸음마 단계에 있다. 비록 영국에서 수화 연구의 시발점이 일찍이 1570년에까지 이른다는 기록이 언어 장애인 공동체에 남아 있기는 하지만, 학계를 중심으로 언어학자 및 기타 연구 분야에서 조사가 시작된 시초는 1950년대 그리고 1960년대로 알려져 있다. 오늘날 세계 언어를 수록한 『세계언어백과Ethnologue Encyclopaedia』에는 세계적으로 130개의 수화가 기록되어 있다. 하지만 실질적인 수는 어쩌면 더 많을 수도 있다.

그러나 영국 수화 등 수화는 소리를 매개체로 하지 않기 때문에 앞에서 본 호케트 언어 구성요소 중 첫 번째에 해당하는 발성-청각 채널에 예외로 여겨질 수도 있다. 그리고 방향성 방식 안에서 표현 과정에 돌입할 때 호케트 언어 구성요소 두 번째에 해당하는 전면적·방향적 요소에 반할 수 있다. 일부 아이러니하게도 언어에 관한 호케트의 보편적 구성요소 중 두 가지 기준이 수화에 적용될 때 더 이상 보편적으로 적용된다고 볼 수 없다.

동물들의 의사소통 체계에서는 앞서 제기한 두 가지 구성 특성이 널리 확인되며, 여기에는 긴꼬리원숭이 경고 울음, 수염고래 노랫소리, 향유고래의 특수 휘파람 소리 등이 포함된다. 더 나아가면 이주 놀라운 예로서 알렉스Alex라고 불리는 아프리카 회색 앵무새를 들 수 있다. 심리학자 이레네 페퍼버그Irene Pepperberg는 이 앵무새가 약 50개 이상의 단어들을 상황에 맞춰 정확하게 사용하도록 훈련시켰다. 이 예는 바로 구성요소 중 첫 번째인 발성-청각 채널에 의거한 발성을 포함한다.[34)]

호케트 구성요소 중에는 특수화도 문제가 되기도 한다. 인간 언어 발화가 의사소통의 수월성을 중시하는 반면 같은 요소 조건을 이빨고래 예로서 소리반사 방향 위치 측정 체계에 곧바로 적용시킬 수 없다. 이유는 이 고래들은 우선 해양에서 방향 결정을 위해 음향을 소리반사 방향 위치 측정으로 사용한다. 이에 더해 일종의 덤으로 이 소리반사 방향 위치 측정은 의사소통 기능 또한 수행할 수도 있다.

그렇지만 진화적 측면에서 볼 때 지금껏 말한 구성요소란 용어는 부적절해 보이기도 한다. 발화 언어가 다른 목적을 위해 진화했던 체계들을 응용하기 때문이다. 예로서 인간 발화는 폐에서 발생시킨 공기뭉치가 후두를 통과하고, 이후 혀 또는 입술을 통해 구강 내부의 틀 형태를 변화시키는 방법으로 흘러 나가는 공기 자체가 조절되는 과정 등을 포함한다. 그러나 폐는 언어와 상관없이 호흡을 위해 진화한 기관이며, 구강과 혀는 음식 맛을 보고 음식을 삼키는 기능으로 진화된 것이다. 그 외에도 모음 그리고 자음으로 구성된 인간 언어 음성 체계조차도 진화상으로 볼 때 애초에 음식을 흡입하고 씹기 위해서 발달된 개구開口 및 폐구閉口에 기초한다. 따라서 음향적으로 울림도가 낮은 자음은 아주 일부라도 구강을 폐구하는 방식을 취하는 반면, 울림도가 높은 모음은 공기 흐름을 자유롭게 할 수 있게 개구하는 방식을 취한다.[35)] 특별하게 음성 생산만을 위해 진화한 기관을 들라면 후두가 제격이 아닐까 싶다.

그러나 후두는 양서류, 파충류, 조류, 수염고래와 같은 또 다른 포유류에서도 발견된다. (비록 이빨고래들이 소리를 내는 방식으로 물속에서 초음파를 쏴대는 별도의 생체적 기구를 사용하기는 하지만) 후두의 진화 기능은 음성 생산이며, 여러 생명체가 위험, 포식 행위 등을 경고하는 진화에서 다급한 행위에 관련된 발성 형태로 나타나기도 한다. 그래서 후두는 원래부터 발화 생산을 수월하게 하려는 목적으로만 고안되고 발달했다고 볼 수 없다. 물론 현대 인류에서 발견된 수많은 변화 중 하나를 든다면 바로 후두가 다른 종보다도 훨씬 아래쪽에 위치하는 하향화 현상을 보인다는 점이다.

물론 여기서 요점은 인간 발화가 현재 상태에 이르기까지 진화적 궤적이 있었음을 인정하지 않는다면 인간 발화 자체가 단순히 의사소통을 위해 특화된 양 여겨야만 한다는 사실이다. 그리고 특수화라는 구성요소는 몸짓-제스처 매개체를 기반으로 하는 수화의 경우 더욱 빈약해질 수밖에 달리 도리가 없을 것이다. 사실적으로는 점점 더 많은 의견이 발화 언어가 근대에 침팬지들이 수행하는 의사소통 유형으로 제스처 언어로부터 기인했다는 견해를 강하게 개진한다. 다른 유인원과 마찬가지로 인간도 거울 신경세포를 소유한다고 알려져 있다.[36] 즉, 인간이 상대가 행하는 제스처를 보는 경우 행동을 개시하는 세포들을 가리킨다. 이것은 다른 사람이 갑자기 발가락을 특정 부분에 부딪치고 고통스러워하거나 닫히는 문틈에 손이 끼이는 등과 같은 상황을 접할 때 마치 자신이 당한 듯이 얼굴을 찡그리는 예에 비견할 수 있다. 그리고 거울 신경세포들은 우리가 제스처 동작을 습득하고 이 제스처를 통해 의사소통하는 방법을 배우는 모방을 위한 기초를 적절하게 마련해주기도 한다. 그리고 브로카Broca 영역 및 언어에 밀접하게 연관된 두뇌 부위가 제스처를 수행 과정 그리고 손 그림자놀이 등에 연루시킬 수 있다는 사실은 이와 같은 상황을 설명하게 될 제5장에서 다시금 논증할 예정이다.

일단 인간 언어를 제스처로부터 이끌어낼 수 있는 근거로는 거울 신경세포의 존재 여부를 통해 가능성을 확인해볼 수 있다.[37] 일단 언어적 기호화가 발달하면 이런 과정을 발성-청각 매개체로 표시하려는 기능이 진화를 시작한다. 이런 측면에서 언어는 바로 손으로부터 얼굴로 진화했으며,[38] 확실한 점은 손, 손가락, 어쩌면 거울 신경세포 모두가 단지 언어 수월성만을 위해 진화하지 않았다는 사실이다. 무엇보다도 마카크macaque 원숭이들의 거울 신경세포를 보면 비록 이 동물이 동일한 종류의 세포를 소유하더라도 인간 언어와 유사한 어떤 것도 발달시키지 않았음을 보면 잘 알 수 있다.[39]

이 말은, 즉 유인원들에게 가르친 언어들은 호케트 관점에서 본다면 구성요소 중 특수화에 잘 들어맞는다고 할 수도 있다. 즉, 이 체계가 의사소통만을 위해 제기된 사항들이기 때문이다. 그러나 유인원은 비교심리학자들이 인간 언어와 유사한 방식을 가르치려 했던 유일한 동물이 아니었다. 1980년대 두 가지의 별도 훈련 프로그램을 돌고래에게 적용시키려는 시도가 있었다.[40] 첫째 훈련은 아케아카미Akeakami라고 불렸던 돌고래에게 조련사 손동작을 인식시키는 내용이었다. 이런 과정에 연이어 돌고래에게 손동작을 응용한 새로운 '문장' 구조를 인식시키려고 했다. 둘째 훈련은 피닉스Phoenix라고 불렸던 돌고래에게 컴퓨터로 재생된 소리들로 고안된 언어를 훈련시키는 내용이다. 돌고래들이 어쨌든 손은 물론 컴퓨터를 갖추지 못했기 때문에 훈련받았던 '언어' 모두를 생산할 수는 없지만, 그들이 이해하던 과정은 유인원과 마찬가지로 돌고래들도 특수화를 드러내는 의사소통 체계를 발달시킬 수 있는 능력을 소유하고 있음을 제시해주었다.

단어들이 스스로에게 연계된 의미를 가진다고 보았던 의미성 부분은 동물들이 내보일 수 없는 또 다른 구성요소 중 하나이며, 혹은 회의론자들도 그와 같은 주장을 보여준다. 그럼에도 비인간 종으로서 일부는 정말로 특별한 제스처들과 같은 상징을 세상 속에 존재하는 대상과 연계시키는 능력을 갖는 것처럼 보인다. 돌고래 아케아카미의 경우 이 동물이 지시된 특정 대상을 가지러 가거나 혹은 하나의 대상을 옮겨서 다른 위치에 놓는 행위 등을 토대로 지시를 따르는 능력이 있음이 확인되었다. 그 돌고래가 이런 행동을 보이는 이유는 지시 방식인 제스처 그리고 해당 의미의 연계성을 이해하고 있었음을 보여주었던 예라고 할 수 있다.[41)]

이와 비슷하게 침팬지 워쇼도 상징기호와 해당 의미 사이의 연계성을 이해했음을 확신할 수 있게 실험이 아주 조심스럽게 진행되었다. 실험은 워쇼로 하여금 제시되는 그림을(경우에 따라서 개가 그려진)을 보면서 즉각적으로 적정한 표식을 제시하게 했다. 그러나 이 실험에서 그림을 제시하는 실험자들은 특정 자리에 위치하도록 조치를 취함으로써 그림을 보지 못한 채 워쇼가 응대하는 동작만 볼 수 있게 했다. 이런 체계가 고안된 이유는 실험자로 하여금 비록 무의식적일지라도 해당 유인원에게 특정한 상징기호를 가리키도록 부추길 수 없게 하려는 이유에서였다. 이와 같은 '이중 은폐' 방식에서도 워쇼는 모든 시도에 정확하게 답했다. 그리고 답이 틀리게 될 때는 실수가 무작위로 발생하지 않았으며, 실제 경우를 봐도 그림에 그려진 개를 고양이라고 가리키는 등과 같은 특별한 범주에서만 실수를 범하는 상태를 보여주었다.[42)]

비인간 종의 시야를 넘어서 이전부터 고려되었던 언어의 구성요소를 생각해본다면 문화 전달 측면을 고려해볼 수 있다. 언어의 신화에서 주장은 인간이 세대를 걸쳐서 그리고 동일 사회문화적 그룹의 일원 전체에 언어를 전달할 수 있는 유일한 존재라고 강조한다. 예를 들면 동일 언어의 방언은 언어의 문화적 다양성을 잘 보여주는 증거이기도 하다. 그럼에도 고래 중 혹등고래의 노랫소리에서도 인간 언어와 마찬가지로 지역에 따른 방언 형태가 나타나 있다. 지역화는 고래 노랫소리의 지표가 된다. 즉, 무리가 속한 지역에서의 차이가 아주 명확하게 보이는 노랫소리를 생성한다는 것이다.

동물들이 보여주는 문화 전달에 관련된 정말 놀라운 예들이 여러 영장류 동물학자들에 의하여 제기되었다. 그중 한 가지 예로서 바로 몸체가 아주 작은 난쟁이 침팬지 칸지Kanzi의 경우가 있다. 칸지는 이전 실험에서 수행되었던 특정 행동을 훈련시키기 위한 먹이 활용 행동 습득 강화와 같은 공식적 훈련을 받은 적이 없었다. 그 대신 칸지는 자신의 어미 마타타Matata가 훈련받는 과정을 관찰하면서 상징기호를 습득했다.[43] 그 외에도 마타타는 자신이 배웠던 상징기호를 활용하면서 칸지와 상호관계를 이행했다. 그러면 칸지는 일상적 행위 속에서 자신이 배운 상징기호를 활용해 사람들과 소통했다. 이런 표현들 속에는 어미조차도 따를 수 없는 정도의 복잡성을 지닌 상징기호 조합 결과들이 포함되어 있었다.

이제 학습 용이성 부분을 생각해보려고 한다. 즉, 한 가지 언어 화자가 적절한 노력 및 시간을 들인다면 또 다른 언어에 대해 일정 유창성을 갖고 발화를 수행할 수 있다. 침팬지들도 인간처럼 자신들이 습득한 상징기호 체계의 관점에서 탄력성을 보인다. 사라, 워쇼 등도 또 하나의 의사소통 체계를 습득했다. 워쇼의 '언어'가 미국 수화였던 반면 사라는 앞서 언급했듯이 플라스틱 상징기호들을 통한 체계였다. 플라스틱 상징기호들이 조합되는 방식은 특정한 규칙을 따랐다. 사라가 배웠던 '언어'는 애틀랜타 여키스Yerkes 영장류 센터 명칭을 따서 여키쉬Yerkish라고 불렸으며, 워쇼가 습득했던 미국 수화와는 근본적인 차이를 보였던 '언어'였다. 두 침팬지들이 이처럼 서로 다른 '언어들'을 습득했다는 사실은 침팬지 의사소통 체계들이 학습 용이성의 구성요소를 내보이는 아주 훌륭한 증거가 될 수 있다.

동물 의사소통 체계에서 나타났던 구성요소를 토대로 전개된 지금까지의 이야기들은 어쩌면 패턴의 이중성 그 자체가 아닐까 싶다. 이 말이 바로 인간에게만 존재하는 유일함을 핵심적으로 가리킨다고 볼 수 있다. 인간 언어는 일단 자체적으로는 의미와 직접적인 연관성이 없는 요소들을 중심으로 하고 있어서 단어를 형성하는 음성 [t], [ɪ], [p] 등만 봐도 이 세 요소는 각각 독립적 의미를 갖지는 않지만, 이들이 어우러진 결과물들인 tip, pit 등은 별도의 독립 의미를 갖게 된다. 이들 단어들은 또 다시 문장을 형성하는 기본 단위 역할을 수행한다. 이와 같은 과정으로 패턴 과정에서의 이중적 계층이 발생하며, 이로써 의미를 갖지 못한 단위들이 어우러짐이라는 과정 속에서 의미를 대변하는 존재로 거듭나게 된다. 그래서 여기서 가리키는 구성요소가 본능으로서의 언어 이론이라는 핵심 부위에 연관된 주장에 관련성을 갖게 되는 것이다. 즉, 인간 언어의 정의로서의 질적 특성이 바로 언어에 나타나는 조합 수행력으로 여겨질 수 있다. 여기서 조합 수행력이란 일종의 규칙 중심 조합 과정을 가리키며, 이 규칙 대상인 음성 혹은 상징기호들은 수적으로 제한된 범위의 요소들로서 나름 집합체를 형성하게 된다. 이와 동시에 이들 요소들은 애초부터 별개 의미를 소지하지 않지만, 이 요소들이 상호 어우러지는 과정을 겪으면서 생성되는 결과들은 엄청난 규모의 의미적 잠재성을 가져오게 된다.

그렇지만 여기에도 문제는 있다. 야생의 유인원들도 인간 언어에서 봤듯이 유사한 형태의 조합을 통해 울음소리 내기를 수행하고, 이를 토대로 더 복잡한 결과를 생성할 수 있다는 능력을 보여준다. 이것은 인간이 음성적 표식 자체로는 의미를 갖지 않더라도 자신이 수행하는 음성 표기의 의미를 해당 음성적 표식을 첨부해 변화시키는 경우와 동일하게 볼 수 있다. 예를 들면 자체적으로 의미를 갖지 않는 음성 [s] 분절음의 역할을 보면 이해할 수 있다. 따라서 apple(사과)라는 어휘에 방금 제기한 음성 [s]를 첨가하면 apple(사과) → apples(사과들) 형태로 바뀌면서 의미적으로 1개만 가리키는 단수 의미에서 2개 이상의 복수 의미를 가리키는 상황으로 전환되는 모습을 보여준다.[44)]

캠벨의 원숭이 경우에서 요점을 찾을 수 있다. 아이보리코스트Ivory coast에서의 캠벨의 최근 연구를 보면 수컷 원숭이들이 접두사를 첨가하는 방식으로 울음소리 내기에서 의미를 변화시키는 현상이 관찰되었다.[45] 예를 들면 원숭이들이 표범과 맞닥뜨리게 될 때 krak라는 소리를 이용한다. 그러나 표범의 소리는 들었지만 직접 보지 못한 경우에는 뒤에 -oo 소리를 접미사처럼 덧붙여 결국 krak-oo 소리를 최종적으로 만들어서 발성하는 모습을 보여준다. 이와 더불어 이웃에 서식하는 다이애나 원숭이 등이 표범에 대한 경고를 보낼 때에도 krak-oo 소리를 사용하면서 동참하기도 한다. 여기서 -oo는 일견 첨가 표식처럼 작용하며, 이런 표식 방식은 해당 원숭이들이 소위 '이보게 표범이 온 것 같아!Hey, there might be leopard!' 표현 등을 통해 해당 정보를 주변으로부터 수집한, 즉 듣고 알게 된 결과의 표현 정도로 볼 수도 있다. 앞에 제시된 소리 krak와 마찬가지로 hok 울음소리도 경고음에 속하며, 이 소리는 원숭이들이 관뿔매crowned eagles를 보았을 때 낸다. 그러나 접미사 -oo가 첨가된 hok-oo 소리는 원숭이 머리 위 나무숲 덮개 부분에 문제가 발생했음을 알리는 경고 메시지다. 때로 머리 위로 날다람쥐만 봐도 같은 경고음을 발성하기도 한다. 이런 상황들이 확실하게 보여주는 것은 인간 언어 통사 구조의 조합 수행력이 비록 경미한 수준이기는 하더라도 어떤 동물 종에서라도 관찰이 가능하다는 사실이다. 캠벨의 원숭이들이 바로 기초적 수준의 형태론을 보여주는 것으로 보이며, 이런 능력은 단순한 의미 단위로부터 복잡한 단어를 구축하는 능력으로도 간주할 수 있다. 그리고 접미사 -oo 활용은 인간 언어에서 단순 조각 정보라도 나름 신빙성이 있기만 하다면 이를 기반으로 문법적 틀에서 의미를 부여함이 가능하다는 사안과 매우 유사하다고 간주할 수 있을 것이다.

만일 영어가 앞서 말한 내용과 다르다면 다른 언어에서 찾아볼 수도 있다. 예를 들면 남미 지역에서 가장 널리 사용되는 원주민 언어로서 약 800만 명 혹은 1000만 명 사이의 모국어 화자를 포함하는 케추아Quechua 언어를 보면 화자가 특정 주장을 확신할 때, 화자가 해당 내용을 알게 된 방법을 피력할 때 문법적 표기들이 문장에 첨가되는 현상이 나타난다. 따라서 '닐 암스트롱이 달 표면을 걸었다Neil Armstrong walked on the moon'라는 문장을 말할 때 이런 사실은 결국 풍문으로 전해들은 것으로서 문장 자체에 이런 내용을 알리기 위해 접미사 표기를 첨가하게 되며, 이런 방식은 이미 캠벨 원숭이들이 -ㅇㅇ 소리를 접미사로 사용하는 예에서 관찰한 결과이기도 하다.

영장류들이 인간의 훈련을 받는 환경 속에서 수집된 증거는 훨씬 인상적이라고 말할 수 있다. 영장류 동물학자 수 럼보새비지Sue Rumbaughh-Savage(칸지 연구)의 연구 대상이었던 라나Lana라는 침팬지는 문장 내부의 단어 순서배열을 인지할 수 있었다. 예를 들면 침팬지 사라와 마찬가지로 침팬지 라나도 여키쉬 언어를 배웠고, 이를 토대로 관찰할 때 이 침팬지가 'X가 라나에게 사과를 주었다' 그리고 '라나가 X에게 사과를 주었다'라는 문장 형식의 차이를 인지할 수 있었다.[46] 인간에게 이와 관련된 인지 여부는 너무 확실한 사안이라서 별도의 설명이 필요 없다. 즉, 첫 번째 문장에서 사과 수령자가 라나지만 반면에 두 번째 문장에서는 라나가 사과 제공자 입장이라는 사실을 아는 것이다. 라나가 제공자 및 수령자의 차이점을 인식한다는 것은 해당 침팬지가 수많은 인간 언어의 요체인 단어 순서배열 기능을 이해하고 있음을 가리킨다고 생각한다.[47] 그리고 이에 더해 라나로부터의 발견은 이 침팬지가 다양하고도 복잡한 의미를 생성하기 위해서라면 단어들이 상호 조합을 형성할 수 있음도 아울러 파악하고 있다는 점을 제시한다고 할 수 있다.

그렇지만 영장류들이 실험 환경에서든 야생에서는 둘 모두에서 패턴의 이중성을 보여주는 반면 인간 언어에서는 이와 같은 구성요소가 반영되지 않는 예들이 확인되었다. 예로 남부 이스라엘 지역 네게브Negev 사막 알사이드Al-Sayyid 공동체(•베두인Bedouin 마을)에서 70년 가까이 사용되던 수화를 보려고 한다. 알사이드 수화는 문법 요체를 갖추기는 했지만, 공동체 일원 중 노인들이 사용할 때 인간 언어의 근간인 관습적인 기호 체계 및 운영 체계를 갖추지 못하는 경우를 왕왕 발견할 수 있다.[48] 이것은 영어로 대비해서 볼 때 화자들이 어휘 cat을 말하고 싶을 때 매회 또 다른 음성 요소 배열을 취하려 시도하는 형태와 유사하게 생각할 수 있다. 즉, 단어 형성에서 세 가지 음성 [k], [æ], [t] 으로 국한시켜서 어휘를 구성하기보다 시시때때로 또 다른 음성들로서 동일한 의미를 전하려는 의도와 동일하게 볼 수 있다. 이처럼 음성 선택 및 운영에서 작심해서 비정상적인 음성 배열 과정을 선택하는 이유는 바로 수화에서 주로 활용되는 손 모양 그리고 제스처 등이 때로 아이콘처럼 사용되어 각각의 행동들이 사용자 의중을 그대로 대변한다고 보기 때문이다. 이런 사실은 컴퓨터에서 '삭제'를 가리키는 아이콘(상징 표식)이 실지로 삭제에 해당하는 의미를 지칭하는 재활용 휴지통recycle bin의 모습으로 그려져 있어서 마치 무엇인가를 실제로 없애버리는 실질적 상황의 연출과 동일하게 볼 수 있다. 조합이라는 견고한 규칙들을 기반으로 동일한 의미를 개략적이나마 가리키려는 또 다른 경우들을 위해서 다른 모습의 손 모양을 취할 수도 있다. 수화가 기능을 수행하는 방식은 부분적이기는 하지만 이미 방식이 정해진 표현으로서 제스처 그리고 표정들이라는 수단을 중심으로 전개된 매개체의 결과로 여길 수 있다. 이런 매개체 방식이 사람들이 개별적으로 의사소통을 위해 활용하는 다양한 종류의 제약 조건들 그리고 가능성 등을 제공한다.

패턴의 이중성은 생산성 요소에 밀접하게 관련되어 있다. 즉, 언어 기호들을 조합하는 과정을 토대로 새로운 의미들을 양산하는 능력은 두 구성요소의 관련성을 잘 보여준다. 그러나 생산성은 유인원들 또한 소유한다고 알려져 있는 구성요소 중 하나다. 특히 이전 실험 대상이었던 워쇼 및 주변 파트너들은 자신들이 교육을 통해 습득했던 수백 개의 표식들을 토대로 새로운 조합 결과물들을 만들었으며, 이렇게 만들어진 조합 합체들은 그들이 이

전에 전혀 배운 적이 없었던 어쩌면 차라리 창조적 결과들로 보는 것이 맞을 것이다. 예를 들면 워쇼의 파트너 수컷 침팬지 모야Moja는 '보온병' 단어를 알지 못했을 때에도 해당 대상물을 가리켜 '철재 컵 마시다metal cup drink' 라고 지칭했다.[49]

끝으로 여기서 유인원들의 인지 잠재력을 암시할 수 있는 세 가지 구성요소들인 변위화, 기만성, 재귀화 등을 다루고자 한다. 이전의 연구들에서는 연구자들이 인간 외 종들에게서 앞서 언급한 세 요소들이 전개되는지에 의구심을 가졌지만, 이후 지속적인 연구를 통해 놀라운 결과들을 발견하게 되었다. 그리고 이런 과정 안에서 계속된 연구들이 인간으로 하여금 이전에 동물들에 대하여 가졌던 전제들을 재고하게 했다.

우선 첫 번째 단계로 변위화를 놓고 보면 여러 동물들이 수많은 서식 장소에서 생활하지만 이전에 살았던 곳들이 시야에서 사라지면 완전히 망각해버리는 성향을 어느 정도 사실로 받아들일 수 있다고 생각한다. 그렇지만 최근 침팬지들의 관찰을 통해 무리 속에서 더 이상 현재 상황이 아닌 사항으로서 변위화에 해당하는 정보들을 주고받는 상황에 연관된 아주 확실한 증거가 제시되었다. 유인원들을 야생에서 혹은 실험실에서 관찰해보면 동물 자신이 직접 보고 있지 않는 대상물을 지칭하기도 한다. 난쟁이 침팬지와 오랑우탄 모두 때로 자신이 후일 사용하려는 목적으로 도구를 선택해 옮겨 놓고, 보관하는 능력을 지니고 있다. 이런 결과로 우리는 유인원들이 미래 상황을 예측하고 대처하려는 능력을 소지했음을 알 수 있다. 유인원들은 또한 특정 사건이 발생하고 시간이 얼마 지난 후라도 해당 사건을 역으로 추적할 수 있는 능력을 보여주며, 이로써 유인원들도 시간 흐름을 인지하고 있음을 확인할 수 있다.[50] 언어 능력으로만 본다면 워쇼는 당장 눈에 띄지 않는 대상물을 요구할 수도 있었으며, 이 점 또한 의사소통 혹은 언어를 토대로 변위성을 제시하는 상황을 제시한다고 말할 수 있다. 그리고 앞서 설명했던 꿀벌(혹은 호박벌)들의 꼬리 흔들기 춤을 상기시키고 싶다. 이들은 춤을 통해 꿀이 있는 장소까지의 거리를 가리키는데, 이는 의사소통에서 나타나는 변위성의 표본적 예라고 할 수 있으며, '눈에서 멀어지면 마음에서 멀어진다'라는 표현을 놓고 볼 때 꿀벌들은 정작 꿀이 있는 장소를 당장 보지 못한다고 해도 여전히 필요한 정보를 결코 망각하지 않음을 확실하게 알 수 있다.

이제 다음 단계로 기만성을 보려고 한다. 다만 비교 검토 연구가 많이 수행되기 이전에는 인간만이 거짓 수행 능력(기만성)과 함께 언어를 허위에 응용할 수 있다는 가정이 있었다. 어쩌면 윤리적인 의혹이 있을 수도 있지만, 거짓 수행 능력이란 인지적 측면에서는 상당한 수준의 세밀함 또는 복잡함을 암시하는 것이다. 즉, 이 말은 마키아벨리Machiavellian 수준의 지능 수위를 가리킨다고 할 수 있다.[51] 이것은 또한 숨은 저의를 위해 사실을 조작·왜곡하는 능력을 실증하는 것이기도 하다. 그렇지만 앞서 보았듯이 침팬지들 역시 고의로 사실을 빗겨 나가게 하는 능력을 갖고 있다. 그리고 이와 같은 목적을 위해 의사소통에서의 전략적 측면을 사용하기도 한다. 침팬지들은 무리 속 다른 침팬지들이 나름의 희망 혹은 욕망을 갖고 있음을 파악하고 있기 때문에 이 부분들을 기반으로 기만적 행동을 하면서 다른 무리들을 자신의 희생양으로 삼기도 한다. 침팬지들은 결국 동일종의 다른 일원들도 자신과 마찬가지로 생각하고, 원하며, 바라고, 믿는다는 사실을 이해한다.[52] 즉, 다른 존재들과 동일한 생각을 공유한다는 점에 대한 이해는 결과적으로 매우 특별한 인지적 획득 성과로 간주할 수 있다.

최근 우간다Uganda 우림 지역에서의 침팬지 서식에 관한 연구에서 이 동물이 다른 침팬지들로 하여금 경계를 갖도록 경고 울음소리를 내야 할지에 대해 상황을 판단하려는 성향이 있다는 사실을 관찰했다. 침팬지 중 무리 앞에 위치한 녀석들은 독사뱀의 출현 위험을 알리려는 목적만 위해 'hoos'

울음소리를 반복해서 낸다. 그러나 이때 울음소리를 내는 침팬지들은 뒤에 따르는 다른 무리가 아직 위험 자체를 보지 못한다는 상황을 감지하고 있을 때만 해당 경고 울음소리를 낸다. 일단 뒤쪽 침팬지들도 위험을 감지하게 되면 앞서 가던 침팬지들은 울음소리를 그쳐버린다. 이와 같은 관찰 결과는 침팬지들이 다른 무리들이 어떤 생각을 하는지를 추론하는 능력이 있음을 보여주는 것이다. 그리고 이런 점을 통해 침팬지들이 다른 일원들의 의중과 믿음의 유무를 이해하고 있음을 감지할 수 있다. 침팬지의 이와 같은 반응을 단순히 본능에서 유발된 충동이 아닌 지능에 기초한 행위로 볼 수 있지 않을까 싶다.53)

마지막 세 번째 단계로서 영장류들이 언어를 가르쳤다는 증거는 이들이 언어를 재귀화해 사용하면서 언어로 언어를 가리키는 능력을 가졌음을 가리킨다. 오래 전의 우스갯소리 하나를 예로 들면 'Constantinople is a very long word, how do you spell it?(콘스탄티노플은 아주 긴 단어다. 그런데 어찌 철자로 적어야 할까?)에서 그 의도를 잘 알 수 있다고 본다.(•농담Joke 모음집을 보면 이 농담은 Constantinople is very long word, do you spell it?처럼 의문사 how가 포함되어 있지 않다. 이 부분은 향후 확인 작업이 필요하다고 생각한다.) 이런 농담은 인간의 재귀화에 대한 이해도를 대변한다. 즉, 대명사 'it'은 바로 'Constantinople'을 지칭한다. 그러나 농담의 핵심은 질문 자체가 '콘스탄티노플'의 철자를 묻는 대신 오히려 대명사 'it' 자체를 묻는다고 볼 수도 있다. 또한 질문의 대답으로 할 수 있거나 혹은 없거나에 초점을 두어서 '네/아니오'로도 가능하기 때문에 첫째로 '아니오'로 대답하거나 혹은 대명사 'it'의 철자를 일컫는 차원에서 두 음소를 배열하는 'i-t' 방식으로 'i'와 't'를 각각 답으로 제시할 수 있다.

영장류들이 재귀화를 보이는 예는 두 마리의 고릴라 미카엘Michael, 코코Koko 등에서 관찰되었다. 등에 은백색 털이 나 있는 고릴라 미카엘은 600여

개의 표식에 해당하는 어휘를 사용했고, 이 표현들은 주로 나이가 더 많았던 코코로부터 습득한 결과였다. 한 번은 미카엘이 코코와 함께 거주하던 이동식 우리 밖으로 나가서 들어오지 못하는 사건이 발생했다. 코코는 미카엘을 안으로 들어오게끔 도움을 주기 전에 미카엘에게 창문을 통해 들어오라는 표식을 제시했다. 결국 미카엘이 안으로 들어오자 코코가 '길조'를 가리키는 표식으로 응답을 보내주었다.[54]

앞의 일화는 무엇보다도 영장류에 초점을 맞춘 것이며, 이런 시도에는 나름 이유가 있다. 동물 세계에서 영장류는 누구보다도 인간에 제일 근접한 존재다. 그러나 다른 종들도 의사소통 체계에서 인간 언어를 형성하는 독특한 구성요소들 중 일부 요소들을 반영하고 전개하기도 한다. 예를 들면 까마귀 족속의 일원인 덤불어치는 변위성의 형태로서 미래를 위해 먹이를 보관한다. 정말 이 조류는 보관 먹이 중 쉽게 부패되지 않는 씨앗들보다 부패가 빠른 벌레들을 먼저 찾아낸다. 그 외에도 먹이 약탈자를 보거나 그들의 소리를 듣게 되면 즉각 다시 숨기려고 시도한다. 이들 덤불어치들은 자신들이 먹이를 보관하는 동안 다른 덤불어치들이 보기라도 하게 되면 즉시 다시 해당 먹이를 끄집어내 다른 숨길 장소를 물색하기도 하고, 만일 먹이를 보관할 때 다른 덤불어치가 주변에 없다고 확신하면 먹이를 다시 파내는 행동을 멈춘다. 덤불어치는 때로 기만성 행위로서 실제 먹이가 없는데도 불구하고 마치 보관하는 듯한 행동을 취하기도 한다.[55] 이 외에도 큰까마귀류도 속임수 보관 행위를 보이는 증거가 있다.[56] 이런 관찰들은 의사소통보다 행위에 연관되어 있기는 하지만, 여기서 요점은 인간 언어가 자연 다른 곳에서라도 확인이 가능한 행위들을 예시한다는 사실이다. 인간 언어를 볼 때 상호 주관적인 방식으로 언어 자체가 현실성을 반영한 유효한 행위들을 만들어낼 수 있으며, 이것은 이미 동물 세계에 널리 보편화된 사항이라고 볼 수 있을 것이다.

보는 이의 정신 안에서의 모든 것

내가 지금껏 논의했던 발견 내용들은 이미 과학적 관점에서 객관적 접근을 선택한 사람들이 필수불가결하다고 보았던 증거에 수저 하나를 더 얹는 것으로 보면 된다. 비인간 종들은 의사소통 체계를 습득, 학습, 활용한다. 그리고 일부 관점에서 이런 체계들은 인간 언어 유사 대상 흔적의 시발점, 나아가 기초를 제시해준다.

그렇지만 워쇼, 라나 또는 다른 유사 대상이 비록 충분하지는 않더라도 통사적으로 잠재성을 소유하고 있을지 모른다는 주장은 테라스 그리고 님 침스키의 유명세로 인해 정말 뜨거운 반대에 부딪혔다. 님 침스키가 5000가지 이상의 1만 9000개의 다양한 발화들을 실험 기간 동안 보여주었다고 알려져 있기는 하지만, 그럼에도 테라스는 이런 결과 수치를 두고 님 침스키가 보였던 형태는 이 동물이 단지 먹이를 얻거나 조련사의 훈련으로 인해 반복적으로 나타난 맹목적인 제스처에 불과하다고 맹비난을 퍼부었다. 또한 테라스는 가드너가 훈련시킨 워쇼도 특정한 미국 수화 표식들이 특화된 의미에 연관되어 있다는 사실을 실질적으로 '이해'했다고 볼 수 없음을 명확하게 지적했다. 테라스는 워쇼의 실험도 단순히 특별한 신호에 따라 특정 그림에 반응하도록 훈련받은 결과일 뿐이라고 주장했다. 이들 동물들의 반응은 그저 반복에서 비롯된 강화된 학습 결과로만 보았다. 게다가 연구자와 침팬지 사이의 실험 수행 과정에서 정확도를 올리기 위해 무의식적 유도가 포함될 수 있는 문제점을 지적했다.[57] 테라스 및 핑커까지의 연구물에서는 분노가 섞인 불신을 약간이나마 느낄 수 있지 않을까 싶다.

"침팬지가 의사소통을 한다고? 당장 때려치워!Geddadehere!(•=Get out of here) 워쇼 자신이 사용하는 표식들이 각각 별도의 '의미들'을 갖는다는 사실을 '인지하고' 있다고? 정말 내 화를 돋우시는군요You're yanking my chain."(•놀리다, 화를 돋우다 등.)

그러나 가드너가 응용했던 이중맹검법二重盲檢法, double blind test을 안다면 이런 염려는 좀 심하다고 볼 수도 있다. 또한 가드너와 동료 로저 파우츠Roger Fouts는 워쇼가 일정 기간 동안 분명히 학습을 받지 못한 기간이 있음에도 새로운 표식을 습득하기 시작했다는 사실을 발견했다. 마치 인간 아이들이 보여주는 상황과 유사하게 워쇼는 자신과 상호 유대를 맺는 상대방으로부터 표식들을 큰 어려움 없이 그저 수용하는 모습을 보여주었다. 이런 모습에서 워쇼가 의미성에 해당하는 구성요소를 전개했음을 명확하게 확인할 수 있었다.

일부 해설자 중에는 테라스가 침팬지들의 능력을 볼 때 일부지만 인간 언어 유사 방식으로 여길 수 있는 흔적 정도만 전개할 수도 있다는 제안에 결단코 동의할 수 없다는 단호함을 내보이기 위해 주장을 제기했다고 본 사람들도 있었다.[58] 그리고 테라스가 워쇼의 능력을 확신시키려면 어느 수준의 증거가 있어야만 하는지에 대해 제기했던 해석은 사실 너무 엄격한 측면이 없지는 않다. 어쩌면 테라스의 태도에 관한 단서라면 본인이 자신의 후학들에게 전하기 위해 선택했던 님 침스키라는 명칭에 잘 나타나 있다고 본다. 테라스는 스스로 본능으로서의 언어 이론을 따르는 사람이다. 그는 예상대로 유인원들은 인간 언어 유사 대상에도 근접하지 못한다는 예측에서 자신이 유인원으로부터 발견할 수 있으리라고 추정한 내용에 기반을 두기 때문에 이 동물들이 아주 일말이나마 인간 언어 근사치조차도 생산하지 못한다고 논증을 '확인 및 피력'하는 과정을 가졌다. 또한 아주 당연하게 자신의 논증 결과를 해석했고, 이와 더불어 자신이 연구를 수행했던 이론적 가설의 관점에서 다른 연구자들의 결과를 분석하고 해석했다.

이후 많이 알려진 해설자 핑커도 크게 믿을 만하지는 못하지만 테라스와 유사한 주장을 들고 나왔다. 그는 자신의 주장에서 가드너를 자신이 알던 약간 정신이 나간 고모할머니와 별반 다르지 않다고 말하고 있다. 이 고모할머니는 동물을 좋아한 나머지 동물과 이야기를 나눈다고 마음대로 믿었던 분이었다. 핑커는 스스로 과학에 도전하는 시도 대신 스스로가 발전시키려고 노력을 경주했던 본능으로서의 언어 이론에 그다지 우호적이지 못한 발견에 대해서는 코웃음 치는 데 주력했다.

현실적으로 볼 때 인공적 환경에서 사육되었던 동물로부터 관찰한 연구들과 더불어 동물들이 야생에서 서식하는 상황에서 의사소통 및 관련 행위 능력을 소지하고 있다는 사실을 보여주는 행동학적 연구들의 결과들이 지금도 수없이 소개되고 있다. 물론 반복되는 이야기이긴 하지만 여기 논의 내용들은 동물들을 관찰하면서 완전한 형태의 인간 언어 자체는 물론 이와 유사한 어떤 것을 논의하려는 데 초점을 두려는 것이 아니다. 그렇지만 반드시 지적하고 싶은 부분이 있다면 인간 언어 또한 진화에 근거를 두고 있음을 밝히는 단서들을 찾게 해주는 선도적 증거가 있다는 사실이다. 인간 언어를 비연속적 축에서 한순간에 형성되었다고 보는 대신 비인간 종들의 의사소통 능력들과 마찬가지로 지속적으로 발전한 결과로 보려는 것이다. 그리고 지금껏 언급했던 의사소통 잠재성을 지지하는 인지 능력들도 인간 인지 능력과 함께 연속성에 기반을 둔다고 봐야 한다.

마지막 분석으로 기타 영장류와 다른 종들의 의사소통 능력이 인간 언어에 정말 미비한 수준이나마 다가설 수 있다는 추측을 믿는지에 대한 여부는 인간 언어의 유일성에 대한 신뢰에 기반을 두고 있음을 알아야 한다. 누구든 본능으로서의 언어 이론에서 주장하듯이 동물 의사소통이 아무리 눈에 띄는 결과를 보이더라도 촘스키의 설명처럼 인간 언어를 궁극적으로 유일한 존재라고 보는 관점에서는 동물의 소통 방식은 인간 언어와 어떤 형태로든 관련성을 가질 수 없다고 가정하거나 또는 인간 언어 발생이 점진적 진화에 의하기보다 차라리 프로메테우스처럼 세상에서 최초로 말할 수 있었던 인간에게 베풀어졌던 진화적 기적 덕분이라고 봐야 한다고 여긴다면, 이 부분에서 우리는 매우 암울한 판단에 도달하지 않을 수 없을 것이다. 즉, 침팬지를 포함한 동물들의 의사소통 잠재성은 애초부터 인간 언어와 어떠한 연결고리도 가질 수 없다.

그렇지만 앞서 말했던 추정은 크게 본다면 이전에 제기된 의문점들을 묵살하는 것이며 결국 헤겔식 논증으로 흐르게 된다. 이전 언어학자들의 신화 같은 주장들은 항시 인간 언어란 유일하다는 점에 초점을 맞춘다. 그래서 동물 의사소통을 위한 증거는 반드시 그들의 주장과 비교도 되지 않을 뿐만 아니라 묵살될(핑커, 테라스를 볼 것) 수도 없는 것으로 이해되어야 한다. 증거를 무시하려는 반대론자들이 주장하는 상황을 보면 인간에게서 확인되는 인간 언어와 다른 동물들에게서 확인되는 완전히 다른 종류의 의사소통 능력을 확실하게 분리시키는 방향을 택한다. 사실 현실적 상황은 다른데도 말이다. "인간 언어는 … 시공간 속에서 사라져버린 대상물 및 사건에 관한 정보를 전달하는 특수한 수단이며 … 다른 비인간 종들에게서도 관찰되는 유사한 체계에 전반적으로 근접해 있다."[59]

침팬지 그리고 인간

이 장에서는 인간 언어가 비인간 종들의 의사소통 체계와 연관성을 갖는지 아닌지를 살펴보았다. 진화의 관점으로 보면 당연히 이 둘 사이에는 연관성이 있어야 하며, 인간 언어 및 다른 종들에게서 발견되는 의사소통 체계 등이 서로 연계성 위에 존재한다고 볼 수 있다. 일부를 제외한 대부분의 인간 언어에 관련 구성요소들을 놓고 볼 때 큰 틀에서 이 요소들이 동물 의사소통 체계에서도 분명히 나타나 있으며, 일부 종 중에는 훈련 과정을 통해 인간 언어에 근접하는 수준의 모습을 일부나마 보이기도 한다. 사실 독특한 뉴런(신경 단위) 유형이나 혹은 유전자들이 독특한 조상들로부터의 유산을 갖추고 있지 않다면 인간 두뇌는 거의 모든 특성을 잃은 상태에 이르게 된다.[60)]

그렇지만 인간 언어가 소유한 기능이라는 측면에서 인간 언어의 진화는 동물 의사소통 체계와는 분명한 차이를 보인다. 예를 들면 유인원들의 제스처 중 야생에서 자연스럽게 발생하기 어려운 형태들은 인간 언어에서도 같은 양상을 보인다는 측면에서 상호 연관성이 있다는 사실을 알 수 있다.[61)] 예로서 이목 끌기는 이런 행위를 하는 주체가 다른 대상자들로부터 관심을 유도하는 것으로서 마치 수컷 침팬지가 잎사귀를 자르는 행위를 통해 암컷들로 하여금 자신의 발기된 성기에 관심을 갖도록 유도하는 동작을 들 수 있다. 이와는 반대로 인간 언어는 규칙적으로 의사소통의 두 참여자 외의 대상을 지칭하는 역할을 보여준다. 아주 드물지만 침팬지들의 제스처가 동일한 상태를 보여주기도 한다.[62)] 이와 유사하게 유인원 의사소통이 전형적으로 강요하는 특성을 보이기도 한다. 즉, 유인원들이 무리에게 명령 또는 훈계를 하는 등의 일이다. 이와 반대 경우로 인간 언어는 종종 명령 작용 이상의 역할을 보여준다. 이것은 서술적 방식을 따르며 이 방식은 화자 자신의 사고, 감정, 관찰 결과를 알리는 매개체이거나 또는 짝사랑으로부터 충성 서약까지도 알리는 방법으로 활용된다. 때로 날씨를 가리키면서 '다시 화창하군'처럼 말하는 일상적 표현들조차도 유인원들이 사용하는 강요성 상호관계 전략을 웃도는 정황을 표현한다고 판단할 수 있다. 이런 표현은 아마도 질문에 대응하는 답으로서 단지 외부 날씨를 알려주는 수준의 정보를 제공할지 모르는 일이다. 그러나 이런 표현들은 때로는 이웃과 시간을 만나서 시간을 보낼 때 별 의미 없이 사용하는 데 목적이 있다고 볼 수 있다. 〈표 2-2〉는 인간 언어 그리고 다른 영장류 종들의 자연 발생 의사소통 사이

〈표 2-2〉 인간 언어 그리고 유인원 제스처 사이의 차이점 정리

인간 언어 특성	유인원 의사소통 특성
언어적 상징기호들은 집단 내에서 습득한다. 즉, 이것은 사회-문화적 환경에서 모방을 통해 발생한다.	유인원 제스처가 개별적으로는 의례로 굳어진 제스처 연속 작용을 통해 습득된다. (예) 같이 놀자는 표시로 양팔을 들어 올린다.
언어적 상징기호들이 3개 조 구성으로 활용된다. 즉, 의사소통의 화자 및 청자 사이의 직접적 관계 밖의 대상물에 대하여 상대방으로 하여금 관심을 갖게 한다.	유인원 제스처가 전형적으로 2개 조 구성으로 활용된다. 즉, 유인원 둘 사이에서 각자의 상호관계를 규정한다.
언어적 상징기호들이 강요적으로 사용되기도 하지만 청자로 하여금 어떤 반응 행위도 요구하지 않는 서술적 방식을 사용하기도 한다.	유인원 제스처가 오로지 일차적으로 강요성 위주로 되어 있으며, 이것은 상대로부터 행위 반응을 유도하려는 의도다.
언어적 상징기호들이 두 지점에서 하나를 바라보는 원근 화법을 따른다. 즉, 두 가지 다른 관점에서 바라보더라도 결국 동일한 대상이나 사건을 형성하는 방식이다. (예) *자유 투사* 대 *테러리스트*는 결국 같은 대상을 가리킨다.	유인원 제스처가 그 자체로는 원근 화법을 따를 수 없다.

에서의 차이점들과 함께 호케트 구성요소를 기반으로 여러 종들에 걸쳐 다양한 의사소통 체계들이 서로 어떻게 상응하는지를 정리한 것이다.

동물 세계에서 의사소통 체계가 범위가 확연하다고는 하지만 인간 언어의 복잡성, 신호 표시로 허용된 메시지들의 속성 및 유형, 습득되는 방식, 핵심적 요소로서 언어가 수행하는 기능의 범주 등을 놓고 보면 동물의 의사소통 체계와는 복잡성에서 질적으로 그리고 그 수준 양쪽에서 차이점을 발견할 수 있다.[63] 어떻든 인간 언어도 결국 동물 의사소통 체계 자체라고 할 수 있으며, 다만 동물에 속하는 여러 종들의 사회적 그룹들에 나타난 의사소통들과 대비해서 보면 형태화 및 의미화 측면에서 현격한 차이점을 발견할 수 있다. 다음 장에서 어떤 이유로 다른 점이 존재하는지 찬찬히 살펴보고자 한다.

〈표 2-3〉 다양한 종의 의사소통 체계와 호케트 구성 요소 사이의 상응 정도 정리

구성 요소	양서류와 두꺼비류	꿀벌 꼬리 흔들기 춤	혹등고래 (이빨 있음) 고래류	수염고래 노랫소리	긴꼬리원숭이 경고 울음	신호 표기 유인원	사람이 사육한 유인원	회색 앵무새 알렉스	인간 수화 언어	인간 발화 언어
발성-청각 채널	V	x	V	V	V	x	x	V	x	V
전면적·방향적	V	V	V	V	V	x	x	V	x	V
신속 소멸	V	V	V	V	V	V	V	V	V	V
총체적 피드백	V	V	V	V	V	V	V	V	V	V
상호교환	V	V	V	V	V	V	V	V	V	V
특수화	V	V	V	V	개연적	V	V	V	V	V
의미성	V	V	V	V	V	V	V	V	V	V
임의성	V	V	V	V	V	부분적Partly	V	V	대체적Largely	대체적
문화 전달	x	V	V	V	비개연적	V	V	?	V	V
학습 용이성	x	?	개연적Probably	개연적	x	V	V	V	V	V
분별성	x	V	V	V	V	V	V	V	V	V
패턴의 이중성	x	V	V	V	x	V	V	V	비항시적Not always	V
변위화	x	V	?	?	x	V	V	x	V	V
생산성	x	V	V	V	x	x	V	?	V	V
기만성	x	x	x	x	x	V	V	x	V	V
재귀화	x	x	x	x	x	?	V	x	V	V

주: 양서류와 두꺼비류는 Gerhardt(1994).

3

언어의 보편성의 존재

Are there language universals?

신화: *보편문법은 모든 언어의 근본으로서, 이를 토대로 세계 언어들이 공유하는 다양한 특성들을 특화시켜서 제시할 수 있다. 따라서 언어적 보편성 범위 전체를 추출하는 작업은 단지 하나의 대표적인 언어, 즉 영어만 연구해도 충분하다.*

본능으로서의 언어 이론에서는 인간 아기들이 언어 습득을 위해 사전 구비된 장치를 갖추고 있다고 주장한다. 즉, 개인이 따로 노력하지 않아도 언어가 자동적으로 출현한다고 말한다. 이런 현상이 가능한 것은 모든 아이들이 보편문법을 타고나는 데 이유가 있다고 보는 것이다. 여기서 보편성이란 모든 언어 속에 공통적으로 나타나는 문법의 특성을 가리키며, 보편문법은 바로 이와 같은 언어적 보편성을 사전적으로 열거한 결과라고 볼 수 있다.

그 외에도 언어들이 모두 앞서 언급한 보편문법으로부터 도출된 것이라고 가정할 수 있기 때문에 1개 언어만을 조사해도 보편문법 내부 구조를 밝힐 수 있을 것이다. 핵심은 모든 언어들이 비록 별도의 발음체계와 어휘를 갖추고 있다고 해도 근본적으로는 영어와 같다고 할 수 있을지도 모른다는 것이다.[1)]

그렇지만 인간 언어 그리고 동물 의사소통의 관련성을 전혀 인정하지 않는 신화 같은 이론 세계를 따르면 언어적 보편에 근거를 두는 신화는 증거만 들이대도 곧 모순에 봉착하게 된다. 보편문법이라는 신화는 1950년대 초 촘스키 교수가 제언했고, 언어 전체의 다양성을 망라한 연구가 완전히 설정되기 이전인 1960년에 공식화 과정을 보였다.[2)] 그런 이후 정확한 실증적 사실이 널리 알려질 수만 있다면 곧바로 소멸할지도 모른다는 기대가 있었다. 그러나 보편문법의 이론은 그 이후 줄곧 지속되면서 쉽게 사라지지 않았고 나름 굳건함을 증명해보였다. 이처럼 강력히 지탱하는 이유는 본능으로서의 언어 이론이 수많은 대체 이론들을 산하에 두면서 복잡성 및 자립성을 갖춘 세계관을 마련해주었기 때문이라고 할 수 있다. 즉, 이론 속에 출현하는 요소들은 건축물의 널빤지처럼 서로서로를 지지하는 상호의존적 항목들로 되어 있으며, 이들 항목들은 사실 여부에 관계없이 서로에게만 의존하는 체계를 갖춘다. 또 다른 이유로 본능으로서의 언어 이론에 대한 보호막 안에서 인간 언어는 유일하며 유전적 재능은 자연의 유산이라는 이론이 전체 체제에 대한 믿음의 근간을 형성한다는 기저상의 이성주의자 충동으로부터 손을 떼기가 거의 불가능하기 때문이다. 어떻게 보면 이런 관점은 나름 호소력이 있어 보이기도 한다. 어쩌면 한편으로는 이런 설명에서 언어 그리고 인간 정신의 복잡하고도 어려운 문제를 해결할 수 있을지 모른다.

보편문법의 뒤안길은 길게 그림자를 드리우고 있었으며, 그림자는 언어에 관한 과학적 연구에 영향을 미치면서 아울러 인지과학 및 심리학 등에도 연관성을 보인다. 이 장에서는 언어적 다양성의 증거들을 발굴하면서 또한 실증적 사실들과 궁합이 잘 맞는 활용으로서의 언어 이론이라는 대체 방법을 발전시키려고 한다.

만약 언어들이 지금 보이는 모습대로 다양한 형태로 나타난다면, 지금 지적한 다양성은 과연 어떻게 설명해야 할까? 나로서는 이 점을 위해서도 언어가 출현하고 다양한 모습으로 변환되는 현상이 언어 활용의 특별한 예들의 범위 안에서 혹은 실지로 활용이 수행되는 과정에서 발생하고 있음을 증명하면서 동시에 설득할 수 있기를 희망할 따름이다. 일단 이런 목적을 위해서 본능으로서의 언어 이론의 세계관에 무관한 증거인 언어적 다양성의 증거들 중 일부를 살펴본다는 전제하에 언어를 사용하면서 자연적으로 발생하는 일부 압박 요소와 더불어 동시다발적인 형태로 언어적 다양화의 발생을 야기하는 활용 압박 요소 등 모두를 제시하려고 한다.

열차 역 순행하기로서의 언어적 다양성

오늘날 이 세계에는 6000개 혹은 8000개에 달하는 언어가 사용된다.[3] 또한 언어 수 자체를 정확하게 제시하기도 쉽지는 않다. 그 이유는 바로 별개의 언어로서 가산되는 대상이 과연 진짜 별개의 언어인지 아니면 단순히 방언 정도의 수준인지 판단해서 결정하는 데 근원적으로 아주 까다로운 문제점들이 있기 때문이다. 이런 점을 해결하기 위해 흔히 언어 사용자들 상호 이해도가 어떤지를 가늠하는 방법이 있기는 하다. 미국 영어 화자가 영국 영어 화자의 표현을 (일부나마) 이해하기는 한다. 반대로 프랑스어만을 사용하는 화자는 영어(영어의 변형 예들)를 전혀 이해하지 못한다. 이런 측면에서 미국, 영국 '영어들'은 하나의 언어로부터의 방언이라고 볼 수 있지만, 반면에 영어 그리고 프랑스어 등은 완전히 다른 언어로 간주되어야 한다.

그렇지만 문화적 동일성 그리고 사회정치적 관점들이 이런 상황에 간섭하는 성향이 있다. 세르비아어 그리고 크로아티아어 등은 세르비아Serbia 그리고 크로아티아 각자의 화자들에게는 별개의 언어로 여겨진다. 그러나 이 화자들은 언어 표현을 통해 상호 이해할 수 있으며, 미국 영어와 영국 영어 등에서 나타나는 영어의 다양성보다도 '훨씬 적은' 차이점을 보인다. 한 예로 세르비아 내의 니시Niš(•세르비아 몬테네그로Serbia and Montenegro 동부의 도시) 출신 한 동료가 말하기를 자신은 니시로부터 세르비아 남동쪽 방향으로 80km 혹은 90km 떨어진 세르비아 방언들보다 훨씬 거리가 먼 650km 정도 이상 떨어진 크로아티아 수도 자그레브 방언을 이해하기가 더 쉽다고 했다. 이와는 반대로 중국 베이징의 만다린어Mandarin 그리고 중국 남부 광둥어 등이 서로 거의 소통이 불가능함에도 불구하고 중국 정부는 이 두 언어를 가리켜 중국어 방언이라고 일컫는다.

별도의 언어 그리고 방언 구분이 쉽지 않은 또 다른 이유로는 세계에 존재하는 언어들이 거의 매주 1개꼴로 점차 사라지고 있기 때문이다. 언어의 소멸은 곧 마지막 모국어 화자의 사망을 가리키며, 이 말을 좀 더 정확히 서술하자면 마지막 모국어 생존자가 대화를 이어갈 수 있는 이전 세대의 화자들이 절명함으로써 대화의 기회마저도 잠적해버리는 상황을 의미한다.[4] 또한 세계 언어들 중 여러 대상이 현재 위험에 처한 상태다. 물론 언어는 재활성화될 수도 있다. 이에 관련된 확실한 예로 히브리어를 생각해볼 수 있으며, 역사를 거치면서 사어死語가 부활한 예로 히브리어가 유일하지 않을까 싶다. 서력기원Common Era: CE 약 200년 전까지 히브리어는 더 이상의 모국어 화자가 존재하지 않던 사어에 속해 있었지만, 중세 유럽 가톨릭교회에서 라틴어의 역할과 마찬가지로 중세 시기까지 순전히 유대교 의식제례 언어로만 살아남은 상태였다. 그렇지만 현재 히브리어는 수백만 명에 달하는 모국어 화자를 확보하고 있으며, 이스라엘 국가의 공용어로서의 위상을 갖고 있다. 그러나 애석한 일은 수많은 예에서 한 언어가 사라지는 운명을 맞게 되면 결국 그것으로 영원히 끝나버린다는 사실이다.[5)]

세계 언어에 연관된 가장 정확한 참고자료로 『세계언어백과』가 있다. 이 자료를 따르면 기록 시대 도래 이후 6909개의 언어가 있었다. 이 중 약 82%가 인구수 10만 명 이하 지역에서, 39%가 인구수 1만 명 이하의 지역에서 사용되며, 8% 정도는 사라질 위기에 놓여 있다. 1492년 이전 크리스토퍼 콜럼버스Christopher Columbus가 최초로 미국 대륙으로 항해하면서 서구 열강들의 식민지 개척을 위한 제국주의 시작점을 알리던 시절만 해도 지금보다는 두 배 가까운 수의 언어들이 존재했다. 시간을 거꾸로 돌려 과거를 투사해 보면 17만 년 전 현대 인류 호모사피엔스의 출현 이래로 지구상에는 전체 50만 개 정도 이상에 달하는 언어들이 존재했던 것으로 추정할 수 있다.[6)]

언어 수로서 약 7000개라는 숫자가 대단하게 보일 수도 있지만, 이 중에서 오직 10%에 해당하는 언어들만이 연구 대상으로서 자세한 분석을 거치면서 사전이나 문법기록서로서 명맥을 유지하는 형편이다. 그럼에도 이처럼 세계 언어들 중 상대적으로 일부분에 제한된 범위 내에서 엄청난 발견이라고 한다면 바로 언어들이 매우 다양하게 나타났다는 사실이다. 언어학자 니콜라스 에반스Nicholas Evans 그리고 스티븐 레빈슨Stephen Levinson의 관찰에 따르면 "마치 정글을 앞에 두고 보는 듯하다. 언어들은 음성 체계(언어들이 1개의 음성 체계만을 가진다고 할지라도), 문법 구조, 의미 특성 등을 놓고 볼 때 근본적으로 다르게 나타난다".[7)]

방금 제시한 다양성을 이해하려면 세계에 분포된 언어들을 볼 때 각각 11개 독립 음성 체계로부터 144개의 독립 음성 체계를 보이는 상황을 보면 된다. 또한 수화는 소리 자체를 사용하지 않더라도 충분히 언어로서 역할을 수행한다. 영어를 보면 구절 내에서 단어들의 배열에 많은 제약이 나타난다. 예를 들어 'The supermodel kissed the window cleaner(슈퍼모델이 창문 닦이에게 키스를 했다)'라는 문장에서 주어 역할을 담당하는 'the supermodel'이 동사를 앞서는 것을 발견할 수 있다. 그 외에 언어가 보여주는 단어의 어순이 굉장히 다양한 모습으로 나타나기도 한다. 일부 언어는 어순 자체를 아예 갖고 있지 않기도 하는데, 지왈리어Jiwarli, 탈란지어Thalanyji 등처럼 호주 원주민 토착 언어들이 이에 해당한다.[8] 이와 같은 언어는 'This woman kissed that bald window cleaner'라는 문장을 'That this bald kissed woman window cleaner' 형식으로 어순을 바꿔도 의미 전달을 만족시킬 수 있다. 그리고 영어라는 언어가 'interesting'에 부정 의미 접두사 'un-'을 첨가해 'uninteresting'을 그리고 동사 'teach'에 행위자 의미의 접미사 '-er'을 첨가해 'teacher' 등을 만드는 조합 능력이 있는 반면 표준 중국어인 만다린어에는 영어와 다르게 작은 단위들을 조합해 단어들을 형성하는 능력이 없다. 다른 언어에서는 여전히 또 다른 형태가 발견되며, 어떤 언어에서는 문장을 구성할 때 단어를 하나씩 합치기보다는 차라리 엄청난 수의 단어들을 형성하는 모습처럼 접두사, 접미사 등을 조합하는 방법을 사용하기도 한다. 이에 연관된 예로서 동부 캐나다 이누이트Inuit 종족 언어인 이누크티투트Inuktitut 언어가 있다. 이누크티투트 언어에서 어절語節, word-phrase 'tawakiqutiqarpiit'의 경우는 영어로 번역할 때 'Do you have any tobacco for sale?(팔려는 담배가 있습니까?)'처럼 문장 구조로 전환된다.

보편문법의 언어적 현실에의 상응성

본능으로서의 언어 이론에 따르면 인간 아이들은 지구상 어떤 언어라도 습득할 수 있는데, 그 이유는 모든 언어들이 결국 동일하다고 볼 수 있기 때문이라는 것이다. 확실한 것은 일본 도쿄에서 성장한 아이는 부모의 모국이 어디든 상관없이 일본어를 습득하며, 만약 이 아이가 영국 런던에서 태어났다면 영어를 배운다. 그러나 언어에서 외형적인 차이를 보여주는 단어 혹은 음성을 빼고 어떤 언어에서든지 내부적 구조를 결정하는 방식에 관해 아이들 전체가 나름의 지식을 소지하고 있음을 발견할 수 있다. 이와 같은 지식을 보편문법이라고 일컬으며, 인간은 이런 기반 지식을 중심으로 자신이 유아기 시절 접촉했던 언어가 무엇이었든 모국어로서 습득할 수 있게 된다.

그렇지만 본능으로서의 언어 이론에서처럼 모든 언어의 기초를 형성하는 보편성을 주장하는 관점에서는 많은 사항들이 사전에 가정되어야만 한다. 실제로 이 이론의 근간이 수많은 언어를 직접 관찰하거나 기술하는 과정을 겪으면서 설정되었다기보다 특정한 지적(논리적) 관점을 통한 시행에 바탕을 두고 있음을 고려해야만 한다. 촘스키는 언어에 대한 인간의 지식이 유전자 내부에 포함되어 있다는 가정을 전제한다. 그리고 이런 가정에 기초해 촘스키 추종자들은 다수의 언어에 대한 연구로부터 면제가 가능하다는 주장을 최소한의 원칙에 입각하여 언급했다. 이들의 주장에서 발견할 수 있는 모순이라고 한다면 본능으로서의 언어 이론의 입장이 수많은 언어들을 직접 관찰하지 않더라도 가능하다는 주장을 토대로 수많은 반증 전체로부터의 공격들을 막아내는 데 중요한 역할을 보인다는 점이다. 보편주의라는 이념 정향은 20세기 중반으로부터 촘스키 사고에 영감을 주었던 합리주의적 시대정신에서 그 출발을 볼 수 있다. 본능으로서의 언어 이론을 위해 "개념적 구조 그리고 본연의 개념적 매개들은 라이프니츠Leibniz가 제시했듯이 바로 '선천적 개념'이었으며 … 이 용어는 곧 언어들 사이에서 나타나는 차이점들을 도외시한 채라도 여전히 보편성의 연구 수행을 유도할 수 있게 했던 대상 그 자체를 가리킨다".[9)]

그러나 정작 보편문법을 구성하는 데 역할을 담당했을 것으로 여겨지는

'보편성'이 어떤 모습을 하고 있을까? 촘스키는 애초에 보편성을 크게 둘로 분리하여 제시한 적이 있었다.[10] 그중 첫 번째는 어떤 언어든지 '내부적 포함 요인들'로서 간주되는 것이 무엇인지에 대한 질문이다. 여기서 말하는 요인들 속에는 명사, 동사, 형용사 등의 품사들과 주어, 목적어 등의 문법적 상관관계 등이 포함된다. 다른 내부적 포함 요인들은 모음, 자음 등과 같은 일종의 음성들을 가리킨다. 보편성에 대한 두 번째는 하나의 언어를 구성하는 데 참여하는 '내부적 포함 요인들'을 활용하는 방법으로서 '규칙들'을 생각할 수 있다. 예를 들면 규칙은 여러 종류의 단어들을 기초로 또 다른 다양한 어휘 포함 구성소構成素들을 구축하는 능력에 연관되어 있다. 예로서 'the supermodel from Clapham[클래펌(•런던 근교) 출신의 슈퍼모델]' 구는 일명 명사구noun phrase: NP라고 칭하며, 이 명칭의 기원은 제시된 구가 명사 '슈퍼모델'을 중심으로 구성되어 있기 때문이다. 이 구는 전반적으로 특정 종류의 독립체를 가리키는 것으로서 여기서는 바로 슈퍼모델을 가리킨다고 보면 된다. 다른 종류의 규칙들은 되풀이 현상에 관련되어 있으며, 이것은 이미 앞 장에서 언급한 것처럼 구 혹은 절 내부에 또 다른 구 혹은 절이 포함되는 현상이 무한하게 반복되는 상태를 가리킨다.

핑커는 다음과 같은 말을 남겼다.

> 영어를 위한 문법적 장치가 … 이 언어 외에도 세계 모든 언어에 적용된다는 사실은 정말 다행스러운 일이 아닐까 싶다. 모든 언어는 수만 개의 어휘를 소유하며, 이들 어휘들은 명사 혹은 동사처럼 품사 체계로 분류되어 있다. 여기서 말하는 어휘는 단어로서 X-bar 원리(초기 이론 유형의 촘스키 이론 구조에서 문법적 유기적 구조를 대표하는 데 응용된 체계 원리)에 의거해 구로 구성된다. … 구 구조 상위 단계에는 조동사들이 포함되어 있으며 … 조동사는 시제時制, 법法, 상相, 부정不正 등의 기능을 수행한다. 구들은 문장 구조 출발선으

로 볼 수 있는 심층 구조에서 배치된 위치로부터 이동 규칙을 통해 다른 위치로 이동할 수 있으며, 이를 토대로 의문문, 관계절, 수동절 등 다양한 구조를 갖춘 여러 종류의 문장 구조를 구축한다. 새로운 내부 구조를 갖춘 단어들이 파생 및 굴절 현상을 기초로 창출되고 수정되어 나타나기도 한다. 여기서 굴절 규칙을 우선 살펴본다면 명사에 격格 또는 수數 등을 표시하거나 동사에 시제, 상, 법, 태, 부정, 주어-동사 일치, 성, 인칭 등을 표시하기도 한다. 단어들의 외형을 가리키는 음운적 형태들은 운율이나 음절 수형도 방식과 함께 유음화, 성조, 조음방법 및 조음 위치 등을 가리키는 자질을 위한 별도의 음운 계층 등을 바탕으로 결정되며, 음운 형태들은 적용 순서를 따르는 음운 규칙들에 의해 다른 모습으로 재조정되기도 한다. … (이와 같은 상황이 제시하는 내용은) 역사적 사실 혹은 인지 등으로 축소시켜 보는 대신 보편문법이라는 개념이 인간의 언어적 본능의 핵을 형성한다고 보는 관점을 가리키는 것이다.[11]

촘스키가 1965년 널리 알려진 바처럼 본능으로서의 언어 이론을 제창하고, 1994년 핑커 같은 사고방식이 유명세를 타게 될 당시 언어적 다양성에 관해 나타난 여러 사실들은 보편문법의 제언이 완전히 그릇된 주장임을 보여주었다.[12] 언어적 다양성에 연관된 사실들을 2009년 두 명의 저명한 학자들이 살펴보던 중 이전 이론의 과오를 강력하게 시사해주는 평가를 내릴 수 있었으며, 즉 "언어들은 근본적으로 상호 차이점을 갖고 있고, 이것은 언어들 사이에서 한 가지나마 구조적으로 공유한다고 판단되는 특성을 찾기가 거의 불가능함을 가리킨다. 따라서 보편문법의 주장은 실험적 오류거나, 논리적으로 반증 불가능하거나, 자칫 오도를 유발할 여지가 있다".[13] 그렇다면 어떤 근거에서 이렇게 볼 수 있는지 이유를 알아보기로 하자.

음성 체계

본능으로서의 언어 이론이 제창하려는 주장은 모든 언어들이 추정되는 보편성에 귀착되어 있다고 보는 것이다. 만약 오직 하나의 언어만이 앞서 언급한 내용과 달리 특정 언어 보편성에 해당되지 않는다면 '보편성'이란 개념은 더 이상 발을 붙이지 못하게 된다. 또한 순차적으로 이미 오류로 판명된 '보편성' 대상 각자는 보편문의 본능으로서의 언어의 하위 이론의 수명을 단축시키는 역할을 담당하게 될 것이다. 그렇다면 이제 우선적으로 음성 분야 내에서의 보편성들을 살펴보기로 하자.

이미 앞 장을 통해 호케트가 제안했던 언어 구성요소를 다시 보기로 하겠다. 이 요소들은 특별히 본능으로서의 세계관에서 강한 영향력을 유지한다. 즉, 호케트의 구성요소들은 일찍이 언어를 위한 보편적 성격을 마련하기 위한 초기 시도였다. 그렇지만 수화 언어들의 존재가 호케트 구성요소 중 두 가지에서 빗나가는 결과를 낳게 되었다. 그리고 이미 우리가 보았듯이 패턴의 이중성은 언어를 결정짓는 필수불가결의 구성요소는 아니며, 이중성이란 구성요소는 알사이드 베두인 수화 공동체(아직까지는 완전하게 드러나 있지는 않음)에 의해 무효화된 상태다.[14)]

발화 언어들에서 볼 때 인간의 발성 기관 그리고 청각 체계에 의해 발음이 가능한 음성과 함께 청각적으로 유효한 소리들 모두는 제한된 상황에 놓이게 된다. 이런 상태는 언어들이 각자의 소리 체계를 형성하기 위해 음성 목록을 결정지을 때 후보 음성요소들을 선별할 수 있게 해주는 음성 매개변수들의 세트가 이미 설정되어 있다는 가정을 가능하게 한다.[15)] 예를 들면 음성들은 입을 닫는 행위로서 공기 흐름을 막는 저해 작용을 가하든지 혹은 입을 열어서 공기 흐름을 허용하는 방식을 이용해 생성된다. 이와 같은 행위적 차이를 바탕으로 공명성이 더 높은 소리(비저해) 모음들이 발생하기도 하고, 비교적 공명성이 떨어지는 자음(저해)이 발생할 수도 있다.

따라서 저해성은 모음과 자음이라는 두 종류의 음성 변이를 형성하는 매개 역할을 구성한다. 자음 부류들의 음성들은 음성기관 중 여러 장소에서 발생하는 저해 현상에 의해 발생될 수 있으며, 이와 같은 소리 발생에는 다른 종류의 매개 역할 요소들이 포함되어 있다. 예를 들면 공기 흐름이 입술 양쪽에 맞닿거나, 치아 위아래가 맞닿거나, 혀가 입 안 여러 부위에 접근함으로써 방해를 받을 수 있다. 매개체들의 제한된 그리고 보편적 세트 현황에 대한 개념은 촘스키 교수가 자신이 주장한 보편문법 방법론을 발전시키는 와중에 상당한 영향력을 갖고 있었다.

그렇지만 세계에 분포한 언어들에서의 음성 체계의 다양성의 실질적 범위가 밝혀지면서 언어들이 단지 음성적 범주들의 보편적 세트로만 구성되지 않는다는 사실이 점점 더 확실해졌다. 한 가지 예로서 이전에 음성으로 결코 발현될 수 없다고 간주되었던 소리들이 출현하고 있다는 사실을 들 수 있다. 음성학을 연구했던 사람들 사이에서는 음성기관 중 두 장소에 동시에 방해 행위를 적용하는 방식으로는 자음 소리를 생산하지 못한다고 알려져 있었다. 그러나 파푸아뉴기니Papua New Guinea 로셀Rossel섬 옐리 드나이어Yélî Dnye의 경우를 포함하여 앞서 언급한 동시 방해 동작을 허용하는 수많은 예들이 발견되었다. 옐리 드나이어만 봐도 입 내부에서 입술(자음 [p] 혹은 [b] 음성) 그리고 치아(자음 [t] 혹은 [d] 음성) 등 두 장소를 동시에 막음으로써 이중적 조음 음성 [bd]와 같은 자음 소리를 발생시킨다. 로셀섬의 언어에 대해서는 추후 제7장에서 주요 사항으로 더 자세히 다루려고 한다.[16] 이전에 어떤 유명한 음성학자는 다음과 같은 말을 남기기도 했다.

"언어는 임의적이지만 구성에서 매우 정교한 음성학적 세부요인들로 인해 체계적인 차이를 보일 수 있다. 이 말은 우리가 보편적 음성 범주들을 생각하는 대신 인지 체계에 의거하여 구성되고 활용되는 보편적 음성 원천재료들을 우선 고려해야 함을 가리킨다."[17]

역시 언어들은 음운 규칙을 기반으로 음성들을 조합해서 상위 단위들을 형성하는 모습을 보인다. 이 중 가장 중요한 사항이 바로 자음 및 모음을 함께 합성 및 구성하는 음절이라고 할 수 있다. 최근까지도 세계 모든 언어에서 음절은 자음을 우선 배치하고 이후 바로 이어서 공명 정도가 상위인 모음을 배치하는 형식으로 구성되어 있다고 알려져 있다. 이것은 소위 '자음-모음' 혹은 CV 구조로 불리기도 했다. 그렇지만 호주 원주민 언어인 아렌테Arrernte를 보면 음절들이 모음을 우선하게 하면서 자음을 이어서 따르게 하는 방식을 따른다. 즉, VC 구조를 가리킨다고 할 수 있다.[18]

품사

본능으로서의 언어 이론은 언어들이 명사, 동사, 형용사, 부사 등 네 가지의 대표적인 품사로(어휘 부류로도 알려짐) 구성되어 있다는 가정을 전제한다. 그러나 라오어Lao 등과 같은 언어에서는 형용사가 부재한 반면 많은 언어들이 부사를 결여하기도 한다.[19] 이것은 곧 형용사가 부족한 언어의 특성에 연관된 개념들인 '붉은 코a red nose' 구조에서 '붉은'과 같은 상태를 표현하지 못한다는 사실을 의미하지 않는다. 언어들마다 나름의 개별적인 방식을 이용해서 필요한 상황을 표현한다. 앞서 제기한 동남아시아 라오스Laos 지역의 라오어를 보면 동사들이 전체적으로 영어에 나타나는 형용사와 동일한 기능을 대신 수행하는 모습을 보여준다.

그 외에도 일부 언어학자들은 명사나 동사가 모든 언어에 분포하는 보편적 요소가 아니라는 주장을 펼쳤다. 브리티시 콜롬비아 밴쿠버섬 지역 해협살리시Salish라는 캐나다 원주민의 언어에서 바로 앞서 주장한 내용을 확인할 수 있다.[20] 영어에서는 특별한 종류의 접사를 소유한다는 측면에서 형태론적으로 어떤 대상을 동사, 형용사가 아닌 명사라고 지칭할 수 있다. 예를 들면 명사는 흔히 복수 형태소 -s를 수반하여 'boy → boys(소년 → 소년들)'로 나타나는 반면, 동사, 형용사에는 동일한 복수 형태소가 절대 나타나지 못한다. 동사는 대신 과거시제 형태소 '-ed'를 수반하지만, 명사, 형용사에는 결코 허용되지 않는다. 그리고 형용사에는 비교 형태소로서 최상급 의미를 가리키는 '-est' 형태소를 첨가해 'clean → cleanest(깨끗한 → 가장 깨끗한)'를 구성할 수 있다. 게다가 명사, 동사, 형용사 등은 통사적 기능에서도 차이를 보이며, 문장 내부에서 허용되는 위치에서도 차이점을 보인다. 따라서 명사가 주어 혹은 목적어 자리에 위치하고, 동사는 사건이나 행위에 연계되어 있는 반면 형용사는 명사의 특성을 암시적으로 가리킨다. 예를 들어 'The elegant supermodel is dancing(우아한 슈퍼모델이 춤추고 있다)' 구문에서 'elegant'는 형용사이고, 'supermodel'은 명사이며, 'dancing'은 동사 역할을 수행한다. 이 말은 명사가 별개의 독립적 자리를 차지하면서 그와 '동시에' 동사와 다른 의미적 기능을 갖고 있으며, 형용사와도 아주 다르다는 사실을 가리킨다.

해협 살리시족 어군에는 오직 한 가지 어휘 부류인 어휘 어간이 존재한다. 이것은 하나의 대상, 특정한 사건, 하나의 특성 등을 가리키든 아니든 형태론이나 통사론 모두에서 전혀 차이가 없다. 해협 살리시족 어군 내에서 사용되는 어휘 어간이 대상, 사건, 특성 중 어느 것에 연계되든지 상관없이 이들 어휘 어간은 항상 주어진 상황에 필요한 의미를 가리키려면 반드시 접사와 합치는 단계를 거쳐야만 한다. 예를 들어 '노래하다' 의미에 해당하는 어휘 어간은 실질적으로는 대상을 위한 명사적 의미를 위해서 'the one who is sing(er)(가수인 사람)'처럼 관계절 내부에 위치하게 되며, 사건(즉, 동사) 의미를 위해서도 'the ones who are singing(노래하는 것들)'과 같이 관계절을 구성해야 한다.

그러나 영어가 이런 모든 사항을 잘 배분한다고 믿는 사람들은 이 부분을 다시금 생각하기 바란다. 영어에서조차 명사와 동사는 완전히 안정된 범주가 아닐 수 있다.[21] 영어에서 직접목적어를 수반하는 동사의 특성 중 하나는 명사로 전환된다는 사실이다. 즉, 접미사 '-er'을 첨가함으로써 명사적 기능화가 가능하다. 예로서 동사 'to import(수입하다)' 경우를 보면 'The window cleaner imports rugs in his spare time(창문닦이가 짬을 내서 깔개를 수입한다) → The window cleaner is an importer of rugs in his spare time(창문닦이가 여가 시간에 깔개 수입자가 된다)'처럼 나타난다. 그러나 동사들 중 일부는 앞서 보았던 규범 패턴을 이행하지 못한다. 가장 적절한 예로 동사 'to know(알다)'는 앞에서의 동사처럼 규범 패턴을 이행하지 못하며, 따라서 'The supermodel knew that fact(슈퍼모델이 그 사실을 안다) → * The supermodel was the knower of that fact(슈퍼모델이 그 사실의 인식자다)'처럼 나타난다. [여기서 문장 시작 부분에 표시된 *(별표 표식)은 문법가들이 문장을 판단할 때 모국어 화자가 적절하지 않은 비문법적 구조라고 판단하는 문장을 가리킬 때 사용하기 때문에 앞 예에서 첫 번째 문장과 달리 두 번째 문장은 단순히 듣기에도 아주 이상한 비문법적 문장임을 나타내려는 목적으로 첨가되어 있다.]

동사에서 또 다른 종류의 전형적 특성으로 기능에서 수동적 의미로 변환되는 것을 생각할 수 있다. 즉, 'The supermodel kissed the window cleaner(슈퍼모델이 창문닦이에게 키스했다) → The window cleaner was kissed by the supermodel(창문닦이가 슈퍼모델로부터 키스 당했다)'처럼 말이다. 여기서 알아둘 점은 수동 규범 패턴이 모든 동사에 해당하지 않는다는 사실이다. 동사 'to owe(소유하다)'를 보면 'to kiss(키스하다)'와 수동 측면에서 다른 결과가 도출된다. 즉, 'The window cleaner owes two pounds(창문닦이가 2파운드를 소유한다) → * Two pounds are owed by the window cleaner(2파운드가 창문닦이에 의하여 소유된다)'로 귀결된다.[22] 지금까지 사항들만 봐도 영어에서조차 명사 또는 동사와 같은 어휘 부류를 확실하게 보이는 단어라고 해도 경우에 따라서 명사 혹은 동사 중 명사성, 동사성에서 확실하지 않은 예를 발견하기도 한다. 모든 동사(혹은 이런 점에서 모든 명사)가 어휘 부류에 연관된 규범 패턴과 완전하게 들어맞는 것은 아니다.

다양성을 중심으로 다른 예를 고려해보기로 하자. 여러 종류의 비유럽권 언어들이 영어 화자들에게 분명히 생소하게 보일 수밖에 없는 품사들을 드러낸다. 이에 해당하는 어휘 부류 중 하나가 바로 의성어(의음, 표의음)다. 이와 같은 독특한 어휘 부류 요소는 다수 개별적 감각들이 뭉뚱그려서 작용하는 상황을 인식했던 경험을 묘사할 수 있다. 특히 이런 상태를 연상시키는 예로서 동인도, 방글라데시, 네발 지역의 먼다리어Mundari의 'ribuy-tibuy'가 있다. 이 어휘는 뚱뚱한 사람이 걸어갈 때 서로 부대끼면서 움직이는 엉덩이의 모습, 소리, 동작을 동시에 묘사한다. 의성어들은 상황을 좀 더 고취시키려는 의도로 독립적 통사 단위로서 발화 서술에 삽입되어 나타난다.

형태론

앞에서 인용되었던 핑커는 신조어들이 파생 그리고 굴절 과정 등 형태론에서 새롭게 생산된다고 주장했으며, 예를 들어 동사 'teach'에 '-er'을 첨가하거나 인칭, 시제 일치에 관련지어 동사 'sing' 이후 3인칭 단수 굴절 접미사 '-s'를 덧붙이는 등의 경우들을 제시했다. 그러나 모든 언어들이 영어처럼 형태론의 변화를 소유하지는 않는다. 만다린어, 베트남어 등이 바로 여기에 해당한다. 이 두 언어 모두에서 신조어를 생성시키는 체계적인 형태적 과정이 나타나지 않는다. 그 외에 이들 언어들은 인칭, 수, 시제를 표시하는 굴절 접사들이 부재한 상태다. 그렇다고 만다린어, 베트남어 등이 과거 의미를 전하지 못한다거나 영어와 달리 복수 의미를 전하지 못하는 것은 아니다. 만다린어에서는 앞서 언급한 경우들이 대화 수행 상황에서 추정되거나 아니면 접사 형태가 아닌 다른 독립 단어들을 이용하여 표현되기도 한다. 언어들은 이처럼 형태적 체계에서 우리가 생각하는 이상으로 아주 놀라울 정도로 분기되면서 다양한 모습을 보여주기도 한다.

통사론

품사 그리고 형태론에서의 소위 보편성들에 더해 본능으로서의 언어 이론에서는 문장 구조 형태를 결정하는 통사론적 요인이 세계 언어에 걸쳐서 다양한 규칙들을 소유한다는 가정을 내세운다. 이와 같은 추정 보편성 중 하나로서 모든 언어들이 단어들을 주축으로 구성 성분 단위들을 구축한다는 측면을 생각해볼 수 있다. 여기서 단위란 바로 구句들을 가리킨다. 구란 명사, 동사 등처럼 품사에 해당하는 요소들을 하나로 합성함으로써 구조화에 이르는 단위를 의미한다. 구 단위들 중에는 명사가 축으로 핵심 요소가 되는 명사구 그리고 동사가 핵심 요소인 동사구verb phrase: VP 등이 있다. 여기서 명사구들과 같은 단위들이 별개의 독립체인 이유는 이 단위를 다른 요소, 즉 대명사로 대체할 수 있기 때문이며 대명사가 이런 역할을 수행하는 상황은 문장에서만 가능하다는 점을 알아야 한다. 예를 들면, 다음 문장 'The elegant supermodel is dancing'의 경우 바로 대명사 'she'로서 명사구 'the elegant supermodel'을 대신하게 함으로써 'she is dancing'으로 변화시킬 수 있다.

이 말은 많은 언어에는 단어의 순서를 마구 섞어서 나열하는 완전한 자유 어순이 허용되기도 한다는 의미다. 고전 라틴어로 수록되어 있는 베르길리우스Virgil or Vergilius의 저술 「아이네이스Aeneid」에서 "ultima Cumaei venit iam carminis aetas"23)의 구문을 보면 알 수 있다. 이 문장의 문자 그대로의 의미는 바로 "last Cumaean arrived now song age"처럼 라틴어 구문의 단어들을 영어 단어로 하나씩 순서를 맞춰 배열해서 짐작할 수 있으며, 영어 자체 표현으로 변환된다면 "the last age of the Cumaean song [has] now arrived(쿠마에 무녀 노래의 최후 시절이 이제 도래했구나)"가 된다. 두 구분에서 보듯이 라틴어는 영어와 다르게 단어들이 매우 복잡한 격 체계를 갖고 있어서 단어 각자가 형태론적으로 다양한 표시를 수반하면서 단어 사이의 관계를 설정한다. 이런 이유로 구에 '포함된' 단어들이 서로의 관계를 보여주려는 차원에서 앞뒤를 이어서 배열하여 나타나는 조합 구조는 반드시 고려할 필요가 없기 때문에 라틴어에서는 이전부터 구 구조에 큰 비중을 두지 않았다.

예를 들면 영어 명사구 'the last age'가 라틴어에서는 'ultima(last)' 그리고 'aetas(age)'의 형태적 모습으로 각각 문장 맨 앞에 혹은 맨 뒤에 위치할 수 있다. 이런 상황이 가능한 이유는 바로 라틴어의 두 단어들에 표시된 주격이 모두 문장에서 주어 역할을 수행하면서 동시에 함께 단위에 '속하는' 정보를 보여주기 때문이다. 결과적으로 이 두 단어들은 반드시 함께 앞뒤로 붙어 발화 라틴어 혹은 기록 라틴어 등에 나타나지 않아도 무방하다고 볼 수 있다. 이와 유사하게 명사구 'the Cumaean song'의 경우 단어 모두를 라틴어 방식으로 적으면 각각 'Cunaei', 'carminis'로 바뀌고 단어 내부에 소유격이 포함됨이 나타나면서 두 단어 사이의 관계를 확인할 수 있게 된다. 그리고 라틴어를 위시하여 격 표식을 활용하는 언어에서의 결과는 이 언어 모두가 문법적 의미 전달을 위해 단어 사이의 배열 구축에서의 제약 등을 염두에 두지 않는다는 사실이다. 라틴어가 이제는 사어이고, 모국어 화자가 더 이상 존재하지 않지만 이와 유사한 특성을 보이는 언어는 세계에 얼마든지 분포해 있으며, 여기에는 수많은 호주 원주민 언어는 물론 여러 지역 도처에서 사용되는 언어 등이 구 구조 없이 그리고 완전한 자유 어순을 바탕

〈표 3-1〉 세계 언어 표본에서의 어순 패턴

어순 패턴	언어 수
SOV	565
SVO	488
VSO	95
VOS	25
OVS	11
OSV	4
특정 어순 부재	189
	총계 1,377

으로 얼마든지 자신의 역할을 충분히 수행한다. 최근 2011년에 출판된 『세계 언어 구조 도표 온라인The World Atlas of Language Structures Online』에서는[24] 세계 언어의 상당수가 어순을 소유하지 않는다는 사실이 여실히 나타났다.

〈표 3-1〉은 세계 언어 중 표본으로 일부를 선별한 1377개 언어를 기반으로 어순 패턴을 예시한 것이다.[25] 여기서 'S'는 주어, 'V'는 술어(동사), 'O'는 목적어다. 예를 들면 영어 문장 어순이 주어-동사-목적어SVO라는 말은 'The supermodel(S) kissed(V) the window cleaner(O)'로 대표할 수 있다.

라틴어 등의 일부 언어들이 문법 관계를 구별하는 격 표시를 응용한 반면 많은 언어는 어순은 물론 격 표시까지도 결여하고 있다. 말레이어가 바로 여기에 해당한다. 이 언어의 경우 인도네시아, 말레이시아, 브루나이, 싱가포르 지역 등에 4000만 화자가 분포해 있으며, 문장 구조를 보면 영어에서 주어를 표시하는 것과 달리 별도의 문법적 주어를 문장에 포함시키지 않는다. 말레이어 문장에서 행동 주체 및 행동 대상을 가리키려면 행동 주체(A) 그리고 행동대상(O) 모두를 동사(V) 앞에 위치하게 해 AVO 혹은 OVA 등으로 분포하는 모습을 갖춘다. 능동 혹은 수동을 포함한 태 의미를 표시하는 방법은 바로 동사에 표시를 첨가하는 것이다. 또한 말레이어에서 태 의미는 행동 자체가 '이행되다' 또는 '겪다'인지에 대한 시금석 역할을 맡고 있어서 화자들은 동사 자체에 첨가된 표시를 주축으로 동사 앞에 위치한 독립체가 행동 주체인지 행동 대상인지를 파악할 수 있다.

태 의미가 어떻게 이런 역할을 하는지 이해하기 위해 영어의 문법적 태로서 수동태를 생각해보기로 하겠다. 우선 다음 예 'The window cleaner was kissed(by the supermodel)'을 보기로 하자. 이 문장에서 우리는 행동 주체가 슈퍼모델이고, 행동대상으로서 '겪다'(어쩌면 아닐 수도!) 창문닦이를 분류할 수 있다. 이 문장을 통해 이런 정보를 알게 된 연유는 바로 수동태 구조에서 '겪다' 행위에 해당하는 독립체가 문장 가장 앞에 위치하기 때문이다.

그렇지만 말레이어에서는 상황이 더 복잡하게 보일 수도 있다. 즉, 말레이어는 주격 그리고 목적격이 한꺼번에 생략될 수 있다. 이런 경우 의미 해석은 상황적 의미를 고려해야만 추론이 가능해진다. 예를 들면 가게라는 환경 구조에서는 고객과 주인의 대화에서 '나' 그리고 '당신'에 해당하는 표현 모두가 생략된 'Bisa dibantu?(Can [I] help [you])?'와 같은 형태가 사용될 수 있다. 그러나 이런 환경에서 '나' 그리고 '당신' 의미가 확실해 별도로 표기가 필요하지 않아서 말레이어 화자들은 굳이 해당 표현들을 발음하지 않아도 된다.

자! 이제 지금껏 무시되었던 소위 보편성이라고 칭하던 또 다른 예를 보기로 한다. 줄곧 보편성이라고 가정되었던 아주 많이 알려진 규칙 중 하나인 영어에서 의문을 가리키는 의문사 'wh-' 예(what, which, whether 등)들은 모두 문장 중간에 어떤 표현도 허용하지 않는다는 상태를 설명하는 방식이었다. 그렇다면 무엇보다도 우선 문장 중간에 무엇인가를 위치하게 해서 구조 전체 간섭을 허용하는 예들을 생각해보기로 하자. 다음 의문문은 바로 'that'을 중간에 허용하는 예에 해당한다. 즉, 'Where did the supermodel say <u>that</u> the window cleaner had to get off the train to meet her?[슈퍼모델이 창문닦이가 그녀(슈퍼모델)를 만나려 기차에서 어디에서 내려야만 했는지를 말했는가?!'가 해당된다.

그러나 다음 경우에서 의문사 'wh-'에 속하는 'whether'의 경우를 보면 'that'과 달리 문장 중간에 들어가면 비문을 만드는 것을 볼 수 있다. (여기서 기억할 점은 *을 문장 앞에 붙이게 되면 비문을 의미한다는 사실이다.) * Where did the supermodel say whether the window cleaner had to get off the train to meet her?(창문닦이가 슈퍼모델을 만나기 위해서 내려야 할지 말지를 그녀가 어디에서 말했는가?)

그러나 이후 앞에서와 같은 보편성 '규칙'은 영어에는 모르지만 이탈리아어, 러시아어 등에 해당되지 않음이 확인되기도 했다. 즉, 이 언어들을 보면 의문사 'wh-' 어휘들이 의문문 등에서 얼마든지 문장 중간에 다른 요소가 나타나는 사항을 허용할 수 있다.[26] 줄여서 정리하자면 의문사 중간에 다른 표현이 위치하지 못한다는 제약 사항은 언어들을 놓고 볼 때 보편적이라고 말하기 쉽지 않게 된다. 게다가 이런 규칙에 연관된 이와 같은 상태는 더 나아가 세계 언어 전체와 관련하여 단순히 영어 등과 같은 하나의 언어에만 국한시켜 일반화를 꾀하려는 시도 자체가 적절하지 않을 수 있다는 엄중한 교훈을 준다고 볼 수 있을 것이다.

언어학적 유형 분류 체계로부터의 교훈

언어학적 유형 분류는 언어 다양성을 연구하는 언어학 분야 중 하나다. 유형 분류학자들은 이국적 언어를 위한 지역 방문 및 연구를 하나로 완전 접합시키거나 해당 언어를 이해하려고 사전과 문법서들을 작성하거나 이를 토대로 연구 대상 언어들의 유사성 및 차별성 등을 기술하기도 한다. 이 장에서 제시하려는 많은 요소들은 그동안 수십 년간 유형 분류학자들이 연구한 결과다. 촘스키 교수가 본능으로서의 언어 이론을 제창하면서 활발하게 활동하던 시절쯤 언어학자 조셉 그린버그Joseph Greenberg가 1950년대를 기점으로 언어 유형 분야를 개척 및 구축하면서 해당 연구에 몰두했다.

촘스키와 마찬가지로 그린버그도 언어적 보편성을 확인하려는 욕망을 갖고 있었다. 그러나 촘스키와의 차이는 그린버그의 접근 방식이 실험에 축을 두었다는 점이며, 보편성에 관한 초기 저명한 연구에서 그린버그는 30가지의 언어를 비교했다. 물론 최근 분류학자들 기준에서 볼 때 크게 많다고 할 수는 없더라도 말이다. 또한 촘스키가 보편문법을 찾아내려면 하나의 언어만을 충실히 연구해도 무방하다고 제창했던 시기 바로 그때에 그린버그는 아주 남다른 견해를 갖고 있었다. 즉, "모든 언어를 아우를 수 있는 일반화 방법을 찾는 것이 무엇보다 중요한 일이라는 사안을 가정하는 말은 수적 측면에서 그리 많다고 할 수 없을 뿐만 아니라 어쩌면 매우 상투적으로 보일 수 있지 않을까? 언어 보편성에 관한 예들로서 모든 언어가 명사, 동사를 포함하고 (비록 일부 언어학자들은 이 점을 부인하기는 하지만) 혹은 모든 언어가 음성 체계를 소유하면서 동시에 음성적 모음 그리고 자음들을 구분하는 등의 사항들이 포함된다고 할 수 있을지 모른다."[27]

그린버그는 논리적으로 볼 때 두 유형의 언어적 보편성이 가능하다는 사실을 관찰했다. 첫째는 완전체 보편성을 가리키며 본능으로서의 언어 이론에서 가정되는 내용이기도 하다. 그리고 이 보편성은 그린버그가 앞서 언급했듯이 "수적 측면에서 소수이고 전체적으로 상투적일 수밖에 없다"라고 말한 부분에 해당한다. 진짜로 "보편문법 황제(즉, 촘스키)가 벌거숭이로서[28] 정말 황당하기까지 하다라는 최종 목표점으로 우리를 이끌었던 내용이 바로 예외를 전혀 허용하지 않는 보편성(상투적이라는 사실은 차치하더라도) 그 자체라고 할 수 있다.

분류상 관점에서 볼 때 완전한 보편성의 추구에는 더욱 중대한 문제점이 있다. 1980년대 이후로 본능으로서의 언어 이론은 언어적 다양성을 맞닥뜨리면서 '보편성'이 의미하는 측면에서 초기 주장하는 바와 달리 더 많은 수준의 상당한 탄력을 보이게 되었다. 1981년 촘스키는 인간의 선천적 보편문법이 아주 다양한 방향으로 작용을 수행할 수 있는 여러 가지 전환 스위치(매개체로도 알려진)로 구성되어 있다고 보았다. 일단 스위치를 방향별로 바꾸게 되면 영어와 같은 언어를 호주 지왈리어로 아주 다르게 변환시키는 마치 엄청난 수로 폭포처럼 쏟아지는 효과들을 얻게 된다. 그러나 이와 같은 사안에 관련된 내용은 영어 그리고 지왈리어 등에서 나타나는 다양한 형태가 간략하게 말해 탁탁거리면서 다이얼을 맞추는 정신적 스위치에 있다는 사실에 기초를 둔다고 할 수 있다.[29] 언어학자 레이 잭엔도프Ray Jackendoff가 제시했듯이 아주 세밀한 차이점에서조차 보편문법이 일종의 '도구 세트'를 구성한다고 볼 수도 있다고 했다.[30] 즉, 여러 수를 굳이 택하지 않더라도 하나의 특별한 언어만으로 '보편성'의 범주로부터 원하는 사항을 뽑아낼 수 있다고 보았다.

그렇지만 '선별 혼합pick and mix' 보편문법 방식의 견해들은 소위 '건실 과학good science' 실험에서의 기대를 저버릴 수 있다. 사실 보편문법이 보편성이라는 탄력적 세트라고 볼 수 있다면, 이런 주장에 대한 실험적 확인은 비반증가능성非反證可能性으로 귀착될 수 있다. 즉, 이 말은 결코 증거를 토대로 오류로서의 판정이 불가능함을 가리킨다.[31] 비록 X라는 언어가 보편성 Y를 결여한다고 해도 그 이유 자체가 언어 X가 보편문법에 반증이 된다고 볼 수 없다. 보편문법을 도구 세트로 생각하는 관점에서는 하나의 언어는 모든 '보편성'을 포함해야 한다고 보는 대신 보편문법 측면에서 적절하다고 판단되는 방향에 의거하여 앞서 언급한 보편성을 선별 혼합 및 상응 맞춤을 수행한다고 볼 수 있을지 모른다. 그러나 과학에서 특정한 예측을 위한 엄정한 검증에서는 잠정적으로 해당 실험 과정 자체가 반증가능성反證可能性을 보여줄 수 있어야 한다. 달리 말하자면 이론이 하나의 요인으로서의 판단에 가치를 부여해줄 수 있기 위해서는 무엇보다도 해당 이론의 실험·검증이 있어야 할 것이다.[32] 만약 특정 예측에 실험·검증을 거칠 수 없다면 그 내용의 옳고 그름을 판단할 근거를 잃게 된다. 그리고 이런 문제는 보편문법을 상정한 상황에서는 항상 발생할 수 있으며, 그 이유는 바로 실험·검증이 불가능하다는 데 있다고 볼 수 있다.

본능으로서의 언어 이론의 광의적 범주에서의 난관이 바로 앞서 언급한 내용 그 자체다. 오롯한 보편성의 존재(혹은 비존재) 여부에 관한 실험·검증이 7000개 이상의 현존하는 언어 모두를 아우르면서 시행되어야 한다는 사실이다. 모든 언어를 전부 포함한다는 것은 곧 지금 남아 있거나 또는 소멸한 언어 전체를 가리킨다고 볼 수 있다.[33] 어쨌든 보편성의 존재 무효화는 단지 한 가지의 반증으로도 충분하며, 때로 반증 자체가 눈에 띄지 않을 만큼 드물 수도 있다. 지금까지 실제로는 보편문법이 무효화되기가 거의 불가능한 것으로 널리 알려져 있다. 그리고 '건실 과학' 실험·검증 측면에서 보더라도 보편문법 무효화는 결국 부적합 과학으로 귀결되기도 한다.

보편문법이 오롯한 보편성에 관련되어 있기는 하지만, 그린버그는 제2유형의 '보편성'의 존재를 지적했다. 즉, 조건을 전제하는 보편성 말이다. 그린버그가 가리킨 보편성은 만약 X라는 언어가 특정한 Y 특성을 소유한다고 볼 때 Z라는 특성도 아울러 소유한다고 볼 수 있다는 의미에서 그 존재가 결정된다. 그렇지만 그린버그는 이처럼 제2유형의 보편성조차 아주 강성을 띈다고 결론지었다. 대부분의 경우 그린버그는 조건하에 운영되는 보편성이 항상 논리상 함축적인 연좌 관계성을 보인다는 사실을 발견했으며, 이 말은 만약 X 언어가 Y 특성을 소유한다면, 이 언어는 결국 Z 특성도 소유하는 '경향을 갖게 될 것'으로 보는 방식을 가리킨다.

지금까지 그린버그가 언급한 제2유형 보편성에 관한 예시로서 언어에 출현하는 부정표현들을 생각해보았다. 예를 들면 하나의 특정 언어가 부정 구조로서 나타나기 위해 표현을 갖게 되는 경우 영어에서는 부정 의미 표식 '아니(안)'라는 형태소를 첨가하는 방식을 취한다. 그러나 고대 타밀어Tamil에서는 부정 의미를 표현할 때 부정사 형태소를 첨가하는 영어와 달리 단정적인 표현 발화 중에 포함된 시제 형태소를 삭제하는 방법으로 소기의 목적을 수행한다.[34] 이런 과정에서 우리는 '보편성'이란 어떤 것이든 그린버그가 제창했던 경향성을 기반으로 고려되어야 하며, 이전부터 본능으로서의 언어 이론이 주장하듯이 보편성을 이야기 할 때 잠재적 가능성을 속성으로 갖춘 대상으로서 간주하려는 태도를 다른 각도에서 바라보는 지양성의 필요성을 생각해봐야 한다.

언어 변화의 방식 그리고 원인에 대하여

자! 이제 언어들의 구조를 총괄하는 보편문법의 부재 속에서 과연 이 세상에 그렇게도 수많은 언어의 다양성이 그대로 존재하는 이유가 무엇일까? 나는 제8장에서 '호모사피엔스'라는 종을 다른 생명체들과 분리시키려는 행위는 다름 아닌 바로 특수한 지적 능력인 문화 지능에 달려 있다는 주장을 피력하고자 한다. 활용으로서의 언어 이론은 인간이 복잡다단한 문화를 발달시키는 능력, 즉 인간의 문화적·지적 능력으로부터 상호협력 행위, 언어학적 의사소통 등이 일종의 매개체 내의 항목으로 선택되는 상황을 주장한다. 언어에 연계된 상호협력의 속성은 상호소통 궁극 지점 성취라는 공통 추구의 기치 아래 인간의 열망, 염원 등을 포함하는 모습을 보여준다.

예를 들면 란제리 가게 서비스 지점에서 고객이(반드시 여자로만 볼 필요는 없더라도) 반드시 찾으려는 상품의 종류를 밝혀야만 비로소 자신의 의도를 가게 점원과 공유하게 되는 상황을 우선 고려해보기 바란다. 그리고 가게 점원과 고객 양쪽 모두가 바로 앞서 언급한 영업 행위 목표를 위해 상호 언어를 통하여 타협을 밟는 과정에 들어가게 된다. 이런 상황이 바로 언어 활용을 위한 맥락context을 형성하게 되며, 이로써 언어가 비로소 의미를 갖게 된다. 또한 이처럼 의미를 쌓는 과정에서나 의사소통 목표 달성을 추구하는 타협 행위 속에서 활용 중심의 압력이 제 모습을 갖추게 되고, 이런 상황이 반복, 축적되면서 언어 변화라는 결과가 도래하게 된다. 이후 시간이 흐르고 이 과정 안에서 형태 혹은 의미 모두가 보여주는 언어의 작은 변화들이 결국에는 언어의 다양성으로 드러나게 된다.

이전 시기인 1960년대 이래로 사회언어학적 변이와 함께 우리가 단어, 구절들을 선택하면서 그리고 이들을 직접 소리로 발화하면서 직접 사용하는 언어가 일상 속에서 각종 상황에 그리고 개개인 사이에서 상당히 변모하는 상태를 보여주었다. 비록 1개의 언어만을 놓고 본다고 해도 차이를 보이는 언어적 공동체들이 지역적으로 별도의 말투 및 방언을 내보이게 되며, 이것은 종종 엄청난 차이를 구성하기도 한다. 여기서 말하는 변모가 비로소 변화를 동반하게 되고, 이런 변화 현상은 단계적이며, 대다수는 조용히 눈에 띄지 않게 진행되는 경향을 보인다. 그럼에도 불구하고 시간이 지난 후에는 최종적으로 너무도 놀라운 결과로 귀결되곤 한다.

예를 들면 1200년 전 영국 영어는 현대 영어와 아주 다른 모습을 띠고 있었다. 현대 동시대 영어 모국어 화자가 고대 영어를 이해할 확률은 마치 2개의 줄넘기를 동시에 넘는 정도로 상당한 수준의 고충에 맞먹을 것이다. 이에 관한 예로서 고대 영어 문장 'sēō cwēn geseah þone guman'이 현대 영어에서 'The woman saw the man(그 여자가 그 남자를 보았다)'라는 의미로 해석되는 것을 보면 이 말의 의도를 짐작할 수 있다.

앞의 경우보다는 수준 정도가 조금 낮을 수는 있지만 여전히 놀라움을 주는 예로는 바로 영국 표준 영어에 발생했던 변화다. 1952년 이래로 해마다 엘리자베스 2세가 이전에 영국제국의 식민지였던 54개의 회원 국가로 구성된 영연방 시민들에게 전했던 성탄절 메시지에 대해 호주 맥쿼리MacQuarie 대학 연구자들이 조사를 진행했다. 그 결과 영국 표준 영어 어투에는 그 시대 이후로 아주 의미심장한 변화들이 발생했으며, 이 현상은 여왕의 백성들을 향한 발화와도 많은 유사함을 보인다는 사실이 확인되었다. 오늘날 여왕의 표준 발음Received Pronunciation: RP은 1950년대의 것과 사뭇 다른 모습을 보인다. 표준 발음은 때로 BBC 혹은 옥스퍼드 영어로 명명되기도 하며, 이 발음을 수행하는 대부분의 사람들처럼 여왕 어투는 오늘날에도 영국 대륙 남부에서의 잉글랜드 남동부 지역 영어에 나타나는 특징 중 일부를 함유하는 상태를 보인다. 예로서 1950년대 여왕의 공식 방송 내용 안에서 'had'라는 단어는 'bed'라는 단어와 각운에 준하는 모습을 보였다. 그러나 30년 이후가 흐른 뒤에는 'had'는 앞서 언급한 남동부 지역 표준 영어 발음 쪽으로 영역을 옮겨가면서 'bed' 대신 'bad'와 함께 각운을 맞추는 모습을 보였다.

언어학자 윌리엄 크로프트William Croft[35]의 주장으로 인해 진화 시기에 걸쳐 생명체들의 다양화 변모 발생과 마찬가지로 언어의 변화도 유사한 원리를 기반으로 발생한다는 생각을 갖게 되었다. 그리고 우리는 신다윈주의 진화 이론을 토대로 언어가 진화하는 방법을 좀 더 용이하게 이해할 수 있었다.[36] 신다윈주의 주장에 의하면 가장 중요하게 봐야 할 것이 바로 복제자에 관련된 생각이다. 여기서 복제자란 일종의 독립 단위로서 내부의 구조를 연속되는 복제 과정 속에서 다음으로 전달시키는 단위를 가리킨다. 생물학에서 유전자 예를 보면 해당 독립 단위 내부의 속성이 뒤를 이어 태어나는 후손에 전달되는 물질을 함유하고 있음을 확인할 수 있다. 그렇지만 여기서 중요한 점은 복제 과정이 때로 차이를 보이기도 한다는 사실이며, 이것이

때론 최초의 대상과 후손 사이에 아주 미세한 구조적 차이점을 일으키게 된다. 이처럼 연속해서 발생하는 복제 과정에서 출현하는 변화들은 또 다른 복제자를 형성하는 결과로 귀결되기도 하고, 이와 같은 복제자는 연속 복제 과정을 통해 최초의 복제자와 아주 다른 특성들을 소유할 수도 있다.

변화는 복제 과정 동안 때로는 복사 과정에서 실수로 인해 유발되기도 한다. 유전자는 대개 DNA 연결 구성체에 포함되어 있다. 그리고 복사에서의 실수란 일종의 돌연변이로 알려져 있고, 이런 형태로 복제를 거치거나 혹은 아예 새로 생산된 DNA 연결 구성체에 '독특한 결과'를 발발한다. 이와 같은 복사 과정에서의 실수는 변화 유발 복제 과정으로 알려져 있으며, 지금껏 복제가 원천적 복제자를 있는 그대로 정확하게 복사하는 것으로 인지되었던 정상 복제 과정과는 아주 다른 것으로 대별되는 요소로 봐야 한다.

복제자들은 당신 혹은 나와 같은 개체들에 의해 '전달'된다. 그리고 개체들은 환경과 함께 각자가 서로 상호작용을 하며 이 과정에서 복제 과정이 일어난다. 매일 생활 속에서 사건들이 발생할 수도 있고, 하나의 개체 정도는 단숨에 사리질 수도 있다. 이러한 비극이 한 개체를 완전하게 소멸시켜 버릴 수도 있다. 그러나 다른 개체들은 여러 차례 복제와 변형 복제 안에서 DNA 복사 과정을 겪으면서 성공적으로 자손을 남기거나 생명을 지속해간다. 신다윈주의 관점에서 볼 때 소멸(사망)의 전개든 확산(출산 혹은 생식)의 전개든 모두가 자연 도태 형태에 해당된다. 생존은 상황적으로 선별 및 선택된 특별한 유전자를 소유하게 되는 반면 비생존 대상은 불행, 불운, 판단 오류 등으로 말미암아 완전하게 말살되는 지경에 이르게 된다.

그렇다면 진화 이론을 토대로 앞선 말한 개념에 대응하는 언어적 관점이 무엇일까? 생물학에서 유전자gene란 DNA 구조에 내장된 복제자를 지칭하지만, 언어적 복제자는 발화 속에서 실현되는 언어 요소를 가리킨다. 복제자로 간주되는 언어 요소란 바로 단어(예, 'supermodel'), 형태소(예, 'lover' 어미 '-er' 그리고 'loved' 어미 '-ed' 등), 문법 구조[예, 'She jumped down my throat(그녀가 나를 맹렬히 공격했다)'와 같은 숙어 표현], 수동형 구조와 같은 고정화된 문장 수준의 구조로서 'PATIENT BE PAST PARTICIPLE by AGENT'처럼 피동작주 be-동사 과거분사 전치사-by 행동주 구조[마치 'The window cleaner was kissed unconscious by the supermodel(창문닦이가 슈퍼모델에 의하여 키스를 받고 의식을 잃었다)'] 등처럼 이들 대상 모두를 포함한다. 크로프트는 여기서 가리키는 언어적 복제자를 일컬어 "언어 단위소言語單位素, linguemes"라고 명명했다. 이 용어는 이런 외형을 띄게 됨으로써 단어 'dream'은 물론 실제로는 이 용어 속의 일부분을 형성하는 'meme'과 각운을 맞추게 되었고, 여기서 'meme'은 도킨스가 만들어낸 표현으로서[37] 반드시 복제에 해당되는 문화 및 행태 등의 요소를 가리킨다. 따라서 하나의 언어 단위소는 언어 변화의 중심이 되는 유전 물질 자체로 볼 수 있다.

정상 복제 과정은 언어 단위소가 해당 언어의 관행에 기준하여 사용되는 경우에 발생한다. 변조 복제 과정은 발화 내용이 앞서 언급한 관행을 거스르는 의미를 나타낼 때 발생한다. 이 경우는 마치 여왕이 연설에서 원하는 의미를 전달하고자 동사 'hed' 대신 'had' 형태를 사용하기 시작할 시기로 보면 될 듯하다. 변조 복제 과정의 결과가 바로 혁신의 발발이라고 보면 된다. 그리고 언어 변화의 촉발 가능성을 열어주는 것 또한 여기서 말하는 혁신으로 볼 수 있다.

물론 언어 변화가 단순하게 소멸 단계에 있거나 혹은 눈에 띄게 성공적으로 자손을 번식시키는 발화자 집단 등에만 치우쳐 출현하지는 않는다. 이것은 비록 언어 소멸이 해당 언어 공동체 전체의 소멸 혹은 멸종에 의해서만 나타나지 않을 수 있다는 데 관점을 두어야 한다. 좀 더 일반적으로 본다면 당신 혹은 나처럼 우리 언어 화자들은 서로가 상호작용을 행하는 환경 내에서 다양한 사회적 그리고 의사소통의 네트워크 각각에 상응하는 발화들을 선택하고 수행하는 데 중요한 역할을 맡는다. 여기서 내가 언급했던 상호작용 부분 관련 내용은 나중에 다시 설명하겠다. 그리고 아주 중요한 점은 언어 변화가 혁신으로 귀결되는 변조 복제 과정뿐만 아니라 공동체 내부로 혁신을 전파시키는 역할도 포함한다. 일단 혁신이 자리를 잡고, 새로운 관행으로 모습을 갖추면서 등극하게 되면 비로소 언어가 확실하게 변모된 모습을 보이게 되었다고 말할 수 있는 단계에 들어선다. 사실 여왕 연설에서 보았던 지난 시기에서의 발음 변화가 바로 특별 언어 단위소의 증식의 결과로 바로 'had'가 'hed'를 대신하면서 위치를 굳히는 관행으로서 자리매김하는 모습으로 나타난다고 할 수 있다. 재미있는 사실은 여왕 연설이 여왕 영어 내부에 변화를 주도하는 젊은 호위 보좌진 일원에 의하여 영향을 받았을 수 있다는 사실이다.

따라서 언어 변화는 바로 언어 단위소의 변조 복제 과정으로 나타난 혁신을 포함한다고 본다. 여기서 언어 단위소는 언어적 공동체를 통해 증식하게 된다. 그리고 변조 복제 과정이 우리가 언어를 사용할 때마다 또 다른 언어 단위소에 반복적으로 선택 및 적용되기 때문에 앞서 말한 현상이 발생한다고 할 수 있다. 때가 되면 이와 같은 혁신이 새로운 관습으로서의 위상을 갖게 된다. 그리고 이로 말미암아 언어 변화가 발생하는 결과가 나타난다.

그렇지만 발화들이 오가는 동안 언어 단위소를 선택하기 때문에 언어 변화가 발생한다는 사안이 '왜' 언어 자체가 변화하는가를 여전히 설명하지 못한다. 무엇이 언어 단위소의 변조 복제 과정을 일으키는가? 그리고 무엇이 다름 아닌 특정 그룹의 변조 복제 과정만을 선택하게 하는 것인지? 무엇이 유전자 돌연변이의 대응 요인인지?

언어학적 행위는 사회적 행동 형태라고 볼 수 있다.[38] 어쨌든 언어는 자체의 상징적 기능을 토대로 단순히 정보를 암호화시키는 수단만은 아니다. 언어는 아주 분명하게 사회적 관계성에 변화를 가져오기도 하는데, 예를 들어 목사가 결혼식에서 앞의 남녀를 남편, 아내로 선언할 때나 혹은 수상이 다른 국가와 전쟁 돌입을 선포할 때 등처럼 상호관계 기능을 완수하는 상황을 생각해볼 수 있다. 물론 좀 더 일반적으로 본다면 사람들은 다른 이들을 설득하거나 화자 자신이 스스로 각광을 받는 위치를 점할 수 있도록 사실을 전부 털어놓지 않거나 토의·논쟁에 참여하거나 성별 구애 없이 상대방에게 잘 보이려 하거나 등과 같은 상황에서 상대방의 정신적 상태에 영향을 미치기 위해 언어를 사용하기도 한다. 그리고 언어가 사회적 행동 형태(그리고 상호작용)인 이상 언어적 관습(관례)은 사회적 환경 속에서 언어가 사용되면서 변화에 얼마든지 돌입할 수 있다.

예를 들면 상대방 눈에 띄고 싶거나 특정 그룹의 일원으로 인식되지 않기 위해서나 혹은 그와 반대로 특정 그룹에 속하려는 마음에서 화자들이 말을 하는 경향이 있기도 하다. 언어적 특성을 과장하기 혹은 또 다른 언어적 특질 방향으로 젖어드는 행위들이 화자들로 하여금 앞서 말한 상황들을 수행하도록 길을 열어줄 수 있다. 한 저명한 연구에서 사회언어학자 윌리엄 라보브William Labov가 매사추세츠Massachusetts주 케이프 코드Cape Cod반도 마서즈 바인야드Martha's Vineyard 지역 섬 거주자들 발화에서 변화 양상을 관찰했다. 이 지역에 평생 살았고 해당 섬 지역 특성 및 어부로서의 생계 특성으로 분명하게 그 지역인임을 알게 해주는 해당 거주자들이 나누던 발화에 변화가 발생했다. 실제로 이들 거주자들의 발화의 모습은 해당 섬 지역의 전통적 방언에 근접하는 방향으로 발화 언어 특성 부분에 변화가 일어나는 식으로 나타났다. 이런 현상에는 말투는 물론 문법, 어휘 특질 등이 포함되어 있다.

이런 변화의 시작은 마서즈 바인야드 지역이 사람들이 선호하는 휴양지로 각광을 받기 시작했을 무렵이었다. 내륙 거주자들 중 점점 많은 사람이 한 해 중 일부를 보내려고 마서즈 바인야드 지역에 별장을 사기 시작했다. 라보브는 해당 섬의 전통적인 말투를 상징하던 발화의 독특한 특질이 더욱 강화되어가는 상태를 목격했다. 그리고 이런 현상을 통해 섬 거주민들이 1년 중 일부만 거주하는 외지인들의 유입에 '집단' 대응 형식을 취하는 듯했다. 더욱이 젊은이들 중에는 특히 내륙 지역으로의 이주를 열망하던 사람들을 중심으로 외지인에 의한 변화에 대항하기는 했지만, 그와 더불어 또한 내륙 거주자들과 가깝게 발화를 수행하려고 지속적으로 노력을 경주하는 경향을 보이기도 했다.

사회적 정체성에 연관된 문제들이 변조 복제 과정의 강력한 동기 유발 요인이 된다. 무엇보다도 우리가 언어를 수행하는 방법은 본질적 측면의 정체성을 확보하는 행동이 된다.[39] 인간이 사용하는 언어의 기능 중 하나가 바로 특정 사회적 집단 단위를 형성하는 자신들의 정체를 확인시켜주는 것이다. 이 말은 때로는 해당 언어 안에서만 요구되는 기준으로부터 벗어나는 방식으로서 발화 중에 특이한 발음 혹은 특별한 단어를 선택해 활용하는 등의 방식으로 나타나는 현상을 가리킨다. 그리고 이런 상태는 발화자들의 언어 사용이 기존의 다른 사람들로부터 자신들의 정체성을 확인시키려는 욕구에 원인이 있다고 볼 수 있다.

사회적 역동성이 화자들로 하여금 의식적으로 자신들의 발화 형태를 변화시키게 하는 반면 언어 단위소가 변모로 귀결되는 또 다른 방법으로서 화자들 중에는 자신들이 익히 알고 있던 단어들과 표현들을 사용할 때 별로 노력을 들이지 않으려는 경향을 생각해볼 수 있다. 이에 관련해 크로프트는 캘리포니아 와인 소믈리에 공동체 예를 제시한다. 일반적으로 영어 발화 공동체에서는 와인의 다양성을 '카베르네 소비뇽Cabernet Sauvignon', 진판델Zinfandel, 샤르도네Chardonnay 용어로 지칭하며, 이들 용어들은 종종 캅Cab, 진Zin, 샤르드Chard 등으로 축약되어 사용되기도 한다. 크로프트는 자신의 관찰에 근거하여 "발화에서 소요된 에너지가 넘칠 수도 있어서 특정 표현들을 더 자주 사용하면 할수록 해당 표현에 동원되는 표출 결과가 더 짧은 형태

로(혹은 되어서) 나타나는 경향이 있다"라고 제언했다.[40]

지금껏 발화자들이 자신의 언어에 일부러 변화를 일으킴으로써 발생하는 언어 변화에 초점을 맞추었다. 그러나 언어 변화가 비의도적인 상황 속에서 발생하기도 하며 이것은, 즉 언어 스스로가 안고 있는 내적·체계적 요인으로부터의 영향력에 의해 나타난 결과를 가리킨다. 그럼에도 이런 절차 또한 언어 사용에 근거를 둔다. 예를 들어 우리가 알고 있는 발화 언어 중 하나에서의 음성 체계를 살펴보기로 하자. 인간 발화가 소리를 생성하는 과정 속에서 상당히 복잡한 운동 체계를 수반하기 때문에 변조 복제 과정이 발성조음 부분에서 '실수'를 통해 나타날 수 있다. 발성조음 체계가 실제로 발화로서 생성하려는 음성을 넘치거나 혹은 미치지 못하는 수준으로 작동하면서 결과적으로 거의(약간은 변조) 복제 과정에 가깝게 상황이 전개될 수 있다. 어쩌면 매우 놀랍게 발화 실수들이 순간으로 그치지 않고 해당 언어의 공동체 전체에 퍼짐으로써 변화를 일으키는 기회를 열거나 혹은 아예 변화를 유발하기도 한다.[41] 실질적으로 특정 '실수'가 일단 일정한 위상을 갖추게 되면 해당 언어의 음성 체계의 재측정 표기 방법을 유도할 수도 있다. 즉, 새로운 음성이 기존 음성이 점했던 동일한 음운론적 공간을 차지할지도 모른다. 그리고 이것은 결과적으로 언어학자에 의해 음성 추이音聲推移 변화라고 명명되었으며, 시간이 흐름에 따라 말투에 전반적 변화가 수반되는 상태 결과를 가리킨다.

음성 추이 변화는 소리에 관련된 일련의 지속적 변화 현상을 가리킨다. 일단 하나의 소리 변화를 시발점으로 하여 변화에 상응하는 반응들의 아주 세밀하게 구축된 결과로 나타난다. 여기서 음성 추이 변화를 이해하기 위해 의자에 먼저 앉기 놀이에 비유하려고 한다. 음성 추이 변화에서는 1개 음성이 자신의 자리를 이탈해 바로 이웃하는 소리 위치를 점하게 될 때 본래 소리 자체가 바로 다음에 이어서 위치한 음성의 위치를 점거하기 위해 움직여야만 한다. 그리고 이처럼 가장 먼저 위치 이탈에 해당되는 음성은 또 다른 이탈 행동을 보이게 되며, 이와 같은 현상은 연속해서 발생하게 된다. 이 현상의 효력은 바로 소리 연쇄 변화들의 이동이 추이 형태의 사슬을 형성하면서 언어 내에서 수많은 단어들에게 영향을 미치는 결과로 나타난다. 그러나 음성 추이 변화에서는 음성 자체가 직접 동작을 취하는 방식으로 '이동하는' 것이 아니다. 음성들은 항상 자신들이 생성된 위치에서 조음 결과로 나타나게 된다. 실제로 단어 속에서 음성들이 이동하는 동작을 보이는 것이다.

음성 추이 변화의 대표적인 예로서 대모음 추이Great Vowel Shift를 들 수 있으며, 이 현상은 덴마크 언어학자로 이 용어를 처음 창안한 옌스 오토 예스페르센Jens Otto Jespersen(1860~1943)에 의하여 최초로 조사·연구되었다.[42] 연구 결과에 따르면 음성 추이 변화 시발점은 바로 15세기 초엽이었으며, 셰익스피어(1564~1616) 시절까지 영어 내의 음성 패턴에 변형을 가져왔다. 중세 영어에서 대모음 추이는 7개의 장모음들에 영향을 끼쳤다. 여기서 중세 영어란 노르만Norman정복(1066) 이래 제프리 초서Geoffrey Chaucer(대략 1400) 사후 반세기가 지난 시기에 널리 사용되던 영어를 이른다. 영어에서 7개 '장'모음을 포함하는 단어들이 구강 내부에서 소리를 발성할 때 혀가 약간 위쪽으로 상승하면서 생성되기 시작했다.[43] 영어에 일종의 강력한 영향을 가하는 의미로서 여기에 일부 예를 제시하겠다. 모음의 변화 추이가 발생하기 전에는 단어 'date' 속의 모음 'a'가 단어 'dart' 속의 'a'와 동일한 소리였고, 단어 'feet'의 'ee'가 단어 'fate'의 'a'와 동일했고, 단어 'wipe' 중간 모음 'i'가 단어 'weep' 모음 'ee'와 소리가 같았고, 단어 'boot'에서 'oo'는 단어 'boat' 모음 'oa' 그리고 단어 'house'의 'ou'가 단어 'whose' 내부 'o'와 동일한 소리를 갖고 있었다.

여기서 음성 추이 변화를 언급하는 이유는 이런 현상들이 상당 부분 주의를 끌지 않았음을 지적하려는 의도에서다. 발화자들은 언어를 수행하면서 일부러 소리에 변화를 가하려고 노력하지는 않는다. 앞서 말했던 단어 내에서 장모음을 발음할 때 구강에서 혀가 위쪽으로 상승하면서 소리를 생성한다는 성향을 가리키는 음성 추이 변화의 흐름 방향은 어쩌면 발화자가 장모음을 유지하려는 노력을 기울이다보니 자연스럽게 나타난 결과로 볼 수 있을지 모른다. 혹은 이와 반대로 유사한 변화가 단모음에 적용되면서 때로 장모음과 달리 방향을 구강 내에서 아래쪽으로 잡는 반대 현상으로 나타날지도 모른다. 그러나 이와 같은 변화들은 최소한 원인의 측면에서 볼 때 발화자의 의도에서 비롯된 것이 아닐 것이다. 변화들은 발화자의 목적이 반영된 결과가 아니라 오히려 절대적으로 기계적이면서 물리적인 체계 내적 요인들에 달려 있다고 봐야 마땅하다. 이 말의 의미는 곧 일종의 변조 복제 과정으로서의 이와 같은 변화의 확산이 바로 사회문화적 요인에 달려 '있다'라는 사실을 가리킨다고 생각한다. 결과적으로 변조 복제 과정은 오직 복제 과정들이 정상적 언어 활용 범위 내에서 선택되고 언어적 공동체 전체에 전파된다는 조건하에서만 자신의 위상을 확고하게 굳힐 수 있게 된다.

변조 복제 과정은 음성 변화에만 국한되었다기보다 언어에서 형태-의미 단위에도 영향을 미칠 수 있다고 봐야 한다. 다시 한 번 상기해서 제1장에서 언급했던 형태-의미 단위가 언어에 속한 성분으로 최소한 개별 음성들을 기초로 좀 더 큰 규모의 대상을 기억해보자. 영어 단어 'teacher' 내부의 마지막 부분 접미사 '-er' 행동주 표식, 단어 'red' 혹은 'devil' 등과 유사한 다른 단어들, 문법에 동원되는 상위 규모로서 앞서 살펴봤던 수동태 구조와 같은 문법 구조 성분 등이 여기에 속한다. 이와 같은 변조 복제 과정에 형태 및 의미 사이의 관련성에서의 변화가 포함되어 있다. 예를 들면 영어 문장 'I'm going to the library(나는 도서관으로 가고 있다) 구조는 일종의 'be going to' 구조 성분의 예다. 그러나 이 문장에서 묘사되는 의미는 바로 육체적 동작 흐름 과정 자체다. 그렇지만 다음의 영어 문장 'I'm going to be an astronaut(when I grow up) [나는 (이 다음에 커서) 우주인이 될 겁니다]에서는 'be going to'가 동작 흐름 과정이기보다는 차라리 미래 상황을 지시하는 데 관련성을 보인다. 그렇다면 동일한 외형의 'be going to' 구조 성분이 어째서 미래 상황을 그리는 의미로 발전하게 된 것일까? 그리고 이 의문점에서 미래 상황 의미와 동작 흐름 과정의 상호관계는 동작을 위시로 미래 의미가 나타난 방향으로만 보는 편이 나을 것이라는 의견을 약간은 서둘러서 첨가하려 한다.

어딘가로 간다는 의미에 분명히 함축된 암시는 바로 미래와도 같은 최종 도착 지점이 포함되어 있다고 봐야 한다. 바로 'be going to'와 같은 표현이 미래 의미를 암시한다는 사실을 가리키는 것이다. 그리고 이처럼 암시된 의미는 언어의 활용에서 처음에는 갑작스럽게 그리고 이런 과정이 반복되어 진행된다. 언어 사용자들이 언어적 표현들을 듣는 와중에 함축된 암시적 의미를 집어내는 데 경탄할 정도로 능란하다는 사실은 이미 잘 알려진 사실이기도 하다. 게다가 앞서 말했던 암시적 의미들은 언어 사용자의 사고 속에서 일종의 독립 의미 단위로서 그들이 처음 암시했던 본래 의도를 위한 환경 조건인 맥락을 벗어나서 다시금 분석 상황에 놓이게 된다. 시간이 흐르면서 암시적 의미들이 원래 맥락으로부터 이탈하는 진행 과정이 화자들에게 이전의 함축적인 암시 의미 밖으로 나아가 새로운 맥락에서 적용될 수 있는 길을 열어주기도 한다. 그리고 여기서 언급한 새로운 맥락에서 관계성을 갖게 되는 대상은 바로 함축적 암시 의미만을 가리킨다. 그러나 이와 같은 진행 과정은 서서히 점진적 단계를 따라야 한다.

예를 들면 초기 변화 단계에서 'be going to'는 조금 철저하게 보자면 동작 자체보다 동작에 버금가는 의미를 포함하는 맥락에 적용되었다. 이에 관한 예로 영어 문장 'I'm going to eat(나는 식사를 하려고 해요)는 미래 유사 의미를 보여주며, 무엇인가 미래를 위해 설정된 상태를 묘사한다. 그렇지만 이 문장은 동작 자체도 포함한다고 봐야 하는데, 먹다to eat라는 표현을 위해 음식을 구입하거나, 찾을 수 있거나, 준비할 수 있는 거리에 우선 다다라야 할 것이다. 이후 재분석 과정을 겪으면서 'be going to'가 속성으로서 온전히 미래만을 가리키는 의미를 발전시키고, 이로써 'be going to'가 드디어 자신이 처음 의미를 위해 사용되었던 맥락이라는 재갈을 떨치게 되는 모습을 보여주게 된다. 이런 결과로 미래 의미는 전체로 확산되며, 여기에는 여전히 본래부터 'be going to'에 연관되었던 공간적 의미가 함께 공존하는 모습이 나타난다.44)

이처럼 형태-의미 재분석 과정의 발생은 의도성과 거리가 멀다. 오히려 이는 비의도성非意圖性으로 봐야 하며, 이 용어는 화자가 무엇이든 결코 하지 않으려는 의지를 가리키는 것으로서 'be going to'라는 요인을 놓고 볼 때 이전에 이 표현이 가리키던 원조 공간 의미로부터 시간이 지나면서 미래를 지시하는 의미를 도출함으로써 스스로의 정체성을 표식하려는 행위를 절대 시도조차 하지 않으려는 의지를 지칭한다. 그럼에도 불구하고 형태-기능 재분석이 발생하는 방법은 언어적 체계 내에서 활용 측면에서의 압박을 내포하며, 이와 같은 압박은 자연적으로 일어나는 성향이 있는데 우리는 이것을 바로 실제 환경 및 맥락에서 그리고 인간 두뇌가 언어 활용 패턴으로부터 추론을 수행할 수 있는 능력에서 언어가 사용되는 방식의 결과로 볼 수도 있다.

마지막 분석에서 언어 변화는 전통성의 분쇄로부터 귀결되며, 또한 이와 같은 출발의 결과로 탄생된 새로운 변이들로부터 일부를 선별함으로써 모습을 드러낸다. 새로운 형태들의 전파는 종종 언어에 연관된 표현적 기능들과 관계를 맺는 의도성 메커니즘에 원인이 있으며, 여기서 표현적 기능이란 협상 조절, 정체 확립 그리고 사회적 위신 등과 같은 사회언어학적 과정이 주도하는 상황을 가리킨다. 그러나 변조 복제 과정이 발생하는 원인은 의도성 변화만큼이나 조음 압박이나 형태-기능 재분석 등을 포함하는 비의도성 메카니즘을 수반할 수 있을 수 있다고 봐야 한다.

원시 세계에 대한 신화적 믿음

앞서 다양성을 일으키는 활용 중심 요인들에 관한 논의 중에서 내가 그토록 무시하려 했던 진화적 개념이 바로 계통이라는 관점이다. 진화적 측면에서 계통은 바로 종들을 가리킨다. 언어적 측면에서 계통의 한 유형은 시간의 흐름 속에서의 단어 역사, 발생, 진화 등을 지칭하는 바로 어원학 자체다. 이에 연관된 또 다른 유형이 언어들 사이의 연계성 문제로 더 오래된 언어들이 진화하면서 일부가 중도 탈락하는 마치 조상어들이 서서히 단계를 밟으면서 후손어로서 모습을 갖추는 상태를 가리킨다.

언어를 연구하는 언어학 분야 중 하나가 바로 역사언어학이다. 이 분야를 망라했던 연구 주제 중 하나가 언어들 사이의 연계 관계를 밝히려는 시도 그리고 특히 일부 언어들을 연계성에 입각해 하나의 어족으로 묶는 작업이다. 이와 같은 과제 저변에 깔린 가정은 모든 언어들이 궁극적으로 소위 '원시 세계'라고 일컫는 하나의 언어로부터 유래되었다고 보는 견해다. 어쨌든 신체 구조 측면에서 현대인이 자신의 존재를 위해 언어를 할 수 있었음에 틀림없었을 것으로 보는 가정에는 충분한 근거가 있다고 생각한다. 그리고 이것을 토대로 원시 세계가 10만 년 전쯤 아프리카 대륙 외부로 초기 이주를 감행했던 바로 호모사피엔스와 함께 존재하게 되었으리라는 추정이 흔히 언급된다.

역사언어학 관점에서 볼 때 어족은 하나의 공통 조상으로부터 유래된 자손을 한 그룹으로 묶는 시도다.[45] 공통 조상이란 다른 말로 원시언어라고 부르기도 한다. 언어학자들은 이 세상에 약 350개의 어족이 있다고 보며, 이 어족 내부에 현존하는 모든 언어가 포함되어 있다고 본다.[46] 이런 어족 내부의 언어 간 연계성은 이들이 공유하는 언어학적 특성으로서 음성, 어휘, 문법적 구성 등으로부터 알 수 있는 상호 유사성 수준에 의거하여 결정된다. 예를 들면 영어의 경우 독일어German 계통 언어로서 현대독일어, 스웨덴어, 네덜란드어, 덴마크어, 노르웨이어, 아이슬란드어 등과 가까운 연계성을 보여준다. 독일어 계통 언어들은 인구어족에서 하나의 분파를 형성하기도 하다.

인구어 언어에는 유럽 지역, 이란 고원 지역, 남아시아 지역 등에 분포한 언어들을 망라한 수백의 관련 언어들이 포함된다. 인구어 언어 화자들은 거의 30억 명에 달하고, 이 수는 지구 전체 인구의 대략 반 정도를 차지한다. 인구어 자체 내부에 힌디어 및 우르두어Urdu(화자 4억 명), 벵골어Bengali(화자 2억 명), 스페인어Spanish(화자 3억 명), 포르투갈어Portuguese(화자 2억 명), 프랑스어(화자 1억 명), 독일어(화자 1억 명), 러시아어(화자 3억 명), 유럽 및 미국에서의 영어(화자 4억 명) 등을 포함하여 150개의 언어들이 포진되어 있다. 영어의 경우 영어 자체를 제2외국어로 사용하는 화자들까지 포함하면 거의 10억 명에 이른다고 할 수 있다.

역사언어학에서의 한 이론에서는 인구어족이 카스피해 북부 러시아 동남부 스텝Steppes 지대에서 약 5000~7000년 전쯤 유래되었다는 주장을 제언하기도 했다. 이처럼 전통적 이론에 따르면 초기 발생 인구어들이 분산을 시작했다고 보는데 우선 서쪽으로 서서히 유럽을 향하고 남쪽으로는 지중해 연안으로 향하고, 북쪽으로 스칸디나비아 그리고 동쪽으로 인도 지역으로 퍼져나갔다고 알려져 있다. 인구어에 대한 직접적인 증거가 남아 있지는 않지만, 언어 변화 비율적 속도에 대해 알려진 바에 관한 언어학자들의 공통된 견해로는 인구어 발생이 시기적으로 아무리 거슬러 올라간다고 해도 약

7000년 전은 넘지 않았을 것으로 간주된다.[47)]

이와는 반대로 기상 및 기술적 발달에 근거하여 저명한 고고학자 콜린 렌프루Colin Renfrew 교수는 인구어 시작이 어쩌면 7000년 전 이상으로 약 9000년 이전까지 가능하며, 아마도 러시아 스텝 지대보다 오히려 현재 아시아 터키 영토에 속하는 아나톨리아Anatolia 지역일 것이라는 주장을 내놓는다.[48)] 그리고 최근 증거가 랜프루 견해에 우호적이기도 하다.[49)]

모든 언어가 궁극적으로 연계성을 갖는다고 보는 관점에 대한 한 가지 논리적 결과가 오래전부터 존재했던 언어 전체가 '원시 세계'라는 하나의 공통 조상으로부터 비롯되었다는 이론 그 자체라고 할 수 있다. 이 이론을 일원 발생설이라고 일컫는다. 그리고 이런 주장은 마치 본능으로서의 언어 이론에서 언급했던 주장을 그대로 닮은, 모골이 송연해지는 유사성을 보이기도 한다. 만약 모든 언어 그리고 인구어족을 포함한 모든 어족이 하나의 조상어로부터 유래되었다고 본다면 이런 발상은 언어가 한 순간에 유전적 돌연변이(촘스키를 따르자면)에 의하여 유일한 행운 개체에 언어 재능을 부여하는 순간 출현 과정의 주장을 피력하는 견해에 잠재적으로 신뢰성을 주는 결과를 낳는다.

그렇지만 보편문법과 마찬가지로 원시 세계는 일종의 신화라고 봐야 한다. 예를 들면 역사언어학에서는 일부 언어들이 과연 어떤 어족에 속해야만 하는지 결정하지 못한 채 그대로 내버려두어야 한다는 사실을 인식하고 있었다. 이와 같은 언어들을 일명 고립어(•비교언어학에서)라고 명명했고, 여기에 속하는 언어는 주변에 포진하는 언어 중 어떤 것들과도 한 치의 상응 요소도 보이지 않는다. 실제로는 고립어를 1개의 구성원만으로 구성된 독립 어족으로 보는 것이 마땅할 것이다. 이에 관련된 예로 프랑스와 스페인 국경 지역인 소위 '바스크Basque 국가'에서 약 66만 5000명 정도의 화자가 사용하는 언어인 바스크어를 들 수 있다. 바스크어의 기원에 대해서는 알려진 것이 별로 없지만, 초기 바스크어 형태가 이 지역에 인구어가 도착하기 전에 이미 출현했을 것으로 간주된다. 그리고 일부 고립어들은 주변 언어들이 서서히 소멸되면서 독자적으로 잔류한 형국인 반면 바스크어는 이 언어에 관한 지금까지의 모든 기록에 의하면 오랜 기간 고립된 상태를 유지했던 것으로 알려져 있다.

세계에 분포한 350여 개의 어족 중 놀랍게도 129개가 고립어에 속한다. 달리 말하자면 해당 언어들이 어떤 언어와도 유전적 관련성을 설정할 수 없다는 이유에 기초해 설정된 고립어들은 총 어족의 37%를 형성한다. 역사언어학자 라일 캠벨Lyle Campbell이 관찰한 결과에 따르면 "이런 관점에서 볼 때 고립어들을 반드시 기이하다고만 볼 수 없으며, 이 언어들이 세계 '어족' 중 1/3 이상의 고립어군이라는 '동종 집단'을 형성한다고 볼 수 있다".[50]

그렇지만 이런 결론을 잠시 유보하기로 하자. 앞서 주장한 내용에 관한 반대 논리가 가능할 수도 있다. 즉, "고립어라고 해서 일원 발생설을 약화시킨다고만 보기는 어렵다. 방금 앞에서의 언급을 통해 고립어가 언어 변화가 신속하게 이루어진다는 점을 상기시켰다고 볼 수도 있다. 그리고 시간이 흐르면서 연관성을 맺는 언어 일부가 소멸되면서 변화의 흔적으로 판단되는 잔존 언어들이 남게 된 것이다." 그러나 여기서 알아야 할 점이 있다면 언어들이 '무조건' 갑작스럽게 '그리고' 아무 연고도 없이 출현하지 않는다는 사실이다. 마치 선천적으로 듣지 못하는 청각 장애인이 발화 언어를 결코 경험한 적이 없기 때문에 이들이 사용하는 수화를 장애 자체가 '유전적으로' 연관되었다고 판단되는 발화 언어를 변형 및 수정한 결과라고 보지 말아야 하는 것과 같다. 이 말의 요점은 수화와 발화 언어 사이에 연관성이 거의 없다는 점을 상기시키는 것이라고 봐야 한다.

기호화라는 활용 측면은 상대적으로 속도 면에서 발화 언어보다 느리게 나타난다. 발화 단어들이 출현하는 속도는 수화 방식의 전달 내용보다 약

두 배 이상의 신속성을 갖는다. 그럼에도 수화로 전달된 메시지는 발화 언어로 생성된 결과물과 유사한 수준의 시간이 걸리며, 이 부분은 발화 및 수화 언어의 동시통역 과정에서 여실히 증명된다. 이와 같은 현상이 가능한 이유로 수화의 경우 동일한 메시지를 전달할 때 발화 언어와 비교하여 일부 동작을 생략함으로써 충분히 의도하는 내용을 전달할 수 있다는 데 있다. 수화에서는 대상이 시각에 의존하면서 동작 대부분을 거의 동시에 지각하기에 아주 경제적으로 일부 동작만을 취하더라도 원하는 수준의 정보를 적은 수의 동작에 함축시켜서 전달하는 방식이 가능하다. 따라서 수화 의사소통 방식으로 얼마든지 정보 전달이 가능하며 이에 관련된 속도 또한 발화 언어에 비해 전혀 부족함이 없다고 할 수 있다. 다음 예에서 이미 잘 알려진 영국 수화로 구성된 기록물을 제시하려고 한다.

> 발화 영어 표현 중 '신호등에서 우회전 하세요'라는 안내문을 예로 생각해보기로 합시다. 영국 수화에서 보면 첫 번째로 신호등(기호 1개)이 그리고 이어서 우회전하다(기호 1개)가 표현된다. 이 상황은 시각 언어에서 핵심인 동시에 독특한 특성인 사건의 실제 순위를 반영하지 않을 뿐만 아니라 신호등 및 차량을 가리키기 위해 해당 대상으로 분류된 손동작 형태를 취하는 것으로 봐야 한다. 이때 신호등과 차량은 주어진 상황에 들어맞을 수 있도록 적절한 방향 동작에 의거하여 해당 공간에 배치하게 된다. 이와 같은 방식에 따라서 정보가 두 가지 수화 기호에 함축되며, 이 수화들만으로도 발화에서 6개의 별도 단어들이 소요되는 것과 달리 충분히 요구된 안내문 의미를 전달할 수 있다.[51)]

수화는 청각 장애인들이 있는 공동체 어디서든 발생할 수 있다. 시간이 지나면 수화가 일종의 풍부한 의사소통 체계로서 위상을 갖추게 된다. 더욱이 수화는 분명하게 다른 상황 및 방법 내에서 출현하기도 한다.[52)] 예를 들면 수화가 가정 범위에서 가족별로 생겨날 수도 있는데, 니카라과Nicaragua에서는 수화 사용자들이 한 가정 범위에서 스스로만의 수화를 발달시켰다.[53] 다른 경우를 들자면 이스라엘 지역 베두인족 청각 장애인 그룹에서 수화가 출현하는 현상을 찾을 수 있으며, 이 예는 이미 앞에서 언급한 내용이다.[54] 또 다른 연구에 따르면 수화가 청각 장애인과 비장애인 사이에서 출현하기도 하며, 이 예는 발리의 경우로서 여기서는 모든 사람이 수화 기호 방법을 사용한다.[55] 앞서 제기한 예 어떤 것에서도 언어의 전조를 찾을 수는 없다. 수화는 점진적으로 이미 앞에서 언급된 것처럼 일종의 활용 중심의 체계에 힘입어 발생한 것이었다. 그런데 여기서 요점은 바로 언어 변화 그리고 언어 다양화에 대한 설명이 단순히 계통에만 의거하여 프로메테우스처럼 단 한 번에 언어 유전자를 물려받는 방식으로 일찍이 어마어마하게 운이 좋았던 별도의 개체가 자동적으로 발화를 수행하면서 그 결과 생성된 몇 가지 최초 조상 언어들을 설정하는 것은 적절한 접근 방법이 아닐 수 있다는 사실이다. 언어는 인간이 모이게 되면 언제든 어디서든 발생, 발전하기는 하지만 해당 언어가 하나의 완전한 의사소통 체계로서의 외형을 갖추려면 충분한 시간이 흘러야만 한다. 이 부분은 제8장에서 이와 같은 언어를 가능하도록 만든 인간이라는 종이 과연 무엇인지에 대해 생각해보면서 답을 찾아보려고 한다.

그렇지만 본능으로서의 언어를 바라보려는 그룹에 대항하는 마지막 반대 의견으로서 "보편문법이란 현재 언어들이 프로메테우스가 생성했던 조상 언어로부터 계통적 발달로서 승계되었다는 의미를 가리키지 않는다. 인간이 언어 본능으로서 보편문법을 소지한다고 보는 견해에 의거하여 언어가 단번에 모든 인간에게 그리고 모든 인류 공동체에 출현했다고 봐야 하며, 이 점은 청각 장애인이 개인적으로 사용하는 수화의 경우에도 그대로 적용된다고 할 수 있다".

그러나 다시 한 번 말하는데, 수많은 연구들이 위에서 언급한 반대 주장을 무효화시키는 것을 무수히 본 것 또한 사실이다. 완전한 규모를 갖춘 언어로 발전하기 위해서는 족히 3세대가 걸리기도 한다.[56] 시작 초기부터 완벽한 형태를 갖추고 태어나지는 않는다는 말이다. 이에 관한 가장 기록상 적절한 예로서 알사이드 수화를 들 수 있으며, 관련 자료를 보면 이 수화의 공동체에서 해당 수화를 사용하는 젊은이들 중 150명 정도의 청각 장애인들만이 완전한 수준의 문법을 발생시키는 데 70년 정도의 시간이 흘러서야 가능하다는 사실을 확인할 수 있다.[57]

보편문법과 고별하기

보편문법은 촘스키가 제창했으며, 이 사항에 대하여 본인이 표현하기를 "단 하나의 언어, 즉 영어만을 관찰함으로써 이를 기반으로 구축된 언어적 구조에 관련된 일반적 원리"라고 일컫는다.[58] 그러나 이 주장처럼 모든 언어들의 기반이 동일할 수만 있다면 상이한 언어들 속에서도 얼마든지 유사한 변화 추이 흔적을 발견할 수 있을 것이다. 그 예로 단어 순서만 봐도 될 것이다. 이미 앞부분에서 언어들의 차이가 아주 광범위하다는 사실을 제시했다. 그러나 만약 언어가 보편문법의 통제하에 놓여 있다고 본다면 어족 내부에서 측정이 가능한 균형 잡힌 변화 패턴의 발견을 기대할 수 있을지 모른다.

마이클 던Michael Dunn 그리고 동료들의 최근 연구에서는 어순 패턴이 시간의 흐름과 함께 진화한다는 방식을 검증하면서 조사가 진행되었다. 이 연구를 위해 던과 그의 팀원들은 각각 다른 어족들을 망라하여 상이한 어순을 발달시키는 양상을 보게 하는 특화된 소프트웨어 체계를 응용했으며, 이를 토대로 시간의 흐름 속에서 인구어족, 오스트로네시아어족Austronesian, 반투어족Bantu 그리고 유토아즈텍어족Uto-Aztecan 내에서의 변화들에 대한 점검을 시도했다. 이들 어족을 살펴보면 모두 세계 언어의 1/3 이상을 차지하고 있음을 알 수 있다. 예를 들면, 오스트로네시아어족만 보더라도 1268개의 언어를 포함하고 있고, 이 중에는 5000년 이상의 역사를 지닌 언어도 있다. 또한 인구어족에는 449개의 언어가 포진되어 있으며, 렌프루의 설명에 의하면 일부 언어는 역사적으로 거의 9000년 전까지 거슬러 올라갈 수 있다. 아프리카어족에 속하는 반투어족 내에는 668개의 언어가 존재하고, 계통적으로 약 4000년 이전까지 볼 수 있다. 아메리카 대륙의 유토아즈텍어족에는 61개의 언어가 포함되며, 이 중 일부는 5000년 전까지 거슬러 올라가기도 한다. 던의 발견은 어순이 계통에 특화된 방식으로 발달한다는 사실을 찾아낸 것이었다. 달리 표현하면 본능으로서의 언어 이론에 대한 반대 의견으로서 어순 패턴이 하나의 어족에만 특화된 범위에서 흐름 흔적을 따른다는 사실을 알아야 하며, 때로는 그 범주 이상으로 펼쳐나가기도 하고, 어순 패턴이 어족 내부에 형성된 패턴의 영향을 받기도 하며, 계통 특화 방식하에서 진화를 겪기도 한다. 어순은 일종의 문법 구조의 일면으로서 언어 보편성에만 국한된 것이 아니라 실제로는 해당 언어가 참여하는 진화상 자연적인 기류로 보이는 완만한 추이의 결과로 볼 수 있지 않을까 싶다. 이에 관련된 놀라운 결과로 언어들이 그들 모두를 옭아매는 총체적인 보편적 원리 혹은 원리들의 통괄하에 놓여 있다고 보는 대신 문화 및 활용에서의 압박으로 인하여 때로는 다른 방향으로 표류하는 방향을 잡으면서 아울러 벌어져가는 형태로 나타나는 대상으로 보는 것이 마땅하다는 사실을 잊지 말아야 한다.[59]

이 장에서 말하고자 하는 초점은 독자들에게 보편문법의 개념이 그렇게 굳건한 기반 위에 형성된 것이 아님을 보이려는 데 있다. 이 세상에는 영어와 엄청난 차이를 보이는 언어들이 얼마든지 존재한다. 이와 같은 다양성

내에서 보편문법을 지키려는 노력은 무용지물이 아닐 수 없다고 본다. 또한 이런 생각하에서 우리는 보편문법이라는 신화, 즉 그릇된 개념에 이별을 고해야 마땅할 것이다.

그렇지만 촘스키 교수의 주장은 바로 누구도 부인할 수 없는 언어 능력의 존재에 대한 가정에 뿌리를 두고 있으며, 언어가 선천적이라는 개념에 기반을 둔다. 이 점이 바로 이제부터 내가 돌아보려는 주된 과제이기도 하다.

4

언어의 선천성

Is language innate?

신화: 언어 지식은 태어날 때부터 소유하는 선천적 요소다. 인간 두뇌 안에서 이 지식은 소형 회로망 속에 암호로 존재한다. 아이들은 이와 같은 지식을 토대로 부모(그 외 누구라도 말이다)가 직접 언어를 가르치거나 실수를 고쳐주지 않더라도 얼마든지 언어를 습득할 수 있다. [예, I sitted down 대對 I sat down(내가 앉았다)] 그러므로 예를 들자면 언어가 모방 등을 통해 배우기보다 본능으로서 자연적으로 출현한다고 봐야 할 것이다. 또한 특정 언어의 음성 및 단어 중 최소의 수에 해당하는 일부에만 접하게 되도 해당 언어가 화자 정신 내부에 온전하게 성장하는 데 충분한 조건이 될 수 있다.

아이들은 세상에 나오면서 생물학적으로 이미 언어에 대하여 준비를 갖추고 있으며, 이는 발화 생산 기구들부터 정보 처리 잠재력까지 인간 유아가 신경생물학에서 볼 때 어떤 종에서도 결코 발견되지 않는 발화 습득이 가능한 상태를 소유하고 있다는 의미다. 그리고 비록 다른 동물의 의사소통 체계 내부에서 언어의 전조에 해당하는 요인들이 분명 발견되고 있기는 하지만, 인간 언어는 제2장에서 제시한 예와 같이 여러 방면에서 비인간 의사소통 체계와는 질적으로 다른 모습을 보인다.

이 점을 눈앞에 두면서 아이들이 어쨌든 언어를 습득해나간다라는 말은 여전히 우리를 어리둥절하게 만드는 사항이기도 하다. 성인들을 시작점으로 이 문제를 한 번 생각해보기로 하겠다. 일단 '당신'이 갑자기 외국으로 전출되었다고 상상해보자. 그러면 주변은 온통 당신이 모르는 말들로 웡웡거리는 상태로 바뀔 것이다. 아무리 단어들을 인지하려고 노력해도 문제는 발화 또한 기록과는 아주 다르다는 데 있다. 당신이 발화를 이해하기 위해 단어 하나하나를 개별적으로 인식하려고 노력하기는 하지만, 정작 쉼표도 찾을 수 없고 대화가 완전히 끝나는 모습도 알기 어려우며, 단어들을 하나씩 분리시키는 띄어쓰기 표식조차도 찾을 수 없다. 들리는 소리 모두가 그저 어안이 벙벙하게 만드는 소음에 불과할 것이다. 이제 아이들로 돌아가면 성인의 경우보다 '훨씬 불리한' 상황에 놓이게 된다. 이미 어떤 한 전문가의 확인에서와 같이 "아이들은 성인이 말하려는 내용을 알 수 없을 뿐만 아니라 성인이 말하려는 의도조차 알기 어려울 것이다"[1]라는 내용을 접할 수 있다.

이러한 측면에서 본능으로서의 언어 이론은 언어 혹은 최소한 언어 저변을 구성하는 보편문법이 습득되지 않는다는 내용을 주장한다. 즉, 이와 같은 도전은 간단하게 보거나 분명하게 보더라도 너무도 대단한 제언이 아닐까 싶다. 어쨌든 본능으로서의 언어학자들은 앞서 언급한 내용에 대해 "일반적 아이들이 상대적으로 최소 수준의 접촉과 함께 특수 훈련 없이도 언어 지식을 습득한다"라는 믿음을 제시한다.[2] 따라서 몇 가지 문법적 지식이 탄생에서부터 존재하고 있음에 '틀림없다'라고 본다. 결론적으로 언어적 지식이란 인간 두뇌 내부 소형 회로망에 이미 한 구조로서 구축되어 있음을 가리키는 말'이다'라고 보는 것이다. 이를 따른다면 이 장에서 언급하려는 핵심 주제란 인간이 과연 언어 지식을 선천적으로 갖고 태어나서 아주 심오한 의미에서 결국 인간이 언어 지식을 별도로 배울 필요가 없다는 뜻일까 아닐까 싶다.

정신세계에서의 문법이 여러 측면에서 보더라도 선천적이라는 개념은 정말 매력적인 주장이 아닐 수 없으며, 실제로도 탁월하기까지 해서 일석이조와 같이 단숨에 아이들이 어떻게 부모 또는 보모로부터 가해질 수 있는 수정 과정을 거지치 않아도 언어를 습득하는지를 설명해야만 하는 문제를 해결한다고 여길 수도 있다. 여기서 부모 및 보모 역할의 경우 이미 이전에 과학자들이 수행했던 세밀한 관찰에 따르면 이 두 부류가 아이들이 스스로 발화를 통해 의도하는 내용을 전달하도록 권하는 방법에 치중하면서 발화의 정확한 형태에는 크게 비중을 두지 않기 때문에 오히려 부모 및 보모들이 체계적으로 아이들의 말 오류를 수정하는 데 중심을 두지 않는 모습을 보인다는 결과를 제시한다. (오랜 기간 내 딸을 보면 "I goed" 對 "I went"를 그리고 내 아들은 "I doned a pooh" 對 "I did a pooh"를 또한 내 자신도 아이들의 엄마가 두 아이 표현을 듣고도 시정은커녕 아이들의 말을 들으면서 너무 귀엽게만 바라보는 태도에 놀라기까지 했다. 물론 이 반응은 부모 사이에서 흔한 모습이기는 하지만 말이다.)[3]

그리고 부모들이 아이들의 오류를 도울 수 있을 때조차 상황이 거꾸로 가기도 한다. 다음에 제시된 심리학자 데이비드 맥닐David McNeill이 기록했던 실제 생활에서의 발췌 내용에서는 오랜 기간 인내를 요구받는 엄마의 머리카락을 잡아 뜯는 것 같은 엄청난 상황을 상상해볼 수 있다.

아이: 아무도 나를 아니 좋아하 지 않아.(• '좋아하 지 않아'는 일부러 띄어쓰기한 것임.)

Nobody don't like me.

엄마: 아니야, 자 "아무도 나를 좋아하 지 않아" 라고 해야지.

nobody likes me.

아이: 아무도 나를 아니 좋아하 지않아.

Nobody don't like me.

(이 대화는 8회 이상 반복됨.)

엄마: 아니야, 이번에는 내 말을 잘 들어야지, 자

"아-무-도 나-를 좋-아-하—지 않-아"라고.

NOBODY LIKES ME.

아이: 아 정말! 아무도 나를 아니 좋아하 지 않아.[4)]

Nobody don't likes me.(•동사 'like' → 'likes')

아이들이 스스로 문법을 터득하는 데 제멋대로 시간을 사용하는 것만은 아니며, 언어를 적절하게 사용하는 방법을 터득하는 데 훨씬 더 긴 시간이 걸리기도 한다. 다음 일화는 이 점을 확실하게 밝혀준다. 어느 날 아침 엄마가 막 샤워를 하려던 찰나 아이에게 이제 세 살이나 먹었으니 막 태어난 한 살짜리 여동생을 돌보라고 했다. 아이가 걱정 마요 엄마! 그러면 동생에게 소리 지르지 말아야 하고, 내 칼로 죽이지 말아야 해요!"라고 대답했다. 어느 순간 막 불안을 느낀 엄마는 샤워를 그만두기로 했다. 그런데 왜 그래야만 했는지. 그에 더해 아이들은 정식 학교에 가기 전 나름 발화 언어를 습득하게 된다. 아이들이 언어를 학습하기보다 마치 자동화 과정인 것처럼 단지 습득할 따름이다.

촘스키의 주장은 사변적이며 '그냥 앉아서' 사색에 빠지는 언어학을 대변한다. 선천성에 관한 주장은 순전히 논리적이면서 언어 속성에 관한 몇 가지 가정에 근거하고, 나아가 정신세계에 초점을 맞춘다. 아이들이 '실제로' 어떻게 언어를 습득하는지 조사한 연구로서 1950~1960년대 촘스키가 접할 수 없었던 내용에서는 촘스키 방식 관념 속에서의 선천성 제안이 의미적인지에 대해 크게 비중을 두지 않았다. 진정한 측면에서 아이들이 과연 어떻게 언어를 습득하는지를 연구했던 발달 심리언어학 분야는 촘스키가 자신의 주장을 확고하게 설정했을 때까지도 충분한 위상을 확립하지 못했다. 그리고 그때까지 촘스키는 언어는 선천적이라는 주장을 지속했다. 촘스키 논저 중 2002년에 기록한 내용을 보면 다음과 같은 주장을 찾을 수 있다.

> 인간의 생물학적 자질 중 일부가 언어 능력faculty of language: FL이라고 볼 수 있는 "언어 구조 기관 부위"에 특화되어 있다는 결론을 부인하기 어렵다. 이 부위의 초기 상태는 유전자 형태로 존재하며, 마치 시각 기관 체계의 초기 상태에 비유할 수 있으며, 인간 모두가 동등하게 소유하는 것처럼 보이기도 한다 …. 따라서 전형적인 아이는 누구든 적절한 환경 조건만 주어진다면 어떤 언어든 습득할 것이다 …. 언어 능력의 초기 상황을 습득한 언어 형태로 나타날 경험치를 도식화할 수 있는 일종의 도구 장치를 고려·고안해볼 수 있는데 이것을 바로 "언어 습득 장치language acquisition device: LAD"라고 명명할 수 있다고 생각한다.[5)]

촘스키가 주장하는 바는 바로 언어가 진짜로 "구조 기관 부위"라고 보는 것이며, 이 구조가 마치 몸속에서 콩팥이 자라는 모습과 유사하다고 간주하는 것이라고 보면 된다. 그리고 이전 장에서 언급되었던 어떤 언어에서든지 발견되는 문법, 즉 소위 보편문법을 위한 청사진을 마련해주는 언어 습득 장치라는 기계적 장치가 존재한다. 이 장치의 기능은 주장에 따르면 인간에게 귀로 들리는 언어를 이해하는 데 중요한 요소이기도 하며, 여기서 아이들은 자신들이 부모 및 보모들로부터 의미를 헤아리기 어려운 수많은 말들을 이해하는 기반인 지식을 사전구비 방식으로 갖추게 된다. 또한 이 말은 아이들이 갖고 태어나는 보편문법을 가리키며, 이 점에서 해당 문법 능력이 아이들의 정신세계 내부에 자동적 그리고 상대적으로 큰 노력 없는 방식으로 언어가 성장할 수 있도록 터전을 마련해준다고 봐야 한다. 아이들이 자신의 모국어를 선택하는 사항도 결국 언어가 본능이라서 일단 누구든 어릴 적부터 특정 언어에 노출되기만 한다면 외견상 표층적 특질들을 채울 수 있게 해주기 때문이다. 여기서 말하는 특질이란 음성은 물론 지역 편차를 대변하는 문법적 고유 특성들을 가리키며, 영어, 스와힐리어 등 어떤 언어든 모든 언어는 보편문법이 유전적으로 결정한 대로 서명되어 있음을 명심해야 한다.

그럼에도 불구하고 촘스키 주장이 편이성, 효율성을 갖긴 하지만, 언어 습득 과정에서의 넘쳐나는 증거와 함께 신경생물학에서의 최신 발견에 따르는 근대적 관점에서 볼 때 본능으로서의 언어 이론의 하위 논지들이 주장하는 문법적 지식의 선천성 주장을 계속해서 따를 수 있는지 고려해야 할 여지가 여전히 남아 있다고 생각한다.

언어의 본능이란?

앞 장에서 보편문법 논증을 주축으로 한 본능으로서의 언어 이론을 설명하면서 아울러 부인하는 내용을 전개했다. 그러나 지금 장의 핵심 의제인 문법 지식이 선천적이라는 주장이 문법 지식의 보편성에 관한 제안과는 사뭇 다르게 보일지 모른다. 어쨌든 원리적 측면에서 촘스키와 핑커가 이해하듯이 문법의 보편성을 인정할 수 있다. 물론 문법의 선천성을 제외하더라도 말이다. 예를 들어 모든 언어가 동일한 노선을 따른다고 볼 수 있어서 이를 토대로 촘스키 관점의 완전한 보편성이 발생했다고 볼 수도 있다. 그리고 이와 같은 보편성은 반드시 선천적일 필요가 없으며, 원칙적 측면에서 자연적 인지 발달로부터 출현할 수 있다고 볼 수도 있는데, 그 이유는 모든 인간 두뇌에는 유아기나 이후 신경 발달 과정에 연관된 동일한 궤도 과정이 있기 때문이다. 또 다른 관점에서 앞서 언급한 보편성이 인간이 처한 환경 부분에서 대체로 유사한 조건에 놓여 있어서 동일하게 발달했다고 말할 수 있을 것이다.

그렇지만 본능으로서의 언어 이론에 기초한 주장에 의하면 보편문법을 가리키는 언어는 선천적이어야 하며, 이 말은 바로 인간이 갖고 태어난다는 사실을 가리킨다. 촘스키를 따르자면 언어를 볼 때 "신체 기관의 성장·발달에 비견하여 언어 성장·발달을 고려"하는 것으로 인식해야만 한다.[6] 촘스키의 이런 관점은 심리학자 랜디 갤리스텔Randy Gallistel로부터 견고한 지지를 얻어냈다. 갤리스텔의 주장은 크게 본다면 언어 구조 기관 부위가 수많은 종들의 생물학적 인지 부분이라고 보는 "학습 기관" 중 하나로 분류될 수 있다는 개념이었다.[7] 그러나 언어를 그저 "학습 기관"으로 간주하는 것은 언어 형성 과정에서 학습의 역할 범위를 아주 축소해버려야 하는 역설적 상황에 빠지는 위험성을 내포한다. 갤리스텔의 생물학적 학습 장치란 이전에 제안된 "언어 구조 기관 부위"를 하나의 매개체로 보는 것이며, 일상적인 상식 수준에서 보더라도 실제로 '학습'을 허용하는 것은 아니다. 대신에 이 학자가 주장하는 장치들은 조금 이상하게 보이기는 하지만 정보 해석을 허용해주는 내장된 지식을 특별하게 지칭한다. 촘스키는 오히려 스스로 언어 설계 구조 내부에서 실질적인 학습 역할이 존재한다는 개념에 의심을 품었다. 그는 주장을 통해 "일반적인 학습 이론은 … . 의심을 살 수 있는 여지가 있으며, 논리적 논증이 불가능하고 실험적인 지지를 결여할 수도 있다"라는 말을 남겼다.[8] 정리하자면 언어는 단순히 배운다는 면에서 너무 복잡한 대상이라는 의미를 가리킨다. 그리고 인간 유아가 엄마 젖을 빠는 순간에도 아무 노력을 들이지 않고 언어를 선택하는 것처럼 보인다. 그러므로 언어란 선천적이어야만 한다.

핑커가 다음에서처럼 언어가 선천적이라는 주장을 정말 유창한 언변으로 잘 보여주었다.

> 언어는 복잡하면서도 특화된 기술로서 어린이에게서 의식적인 노력 혹은 공식적인 훈육 없이도 자발적으로 자연스럽게 발달하고, 저변 논리를 깨우치지 못하더라도 전개되기도 하고, 양적으로는 모든 개인에게 동일하고, 좀 더 일반적으로 알려졌듯이 정보를 처리하거나 지능적으로 행동하는 능력과는 다르다고 할 수 있다. 이와 같은 이유에서 일부 인지과학자 중에는 언어를 심리적 능력, 정신적 기관 부위, 신경 체계, 연산과정 모듈 등으로 묘사하는 사람도 있다. 그러나 나로서는 언어에 대해서라면 어떤 용어보다도 "본능"을 선호한다. 이렇게 선택된 용어를 토대로 사람들이 마치 거미가 거미줄을 치는 방법을 알고 있듯이 어느 정도로 말을 수행할 방법을 인지한다는 개념을 전하고 싶다. 거미줄 치기 자체가 사람들이 피하려는 거미의 창의적 천재성이나 거미들이 거미줄 치기를 위해 올바른 교육을 받았다거나 또는 거미들이 거미줄 전체 구조 혹은 구축 작업에 대한 소질을 갖고 있다는 등에 의존하여 구성되지는 않았다고 생각한다. 어쩌면 오히려 거미들이 거미줄을 치는 이유로 거미로서의 두뇌를 갖추고 있어서 이를 토대로 최종적 구조물을 만들려는 욕구 및 성공적 결과를 내는 능숙한 기능을 가졌기 때문이 아닐까 싶기도 하다.[9]

그렇지만 언어를 거미줄 치기에 비교하는 데서 나타나는 문제가 있는데 바로 언어를 본능으로 보지 않는 것이며, 이것은 일반인은 물론 과학자들 사이에서도 받아들여지지 않는 인식에 근거한다고 본다. 거미줄 치기란 마치 본능적인 행위 같아서 발달 과정에서 별도의 훈련 과정 없이 거미 자신이 다른 거미들로부터 입력을 받거나 혹은 스스로 추론해가는 과정에서 서서히 출현하는 형세를 보여준다. 거미들은 대부분 거미줄 장인들을 직접 맞닥뜨리든 아니든 거미줄 치기를 행한다. 인간 언어는 이런 방식으로 출현하지는 않는다. 물론 언어와 접촉은 반드시 필요한 요건이다. 그리고 수많은 이전의 고정 입력만이 역할을 수행하는 것은 아니며, 입력은 여러 해를 거치면서 거듭해 양적으로 쌓이면서 수많은 대상이 존재할 수 있다. 그 외에도 언어 접촉이란 반드시 정상적으로는 인간의 사회문화적 환경하에 있어야 하며, 여러 종류의 대별되는 다양함으로 귀결되어야 하고, 아이들이 자신의 모국어, 보모의 모국어, 현재 거주하는 공동체 언어 등을 수행하면서 자라야 함을 가리킨다. 여기서 한 아이가 서부 아프리카 언어 월로프어Wolof에 접촉하는 순간 월로프어를 말하면서 자랄 것이고 반면에 북이탈리아 롬바르디아Lombardy에 거주하는 아이는 롬바르드어Lombard를 말하면서 성장할 것이다.

인간 접촉 및 언어 입력의 결정적인 중요성에 관련된 증거가 홀로 생존한 아이들에 대한 가슴 저미는 슬픈 경우들로부터 발견되었으며, 우연히 불행하게 혹은 일부는 의도적으로 여기에 해당되는 유아들이 정상적인 인간관계로부터 유기되기도 한다. 그리고 이런 경우들이 확연하게 보여주는 내용은 접촉과 노출이 없다면 언어는 출현할 수 없다는 사실이다.

언어가 본능이 아니라는 두 번째 방법은 거미줄 치기와 유사한 본능적 행위가 일종의 고정화된 진부하게까지 보이는 행동이라는 사실이며, 이 말은 이 행동이 전혀 변화를 보이지 않는 판에 박힌 일상 또는 관습 등을 가리킨다고 할 수 있다. 언어란 분명히 고정화된 행동으로 볼 수 없다. 세계 언어들은 놀라울 방식으로 차이점을 보이며 이에 관한 내용은 이미 앞 장에서 제시했다. 언어들이 음성 체계를 전개하기도 하지만, 수화 등의 언어에서는 다른 형태를 보이기도 한다. 발화 언어들 중에는 음성 체계에서 범위 그리고 유형 측면에서 엄청난 분기 형태를 보이는 언어가 있으며, 어휘만 보더라도 문법 체계와 더불어 극명하게 다른 모습을 보인다. 프랑스어를 영어만 사용하는 화자가 이해할 수 없는 것처럼 영어 화자가 만다린어를 이해하기에 무리가 있다. 이와 아주 반대로 거미줄 치기는 거미라는 종 내부에서는 대체로 유사한 모습으로 갖춰져 있으며, 거미줄 형태를 통해 '방언' 혹은 '변이형'과 같이 대상을 찾기가 불가능할 것이다. 당신이 아무리 다른 부분을 다 생략한다고 한들 확실한 것은 언어를 거미들의 거미줄 치기와 같은 본능으로 보려는 관점은 누가 뭐래도 다른 이야기라는 점이다.

언어 본능 논쟁

본능으로서의 언어 이론 관점에서 제기된 언어 선천성에 대한 논점들은 크게 두 가지로 볼 수 있다. 첫째는 아이들이 말을 하면서 실수를 해도 부모들, 보모들이 대놓고 직접 수정하지 않는다는 사실에 관련된다. 촘스키는 아이들이 어떻게 자신의 모국어 문장 중 문법적인 것들만 그리고 문장 전체를 일종의 집합 단위가 아닌 앞서 지적한 정확한 구조의 문장 자체만을 습득하는지에 대해서 상당히 의아한 생각을 갖고 있었다. 예를 들어 보면 영어 화자 아이들의 경우 어순 SVO를 수용하면서 'The supermodel kissed the window cleaner(슈퍼모델이 창문닦이에게 키스했다)'와 같은 문장을 습득한다. 그러나 논리상에서는 받아들이는 구조와 다르게 영어 문법 구조에 맞지 않는 문장 패턴을 생성할 수도 있다. 이런 오류 중에서는 비교적 적은 집합 규모이지만 하부 부분집합으로서 오류 패턴에서 중요하게 판단되는 동사-주어-목적어VSO 구조의 패턴 예인 'Kissed the supermodel the window cleaner(키스했다 슈퍼모델이 창문닦이에게)'를 만들어내기도 한다. 오류의 형태로서 마지막 패턴인 목적어-주어-동사OSV 구조의 예로서 'The window cleaner the supermodel kissed(창문닦이에게 슈퍼모델이 키스했다)'를 들 수 있다. (제3장 124쪽을 보시오.) 세계 언어들 중에서 여기서의 오류 예들을 흔적조차 발견하기도 어려운 반면 영어 화자 유아들이 실수로 이와 같은 문법 패턴을 생성하는 것 같지는 않다. 그렇다면 요점은 바로 왜?라는 질문에 맞춰진다.

촘스키의 주장을 보면 인간이 사실 이런 문법적 오류를 범할 수 있다고 예측할 수 있으며, 아이들이 자신이 듣고 말하는 언어 내에서 가능성이 희박한 문법 패턴을 금지시키는 어떤 방법도 존재하지 않는다는 논지를 확인할 수 있다. 즉, 이에 대해 우선 한 가지 경우만 보면 아이들이 아직은 언어에 많이 노출되지도 않았고, 또 한편으로 보면 아이들의 말에서 실수가 발생'하더라도' 부모, 보모들은 보통은 오류를 교정하지 않는 모습을 보인다는 것이다. 이 사실은 촘스키가 주창했던 자극의 빈곤poverty of the stimulus이라는 개념의 버팀목이 될 수 있다. 이 말은 아이들에게 허용된 언어 노출이 제한성 및 부분성이라는 측면에서 볼 때 이들이 받아들일 입력이 빈약하다고 해도 과언이 아님을 의미하며, 아이들이 부정확한 문법 패턴을 생성한다고 해도 정작 실수를 피할 수 있도록 경고해주는 거부작용 증거를 전혀 찾을 수 없다.

우선 당황스러운 것은 앞선 이야기들이 비직관적 논쟁일 수 있다는 사실이다. 무엇보다도 왜 아이들이 존재 자체가 아주 희박하면서도 이들이 마주치게 될 일상의 언어에서 거의 흔적조차 찾기 어려운 오류들보다 오히려 문법상 옳은 패턴을 사용하기 시작하게 되는 것일까? 하는 질문에 맞닥뜨린다. 앞서 언급했던 자극의 빈곤을 좀 더 충분하게 살펴보기 위해서 촘스키가 제창한 두 번째 논지를 이해할 필요가 있어 보인다. 촘스키는 1950~1960년대에 자신의 이론 본능으로서의 언어 이론을 발전시켰으며, 당시는 아이들이 사실 스스로 언어 습득을 수행할 수 있는 능력을 갖고 태어난다는 것이 크게 호응을 받지 못하던 시기였다. 그때는 아이들이 학습 과정에서 습득을 인도하는 어떤 것도 소유하지 못하고 있다는 가정이 광범위하게 알려져 있던 상황이었으며 이 말은, 즉 촘스키가 보기에 아이들의 정신에는 습득되어야 할 문법이 과연 어떤 형태로 있어야 하는지를 가정하는 것에 연관된 최소한의 제약들만이 위치해 있으며, 달리 말하면 이들 소수의 제약은 결국 제한성을 띠면서도 실제 수행 부분에서 무한 잠재력을 보여주는 학습 능력을 가리킨다고 말할 수 있다.

따라서 만약 아이들이 제대로 언어를 습득할 수 있는 장을 열어주는 확고한 습득 원리 집합의 방식에 근거하여 많은 원리를 소유하고 있지 않으며, 언어로부터의 입력이 빈약하다는 사실을 감안하면서, 더 나아가 부모, 보모들이 아이들의 언어 오류에 그다지 큰 도움이 되지 못한다는 사안을 받아들인다면 오류의 수가 오히려 많을수록 유리할 수 있고, 입력(자극이라고 알려진)은 상당 부분 결핍 상태에 놓이게 된다. 정리하자면 아이들이 영어를 습득할 때 본래 어순인 SVO 문장 'The window cleaner ogled the supermodel(창문닦이가 슈퍼모델에게 추파를 던졌다)'와 달리 OSV 패턴 형태로 'The supermodel the window cleaner ogled(슈퍼모델 창문닦이 추파를 던졌다)'를 생성할지도 모른다. 그렇지만 아이들은 정작 앞 예들에서 보여준 논리적 전개를 갖춘 종류의 오류를 보이지 않는다.

촘스키 논지의 결론은 문법 청사진이 반드시 선천적이어야 한다는 점이다. 여기서 말하는 보편문법이란 인간 아이들이 언어 습득 장치를 갖추게 하는 능력을 소유하고 있다는 의미다. 즉, 아이들에게 반드시 언어 자체를

'학습하지' 않더라도 선별하는 장을 열어줄 수 있다. 결론적으로 아이들은 자신들이 습득할 언어 내부에서 거의 불가능에 가까운 문법적 패턴들을 생성하는 막다른 지경으로의 유도도 가능하게 만드는 다양한 제약들을 이해하는 타고난 붙박이 능력을 소유한 채 세상에 나온다고 볼 수 있다.[10)]

연구들 중 일부는 마치 승전보를 알리듯이 언어 선천성이라는 촘스키 논증을 실험적으로 받쳐주기도 했다. 하나의 연구를 보자면 우선 영어에서 아이들이 의문문을 형성하는 방법을 연구했다. 영어의 경우 의문문은 때때로 문장 내에서 동사를 맨 앞으로 '이동'하는 모습을 보여준다. 그 예로서 'The window cleaner is bald(창문닦이가 대담하다)'라는 문장에서 동사 'is'가 앞쪽으로 이동하면서 의문문이 만들어진다.

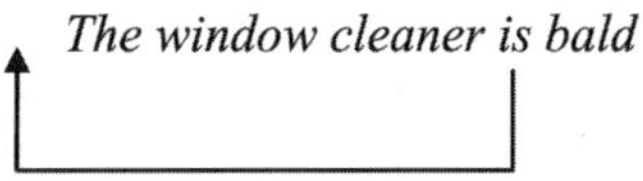

이 과정을 통해 의문문 형태 문장 'Is the window cleaner bald?'가 출현한다.

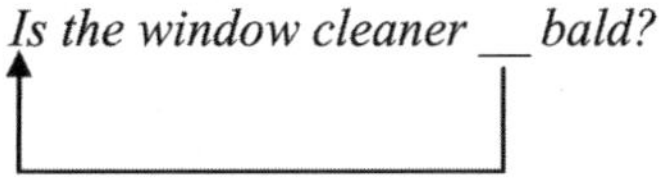

그렇지만 촘스키가 가정했듯이 아이들이 일종의 단순한 연역적 습득 능력을 소유하기만 한다면 영어에서 동사의 문두 이동이 '항상' 의문문을 구성한다는 논리를 추론해낼 수 있어야 한다. 예를 들면, 영어 문장 'The man who is cleaning is bald(청소하고 있는 남자가 대담하다)'로부터 도출되는 'Is the man who cleaner is bald' 문장도 의문문으로 판단되어야 한다.

Is the man who __ cleaning is bald?

그러나 이 문장을 통해 문법에 맞지 않을 뿐 아니라 영어를 습득하는 아이들이 이와 같은 부류의 오류 비생성 부분을 적절하게 '확인시켜'준다는 사실을 알 수 있다.[11] 그래서 이와 같은 발견이 촘스키의 주장을 떠받친다고 볼 수 있었으며, 이를 통해 아이들은 논리적 실수를 범하지 않기 때문에 오류를 생성하더라도 예측된 범주 안에서 국한된다는 점을 알 수 있다. 그리고 지능 수준과 상관없이 어떤 아이든 언어를 습득하는 발판이 되는 습득 원리 모두를 갖고 있지 않는다는 이유 그리고 주변으로부터 과도한 오류 수정을 거의 받지 않는다는 이유를 근간으로 언어를 습득하도록 도움을 주는 선천적 언어 습득 장치 소유를 확신할 수 있다.

그러지만 여기에 어려운 문제가 도사리고 있다. 앞의 사안들은 선천성뿐만 아니라 그 외 어느 것도 찾지 못한다. 우선 아이들이 의문문을 익힐 때 기이한 문법 구조들을 마구 생성하지 않기 때문에 오류 생성이 촘스키의 정당성을 반드시 가리키지는 않을 수 있으며, 즉 의문 구조들을 형성하는 과정에서 완벽한 구조화 행로에서 습득자를 인도해주는 보편문법의 존재를 반드시 의미하지는 않는다. 여기서 알 수 있는 일이란 아이들이 자신의 모국어에 존재할 수 없는 의문 구조들을 어찌하든 생성하지 않는다는 사실임을 명심하자!

앞으로 더 나아가기 전에 본능으로서의 언어 이론의 일면들을 좀 더 확실히 해두자. 아이들이 언어를 배우면서 엄청난 수의 오류를 생성하며, 이에 관련된 예로 영어 문장들 중 다음을 보면 된다.

Look at those sheeps Daddy. (저기 양들 좀 봐요 아빠.)

Don't giggle me. (나를 웃기지 말아요.)

I founded it out. (내가 그것을 찾았어요.)

Mummy crossed me.(=Mummy was cross with me/ told me off)

(엄마가 내게 얄밉게 굴었어요./ 나를 야단쳤잖아요.)

그러나 여기서의 오류는 촘스키가 생각했듯이 '논리적' 실수에 속하는 종류라고 볼 수 없다. 명사 'sheep'에 복수형 어미 '-s'를 첨부해서 최종 복수형을 만드는 방식은 영어 명사를 복수로 바꿀 때 흔히 사용하는 방법을 무조건 적용시킨 결과라고 본다. 그러나 명사 'sheep'은 영어의 경우 불규칙 명사형에 속하기 때문에 일반적으로 복수형 만들기 규칙의 과잉 적용 생성으로 볼 수 있다. 여기서 '논리적' 실수들이란 반드시 앞서 제기했던 종류의 표준 과잉 적용 생성 경우들만을 가리키지는 않는다. 대신 이 실수들은 아이들이 언어를 습득할 때 나타나는 정상 이탈로서의 문법적 패턴에 연관된다고 봐야 한다.

어떤 면에서는 촘스키 주장이 매우 뛰어나 보이기도 한다. 즉, 아이들이 아무 외부 도구가 없다면 응당 저지를 실수들을 보편문법에 비유되는 간편한 붙박이 내장 컴퓨터를 갖춤으로써 다행스럽게 면할 수 있다고 보는 관점을 가리킨다. 그리고 여기서 말하는 컴퓨터의 역할이란 습득이라는 수고를 겪지 않더라도 아이들의 학습 인도 역할을 담당하는 상황을 가리킨다. 이 말인즉슨 아이들이 실제로 '배우려' 하지 않는다고 해도 '학습 진행'이 수행된다는 사실을 의미한다. 아이들이 이미 스스로 찾아야 하는 언어 형태를 인식하고 있기 때문에 적절한 언어를 선별·선택할 수 있다. 즉, 언어 발달에 관한 청사진이 이미 DNA에 기술되어 있음을 의미하는 것이다.

다른 한 편으로 본능으로서의 언어 이론이 궁극적으로는 모순되어 있다고도 할 수 있다. 어떤 이유에서 아이들이 최소한 원칙적으로는 전혀 들어보지도 못한 문장 패턴을 생성할지도 모른다는 가정을 시도하려 할까? 어떤 이유에서든 아이들이 들을 수 있는 문법 구조 중에서 특별한 유형의 문법 형태로서 OSV 어순 구조 형태가 언어에 부재하다는 사실은 아이들로 하여금 영어 화자들에게서 기대할 수 없는 문법 유형을 반드시 피하게 한다는 일련의 증거를 제공해준다.

사실 인지과학자 제시 프린츠Jesse Prinz는 이 점을 명확히 한다. 그는 자신의 주장을 바탕으로 다음과 같은 주장을 피력했다.

아이들이 "어른들의 말을 들으면서 자신들이 앞으로 듣게 될 문장들 혹은 단어들이 무엇일까를 예상한다. 하지만 예측이 빗나가는 경우 해당 예상의 기반이 되는 규칙에 문제가 있다는 증거로 채택될 수도 있다".12)

여기서 결과는 사실 유아들이 말을 하면서 부모 또는 보모들의 실수 교정을 받지 않더라도 스스로는 이전에 자신이 듣지 못한 내용은 말로 표현할 수 없다는 사실을 배우게 되리라는 소극적인 증거로 구성된 풍부한 원천 자료를 소유할 수 있다는 점이다. 단지 아이들이 부모·보모들의 눈에 띄는 교정을 받지 않는다는 이유가 아이들이 자신들의 모국어 문법이 어떤 형태를 취하는지를 전혀 알아차리지 못할 정도로 증거가 결여 되어 있는 상태를 가리키지는 않는다. 따라서 아이들이 이전부터 전혀 들어본 적이 없었다는 이유만으로 스스로의 모국어에 역행하는 문법적 예외들을 생성하지 않는다는 사실은 일정 부분 타당성이 있어 보이기도 한다.

촘스키가 증거의 부재는 어떤 증거도 제공하지 못한다고 가정하는 반면 사실 이런 주장은 아이들이 증거 부재를 위해 증거의 부재를 택한다고 볼 수 있을 수 있다. 즉, 이 말의 의미는 아이들이 듣지 못한 대상에 대해 결국 말하지 말아야 하는 것들로 인식하면서 해당 사항을 말로 표현하지 말아야 한다는 사실을 (그리고 결론적으로 아이들이 말로 표현해야 하는 사항이 무엇인지) 습득하는 상황을 가리킨다. 그리고 이 장 마지막 부분에서 볼 사안이긴 하지만, 연구자들은 아이들이 언어가 활용되는 유사한 상황 속에서 비록 별도의 다른 표현 구조에 맞닥뜨린 적이 있다고 해도 대부분은 이와 같은 특별한 예외적 문법 구조들을 예방 차원에서라도 우선적으로 피하려 할 것이며, 또한 이런 상태를 아이들이 있는 그대로 실행할 것이라는 관점을 최근에서야 확립할 수 있었다.[13] 자극의 빈곤 논증은 외부로부터의 교정 시도가 부족하더라도 이것이 아이들에게 문법 구조가 어떤 모습이어야 하는지를 지도하는 방식이 아예 존재조차 하지 않는다는 사안을 가리키는 것이 아니라는 이유에 근거해 해당 논쟁이 그 기반을 많이 상실했다고 볼 수 있다.

본능으로서의 언어 이론 두 번째 문제로 다음을 보려고 한다. 일단 촘스키는 자신의 논증에서 아이들이 언어 습득 과정을 위해 단순한 정신적 능력 이상의 습득 방책들을 생득적으로 갖고 태어난다고 보았는데 이 견해는 오늘날 잘 알려져 있는 내용이기도 하다. 1960년대 수학 증명이 발달했을 당시 이런 과정에서 촘스키가 제창한 이론적 주장들을 증명하려는 시도들이 있었다. 이 중에서 널리 알려진 내용이 바로 저자 이름을 딴 골드gold 정리였다.[14] 이 증명에서 확인된 내용은 문법이 반증으로서 명시적 외부 교정 과정이 없다면 절대로 습득될 가능성이 없다는 사실이었다. 이 증명으로부터 언어도 마찬가지로 습득하기 어렵다는 결론을 유추할 수 있다. 그리고 이와 같은 과정에서 언어는 결국 선천적임에 틀림없다고 말할 수 있을 것이다.

그렇지만 현대 연구자들은 "골드 정리는 습득이라는 측면에 신경 체계에 관한 알려진 내용과 다른 엉뚱한 가정들을 설정할 때에만 비로소 적용 가능할 것이다"라고 문제점을 지적했다.[15] 다음에서 볼 사안으로 인간 유아들은 촘스키가 생각한 수준 이상으로 똑똑하다는 사실을 알아야 하며, 즉 유아들이 촘스키가 예측한 방향에서가 아닌 매우 넓고 섬세한 범위의 기능 및 습득 능력들을 갖추고 있다고 봐야 한다. 이런 사항들을 갖추었다는 말은 아이들이 태어날 당시부터 DNA 내부에 포함된 선천적 지식을 소유했을 것이라는 가정을 반드시 하지 않더라도 스스로 모국어 문법을 습득하는 능력 이상을 갖추었음을 가리킨다고 보면 된다. 간략히 말하자면, 골드 정리 또는 본능으로서의 언어 이론 등이 아이들이 소지한 능력을 아주 눈에 띄게 깎아내린다고 정리해볼 수 있다.[16)]

신경생물학으로부터의 교훈

만약 본능으로서의 언어 이론이 옳은 주장이라면 보편문법이라는 언어 지식이 인간 두뇌의 소형 회로망에 표식을 갖고 있을 것이다. 만약 일반적 습득 능력이 언어 발달을 설명하는 데 적절하지 않거나 부정적 증거로서 입력에 대한 제공되는 보충 사안이 충분하지 않다면 언어 지식이 필연적으로 신경 조직의 일부로서 유효하다고 말할 수 있을지 모른다. 이와 같은 사실은 인간이 태어나면서 소유한 언어 지식의 기반을 형성할 코드화 능력을 제공하는 수준 그 자체일 것이다. 그러나 신경생물학계에서 인간 두뇌, 척수, 말초 신경절 등을 포함하여 신경 체계에 관한 과학적 실험 및 연구를 통해 20여 년 이상 연구를 수행하면서 앞서 주장한 언어 지식에 관한 견해가 완전히 있을 법하지 않은 전망이라는 사안을 지금까지 분명히 확인해주었다.

신경 체계를 구축하는 구조는 결국 신경 조직 자체다. 신경 조직은 일종의 세포로서 정보를 처리하고 전달하는 기능을 수행한다. 이런 기능 과정은 화학적 그리고 전기적 신호들로 이행되고 완수된다. 신호 전달하기가 시냅스 구조를 통해 수행되면 이 구조는 신경 조직들을 연결하도록 특화되어 있다. 인간 두뇌는 대체로 800억~1200억 세포 조직들을 포함한 하나의 구역이며 이 숫자는 성별, 연령에 따라 차이를 보일 수 있다.[17] 이들 세포 조직들은 두뇌 속에서 대부분 뇌의 바깥을 형성하면서 자아 통제, 기획력, 이성 판단, 추상 사고 능력 등을 담당하는 대뇌 피질 쪽에 속해 있다. 또한 신경 조직 각자는 놀랍게도 10만 이상의 시냅스 연결체를 기반으로 다른 신경들과의 상호 연결 상황을 보여준다. 그래서 성인 두뇌가 100조~500조까지의 (10^{14}) 시냅스 연결체들을 포함하는 것으로 추정한다.[18] 이에 더해 모든 체적(가로, 세로, 높이 1mm)에 대하여 대뇌 피질이 약 10억 수준의 시냅스 연결체를 포함한다고 알려져 있다.[19] 끝으로 각각의 시냅스 연결체는 10가지의 다른 해解(•수학 방정식의 미지수 값)를 가질 수 있다.[20] 지금까지 본 내용에 따른 최종 결과를 본다면 "인간 두뇌의 시냅스 코드화 능력이 우주 속 입자수보다 잠재적으로 훨씬 더 많은 수의 연결성 상태를 포함할 수 있다"[21]라고 말할 수 있을 것이다.

선천적 문법에 대해 신경 조직들이 유전적 자질을 중심으로 유전자에 의해 코드화된다고 말할 수 있을지 모른다. 유전자란 하나의 분자 단위로서 DNA, 리보핵산ribonucleic acid: RNA 등 유전적 물질의 전개 구조로 구성되며 유성 생식(또는 무성 생식)을 통해 전달된다. 유전자 1개는 특정 생명 조직체의 세포를 생성, 유지하는 데 요구되는 정보를 포함한다. 여기서 보편문법을 좀 더 세밀히 보자면 유전자로부터 인간 두뇌 피질에 분포한 신경 조직들까지 정보를 자세하게 하나씩 맺어주는 연결 과정이 있어야 하며, 이 속에서 두뇌의 언어 처리 영역 내부에서 코드로 형성되는 선천적 정보를 제공하는 준비를 갖추게 된다. 그렇지만 앞서 보았듯이 10^{14}(100조) 시냅스 연결체들이 존재하기는 하지만 유전자 수는 훨씬 적으며, 10^{6}(100만)에 달하는 순위 이내의 수준에 달한다. 이에 더해 인간 유전자 중 30%까지는 신경 체계 구성에 소요된다.[22] 이런 상황은 유전자 중 나머지 70%에 해당하는 수적으로 훨씬 많은 유전자들이 대규모로 잠재성을 지닌 대뇌 피질 공간을 관할한다고 말할 수 있다. 만약 유전자가 예를 들어 '단어들'을 무한하게 조합하는 결과를 내놓는 등과 같이 알파벳에 포함된 글자들과 동일하게 작동한다고 가정하면 이 또한 가능한 일로 볼 수 있을 것이다. 그러나 이것이 유전자가 작동하는 방식이 되지 못하며,[23] 즉 이 말은 유전자들이 보편문법이 인간 두뇌 세부 순환 내부에 동판처럼 아로새겨져야만 하듯이 필연적 코드화 능력과 유사한 무엇인가를 지니고 있는 것이 아니라는 사실을 의미한다.

본능으로서의 언어 능력 주창자들로부터의 반응이 "여보게 잠시 기다려 주시오. 지금껏 이야기는 당신이 보편문법 '내부'에 무엇이 있을까라고 생각하는 방향에서 나온 주장들일세. 어쩌면 보편문법에는 문법에만 핵심을 맞춘 특별한 작동들만 보여주는 '경미 수준'의 보편문법이 있을 수도 있을 것일세. 그리고 이런 보편문법을 우선 '회귀'(•재순환) 혹은 '결합' 또는 다른 무엇이든 명명해두기로 하세"라고 나타날 수 있다. 그러나 보편문법이 어떻게 생겼는가를 알아내려고 약 40년 이상을 부단히 노력했지만 그럼에도 불구하고 본능으로서의 언어 이론의 연구자들 중에는 누구도 보편문법에 대해 이렇다 저렇다 등으로 동의하는 모습을 보여주지 못하는 실정이다.

이에 더해 만약 보편문법이 유전자 코드화가 실질적으로 다루는 대상으로서 회귀 등처럼 한 가지에만 국한된 단순 핵심 작동 이상 무엇도 아닐 것이라는 결론에 도달하게 된다면, 보편문법 자체가 언어를 설명하는 데 별로 도움이 될 수 없을 것이다. 만약 지금껏 언급되었던 인간의 유전적 청사진 모두가 회귀 발생에 집결되었다고 한다면, 우리는 습득 과정으로 하여금 촘스키 및 동반자들 모두가 선선히 수용하려는 수준 이상으로 광범위한 역할을 수행할 수 있도록 해야 할 것이다.

그 외 또 다른 가능성은 선천적 지식이 두뇌에서 잠재적 연결성 중 단지 한 부분만을 차지한다고 보는 것이다. 여기서 말하는 잠재 상태 공간이란 훨씬 협소한 지역은 어쩌면 인간 유전자 코드화를 제언할 수 있는 수준의 범위 내에 속할 수 있다. 그렇지만 유전자들이 개별적 신경 조직들이 특수한 기능에 특화된 작업을 결정하지는 않는다는 점을 알아야 한다.[24] 이와는 달리 차라리 개별적 신경 조직들이 처리하는 정보가 해당 신경 조직들이 처한 상황에서 주어진 여러 종류의 자극들로부터 야기된다고 봐야 한다. 달리 말하자면 신경 조직들이 스스로 처리하는 정보 유형 측면에서 볼 때 놀라울 정도로 탄력적이라고 볼 수 있을 것이다.

예를 들면 두뇌에서 청각 담당 영역에 위치한 신경 조직이 시각 신호 자극을 입수하면 시각 기능을 띄기도 한다.[25] 실험에 의하면 조직의 한 영역들로서 피질의 '접속 기구'(•플러그)들이 두뇌 중 한 부분에서 다른 부분을 이식한 이후 해당 부위에서 새롭게 기능을 수행하는 경우를 보여주었으며, 이것은 방금 언급했듯이 초기 시각 처리 등의 입력에 연관된 기능을 담당했더라도 일단 다른 부분에 옮겨지면 다른 기능을 맡게 되는 양상을 가리킨다.[26] 이에 더해 두뇌 중 언어 처리 영역에 손상을 입은 아이들의 두뇌가 언어와 전혀 상관없었던 부위에서 언어적 능력을 발달시키기도 하며, 즉 만약 언어적 입력이 손상으로 왜곡된다면 다른 영역에서 이 정보를 처리하려는 능력이 발달할 수 있다는 것이다. 좀 더 일반적으로 본다면 시냅스 맹아萌芽(•[illegible] 움트기) 과정이 두뇌 안에서 일생에 걸쳐 새로운 기능 발생에 대비하여 생겨나며, 한편 두뇌 조직을 보면 학습 및 경험 축적에 따라 실제로 성장하기도 한다.[27] 경험은 신경 조직이 발달하는 방향과 함께 이 조직들의 생존 여부 상황을 결정하기도 한다. 신경 조직은 생명 초기에 엄청난 양으로 생산된다. 그러나 이들 중 사용되지 못하는 조직들은 사라지는 운명을 맞게 된다.[28]

모든 경이에도 불구하고 신경 조직의 탄력성에 관한 분명한 증거는 종을 넘어서 발생하는 성공적 이식 상황에서 찾을 수 있다. 앞서 언급한 아기 돼지 피질 접속 기구의 이식이 쥐 성체의 뇌에서 성공적으로 자라는 것이 발견되었다.[29] 저명한 신경생물학자 파스코 라키치Pasco Rakic는 이 점에 대해 "유전이 생명의 흙을 제공했고, 경험이 결국 조각을 수행한 것이다"[30]라는 말을 남겼다.

물론 지금까지의 설명이 두뇌 설정 측면에서 선천적 사전 특화 사양들이 존재하지 않는다고 말하는 것은 아니다. 오히려 존재하고 있음을 가리키는 것이다. 그러나 유전적 사전 특화 사양이 단순히 피질로서의 상세 수준에서 개별적인 신경세포에 국한되기보다는 더욱 광범위한 범주로서 마치 구조 및 구성 구축 수준에서 작동한다고 볼 수 있다.[31] 유전적 정보는 인간 두뇌 전반적 기획 관점에서 볼 때 통상적으로 편향 현상들을 일으키기도 한다. 예를 들면 언어 처리 과정을 볼 때 일반적인 성장 발달을 거친 사람들 중에서 약 95%가 대뇌 피질의 왼쪽 부위에서 성장하는 모습을 확인할 수 있다.

좌측 두뇌는 최소 초기에 지각 연관 세부 사항 처리에 집중되어 있으며, 언어 또한 정보 유형 중에서 지각 연관 세부 사항 모집단에 속하고, 이를 위해 인간이 발화 예들 중에서 단어 'pig'에서의 [p] 그리고 단어 'big'에서의 [b]를 구별하는 등과 같은 소리 구분 지각을 수행해야만 하는 섬세한 청각적 분별을 생각해보면 어떨까 싶다.[32] 그러나 여기서 말하는 통상적 편향 현상들이 보편문법과 같은 무엇인가를 코드화시키는 필수 조건으로서의 코드화 능력을 제공하지는 않는다.

두뇌의 소형 회로망 측면에서 본다면 앞서 말한 내용들이 모두 결정적으로 선천적인 지정 정보로 보는 대신 차라리 경험을 중심으로 바라보려는 입장의 정당성을 입증한다고 생각한다. 신경생물학 분야로부터의 증거의 비중 측면에서도 유전적 정보가 문법적 지식에 해당하는 상세한 사항들과 같은 대상을 제공하리라는 가능성을 완전히 불식시켜버리는 상황을 확인할 수 있다.[33]

언어 습득으로부터의 교훈

아이들이 모국어를 배우는 방법을 연구하는 언어 습득 관점에서는 본능으로서의 언어 이론의 문제점을 다음처럼 정리해볼 수 있다. 일단 이 견해를 따르면 아이들이 스스로 갖고 태어난 항상 동일한 형태를 유지하면서 아울러 완전히 틀을 갖춘 보편문법에 의거하여 성인 수준에 준하는 언어를 선택한다고 가정해야 한다. 그러나 만약 언어가 선천적 보편문법에 기반을 둔다면 이 능력이 약간의 외적 자극에만 노출되어도 단번에 모두가 발현되는 결과를 보여주어야만 할 것이다. 그럼에도 아이들의 초기 언어 모습은 결코 완전한 형태를 갖추고 있다고 말하기 쉽지 않아 보인다.

그래서 여기서 해당 견해의 문제를 다시금 언급하기 위해 두 가지 질문을 던질 수 있다. 어떤 이유에서 아이들이 복잡한 발화를 생성하기 시작하는 시점까지 많은 시간을 요하는지 그리고 성인 수준 언어 능력까지 발달하는데 또 더 많은 햇수가 요구되는 것일까? 어떤 이유에서 아동 그리고 성인 발화 사이에 그리도 명확한 차등이 존재하는 것일까?

본능으로서의 언어 이론 주창자들은 앞서 말했던 차등은 아동의 언어적 능력에서 지속적 발달을 근거로 설명될 수 있다는 가능성을 제시한다. 그들 주장에 의하면 특별한 문법적 구조들을 습득하는 데는 규칙적인 단계들이 존재하며, 특정한 구조가 이와 같은 발달 과정에서 출현하게 된다면 이것은 곧 해당 문법 구조 외의 연관성을 보여주는 다른 문법 구조들에 어떤 구애도 받지 않고 생산적으로 적용될 것이라고 말한다. 예를 들면 한 아이가 "표현 중 '문을 닫아라!' 같은 발화를 이해하면 이 구조를 토대로 영어에서 동사 '닫아close'가 보어 '문the door'에 앞서 위치한다는 사실을 추론할 수 있을 것이다".[34] 여기서 제시하는 요점은 영어 단어 순서에서 동사가 보어인 목적어를 선행하는(일종의 VO 패턴) 증거에 노출되기만 해도 아이로 하여금 '모든'

동사들은 구조적으로 '항상' 목적어를 선행하는 사실을 이해하는 데 충분한 단서가 될 수 있다는 사실이다.

최근의 보편문법에 대한 정의에서 촘스키는 문장 구조에서 단어 순서가 원리 변수 이론principles and parameters에 의거하여 구성된다고 제안했다.[35] 여기서 말하는 원리란 예로서 단어 어순과 같은 상위단계 구조화 기능에 연관되는 반면 원리 각자는 유한수 연속체로 구성된 변이를 보여주며, 이 변이는 이미 제3장에서 간략하게 언급한 바와 같이 인간의 정신 작용 내부에서 끊어짐과 이어짐을 반복하는 단속적斷續的(•해당 변이에 속한 요소들은 '±' 형태를 갖추고 경우에 따라 하나를 선택하는 켜짐-꺼짐 반복적 행태를 선택한다.) 방식으로 역할을 수행한다. 따라서 아이들이 태어날 당시 이미 '단어 순서' 원리를 소유하고 있기 때문에 자신들이 맞닥뜨릴 언어 내부에서 단어끼리의 앞뒤 순서를 발견하기를 기대할 수 있으며, 이와 같은 성향은 아이들로 하여금 스스로 찾아야 하는 형태의 구조가 무엇인지 알려주는 사전 경고등과 유사한 역할을 수행한다. 이에 더해 아이들은 세상에 분포한 언어들이 보여줄 수 있는 단어 순서 패턴에 상응하게 하는 단속적 기능을 가지고 있다. 일단 영어 발화 환경에서 단어 순서 패턴이 영어 문장 '(*S*) The window cleaner (*V*) ogled(*O*) the supermodel'에서처럼 SVO로 구성되어 있다는 사실을 알아차리게 되면, SVO 변이가 결국 단속적 상황에서 이어짐(•켜짐)으로 나타나게 된다. 그리고 이와 같은 상황에 들어선 이후에는 아이의 정신 상태가 작동에 돌입하는 상황에 들어서며, 즉 이 말은 단어들이 순서에 따라 앞뒤로 늘어서는 형태를 갖춘 문장들이 최종적으로 SVO로서 이해되기에 이른다는 의미를 가리킨다. 이런 방식으로 보편문법이 아이들에게 단속적 장치에 대하여 켬 또는 끔을 행하는 행위를 토대로 어떤 언어든지 습득할 수 있도록 길을 열어주는 수단을 마련해준다고 말할 수 있을지 모른다. 그러나 노출이라는 단계를 거치고 나면 더 이상 뒤로 돌이킬 수 없게 되며, 단속적 장치가 작동하고 켬 또는 끔 작동이 일어나면서 아이들에게 언어에 대하여 주어진 이해 상황이 유사한 방향으로 변모하게 된다. (• 이와 같은 결정이 이루어지면서 나타나는 과정 및 결과는 모든 언어에서 유사한 상황으로 나타나는 현상을 발견할 수 있다.)

지금까지 제안에서 나타난 결과는 언어가 단숨에 혹은 한꺼번에 습득되어야 한다는 사실이며, 일단 단속적 과정에 발생하면 아동이 자신의 모국어에 속한 단어 어순 패턴 방식을 '수용'하게 된다는 것이다. 그러나 아이들이 언어를 연속적 과정이 아닌 비연속적으로 단숨에 습득한다는 지금까지의 설명은 분명히 오류를 안고 있음이 확인되었다. 또한 같은 맥락에서 아이들이 언어를 습득하는 동안 겪게 될 단계에 관한 일련의 여러 연구들은 단순하게 정신적으로 스위치처럼 작동하는 장치에 상응하는 방식으로 습득 과정이 전반적으로 단숨에 완성된다는 견해를 지지해주는 증거는 어디서도 쉽게 찾을 수 없다는 점을 잘 보여준다. 아이들은 단어 어순에 연관된 특수한 예들만으로 일반화까지 도달하거나 해당 사항을 구애 없이 넓게 적용하기가 거의 불가능하다. 앞선 주장과 달리 아이들은 한꺼번에 같은 방식보다는 단계를 거치면서 소규모 변화 형식으로 언어를 습득하며, 진행과 정지를 수반하면서 발달 과정을 수행한다. 그 외에도 아이들의 언어 습득 패턴은 자신들이 마주칠 언어에 포함된 특수한 유형에 과도할 정도로 의존하는 모습을 보여준다. 그리고 초기에는 언어가 오로지 구체적인 언어적 자료에만 의지하기도 한다. 아이들이 자신들이 완벽히 배우게 될 표현들을 중심으로 일반화를 시작하는 과정은 정말로 점진적인 모습으로 진행된다. 이처럼 단계들을 아주 천천히 그리고 어디에도 치우치지 않으면서 언어적 범주들을 형성해가며, 이런 범주들의 완수 과정은 궁극적으로는 완벽하게 구성된 문법적 체계로 발전하는 결과에 이르게 된다.

예를 들면, 내 딸이 무엇인가 칭찬받을 만한 행위를 하는 경우 종종 '착하구나!good girl!'라는 말을 듣곤 한다. 처음에는 이 말을 들으면 그저 하나의 말뭉치로서 해당 표현을 배울지 모르겠다. 이후 자신의 남동생이 칭찬을 동반하는 무엇인가를 시행하게 되면 그녀는 '착하구나!'에서 '소녀' 대신 '소년'을 사용해서 'good boy!'라고 칭찬하려고 할 것이다. 이처럼 남동생에게 던져지는 'good boy' 표현을 반복해서 들은 이후에만 그녀는 비로소 성별 적절 구분 방식을 위한 용어 선택 방식을 깨닫기 시작한다.

지금의 일화가 보여주는 사안으로서 향후 장들에서 제시된 주제는 바로 언어 습득하기가 상향식 형태를 보인다는 점이다. 또한 애초부터 소유한 사전 부여 형태의 규칙들을 작동시키는 방식으로 청사진을 갖추고 마치 마술처럼 하향식을 따르는 선천적 지식을 중심으로 언어 습득이 진행되지 않는다는 사실을 감안해야만 한다. 아이들은 최초 언어 습득으로 들은 표현들을 1개의 뭉치로 배우며, 이후 아주 서서히 그리고 시간을 가지면서 노출 및 실습을 동반한 형태로 아이들 자신이 습득하는 언어의 문법에 틀을 갖추게 하는 작업을 시작할 수 있게 일반화를 매우 느리게 구축해나간다.

언어 습득은 소규모 방식으로 진행된다.

이에 관한 첫 번째 제안은 언어 습득 궤적이며, 즉 3세에 이르기까지 아동 문법이 소규모 방식으로 발달하는 상태를 가리킨다. 아이들은 첫 단계로서 알아들을 수 있는 단어를 생성하기까지 12개월이 걸린다. 그러나 여기서 말하는 발화들은 엄격히 보자면 단어라고 보기는 어렵다. 흥미로운 점은 아이의 최초 단어들은 의사소통을 염두에 둔다면 성인 발화에서의 구 그리고 문장 전체에 해당한다고 볼 수 있다는 사실이다. 그 외에도 이를 크게 보아 대략 구에 속하는 대상은 비록 상호 연관된 모습으로 나타나고는 있지만 꽤 분별이 가능하면서 의사소통 기능을 수행한다. 어떤 연구에서는 유아가 첫

〈표 4-1〉 초기 단어들 및 해당 단어들의 의사소통 기능에 관련된 예

구	의사소통 기능
Rockin	초기 활용: 흔들의자에서 흔들거리는 동안 두 번째 활용: 흔들의자에서 흔들 동작을 하고 싶다는 요구로서 세 번째 활용: 흔들의자를 가리키기 위해서
Phone	초기 활용: 전화기 울림 소리에 대한 반응 두 번째 활용: 전화기에 대고 '말하기'의 행위 묘사 세 번째 활용: 전화기 자체를 가리킴
Towel	초기 활용: 수건을 흘린 물을 훔치는 데 사용하기 두 번째 활용: 수건 자체를 가리킴
Make	초기 활용: 블록을 갖고 놀 때 하나의 구조가 완성되기를 요구할 때
Mess	초기 활용: 블록을 부수는 식으로 분리시키고 난 결과 상황을 묘사할 때 두 번째 활용: 블록을 분리시키려 의사를 제시할 때

자료: Tomasello(1992, 2003).

단계에서 전화 울림 소리에 반응하면서 '따르릉phone'을 구처럼 사용하는 관찰 결과를 제시한다. 이후 아이가 동일한 구를 두 번째로 사용할 때 사람이 전화기에 대고 '말하기' 행동을 묘사하기도 한다. 세 번째 사용에서는 구 '따르릉'을 전화기 자체를 가리키는 데 응용한다. 네 번째로는 동일한 구를 자신이 전화기에 대고 말을 하고 싶다는 의사로 전화기를 들라는 표현에 적용시킨다. 이와 같은 일련의 과정에서 아동의 초기 언어적 의사소통 돌입 시도가 하나의 표현 단위에 초점을 맞추고 있으며, 이 단위의 의사소통 기능이 지속적 시도를 토대로 무르익으면서 동시에 확장되는 추세에 들어서는 모습을 확인할 수 있다.

아기들은 대략 18개월부터 다단어多單語 표현 생성에 돌입한다. 이 중 일부는 분명히 이전에 사용했던 기존 단어의 조합이다. 예를 들면 "There's a ball on the table(책상 위에 공이 있다)"라는 의미로서[36] 'ball table' 같은 표현을 보면 'ball, table'과 같은 기존에 있었던 단단어單單語 표현들을 합친 결

〈표 4-2〉 중심축 스키마들 예

more car	No bed	Other bib	Boot off	See baby	All broke	All done
More cereal	No down	Other bread	Light off	See pretty	All buttoned	milk
More cookie	No fix	Other milk	Pants off		All clean	All done
More fish					All done	now

자료: Braine(1963)에서 발췌.

과임을 알 수 있다. 그렇지만 다단어 표현들이 종종 특정한 단어하고만 합쳐지는 구성적 특성을 갖기도 하며, 여기에는 일정 상수常數 요소처럼 항상성 발화로서 의사소통 기능을 결정하는 예를 생각할 수 있으며, 이 발화들은 다른 단어들의 부가적 첨가를 허용할 수 있는 '중심축' 역할을 수행한다.[37] 때로는 이 중심축은 'more(더 많은)'처럼 특정한 사건 단어로서 'more milk(더 많은 우유)' 혹은 'more grapes(더 많은 포도)' 등의 표현 상태로 나타나기도 한다. 경우에 따라서 'I ___, It's ___, Where's ___' 등과 같은 대명사 또는 좀 더 일반적 유형의 표현들이 중심축 역할을 맡아 행하기도 한다.

여기에 제시된 다단어 조합은 통사론의 초기 단계에 해당되는 것으로서 〈표 4-2〉에서 보듯 '중심축 스키마들schema'이라고 지칭되었다. 즉, 이들이 바로 문법의 기본 단위가 된다. 이 예들은 특정한 의사소통 기능을 수행하기 위해서 또 다른 단어들의 첨가를 허용하는 일종의 스키마적 틀을 제공하기도 한다. 그러나 흥미로운 점은 이 중심축 스키마들이 전통적 언어 규칙과 달리 어순에 국한되지 않는다는 사실이다.[38] 예를 들어 아이들이 'juice gone' 혹은 'gone juice'라는 표현들을 동일한 의사전달 목적으로 표현하는 경우를 볼 수 있다. 이런 사실로 아동 초기 다단어 표현들이 항상 정해진 규칙에 얽매이지 않는다는 측면으로서, 즉 본능으로서의 언어 이론이 예측하는 방향에 반드시 걸맞지 않음을 엿볼 수 있다. 어쩌면 오히려 중심축들이 '항목 기반'하에서 획득되고 발달한다고 보는 편이 어떨까 싶다. 이 말은 이 단계에서는 아이들 자신이 들은 바가 없던 보모들의 중심축 단어들이 망라하는 활용 범위까지 그들의 중심축 스키마를 확장하지는 않는다는 사안을 가리킨다. 물론 이 부분에 대해서는 앞으로 더 자세히 살펴볼 것이다. 정리해서 말한다면 언어 습득의 과정을 유도하는 저변 규칙 기반 체계에 관한 증거를 어디에서도 찾을 수 없다고 할 수 있다.

아이들은 24개월 즈음부터 중심축 스키마 단계를 넘어서기 시작한다. 이것은 아이들이 좀 더 복잡한 통사적 구조의 습득 시발점으로 볼 수 있다. 이 나이부터 드디어 단어 어순의 의미 전달에 대한 역할을 깨닫기 시작하며, 단어 순서의 기능은 어순이 절대적 위상을 갖는 언어에서 분명하게 나타난다. 예를 들면, 'Make the bunny push the horse'라는 문장을 2세 정도의 아이들이 보았을 때 다음처럼 이해하는 모습을 보여준다. 즉, 아이들은 이 문장 구조를 보고 말이 토끼를 민다는 동작보다는 토끼가 말을 밀어야만 할 것이라고 안다. 문장 내부에 포함된 단어들의 늘어선 구조가 행위 주도자가 누구인지 전달하는 내용을 이해하고 있으며, 이때 보통 문장 속 첫 번째 명사(토끼)를 행위 주도자로 그리고 문장 속 두 번째 명사(말)를 동작 주도자로 판단하게 된다.[39)]

그럼에도 불구하고 2세 아이들은 자신들이 해당 문장을 듣고 있는 상황 외에서는 여전히 해당 문장의 중심축 단어들을 일반화하기가 쉽지 않다. 특히 아이들이 여러 종류의 다양한 통사적 외형 배열 구조에 적응하는 반면 3세 정도 수준에 이르기까지는 여전히 중심축 단어들을 활용하는 방법에 극도로 보수적인 성향을 보이는 편이기도 하다. 그래서 이제부터는 동사 중심축 단어 'to draw'를 놓고 생각해보기로 하겠다. 이 단어의 활용 유형은 다음처럼 나타난다.

Draw _____.	(ex, Draw a flower.) (예, 꽃을 그리다.)
Draw _____ on _____.	(ex, Draw a flower on the paper.) (예, 종이에 꽃을 그리다.)
Draw _____ for _____.	(ex, Draw a flower for mummy.) (예, 엄마를 위해 꽃을 그리다.)
_____ draw on _____.	(ex, Lila draw on the paper.) (예, 릴라가 종이에 꽃을 그리다.)

그렇지만 모든 동사가 앞에서 보는 것처럼 모든 상황에 맞춰 사용되지는 않는다. 아이가 'to draw' 동사를 앞서 제시된 것과 같이 개별적 상황들에 걸쳐 사용할 수 있는 반면 동사 'to cut'의 경우는 훨씬 제한된 환경(예, cut ___)에서만 사용되기도 한다. 3세 정도 수준에 이르기까지 동사들은 마치 중심축 '섬'들(고립인자들)처럼 작용하기도 하며, 이 말은 아이들이 동사들을 마치 자신들이 익숙하게 습득했던 중심축 스키마들에 특화된 개별적이면서 고립인자 같은 지식 단위들로 사용하는 모양새를 의미한다.[40] 이들 동사 모두를 아우르는 일반화를 시도하거나 또는 통사 상황들이 정해진 경계를 넘어서 적용될 수도 있으리라고 인정하기보다는 해당 중추적 스키마들이 오히려 항목 기반 방식을 수용한다고 여기는 것으로 볼 수 있다. 즉, 중추적 동사 각자가 스스로 적용될 통사적 상황 중 동사 특화 범주에 연결되어 있다고 보는 관점을 가리킨다.

이와 같은 현상에 관련된 확실한 증거가 2~3세 아이들에게 무의미 동사 nonsense verb 'tamming'을 맞닥뜨리게 한 실험에서 확인된다. 실험에서는 우선 아이들에게 동작이나 그림 이미지들을 토대로 'tamming'이라는 단어 의미를 마치 '구르다, 빙빙 돌다' 등으로 인지하게 했다. 실제 실험 문장으로서 직접목적어가 빠진 'The sock is tamming'과 같은 구조가 활용되었다.[41] 그러고는 아이들로 하여금 'tamming' 단어를 통사적 상황 속에서 목적어를 수반시켜서 사용하도록 유도했다.

예를 들어, 아이에게 강아지 한 마리가 마치 특정 목적어에게 'tam'을 유발시키도록 한다는 의미를 가리킬 수 있는 그림을 보게 했다. 그리고 아이에게 'What is the doggie doing?(강아지가 무엇을 하고 있지?)'라는 질문을 제시했다. 이와 같은 질문은 즉각적인 반응을 일으켰고, 아이는 'He's tamming the car [= "the dog is causing the car to roll(강아지가 자동차를 구르게 하고 있어요)]"처럼 답변을 주었다. 이 문장은 직접목적어 'the car'를 지닌 구조로 나타난다. 놀랍게도 이 실험은 수행자들을 통해 아이들이 정작 직접목적어가 포함된 문장에 대해서는 어떤 반응도 하지 못한다는 사실을 확인시켜 주었다.

앞에서 찾아낸 사실로부터 두 가지 결론을 생각해볼 수 있다. 첫째, 3세까지는 유아들이 이전 실험에서 활용되었던 'tamming'과 같은 동사를 창의적으로 사용하는 데 서투르다는 사실이다. 둘째, 유아들이 통사적 상황 유형(즉, 비목적어 문장 등)은 물론 다른 유형(즉, 유목적어 문장 등)들을 망라하여 일반화시키는 능력이 부족하다는 사실이다. 아이들이 자신들의 기억 내부에 비목적어, 유목적어 등의 통사적 틀 양자를 갖추고 있다손 치더라도 이전에 들었던 특정 단어에 한에서 해당 단어들을 문장 유형들에 적용시킬 수만 있어 보인다. 다시 말하자면 3세 정도까지의 아이들의 문법이란 결국 간헐적 양상으로 습득이 이루어지면, 주로 비연속적 도약 패턴으로 – 이 형태는 본능으로서의 언어 이론을 정당하다고 수용하게 된다면 기대해볼 수 있는 결론이기는 하지만 – 발생하기보다 특수한 중심축 '섬'들을 중심으로 두는 성향을 보여준다고 할 수 있다.

내가 제시하려는 마지막 예는 정관사 'the' 그리고 부정관사 'a' 활용에 관련된 내용이다. 일단 아이가 영어 모국어 환경에 있게 되면 2~3세경부터 서서히 관사를 사용하기 시작한다. 그러나 이 나이 아이들이 사용하는 모습을 보면 관사를 완전하게 다른 무리의 명사들에 사용하는 모습을 확인할 수 있다. 즉, 'the doggie'란 표현을 듣게 될 때 자동적으로 'the' 그리고 'doggie'를 사용할 수 있지만, 문법적으로 부정관사 'a'가 명사 'doggie'와 묶일 수 있음에도 불구하고 'a'로 'doggie'를 수식하는 'a doggie' 문형을 사용하지 않는 듯하다. 하지만 3세 이후가 되고 나면 자신들이 비록 사전에 듣지 못한 문형 형태라고 하더라도 관사와 명사를 한 묶음으로 표현할 수 있다는 통사적 패턴화의 추상적 규칙을 인지하면서 좀 더 다양한 문형을 양산하는 성향을 보일 수 있게 된다.

이 부분에서 가리키려는 요점이 바로 문법 자체가 급작스러운 도약으로 비연속적인 과정 속에서 형성되지 않는다는 점을 분명하게 보여준다는 사실이다. 만약 아이들이 부정관사와 명사를 하나의 구조로 묶는 특수한 활용의 예 등의 증거들이 존재한다는 전제하에서 이전에 언급했던 본능으로서의 언어 이론이 올바른 방향이라고 여긴다면, 곧바로 아이들이 언어 활용 전반에 걸쳐서 마치 마술에서의 순간 기압처럼 부정관사-명사 구조의 활용을 시작할 수 있을 것이다. 게다가 명사 하나만을 대하는 아주 최소의 예만 허용된다면 부정관사-명사, 정관사-명사 구조 사용법을 알아야 할 것이다. 그렇지만 실제로 아이들은 그와 같은 결과를 보여주지 않는다. 아이들은 태어난 이후 3세 정도에 이르러서야 단어와 표현 사이에 나타날 수 있는 일반화 과정을 형성하기 시작한다.

언어 습득은 아동이 청취한 경험에 의존하는 양상을 보여준다.

이 말은 곧 두 가지를 시사한다. 즉, 아이들이 말하는 것은 자신들이 들은 바에 직접적 기반을 둔다는 사실이다. 지금까지 내가 훑어보았던 예들에서 인식할 수 있듯이 언어 습득은 언어 활용에 기인한다. 언어 습득 연구들이 아이들의 초기 다단어 표현 중 90%가 아이들 자신들이 맞닥뜨렸던 언어의 특정 패턴 등으로부터 파생된다는 것을 밝혀냈다.[42]

한 연구에 따르면 연구자들이 아이들로 하여금 보모 혹은 부모들이 사용한 동사들을 배우게 하는 과정에서 어순에 밀접하게 연관되어 있음을 발견한 것을 알 수 있다.[43] 예를 들면 동사 'go, run, sip' 등에서 나타나는 어순의 특징들을 아이들이 습득할 경우 자신들의 보모들의 발화 속에 반영된 해당 단어들로부터 해당 동사들의 어순을 배우게 된다. 사실 이 경우 아이들이 특정 단어들을 취득하는 속도를 결정하는 빈도수는 두 가지 방향에서 생각해볼 수 있다. 그중 한 가지로서 간단하게 말하자면 한 아이가 특정 단어를 직접 청취하는 횟수에 연관된다. 아이가 동사 'go'보다 'run'을 듣는 빈도수가 높으면 자동적으로 동사 'go' 이전에 동사 'run'을 생성하기 시작한다고 볼 수 있다.

그러나 또 다른 빈도수 효과란 바로 발생보다 중요성에 가중치를 두는 관점이다. 아이가 단어에 마주치는 통사적 상황들의 수적 측면인 바로 습득 속도에 연관되는 경우를 말한다. 앞에서 동사 'to draw'를 보면 동사 중 특정한 대상이 나타나는 통사적 상황 범주가 다양할수록 해당 단어를 신속하게 배울 확률이 높아질 수 있다고 했다. 최근 9세 아동들의 영어 습득을 들여다보던 한 연구는 단어에 대한 노출 빈도수가 대상 단어 습득에서의 신속성을 결정한다는 사실을 밝혀주었다.[44] 여기서 말하는 두 요소들 중에서 가중치를 둔다면 즉각적으로 빈도수라고 할 수 있다. 아이가 특정 단어를 듣는 횟수가 많으면 많을수록 단어 습득 및 생성의 신속성이 올라간다. 끝으로 또 다른 연구에 따르면 단어를 습득할 때 해당 단어가 발생하는 환경이 문법적으로 좀 더 복잡한 상태가 된다면 습득 효과를 기대해볼 수 있다는 노출 빈도수 중요성에 대해서도 언급한다. 이 연구 수행자들은 자신들의 조사를 토대로 주장에 따르면 아이들이 내부에 2개 이상의 절이 포함된 문장들처럼 복잡한 문장들을 배우는 신속성에서 아이가 자신의 엄마 언어 활용으로부터 유사한 구조의 문장들을 듣는 빈도가 높을수록 복잡한 문장들을 더 쉽게 배운다는 사실을 확인했다.[45)]

그러나 본능으로서의 언어 이론에 의하면 앞서 언급했던 노출 빈도수가 구조화 습득 완성이라는 측면에서 어떤 차이도 보일 수 없어야 한다. 어쨌든 노출이 단 한 번이든 그 이상이든 일단 맞닥뜨렸다는 사실만으로도 아이가 연관된 매개 변수를 어떤 방향이든 결정할 수 있으며, 이로써 자신의 문법의 한 축을 완전하게 구축할 수 있을 것이다. 그렇지만 더 많은 연구를 들여다볼수록 이런 상황은 반대로 나타나며, 오히려 아이들 자신이 '실질적으로' 듣거나 '실질적으로' 말로 표현했던 부분을 연구했던 조사 결과들을 통해 아이의 언어 습득 양상이 결국 자신이 들었던 경험에 의존하여 형성된다는 측면을 확실하게 확인할 수 있다.

이와 같은 사실은 실제로 더 이상 새로운 것은 아닐 수도 있지만 언어를 본능으로 여기는 본능으로서의 이론 방향에는 분명히 모순적인 사안이 아닐 수 없다. 유아들에게 모국어 문법이 성장과 더불어 향상된다는 사실 말이다. 우리의 정신세계에 존재하는 문법들은 우리 자신들이 듣는 것들로부터 마치 한 조각의 땀을 맞춰나가듯 단편적 방식으로 구성되는 결과이며, 마치 상황 전체를 읽어내기 위해서 해야만 한다면 반드시 겪어내야만 하는 겹겹의 단계들을 단순히 훑고 지나가듯 스위치 동작에 의존하여 형성되지 않음을 명심해야 할 것이다. 간단히 정리하자면 "언어적 환경이 바로 아이들로 하여금 자신들의 언어적 요소들을 설명할 수 있도록 기반이 될 원재료들을 마련해준다"라고 말할 수 있을 것이다.[46)]

아이들은 스스로 들었다고 여기는 것을 듣지 않는다.

내가 끝으로 제시한 내용의 관심은 아이들이 맞닥뜨린 언어에 관한 속성이다. 본능으로서의 언어 이론가들이 내세운 공식적인 추정에 의하면 언어 입력이 충분하지 않음에도 불구하고 아이들이 뇌 속의 스위치들을 상황에 따라 이리저리 틀거나 끄는 등의 행위를 어찌해야 하는지 간파하고 있음을 지적한다. 그렇지만 이런 추정에는 아이들이 듣게 될 언어가 실질적으로 인간 정신 내부에 구성되어야 할 문법 구성이 어떻게 형성되는가를 준비시키는 요인이 준비되어 있다는 믿음이 가정되어 있음을 알아야 한다. 게다가 부모 그리고 보모가 사용하는 언어의 문법이 적확한 구조를 갖춘 원형의 문법 형태라고 설정하는 과정이 전제되어야 한다. 그러나 아이들이 정작 듣게 될 언어들을 잠시라도 살펴본다면 이와 같은 전제 조건들이 얼마나 허황된지 쉽게 알아차릴 수 있다.

이에 관련된 연구 중 각광을 받는 한 연구에서 다음과 같이 그 내용을 잘 말해준다.[47] 아이들은 보통 하루에 5000~7000개 정도의 발어發語들을 듣는다. 물론 이 중 1/3 이상은 질문에 해당되며 엄마들이 전하는 표현들을 봐도 반 이상 전언들이 'what, that, it, you, are/aren't, do/does/did/don't, I, is, shall, A, can/can't, where, there, who, come, look, let's' 등으로 시작된다. 게다가 문장의 구조를 봐도 'Are you ___ ?, I'll ___, It's ___, Can you ___?, Here's ___, Let's ___, Look at ___, What did ___?처럼 정형화된 통사적 구조를 보인다.

이와 더불어 1/5 이상의 표현들에 반영된 발화들은 완전한 문장 구조 대신 미완성의 문장 구조 혹은 구 정도의 구조를 갖출 뿐이다. 또한 어른들이 아이에게 말하는 표현 중 15% 정도만이 영어에서 볼 수 있는 SVO의 전형적인 모습을 보인다. 이 말은 곧 아이들이 매일의 발화를 듣기는 해도 30% 이상의 발화에서 주어가 없는 구조에 노출되어 있음을 의미하는 것이 아닐까 싶다!

이에 더해 아이들은 말을 관찰해보면 자신들의 발화를 행하면서 주어 자체를 사용한다고 해도 정작 문장 가장 앞 위치에 사용하지 않는 빈도수가 발화 전체의 15%에 달한다. 예를 들어 'There are your boys'만 보더라도 주어가 문장 앞이 아닌 동사 다음에 위치해 있다.

결과적으로 아이들이 듣는 주어들의 절대 다수는 결국 'I, me, my' 등에 해당되는 대명사들이지만, 이들은 사실 주격, 목적격, 소유격을 가리킨다. 이런 사안은 아이들이 직면한 심대한 문제점을 더욱 어렵게 만든다. 예를 들어 내 딸을 보더라도 'My do it'이라는 표현을 'I do it'을 가리키는 의미로 오랫동안 사용했고, 이 점만 봐도 대명사들의 격에 따른 적절한 형태의 선택을 이해시켜야 하는 힘든 장애물의 존재를 분명하게 인지할 수 있다.

간략하게 정리하자면 본능으로서의 언어 이론가들이 내세운 가정과 정반대로 어른들이 아이들과 사용하는 발화를 기반으로 매개변이의 체계를 허용하는 체계 설정의 필요성이 반드시 선행되어야 하는가에 대한 당위성에 의문이 제기될 수 있다. 이런 사안에서 한 가지 배울 점이 있다면 아이들이 들었다고 가정하는 내용들이 실제와는 다를 수 있다는 사실이다. 아이들이 접하는 발화 표현들이 규칙성을 반영하면서 적절하게 구성된 문장들로 이루어져 있다고 보는 대신 오히려 뒤범벅으로 보이는 형태가 더 현실에 가까울 수 있다고 봐야 할지 모른다. 그리고 우리는 아이들이 실질적으로 바로 이처럼 혼잡한 구성체의 발화 속에서 말을 습득하고 생성한다고 봐야 하지 않을까 싶기도 하다.

유아의 언어 습득 방식에 대하여

초기 문법적인 발달이 결과적으로 규칙에 기반을 두기보다는 도리어 개별화된 품목 위주라는 관점을 지지하는 핵심 증거에 의하면 아동들이 4세 정도만 되더라도 기능을 반영하면서 매우 정교한 수준의 문법 체계를 습득하는 방법은 어디에 있는지 생각해봐야 하지 않을까? 만약 언어가 선천적 대상이 아니라면 인간 유아들이 다른 종에서 하지 못하는 모습을 보이는 것은 과연 무엇에 원인이 있을까? 말하자면 우리의 토론 안으로 인간 유아들을 끌고 올 수 있는 요인은 과연 어떤 것인지?

아이들의 언어 습득 과정을 보면서 이들이 언어를 습득하는 과정 속에 크게 두 가지 유형의 기술적 방법들이 있다는 사실이 확인되었다. 그리고 지금까지 주장되었던 선천적 보편문법의 당위성을 전제하지 않더라도 앞서 언급한 유형들이 아이들로 하여금 언어를 습득하도록 주요 기능을 수행할 수 있다.

앞서 말한 두 가지 중 첫 번째는 패턴 찾기 능력이다. 이 기능은 인간 유아들이 패턴을 인식하게 할 뿐만 아니라 음성 및 단어들의 보여주는 일직선 구조인 연속체들을 '통계적 측면'에 의거해 분석을 수행할 수 있게 해주는 일반적 인지 기술을 가리킨다. 약 1세 이하의 유아로서 아직 언어 생성이 자유롭지 못한 경우 앞서 제기한 능력 기화로 개별적 음성들이 단어, 구, 발화 등을 형성하는 패턴의 방식을 찾아내기도 한다.

한 실험에서 8개월 정도의 유아들이 자신들에게 들려오는 음성 안에서 특정 패턴을 인식할 수 있다는 사실이 확인되었다.[48] 이 실험은 보기 선호 기법(•유아가 특정 유형의 자극을 보는 것을 선호하는 것이다. 2개의 자극을 유아에게 제시하고, 유아가 그중 하나를 다른 것보다 더 오래 보는지를 실험자가 관찰한다. 만약 어느 1개를 더 오래 쳐다보면, 실험자는 유아가 2개 자극을 구분할 수 있다고 결론 내린다.)으로 실행되었다. 해당 조사 과정은 유아들이 자신들에게 익숙한 음성 방향으로 눈길을 돌리려 한다는 사실에 기초한다. 실험 과정에서 유아들에게 3개의 음절로 형성된 무의미 단어 'bidaku, padoti, golabu, tupiro' 등 4개를 합성된 소리 발화를 통해 2분간 들려주었다. 여기서 무의미 단어들은 각자 상이한 방식으로 소리 연속 구조를 갖추게 했기 때문에 유아들이 단어 음성을 들을 때 'bidakupadotigolabubidakutupiropadoti …' 와 같이 '단어들'이 연속적으로 나타나는 형식으로 소리를 인식할 수 있을지 모른다. 유아들은 동시에 제시되는 새로운 합성 발화의 흐름 구조에 노출된다고 볼 수 있다. 아이들로 하여금 선호하도록 제시될 경쟁 대상으로서의 발화 흐름 구조들이 각기 다른 발화자들에 의하여 유아들의 왼편 그리고 오른편 위치에서 제시되었다. 음성 자료 중 하나는 본래 '어휘들'을 포함하는 녹음 소리를 포함하게 하는 반면 또 다른 자료는 동일한 음절의 어휘들이지만 단지 발음이 제기되는 순서를 다르게 배열시켜서 'bidaku, padoti, golabu, tupiro'와 같은 '단어들'의 특성이 나타나지 않도록 했다. 이런 과정에서 연구자들은 아이들이 원래와 동일한 '단어들' 중 일부를 포함하는 소리 연속 구조를 일관되게 선호한다는 사실을 확인할 수 있었다. 이런 결과는 아이들이 아직 언어를 생성하지 못함에도 불구하고 여전히 청각적 흐름 구조 속에서 '단어들'을 구성하는 음절 패턴을 인식할 수 있다는 사실을 분명하게 밝혀주었을 뿐만 아니라 바로 패턴 찾기 능력 존재를 확인시키는 명확한 증거로 볼 수도 있다.

다른 연구에서는 아이들의 패턴 찾기 기술이 단순히 언어에만 국한되지 않음을 밝혀주었다.[49] 심리학을 보면 유아들이 언어와 상관없는 또 다른 유형의 실험에서도 동일한 효력을 발휘한다는 사실을 보여준다. 즉, 아이들이 '단어들' 대신 비언어적 음조音調 연속 구조 혹은 청각이 아닌 시각적 대상을 반복해도 동일한 수단을 활용하는 사실을 확인했다. 실지로 인간이 유아들

〈표 4-3〉 인간 패턴 찾기 능력에 관한 정리

인간 패턴 찾기 능력
유사한 대상 및 사건들을 연계시키는 능력이며, 대상 및 사건을 위한 지각 그리고 개념 범주들의 형성의 결과다. 범주 형성은 사건 및 대상의 인식을 지원한다.
행위에 대한 반복적 지각을 토대로 구성된 감각운동 스키마를 형성하는 능력이다. 이 능력은 기본적 감각운동 기술 습득과 함께 행위 혹은 사건들에 대한 인식에도 연관되어 있다. 여기서 말하는 행위 혹은 사건이란 기기, 걷기, 짐 들기 등의 행위를 가리킨다.
인식적 그리고 행동적 연속 구조들에 대한 분포 분석을 수행하는 잠재력이다. 이 능력을 통해 유아들은 주어진 능력을 기반으로 특정 연속 구조 내부에서 반복적으로 나타나는 조합 구성을 인식하고 분명하게 확인하면서 동시에 연속 구조들을 인지할 수 있도록 모든 가능성을 열어준다.
둘 혹은 그 이상의 온전체들(발화를 포함하면서) 사이에 유사함을 찾는 유추 과정을 창조하는 능력으로서 전체 중 일부의 요소들에게서 발견되는 기능적 유사성에 기반을 둔다.

자료: Tomasello(2003, 2008) 검토.

과 마찬가지 입장으로 자신들이 듣고 있는 복잡다단한 음성 표현들로부터 언어적 단위들을 짚어내는 데 패턴 찾기 능력을 사용하기는 하지만, 여기서 우리는 패턴을 찾아가는 능력을 단지 언어에만 국한된 것이 아니라 어쩌면 일반 목적성을 지닌 인지 능력으로 볼 필요가 있다. 게다가 여기서 말하는 패턴 찾기 능력을 단순히 인간에게만 제한하지 말아야 한다. 즉, 이와 유사한 능력을 다른 영장류에서도 확실하게 발견할 수 있다. 예를 들어 타마린Tamarin 원숭이(남미산産, 비단털원숭이과科)들은 앞서 보여주었던 실험과 마찬가지로 청각 및 시각에서의 연속 구조 인식에 관한 실험에 놓였을 때 인간 유아들과 동일한 패턴 인식 능력을 사용한다는 사실을 보여준다.[50)]

따라서 만약 인간이 다른 영장류들과 더불어 패턴 찾기 능력을 공유한다면, 그리고 이런 조건하에서 질적 측면에서 영장류들이 인간 언어에 버금가는 유사한 다른 요인들을 전혀 소유하지 않는다는 상황을 고려해볼 때 앞서 언급한 패턴 찾기 능력의 소유만으로는 인간만이 유일한 언어 학습 능력 보유자라고 말하기는 쉽지 않다고 본다. 그렇다면 결국 인간 유아들은 무슨 방식으로 언어를 배우는 것일까? 이에 관한 답은 저명한 발달 심리언어학자 토마셀로에 따르자면 인간의 문화 지능에 있다고 말할 수 있다.

앞으로 본 저서 제8장에서 언급할 내용이기는 하지만 문화 지능은 인간을 친사회화 성향을 갖게 하는 요인이며, 이런 상황 속에서는 언어가 상호협조 행위 가능성을 도모하는 전형적 예로서 역할을 담당할 수 있다. 인간 유아들은 수명의 단계 내에서 이미 초기부터 사회성을 지닌 존재들이며, 이런 모습은 언어 출현 이전에 확실하게 내보이는 특성이기도 하다. 유아는 아직 언어를 확실하게 사용하지 않는 단계에서도 인간 얼굴 형태의 외연 구조의 부류들을 다른 형상들에 앞서 인식하고 선호하는 경향을 보인다.[51] 아이들은 주변 사람들을 볼 때 개별적 물건 혹은 대상물로 보는 대신 살아 있는 존재로 인식한다.[52] 또한 유아기 아이들은 부모들이 자신들과 대화하면서 옹알이 소리를 낼 때 여기에 마치 대응하는 것처럼 보모 및 부모와 원초적 대화 과정에 몰입하는 상황을 연출하기도 한다.[53] 놀라운 사실은 아기들이 다른 인간 대화에서 보여주듯이 상호 대화 순서를 인지한다는 사실이 아닐까 싶다. 아기들은 어른이 자신들에게 말을 거는 동안 자신들이 이야기로 대응할 순서를 기다리며 동시에 옹알이 소리를 내지 않는다. 즉, 대화 속에서 자신들의 차례를 위해 대기하는 상황을 연출한다는 것이다.

앞에서 보았듯이 패턴 찾기 기술은 언어 습득을 위한 필요충분조건은 아니더라도 인간 유아가 언어를 배울 수 있게 하는 필수 요인이라고 볼 수 있다. 인간의 문화 지능 또한 일련의 의도-읽기를 제공한다. 이들 여건들은 대체로 유아들이 9~12개월 정도일 때 나타나기 시작한다. 그리고 이 능력들은 인간 유아들이 자신들이 청각으로 지각하는 복잡한 소리모음들로부터 의미를 가리키는 언어적 단위들을 추출하는 작업을 수행해야만 하는 어려운 과정을 시작하는 데 중요한 견인차가 될 수 있다. 그런 와중에서 의도-읽기가 유아들로 하여금 청각의 연속체 속에서 자신들이 인식한 특별한 단위 패턴들과 의미들을 연결시키는 데 중요한 역할을 담당하기도 한다. 그렇지만 이와 같은 상황적 도약은 유아가 다른 인간이 의도적 대리인이라는 사안을 이해하기 시작하는 데서 가능할 것이다. 즉, 복잡한 소리모음이 단순히 무작위적인 묶음체인 대신 무언가 의도성을 포함하고 있어서 결국 의미를 갖는다는 사실과 더불어 주변 인간이 또한 무엇인가 특별한 시도를 수행하려는 의중을 갖는다는 상황도 인지할 수 있어야 한다. 이 말은 곧 인간이 유아들에게 던지는 복잡한 말뭉치들이 단순한 소리모음이 아닌 특정한 의미를 지칭하려는 시도가 포함된 결과물이라는 사실을 의미한다.

의도-읽기는 다음의 세 가지 요인들에 근거를 둔다고 볼 수 있다. 첫째는 유아들이 성인의 의사소통 의도를 이해하기 위해서는 상호 공통 기반을 갖춰야 한다는 사실이다. 예를 들어 유아와 성인 둘 다 특정한 장난감을 보면서 놀이를 할 때 아동, 성인, 장난감 등은 세 축을 이루면서 동시에 관심의 공통분모로서 역할을 갖게 되며, 이를 통해 공통 기반을 갖추게 된다. 이런 상황은 아동 및 성인들이 주위에 아동복 혹은 또 다른 대상물을 인지하는 환경에서조차 그대로 유지될 수 있다. 둘째는 아동이 언어 사용 자체가 또 다른 대화 상대로부터의 특별한 관심으로서 의사소통의 의도를 대변한다는 사실을 인지하는 중요한 요건이라는 측면이다. 예를 들면 성인이 '테디곰인형'을 말할 때는 둘 모두에게 공동 관심 초점이 될 수 있는 장난감을 확인시키는 것이다. 그리고 성인은 결국 아이가 해당 대상물에 관심을 갖게 하려는 의도에서 장난감 명칭의 표현을 위한 음성 연속 구조를 사용한다. 공동 관심 모델을 제시하는 〈도식 4-1〉에서 실선 화살표는 성인이 표현하는 의사소통 의도를 가리킨다. 도식 안에서 점선 화살표는 성인과 아동 사이에서 공유된 관심을 지칭한다.

셋째는 언어 학습에 대한 특별한 유형의 모방 포함 여부다. 즉, 유아들이

〈도식 4-1〉 공동 관심 모델

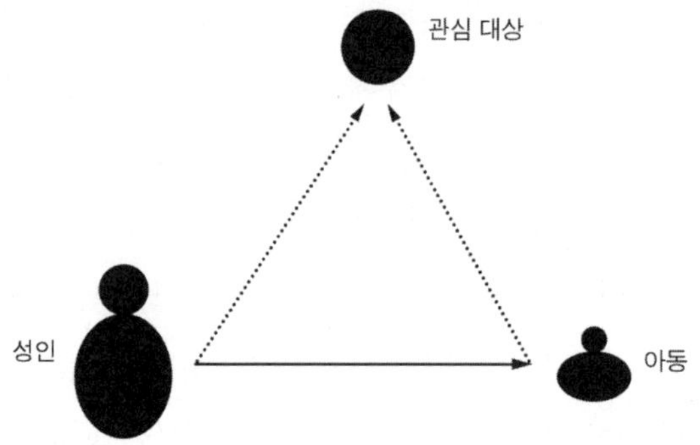

자료: Tomasello(2003: 29) 인용.

의사소통을 위해서 성인의 의중을 인지할 수 있어야 할 뿐만 아니라 해당 의사소통을 완수하기 위한 역할 모방을 수행할 수 있어야 한다. 예를 들어 아동이 어른이 가리킨 '테디곰인형' 장난감에 관심을 가지려면 동일 대상물의 언어적 표현 모방을 사용할 수 있어야 한다. 그리고 중요한 점은 해당 유아는 자신이 의사소통 의도를 지칭하려는 목적에서 해당 장난감 표현을 사용할 때만이 드디어 주어진 표현 습득을 완수한다는 사실이다. 이 말은 해당 성인이 아이를 보면서 자신과 해당 장난감에 관심을 가지려 한다는 해당 아동의 의중 파악 가능성을 의미한다.

아이들이 앞서 보았던 모방을 통해 성인의 의사소통 의지를 이해하고 해당 의도를 학습한다는 사실을 보여주는 확실한 증거가 있다. 한 연구에 따르면 18개월의 유아들 중 두 그룹에서 별도의 두 가지 행위가 나타났다.[54] 한 그룹에서는 성인이 1개의 대상물을 2개로 확실하게 분리시켰다. 두 번째 그룹은 이와 같은 행위를 성공적으로 수행하지 못했다. 그렇지만 이 두 행위를 두 그룹의 아이들로 하여금 관찰하도록 유도하자 양쪽 그룹 아이들 모두 대상물을 큰 문제없이 2개로 분리시켰다. 이런 상황을 통해 대상물이 확

〈표 4-4〉 인간 의도-읽기 능력의 총정리

인간 의도-읽기 능력
유아와 성인 모두 동일한 대상물에 관심을 가질 때 관심을 조직화하고 공유하기 위한 능력
유아가 어른의 제스처를 따르거나 혹은 특정 대상물에 관심을 보이려고 쳐다보는 순간으로 관심 그리고 제스처 행위를 따르기 위한 능력
손가락 가리키기 등과 같은 행위로 특정 대상물 그리고 사건 등에 관심을 돌리려는 방식으로 다른 사람들의 관심을 능동적으로 유도하기 위한 능력
의도적 행위를 수행하려는 목적으로 말소리 신호 등의 모방처럼 문화적(모방적) 학습에 돌입하기 위한 능력

실하게 2개로 분리되지 못한 상태를 보였던 유아들조차 실험을 수행한 성인의 의도를 이해했음을 확인할 수 있었다.

또 다른 실험에서는 16개월 유아들을 의도적 그리고 '우발적' 행위에 노출시키는 과정을 시행했다.[55] 여기서 의도적 행위란 바로 목소리로 '여기야!'라고 표현하는 것인 반면 '우발적' 행위란 '아이쿠!'라는 표현 소리를 내는 것이다. 그리고 유아들로 하여금 해당 행위를 관찰하도록 했다. 그런데 '우발적' 행위를 관찰한 아이들이 의도적 행위를 목격한 아이들보다 행동력 수준 측면에서 하향되는 결과를 보였다. 이런 결과는 바로 1년 반 이하의 아이들도 의도적·비의도적 행동들을 구별할 수 있는 능력이 있음을 보여주는 것이다.

언어 습득 이론의 이해

언어 습득에 문화적 그리고 상징적(의도 읽기)에 대한 독특한 적응성과 함께 분류작업(패턴 찾기) 등과 같은 요소들이 포함되어 있기는 하지만 여전히 남아 있는 의문은 아이들이 문법적 체계를 구축하는 방법에 관해 충분한 설명이 없다는 사실이다.

활용으로서의 언어 이론에 대한 가장 영향력 높은 주창자였던 언어학자 로널드 랭액커Ronald Langacker는 나름의 설명을 발전시킨 바 있다. 즉, 그는 인간 개인의 정신 문법을 대변하는 단어들, 숙어들을 포함한 여러 문법적 구성요소들을 형성하는 의미 단위들은 결국 언어 활용을 통해 도출된다는 주장을 제기했다. 유아들도 여기서 말하는 단위들을 언어 활용의 패턴들을 거치면서 일반화시키는 과정을 겪는다고 보았다. 예를 들어 영어를 습득하는 화자가 영어에 지속적으로 노출되면서 환경에서 자신들이 청취하는 표현에 반복해서 출현하는 단어, 구, 문장 등을 발견하게 된다는 것이다. 해당 언어에 대한 노출 기회가 높을수록 아이는 듣게 되는 발화들에 포함된 공통 요소들을 선별하기 위해 다양한 활용 경우들을 기반으로 해당 부분을 추출하기 시작한다. 이런 과정의 핵심은 아이들이 표현을 들으면서 차이점을 옆으로 걸러내는 과정을 의미한다고 볼 수 있다.

예로서 전치사 'in'이 포함된 'The puppy is in the bos', 'The flower is in the vase', 'There is a crack in the vase'와 같은 3개의 예문을 보기로 하자. 모든 예문에 전치사 'in'이 포함되어 있으며, 이들 속에서 해당 전치사는 관계성에서 약간씩 다른 의미를 가리킨다. 즉, 첫째 예문에서 해당 전치사로 인하여 강아지가 완전하게 상자에 들어 있는 상황이 묘사되지만, 두 번째 예문에서 꽃의 경우는 강아지와 달리 일부만이 화분 속에 있다고 봐야 한다. 이 말은 식물 외형 전체 중 줄기 일부만이 화분 '속'에 있음을 가리키는 것이다. 그리고 세 번째 예문을 볼 때 금이 간 형태는 화분 '속'에 있을 수 없으며 금이 간 모습이 화분에 속한 특성이기는 하지만 결국은 화분 '외부'에 나타난 현상을 가리킨다. 이와 같은 차이점들은 동일 전치사라도 상황에 따라 의미가 달라질 수 있음을 의미할 수 있다. 그렇지만 이들 예문들의 공통점은 전치사를 토대로 포함의 공통 의미를 추출할 수 있다는 사실이다. 랭액커는 아이들이 수행하는 바가 자신들이 전치사 'in'을 소위 포함성이라는 추상적·정신적 스키마로 청취하는 모습에 연관되어 있음을 제안했다. 게다가 전치사 'in'에는 특화된 포함 실체의 특성이 그다지 크게 부각되어 있지 않지만, 그렇다고 해당 전치사가 포함성 외의 다른 실체를 그리 많이 가리키지 못한 형편이기도 하다. 어쨌든 방금 살핀 예를 볼 때 해당 실체가 실질적으로 완전한 포함 여부를 가리키는 것인지의 여부는 전치사 'in' 자체에만 국한된 의미적 측면이라기보다는 차라리 언어적 맥락으로서 전후사정을 통해 결정된다고 봐야 할 것이다.

제1장에서 보았듯이 다양한 언어학적 단위가 존재하며, 랭액커에 따르면 이 단위는 인간 인지認知 문법을 형성한다고 할 수 있다. 단위를 고려할 때 다음과 같은 예를 생각해볼 수 있다. 우선 발음 단위인 [k æ t]으로 표기되며 하부 구조로서 [k], [æ], [t] 분절음들로 구성되어 있는 영어 단어 'cat'의 경우, [He/she kick-TENSE the bucket] '그/그녀는 죽다(시제 불확정)' 등의 숙어의 경우, 다른 단어에 항상 붙어서 나타나는 영어의 복수 종속형태소 '-s' 혹은 단어 'teacher' 내부를 구성하는 행위주체의 접미형태소 '-er'의 경우, 상위 단위로 문장 구조에 해당하는 능동 의미를 지닌 'The window cleaner ogled the supermodel(창문닦이가 슈퍼모델에게 추파를 던졌다)'와 함께 의미를 수동 의미로 전환시킨 'The supermodel was ogled by the window cleaner(슈퍼모델이 창문닦이로부터 추파를 받았다)'의 경우 등이 이에 해당된다.

이와 같은 사항들에 관한 랭액커의 활용 중심 설명 방식의 결과를 보면 특수한 표현이 발생하는 빈도 정도가 아이들 스스로가 형성할 수 있는 인간 인지 문법의 결정체들을 형성하는 데 중요한 요인이 된다고 봐야 할 것이다. 그리고 이런 설명 방향은 내가 본 장에서 살펴보았던 사안들에 가장 적절하게 들어맞기도 한다. 즉, 이 말은 결국 얼마나 자주 아이들이 특정 표현을 듣게 되느냐에 따라서 해당 표현이 아동이 인간 인지 문법을 발달시키면

〈도식 4-2〉 특정 어휘 항목에 대한 빈도수의 영향 효과

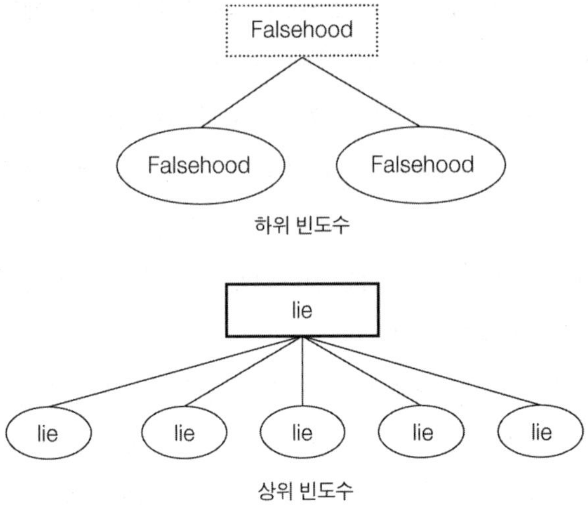

서 최종적인 형태로 결정시키는 중요한 역할을 담당하는가를 의미한다고 볼 수 있다.

언어학자 조안 바이비Joan Baybee는[56] 언어 활용의 빈도수 및 반복 횟수 등의 특성에 관해 엄청난 양의 연구를 수행했다.[57] 예를 들어 'falsehood' 그리고 'lie' 등에 의미적으로 연관된 명사들이 사람들의 일별 사용 측면에서 볼 때 빈도수에서 무작위로 발생하는 경우를 살펴보았다. 일단 두 의미를 보면 명사 'a lie'가 다른 명사 'a falsehood'보다 발생 빈도수가 많다는 추측이 가능하다. 언어학자 바이비는 그런 면에서 'lie'가 'falsehood'보다 인간 인지 문법에 더욱 철저하게 배어 있다고 예측했다. 또한 이미 이전부터 표현이 지닌 빈도수의 상위적 위상이 언어 습득에서 훨씬 빠른 단계에서 그리고 더욱 확고한 방향으로 발달한다고 생각되었다. 이런 성향에 대해 다음과 같은 도형을 제안하려고 한다. 그림을 자세히 보면 앞서 제기한 두 표현의

빈도수에서 명사 'a lie'가 장기 기억에 철저한 연관성을 보이며, 이 상황을 위해 단어 'lie' 스키마 상자 표식을 단어 'falsehood' 스키마 상자 표식과 달리 굵고 진한 선으로 표시했다.

앞서 언급한 사안에 대해서는 향후 제8장에서 인간의 인지 문법을 언어 활용 중심의 관점을 설명할 때 다시 서술할 예정이다.

언어 불이행 사항으로부터 언어 이행 사항 습득해나가기

그렇지만 언어의 습득 방법으로서 활용으로서의 언어에 대한 해설을 고려할 때 아동이 보모 등처럼 외부적 수정 수단의 도움 없이도 스스로가 옳지 않은 표현 방식을 피하면서 언어를 습득해나가는 과정을 확실하게 서술하지 못한다면 해당 내용을 적절한 설명 수단으로 완전한 단계를 갖추었다고 말하기 어렵다고 생각한다. 문법의 선천성을 주창했던 촘스키 방식의 논쟁 중 하나를 기억해보더라도 아동이 저지르는 언어적 실수가 논리에 기인하기보다는 오히려 그와 반대로 발생한다는 사실과 더불어 해당 실수에 대한 공식적인 정정 혜택을 받지 못한다는 상황 등을 놓고 볼 때 앞서 언급했던 오류 탈피 부분에 관한 적절한 설명을 제시하지 못한다는 점 또한 확인할 수 있다.

최근에 언어학자 골드버그는 아동이 자신이 청취한 적 없는 환경에서 언어로 표현해야 하는 내용과 그렇지 못한 내용을 습득한다는 사실에 관련된 증거를 제시했다.[58] 특정 아동이 언어에 노출되는 양이 충분하지 않더라도 선천적으로 부여된 보편문법하에서라면 자신의 언어에 연관된 규칙을 설정하는 데 문제가 없으리라는 촘스키의 주장에도 불구하고 아동들이 실질적으로 언어 활용 결핍의 증거로서 언어 활용 예에서의 빈약성을 그대로 반영하고 있음을 분명하게 확인할 수 있다.

먼저 다음에 제시된 두 예를 살펴보기로 하자.

The supermodel explained him the news.

(슈퍼모델이 그 소식을 설명했다.)

She saw the afraid window cleaner.

(그녀가 불안해하는 창문닦이를 보았다.)

이 문장들은 대체로 이상해 보일 수도 있으며, 그렇다고 이해하는 데 큰 문제점이 있다고 말하는 것은 아니다. 그러나 이제 이 문장들을 다음의 예들과 비교해보자.

The supermodel gave him the news.

(슈퍼모델이 그에게 소식을 전했다.)

She saw the scared window cleaner.

(그녀가 불안해하는 창문닦이를 보았다.)

이 예에서 동사 'gave' 그리고 형용사 'scared' 등이 문장 의미를 좀 더 자연스럽게 만들어준다. 그렇다면 앞서 주어진 예에서의 동사 'explain' 그리고 형용사 'afraid'가 동일한 기능을 하지 못하는 이유는 무엇일까? 중요한 점은 이들 두 단어를 사용하지 못할 근거가 없다는 사실이다. 즉, 어쨌든 'explain' 그리고 'afraid' 등을 포함한 문장들은 약간의 부자연성 외에 의미를 이해하는 데 문제가 없다.

연구자들이 일단 사람들의 실제 발화의 대단위 모집단인 말뭉치(발화 코퍼스corpus)를 검토했을 때 일반적 측면에서 영어 발화자들이 앞서 사용한 예처럼 'explain' 그리고 'afraid'를 사용하지 않는다. 따라서 다음과 같은 예를 바탕으로 두 단어 'explain' 그리고 'afraid' 활용을 생각해봐야 한다.

The supermodel explained the news to him.

(슈퍼모델이 그에게 소식을 설명했다.)

She saw the window cleaner who was afraid.

(그녀가 겁에 질린 창문닦이를 봤다.)

이제야말로 드디어 두 단어 'explain' 그리고 'afraid'가 완벽한 모습을 보이게 되었다. 즉, 이 예에서 두 단어가 안성맞춤으로 사용되었다고 볼 수 있다. 그렇다면 그 이유는? 무엇이 바뀌었기에? 사실 크게 변모한 것도 없는데 말이다. 그러나 영어 화자들이 실질적으로 사용하는 발화의 예들로부터 수많은 문장의 예를 살필 수만 있다면 영어 화자들이 동사 'explain'을 사용할 때 바로 다음에 이어서 목적어 명사 'news'를 사용하는 방식으로 'explained the news'처럼 문장을 구성하는 반면 간접목적어 'him'을 동사 바로 다음에 두는 'explain him'을 지양한다는 사실을 발견할 수 있을 것이다. 그리고 형용사 'afraid'의 경우도 명사 바로 앞에 사용하려 하지 않으며, 오히려 간접대명사 'who'를 앞세워 'who was afraid' 형식으로 활용한다는 사실도 확인할 수 있다. 그런데 형용사 'afraid'를 명사 앞에 두어서 'the afraid window cleaner'처럼 사용하지 않는 이유는 어디에 있는지 실제로 알 수 있는 방법이 없기는 하다. 다만 영어 화자들이 그런 방식으로는 '단지 활용하지 않음'을 유일한 이유로 오랜 세월에 걸쳐 나타난 결과로 봐야 하며, 이러한 사실도 언어학자들이 대단위 말뭉치를 검토하기 전까지는 결코 확인되지 않은 사안이기도 하다. 이와 같은 상황은 영어뿐만 아니라 어떤 언어에서라도 활용 패턴의 발달 과정에서 발견될 수 있다. 형용사 'afraid'가 동일한 품사의

'sacred'와는 조금 다르게 발달했고, 이런 과정은 두 단어가 영어의 다른 단어들과 어우러지는 과정에서 이루어지는 결과이기도 하다. 또한 인간이 이처럼 다르게 변모한 단어들의 모습에 매우 민감하다는 측면도 아울러 확인할 수 있다. 다시 말하면 언어에서 찾을 수 있는 패턴이 단순히 특정 문법 규칙에서 발현되기보다 오히려 활용 패턴에 기인한다고 보는 편이 나을지 모른다.

여기서 드디어 우리는 분명하게 깨닫는 시점에 이르게 될 것이다. 즉, 아동이 언어를 배우면서 활용 중심 패턴을 사용하면서 결과적으로 활용하지 말아야 하는 측면을 알아간다는 사실이 바로 그것이다. 예를 들어 형용사 'scared'는 명사 바로 앞에서 사용 가능하며, 따라서 'the scared window cleaner'처럼 활용에서의 가능성을 알게 된다. 이에 더불어 형용사 'scared' 그리고 형용사 'afraid' 두 단어가 의미적으로 유사하다는 사실을 인식하게 된다. 그렇지만 이런 과정에서 아이들은 형용사 'scared'와 형용사 'afraid' 등이 서로 다르게 발생하는 상이한 상황을 확인시켜주는 분별적인 대조적 증거들도 확인하게 된다. 아이들은 절대로 혹은 거의 절대로 수준에 가까운 정도로 형용사 'afraid'가 명사 바로 앞에 위치하는 'the afraid window cleaner'와 같은 문형의 예를 접하지 못할 것이다. 오히려 반대의 경우로서 동일한 문형에서라면 형용사 'afraid' 대신 'scared'에 맞닥뜨리게 될 것이다. 그리고 아이들은 특정 환경 속에서 앞서 언급한 동사, 형용사 등이 발생하는 경우를 듣거나 혹은 듣지 못하는 경험을 바탕으로 인지하면서 해당 단어들이 반영된 적극적 증거 또는 소극적 증거들의 확증을 기반으로 여러 단어들과 구들을 활용하는 방식을 터득할 수 있게 된다.

또한 최종 분석 과정에서 아이들이 활용 패턴을 사용함으로써 자신들의 언어에서의 문법이 어떤 모습을 갖추는지를 추측한다는 사실이 확인될 수 있다. 이 말은 아이들은 자신들이 직접 청취하거나 혹은 청취하지 못하는 활용에서의 경험을 토대로 해당 언어 문법을 구축한다는 사실을 의미한다.

언어의 동시다발적 출현에 대한 재고

지금까지 살펴본 증거가 언어 출현의 점진적 단계 밟기 특성을 가리키기는 하지만 단순하게 언어의 본능적 측면을 강조하기만 한다면 언어 출현은 갑자기 발생하는 급진적 특성을 보이는 것이 마땅하다. 언어학자 데렉 비커턴Derek Bickerton은 크리올어creole를 빌어서 언어의 급진적 출현 특성을 주장한다. 크리올어는 먼저 피진어pidgin라는 의사소통의 근본적 수단을 토대로 나타나는 언어라는 점을 알아야 한다. 피진어들은 특정 지역을 중심으로 다수 부류의 사람들이 접촉하는 지점에서 상호 공통어를 갖지 못해서 발생하는 언어 소통 방식의 결과들이다. 여기서 말하는 사람들의 접촉 상황은 종종 수입·수출을 중심으로 이루어지며, 조금 심한 상황을 들여다보면 과거 유럽 강국들에 의해 미국이 식민지로 구축되던 시절 서부아프리카 지역에서 노예로 포획되고 매매되던 사람들의 경우를 생각해볼 수 있다. 당시 피진어는 최소로 한정된 의사소통 수단이었고, 이 언어 사용자들은 자신들의 모국어에서 일부를 취하면서 동시에 자신들이 처하게 될 환경의 언어적 상황에서 또한 일부를 포함하는 방식을 취함으로써 언어 형태를 구성하게 된다. 그러나 아이들의 경우 자신들의 부모가 공통 모국어를 사용하지 않거나 또는 피진어를 사용하는 환경에 처하게 될 경우 이들은 피진어를 자신의 모국어로 습득하는 입장에 처하게 된다. 이와 같은 경우 아이들은 피진어 자체를 토대로 언어적 구축을 시작하면서 피진어의 구조 및 이를 토대로 한 외형을 갖추기 시작한다. 결국 이런 과정 속에서 피진어는 기존의 다른 언어들과 마찬가지로 유사한 수준의 복잡하면서도 다양한 형태를 갖추는 과정에 돌입하게 된다. 이처럼 발달 과정을 겪으면서 하나의 독립 언어로 피어난 피진어를 가리켜 크리올어라고 부를 수 있다.

언어학자 비커턴은 하와이 크리올어의 급진적 발생을 주장했다. 그의 주장은 발화된 언어와 같은 기본적 증거에 근거를 두었다. 이 증거를 중심으로 비커턴은 갑작스러운 출현으로 간주하는 문법의 특성들을 '확인'하기도 했다. 그의 주장에 의하면 피진어를 사용하던 부모의 아이들이 피진어에 나름의 문법적 체계를 부여한 것으로 보인다는 것이다. 그렇지만 아이들은 사실 어떤 문법도 지니지 못한 상황이었다. 즉, 어떤 상황이든 피진어는 문법을 갖춘 언어가 아니다. 여기서 발생하는 문제는 바로 이런 상황에서 아이들이 어떻게 충분히 외형을 갖추지도 못한 피진어를 크리올어로 전환시킬 수 있으며, 그런 방식으로 과연 새로운 언어가 탄생할 수 있는지에 대한 의문이 생기지 않을까? 하는 사실이다. 비커턴이 주장했듯이 이와 같은 상황은 만약 아이들로 하여금 언어로서 하위 단계에 놓여 있는 피진어에 문법적 구조를 제공하면서 동시에 아이들 자신의 목적에 맞도록 언어로서 자격을 갖추게 변모시킬 언어적인 선천적 능력의 소유 측면이 전제되어야만 비로소 그 가능성을 가늠해볼 수 있다.[59)]

그렇지만 비커턴의 주장은 많은 문제점을 안고 있기도 하다. 그는 우선 자신의 주장을 피력하기 위해 스스로 해당 상황에 대한 결론을 직접적인 관찰을 통해서가 아니라 약 70~100년 전에 기록된 문서상의 증거를 토대로 선천적 언어 구조를 주장했다. 따라서 그의 주장이 아이들이 실질적인 환경에서 어떤 입력 자료에 노출되어 있는지를 '확실하게' 확인하지 못한 상태에서 내린 결론이라면 당시 아이들이 피진어 외의 다른 언어도 접촉했는지 아닌지를 확신할 수 없게 된다. 그리고 수많은 이론 해설자들도 정확하게 똑같은 문제점을 지적한다. 즉, 이 말은 크리올어를 습득한 아이라고 할지라도 크리올어가 발달한 지역에서 사용되던 또 다른 주요 언어들에 여전히 노출

될 수 있다는 점을 가리킨다. 따라서 크리올어라고 해도 일부 특성은 별도의 언어 특성을 반영할 수도 있다고 봐야 한다.[60] 게다가 수화와 같은 또 다른 '새로운' 언어들이 제대로 면모를 갖추는 데 최소 3세대 이상의 시간을 요한다고 보면 비커턴이 주장했듯이 언어가 선천적이라는 견해를 위해 크리올어를 주요 증거로 사용하지 말아야 한다고 본다.

어쩌면 앞의 경우와 달리 좀 더 적정성을 갖춘 증거로 수전 골딘-메도Susan Goldin-Meadow가 제시한 보고를 활용할 수 있을지 모른다. 골딘-메도와 동료 캐럴린 마이랜더Carolyn Mylander 등은 일반 부모로부터 태어났지만 자신은 정작 선천적 청각장애 아동들을 관찰했다. 그러나 한 가지 특이한 점이 있다면 이 아이들이 그들의 부모가 일반인이어서 수화를 알지 못하거나 혹은 부모가 수화 교육을 금지시키는 등의 원인에 의하여 수화에 노출되지 않았다는 사실이다. 그럼에도 불구하고 아이들은 결국 '개별적-수화home-sign'(•청각 장애인 개인이 사용하는 수화를 일컬음)라고 일컬어지는 의사소통 체계를 발전시켰다.[61]

인간이 말을 할 때는 항상 말의 표현과 함께 동작이 의례 자동적으로 수반되곤 한다. 더욱이 이런 행위는 조절하기 쉽지 않다. 종종 전화로 대화를 하는 사람을 보면 이 말의 뜻을 알 수 있게 된다. 전화상에서 상대방이 자신의 행동을 보지 못하지만 통화자가 여전히 말과 함께 동작을 취하는 것을 확인할 수 있다. 이런 상황은 태어날 때부터 맹인이었던 사람에게도 유사하게 발견된다.[62] 사람들이 말과 함께 취하는 행동에 관한 연구에서 행동과 말이 진행되면서 시간적으로 정밀한 상호 일치 모습을 확인할 수 있다.[63] 주변에서 말을 하면서 동시에 행동을 보여주는 사람들을 잘 관찰해보면 내가 뜻하는 내용을 쉽게 이해할 수 있을 것이다. 제2장에서 언급했듯이 말에 수반되는 제스처가 일종의 의사소통 수단으로서 인간과 가까운 유인원 사이에서 분명한 역할을 수행한다는 사실을 상고해볼 때 말에 수반하는 행동이 인간의 진화 시간 속에서 발화 언어 발달을 위한 기반을 마련해주었다고 볼 수 있지 않을까 싶다.[64] 그에 더해 행동은 대체로 의미를 전달시키는 과정에서 도움을 주기도 한다. 즉, 소리와 행위가 공동으로 역할을 수행하는 것이다. 이를 요약해서 말한다면 "발화 그리고 제스처는 서로 보완적으로 의사소통 표시 방법을 구성한다"[65]라고 표현할 수 있을 것이다.

골딘-메도 그리고 마이랜더의 공동 연구 대상자로서 아주 저명했던 청각장애 아동을 보면 '언어적' 입력 방식으로서 자신들의 부모들이 사용하던 기본적 제스처를 사용했음이 잘 알려져 있기도 하다. 그리고 이 아이들은 자신들의 엄마와 대화를 수행하면서 엄마가 사용하던 제스처를 기반으로 각자가 '개별적-수화' 언어를 발전시켰다. 예를 들어 아이들이 모두 특정한 물건, 사람 등의 대상을 표현하거나 지칭할 때 손가락 표식 방식을 만들어냈다. 이와 더불어 사건이나 행동들을 표현하고자 제스처를 쓰기도 하는데, 즉 새장 안 새의 행동 혹은 새 자체를 표시하는 수단으로 두 손으로 펄럭이는 형태를 취하기도 한다. 아이들은 이런 표현 수단들을 순서에 맞춰 혼합시키는 통사적 구조를 바탕으로 의미를 전달하는 수단으로 삼기도 한다. 아이들은 또한 머리를 좌우로 흔드는 행동 등으로 무언가를 부인하려는 의도를 위한 조정 수단을 생성하기도 한다. 또한 다양한 손동작들을 토대로 간단한 형태로서 자신들이 표현하고 싶은 사건이나 혹은 행동들을 표현하는 수단을 활용하기도 하며, 이에 관한 예로서 특정 사건이 진행되거나 완결된 상황을 보이려는 목적 등을 통해 이해를 구할 수 있다.

표면적으로는 개별적-수화 의사소통 체계의 고안 사항을 토대로 언어가 어쩌면 급진적으로 동시에 발생한다고 말할 수 있을지 모른다. 또한 그와 같은 발견이 정녕 사실이라면 앞서 말한 내용들이 본능으로서의 언어 이론과 맥락을 같이 한다고 볼 수도 있다. 그렇지만 골딘-메도가 제시했던 개별적-수화 체계는 실제로 너무 간단한 모습으로 제시되었으며, 실질적으로 언어로서 구성을 갖춘 미국 수화와 비교해보면 큰 차이를 보인다. 이에 더해 개별적-수화의 경우는 아이들이 받아들였던 입력 범위 내에서 활용성이 보여주었던 제스처 등에 기반을 둔다. 사실 개별적-수화 체계의 출현이 실제로 본능으로서의 언어 이론과 일치하는 모습을 보인다고 할 수도 있다. 아이들이 의사소통을 수행하려는 대화 상대를 일종의 상호협동을 토대로 행동하는 의도적 주체자로서 이해하려는 특성을 선천적으로 갖고 있다고 보면 된다. 이 말은, 즉 향후 제8장에서 제시하겠지만 아이들이 인간이라는 종 특유의 상호작용 지능을 갖고 태어났다고 하면 되는 상황을 가리킨다고 볼 수 있을 것이다. 바로 이런 측면이 바로 인간이 자신에게만 특화되어 있으며 다른 동물들의 상호 소통 방식들과는 질적으로 차이를 내보이는 의사소통 체계를 태어나기 이전부터 지니고 있다는 부분을 지칭한다고 말할 수 있다. 비록 개별적-수화를 발달시킨 아이들에게는 발화가 가능한 수단이 되지는 않더라도 활용으로서의 언어 이론에 의하면 아이들이 자라면서 곧이어 세상 속으로 들어가는 순간 성인이 의사소통의 의도를 위해 표시를 수행하는 차원에서 취하는 표식으로서 제스처의 의미를 이해하는 단계에 접어들기 시작한다. 따라서 이런 상황을 두고 볼 때 앞서 언급한 개별적-수화의 존재를 언어 선천성을 위한 확실한 근거로 삼기에는 그 근거가 충분하지 않다고 할 수 있다.

이것이 바로 언어 활용에 대한 모든 것이다!

본능으로서의 언어 이론은 아동이 이전부터 특화된 보편문법이라는 특성을 갖고 태어난다는 견해를 내세우는 주장이다. 이 이론에는 최소의 언어적 입력만으로도 언어의 발생을 가능하게 하는 기저 규칙이 포함되어 있다. 이 이론에 따르면 거의 무한에 가까운 창조성을 갖춘 언어에 대한 순간적 습득에 대한 설명은 아주 소규모의 그리고 효율성이 강한 내재적 원리 매개 변인 체계에 의해서만 가능하다는 가정을 전제하기도 한다.

그렇지만 이와 반대로 언어 습득에는 "어마어마한 정도의 실질적인 학습하기"가 포함되어 있다는 사실을 분명하게 알아야 한다.[66] 언어란 항목 기반을 기초로 발생한다는 의미이기도 하다. 이 말은 개별적인 표현들이 아이들로 하여금 접촉이 가능하다는 조건하에서 습득 과정을 밟는다는 사실을 의미한다고 보면 된다. 그리고 빈도수 그리고 반복성 등에 해당하는 활용 중심의 과정은 아이들로 하여금 언어를 뭉치로서 습득하는 상황을 허용하기도 한다.[67] 그리고 이런 과정에서 아이들은 고통을 참아가면서 의미를 추론하는 과정을 겪어내면서 스키마 구조를 서서히 갖춰가기 시작한다. 이런 과정에서 가장 먼저 스키마들은 스스로를 제어시키는 상황을 연출하기도 한다. 이후 스키마들은 사람들이 사용하는 언어들의 예를 통해 공통적 보편성을 갖추는 형태로 점차적 발전 단계를 밟게 된다. 이런 현상이 바로 주어진 증거들이 보여주는 상황인 것이다. 문법은 선천적 조건보다는 차라리 활용에 시발점을 두고 발현 과정을 밟게 된다. 이런 측면에서 볼 때 언어 습득이란 사실 언어 활용 전부라고 볼 수도 있다. 따라서 아동이 실제로는 빈손으로 태어나기는 하지만 여전히 언어 습득이라는 과업에 임할 수 있다고 주장하기보다는 대신 아이가 성장하면서 발전 모습의 전개 시동을 가능하게 하는 일반적 학습하기 기계 장치 구조를 갖추었다고 보는 편이 더 나을지도 모른다. 아동이 패턴 찾기에 능숙하고 또한 의사소통 의도를 파악하는 종-특유의 능력을 갖추고 있으며 또한 의사소통을 위한 친사교적 의욕을 소지하고 있다고 보면 어떨까 싶다.

그리고 끝으로 활용 기반의 요소들은 아이들의 뇌 내부에 문법 구조 구성을 조절하기도 한다. 이런 요소들 내에는 스키마를 구축하기 위해 사용되는 활용 예 모두를 통괄하면서 의미 체계를 찾아가는 추론적 능력이 포함되어 있으며, 활용 기반의 요소들은 자신들의 입지를 견고화시키는 목적에서와 더불어 '의미들'로 볼 수 있는 스키마들을 단어로서 대표되는 언어적 형태 단위와 연계시키는 데 빈도수라는 기준을 중점적인 기반으로 삼는다. 따라서 인간의 성장에서 발현될 인지적 유기체에 관련된 견해는 더 이상 이전의 사고 방향에 국한되지 말아야 한다.[68)]

수많은 방향 속에서 활용으로서의 언어 이론이라는 새로운 견해가 드디어 나래를 펴게 되었으며, 과거 이론에서 받았던 박해의 사슬을 풀어헤치게 되었다. 언어란 선천적인 것으로서 언어 학습 기관의 결과물로 보는 주장이었던 구헤겔주의 논쟁은 어쩌면 교묘한 속임수로서 언어 습득을 설명해 치워버리는 상황을 연출했다. 이 말의 의미는 언어 출현을 단순히 '언어가 있게 하라!'라는 주문의 결과 정도로 보이게 했다. 이와 같은 접근 방향에 대하여 적절한 이해를 돕기 위해서 바바라 숄츠Barbara Scholz 그리고 제프리 풀럼Geoff Pullum 등은 자신들의 논문 「비이성적인 언어선천성 기반 주장의 번성에 대하여Irrational nativist exuberance」에서 이전 이론의 진실된 모습을 아주 감칠맛 나게 묘사하기도 했다.[69)]

여기서는 '언어 선천주의자로서'라는 입장에만 빠져 있기보다는 실제로 우리에게 감흥을 준 점이 있다면 아이들이 어느 정도로 자신들의 모국어를 형성하는 데 기여하는가에 대한 부분이다. 그러나 마지막 분석을 따르면 언어란 조금은 신비하면서도 내재적인 보편문법에서가 아니라 바로 언어 활용으로부터 발생한다고 봐야 한다. 인간은 자신들의 주변에 존재했던 어머니, 아버지, 형제들 그리고 다른 사람들을 통해서 언어를 학습한다고 봐야 한다. 그리고 종국에 가서는 그런 방법만이 당연한 것으로서 과연 이럴까라는 놀라움 혹은 의혹의 대상이 되지 말아야 한다.[70)]

5

언어란 인간 정신의 분리된 독립체인가?

Is language a distinct module in the mind?

신화: *언어는 인간 정신세계 속에 기능 혹은 모듈이라는 분리된 개체를 형성한다. 언어 모듈은 인간 뇌 내부에 언어에만 특화된 신경 구조망을 차지하고 있다. 즉, 두뇌 속의 이 부위는 문법 처리에 특수화된 것으로서 다른 종류의 정신적 모듈 등의 접근을 완전하게 불허한다. 따라서 언어는 사전에 특화된 발달 궤도에 의거해 발생하도록 되어 있으며, 정신세계 내부의 어떤 곳으로부터 주어지는 다른 유형의 정보 등이 언어 발생을 주도하거나 출현 과정에 영향을 미칠 수 없다.*

서양식 사고 세계에서는 정신이 개별적으로 분리된 기능 관점에서 인식되는 전통을 보이며, 이런 인식은 여러 비판의 대상이 되기도 했다. 중세 신학자 토마스 아퀴나스Thomas Aquinas로 대표되는 스콜라 철학 사조에서는 정신적 기능들이 정신세계의 특수한 부분을 원인으로 한다고 간주되었다. 이후 1950년대 인지과학의 발전과 더불어 디지털 컴퓨터가 인간 정신세계를 유추할 수 있는 선택 사항으로 대두되기에 이르렀다. 컴퓨터를 인간의 두뇌와 마찬가지로 여기면서 이 장치가 마치 인간의 복잡한 논리적 추론을 수행할 수 있는 기계 장치를 갖춘 대상으로 등장했다. 인지과학에서는 컴퓨터가 보여주는 연산 처리 작업을 인간의 두뇌가 정신으로 하여금 연산을 수행하게 만드는 상황과 유사하게 여겼다. 컴퓨터의 정신세계 비유 상황을 보면 컴퓨터에 의하여 실행되는 정보 처리가 인간 인지에 근사한 현상으로 여겨지고 있음을 확인할 수 있다.

컴퓨터의 정신세계 관점에서 보면 특정 기능을 해당 장치의 특정 위치/부분으로 간주하는 판단은 직관적 감각을 형성하게 된다. 하루하루의 일상생활 안에서 맞닥뜨리는 대상물 그리고 단일 독립체들이 바로 모듈이 되며, 이런 모습이야말로 디지털 컴퓨터를 전형적인 예로 인정할 수 있는 이유가 아닐까 싶다. 컴퓨터를 구성하는 하드웨어 장치들의 실질적 구성 부위들은 모듈로 여길 수 있는 하부 구성 부위들로 재구성되었으며, 이들 하위 구성 부위들은 별도로 생산되고, 각자는 자신에게만 특화된 배타적 기능들이 부여되어 있다고 보면 된다. 예를 들어 컴퓨터 본체, 프린터, 모듈로서의 마이크로칩 그리고 마더보드로 구성된 중앙 처리 장치central processing unit: CPU, 디스크 판독 리더, 모니터 등 모두가 완전하게 분리된 모듈 부위들에 해당된다. 이들 구조물들은 각각 특화된 역할을 담당하면서 동시에 상호적으로 접속, 비접속, 재접속 등을 수행하지만 때로 각자 장치들이 컴퓨터 전체 실행 상태에 근본적인 변화를 발생시키지 않으면서 스스로가 대체될 수 있는 가능성을 아울러 갖고 있기도 하다.

인간 정신세계가 컴퓨터와 동일하다고 여기는 인식이 인지과학에서는 핵심적 개념으로서 매우 큰 영향력을 갖춘 경험론적 관점이기는 하지만, 인간 정신세계를 컴퓨터처럼 모듈 구조의 기계 장치로만 보려는 가히 급진적 제안은 가장 먼저 포더에 의하여 제기된 사고방식이기도 하다. 이 학자는 이전 1983년도에 출판되었던 『인간 정신세계의 모듈 구조화Modularity of Mind』라는 저서에서 언어를 정신적 모듈의 가장 전형적인 예로 언급했다.[1)] 그리고 이런 주장은 본능으로서의 언어적 관점에 기반을 두면서 완벽한 논리적 의미를 갖추었다고 할 수 있을 것이다.

포더 교수의 주장에 따르면 정신적 모듈은 각자에게 별도로 부여된 신경 구조에서 실행 여부를 보여줄 수 있다. 모듈은 독립적으로 특화된 그리고 제한된 유형의 정보만을 다루도록 설계되어 있으며, 하나의 모듈의 작동 영역은 다른 모듈과 완전히 분리된 채 캡슐화되어 있다고 봐야 한다. 그 결과 특정 모듈이 제 기능을 잃게 되는 심각한 타격에 직면하는 문제가 발생하는 경우에도 다른 모듈들은 아무런 영향을 받지 않으면서 주어진 기능을 정상적으로 수행할 수 있다. 그리고 하나의 모듈이 자신에게만 특화된 전형적인 정보만을 다뤄야하기 때문에 해당 모듈은 생명체가 성장하는 과정에서 자신에게 설정된 처리 시점이 정해진 시기에만 발현되어야 하는 절대적 요건으로 인하여 시기적으로 각자 다른 시점에 출현하는 형태를 보이기도 한다. 그렇기 때문에 모듈이 드디어 작동을 시작한다는 사실은 바로 해당 모듈에만 특별하게 부여된 일정표의 과정에 맞춰 순차적으로 출현하고 기능 수행을 밟아가는 발달 경로 특성을 갖는다.

앞서 말한 현상들의 근본적 구심점은 바로 정신적 모듈들이 선천적이라는 결론에 도달할 수 있다는 점이다. 어쨌든 특정 모듈이 특수한 유형의 정보를 처리해야 하고, 이 모듈의 작동 시기가 해당 모듈이 들어설 유기체가 해당 모듈에만 국한된 정보를 수용하고 나서야 드디어 주어진 기능이 '스위치 켜기'에 돌입한다는 조건하에서라면 모듈 자체를 인간 유전체의 부문으로 이미 정해져 있다고 보는 것이 마땅할 것이다.

제4장에서 보았듯이 본능으로서의 언어 이론 관점에서는 언어 핵심을 형성하는 문법의 원리들이 너무 복잡한 형태이기 때문에 걸러내기 방식의 피드백 없이는 결코 쉽게 습득되지 않는다는 주장을 펼친다. 해당 이론에 의하면 원리들은 보편적이면서도 선천적으로 간주되어야만 한다. 이와 같은 부류의 상당한 수준의 특수화 및 선천성을 갖춘 지식이 바로 모듈 방식의 구조를 띠기 때문에 포더는 자신의 설명에서 언어 본능도 실제로는 모듈로 봐야 한다고 언급한다. 그리고 지금까지 제기한 인간 정신세계 모듈 인식 방향이 본능으로서의 언어 이론과 하나로 뭉치는 현상은 단순한 우연이 아님을 명심해야만 한다. 촘스키 교수와 포더 교수는 오래전부터 정신세계에 대하여 컴퓨터 비유 견해를 견지하고 있었다. 그리고 1983년 출판된 포더의 저서에 제기된 모듈화 관점은 두 교수가 매사추세츠 공과대학MIT에서 공동 강의를 실시하던 중에 형성된 이론임을 알아둘 필요가 있다.

이런 상황에서 인간의 정신세계가 모듈이라는 주장은 직관적 감각을 형성하기에 이르렀다. 우리는 매일의 생활 속에서 특정한 인공 대상물을 특수한 기능에 연결시키려고 한다. 설계상에서 모듈화는 컴퓨터 장치 생산 공정을 설명하는 데 실용적이면서 나름 의미를 갖기도 하지만, 자동차로부터 아동 장난감까지 모든 일상적 물품의 수많은 측면에도 동일하게 적용되는 가능성을 보여준다. 사실 이 책을 쓰고 있는 책상만 해도 하나의 '사무실'을 구성하는 주변 대상과 더불어 독립된 모듈로 간주할 수도 있다. 사무실에는 책상 외에도 책꽂이, 프린터 받침대, 바퀴가 달린 서랍장 세트 등이 포진되어 있다. 이들 각자 물품들은 하나의 '모듈'로서 서로 상호작용을 하면서 다른 형태로 삼삼오오 연계되기도 하며, 내가 소유한 소지품들이 이들 사무실 용품들과 여러 형태로 조합되는 모습을 보여주기도 한다.

그렇지만 앞으로 밝혀질 일이기는 하지만 우리가 접하게 될 증거가 언어를 정신세계의 모듈로 간주하고 진짜로는 정신세계를 본능으로서의 언어 이론에 근거하면서 모듈이라고 보려는 관점들을 지지할 만한 충분한 자격을 갖추었는지 분명하지 않은 상황이다. 실제로 지금까지 가능성을 보여주는 증거들의 대략적 분포를 보면 언어 그리고 인지 사이의 관계가 어마어마한 수준으로 복잡하다는 사실을 확실하게 인식할 수 있다. 이런 상태는 결국 정신세계와 모듈 개념이 인간 인지라는 속성에 대하여 지나칠 정도로 단순화시킨 견해만을 도출시키는 국면을 불러오게 된다. 따라서 이런 상황을 따라가면서 우리는 언어 그리고 인지의 여러 다른 측면 사이의 관련성에 대한 속성에 의문을 갖지 않을 수 없게 된다. 그렇다면 지금까지 이야기와 달리 문법의 속성 및 구조와 관련해서 새롭게 수정된 견해가 반드시 고안되어야 할 것이다. 바로 본 장에서는 향후 설명 과정을 통해 지금 제기한 이런 문제점들을 심도 있게 다루고자 한다.

문법 유전자 그리고 언어수행부에 관하여

언어를 본능의 하나로 간주하면서 이를 토대로 모듈의 관점으로 설명을 시도했던 핑커는 다음처럼 언급한다.

"언어의 기능은 인간 두뇌의 한 부분에 위치를 잡고 있어야 하며 어쩌면 일군의 무리로서 특화 유전자들이 언어 기능들로 큰 망 구조 내 해당 위치에서 위치를 잡도록 도움을 준다고 볼 수 있다. 이러한 유전자들 혹은 신경조직들에 문제가 생긴다면 언어는 주어진 지적 측면의 다른 부위들과 기능을 수행하는 동안 중대한 문제에 봉착하게 된다. 따라서 손상을 입은 두뇌에서 언어 기능을 구해낼 수 있다면 우리는 언어적인 기능에서만 문제점을 안고 있는 언어적 서번트 증후군linguistic idiot savants과 마주칠 수 있어야 할 것이다."[2)]

또한 언급하기를 "언어 기능을 잃어도 인지작용이 유지되거나 혹은 인지작용의 문제하에서도 여전히 언어 기능이 유지되는 신경 구조적 그리고 유전적 손상에 해당되는 다수의 증상이 존재하기는 한다"라고 말이다.[3] 그런 관계로 언어는 반드시 인간의 정신세계 안에서 별도의 독립적 모듈임에 틀림없는 요인으로 볼 수 있다.

앞서 말했듯 언어가 별개의 모듈이라는 점을 인정받으려면 세 가지 요건이 확인될 필요가 있다고 본다. 첫째는 인간 두뇌를 관찰할 때 문법 요인에만 유일하게 연계된 특정 부위 혹은 시스템 장치가 분명하게 적시되어야 한다. 둘째는 문법 요인 그리고 다른 유형의 인지적 작동 사이에 분명한 비연관성이 입증되어야 하며, 여기에는 어휘 발달 등과 같은 선천적으로 부여되었다고 알려진 언어 지식과 같은 다른 유형들의 인지작용도 아울러 포함된다. 이와 같은 언급이 필요한 이유는, 즉 만약 문법 요인만이 완전하게 소실된 채 다른 인지작용에 관련된 기능들이 여전히 기능 수행에 문제점이 없을 수만 있다면, 이를 토대로 분리 구조로서의 지능들이 상호 비간섭 특성을 보여주며 완전히 단절된 상태로 작동함을 증명한다고 볼 수 있다. 마치 원자력 발전소에 이 상황을 비유할 수 있는데 원자로 각각이 독립체로서 별도의 안전 지하벙커에 구축되어 있고, 하나의 원자로에 문제가 발생해도 다른 원자로에 영향을 미치지 않도록 설계된 구조를 생각해볼 수 있다. 이와 같은 원자력 발전소의 구성 조건은 발전소 운영을 위한 매우 절대적인 요인이 된다. 셋째로 문법 요인이 스스로에게만 국한된 것으로서 다른 유형의 정보 등이 성숙 발달 과정과는 별개로 문법만을 위한 추이 과정 스케줄에 관련되어 있는 발현으로서의 발달 트랙 과정이 존재해야만 한다는 사실이다. 이제부터는 앞에서 제기한 세 요건들의 타당성을 하나씩 살펴보려고 한다.

인간 두뇌는 2개의 반구로 구분되어 있으며, 좌반구 그리고 우반구가 여기에 해당된다. 이런 구조를 일컬어 측면화라고 하고, 여성의 자궁에 비해 훨씬 복잡한 구조를 갖고 있다고 규명되었다. 인간의 좌우뇌 양상은 침팬지 등 유인원에 속하는 영장류들과 달리 서로 완전 대칭이 아니다. 1877년 프랑스 신경학자 폴 브로카Paul Broca가 다음과 같은 말을 남기기도 했다.

> 모든 생명체 중 인간만이 두뇌 형태가 정상적 상황에서 가장 비대칭성을 보인다. 그리고 인간만이 최고의 습득된 기능을 소유한다. 여기서 제시한 기능 중 언어를 구사할 수 있는 능력이 가장 으뜸이 아닐까 싶다. 이 능력이 있기에 인간이 기타 동물들과 완전하게 구별될 수 있다고 말할 수 있을 것이다.[4)]

인간을 관찰해보면 언어 영역, 즉 브로카 자신이 브로카 영역으로 명명한 요소를 좌반구에서 찾을 수 있다. 이런 사실을 토대로 인간 중 90%에 해당되는 사람들의 대부분이 오른손잡이라는 현상을 설명할 수 있다.[5)] 사실 이와 같은 손의 사용 패턴은 인간 두뇌의 측면에 연관된 인간 특유의 결과로 볼 수 있는데 그 이유는 좌우뇌 양측에서 신체 부위를 담당하는 부분이 서로 반대 성향을 갖기 때문이다. 정말 흥미로운 점은 왼손잡이의 약 20% 정도가 우반구에 언어 능력을 갖고 있다고 알려져 있기는 하지만, 여전히 68% 이상이 일부이기는 하더라도 좌우뇌 양측 모두에서 언어 능력을 보여준다.

측면화란 프랑스를 중심으로 활동했던 브로카 그리고 독일 중심으로 활동했던 카를 베르니케Carl Wernicke 두 학자의 개척적인 연구 결과이기도 하다. 브로카 그리고 베르니케 두 사람 모두 심각한 언어 능력 소실 환자들에 대한 사후 검시를 토대로 자신들의 연구 결과에 도달했다. 브로카가 관찰했던 환자들은 언어 자체를 이해하는 데 별반 문제점이 없던 반면 생각을 말로 표현하는 데는 엄청남 문제점을 안고 있었다. 브로카 연구 대상으로 널리 알려졌던 환자가 생성할 수 있었던 말은 오직 'tan'이라는 하나의 단어뿐이었다. 이와는 반대로 베르니케 환자들은 꽤 수월하게 말 표현을 수행할

〈도식 5-1〉 대뇌 전두엽 부위의 브로카 영역, 후두엽 부위의 베르니케 영역에 관련된 전반적인 위치 표시

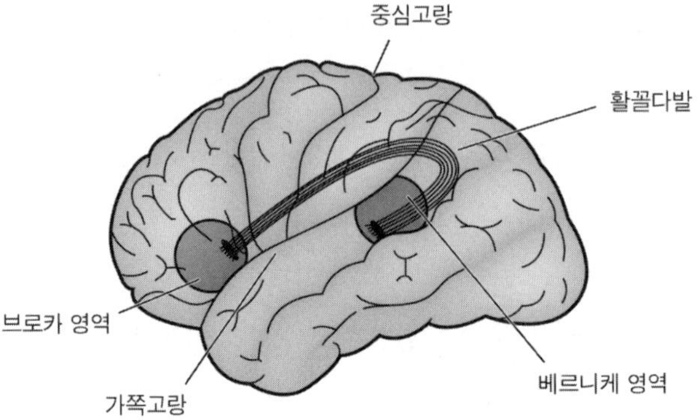

수 있었으나 정작 다른 사람들이 그들의 말을 이해하는 것이 쉽지 않았다.

언어를 표현하거나 이해하는 데서 나타나는 난관을 학술적으로 실어증이라고 부른다. 따라서 브로카 실어증을 '표현성' 실어증이라고 한다. 즉, 자신의 생각을 표현하기 위해 선행되어야 하는 문장을 구성하거나 언어를 생성하는 데 전반적인 장애를 겪는 경우를 가리킨다. 비록 동일한 브로카 실어증이지만 약간 정도가 덜한 경우의 환자들은 말 표현을 수행하기는 하지만, 그 결과는 매우 느리게 나타나거나 화자의 엄청난 노력이 수반되거나 때론 분명하지 않은 음성 형태로 나타난다. 문법 상황도 여전히 문제를 안고 있으며, 문장 구성을 보면 동사 시제를 과거에 맞추는 과거형 어미 '-ed'조차 제대로 사용하지 못한다.[6] 그리고 브로카의 환자들은 문장을 구성하면서 핵심 문법적 품사 요소가 아닌 'of, to, for' 등의 전치사와 같은 요소들을 빠뜨리고 말을 수행하기 때문에 문장들이 매끄럽지 않은 뚝뚝 끊어진 양태의 모습으로 나타나기도 한다. 이와는 반대로 베르니케 영역에서의 손상은 '수용성' 실어증을 발생시키며, 이런 현상은 말의 생성보다는 이해력 부분에 문

제점이 나타나는 현상을 가리킨다.

브로카 영역은 정형화된 발화 수행을 위해 필수적인 운동 협동성 이상의 특성을 포함하는 것으로 보인다. 즉, 문법 요인 자체를 처리할 수 있는 능력을 가리킨다고 보면 된다. 예를 들어 브로카 실어증 환자가 수동적으로 말 표현을 수용하는 경우를 볼 때 종종 제대로 이해하지 못하기도 한다. 만약 앞서 보았던 'The supermodel slapped the window cleaner'를 말로 표현한다면 때로 주어진 문장 의미 대신 창문닦이가 오히려 슈퍼모델을 때렸다고 이해할지도 모른다.

그렇다면 문법을 생성하는 역할로만 본다면 과연 브로카 영역이 언어 모듈이 놓인 곳이라고 말할 수 있을까? 핑커는 "어떤 연구자도 아직은 언어 기관이나 문법에 연관된 유전자를 발견하지는 못했다"[7]라고 말하지만, 그럼에도 브로카 영역이 여전히 언어 모듈의 후보자로 간주될 수 있을 듯 보이기는 한다. 환자 중 뇌졸중 혹은 총상으로 인해 브로카 영역에 손상을 입은 사람이 즉각적이고도 매우 심대한 수준으로 언어 손상을 입기도 한다. 그렇지만 흥미로운 점은 이와 같은 심각한 상황에서도 다른 부류의 인적 작용들은 그대로 유지된다는 사실이다. 이런 상태가 바로 언어와 다른 인지 작용 인자들이 상호 비연계성을 갖고 있음을 보여주는 것이며, 이런 상황이 바로 언어 모듈을 증명하기 위한 결정적인 증거라고 볼 수 있을 것이다.

브로카 실어증의 경우를 보면서 인지과학자 하워드 가드너Howard Gardner는 언어가 심각하게 훼손을 입은 상황에서도 다른 정신적 기능들이 거의 영향을 받지 않는다는 내용을 밝혔다. 가드너는 자신의 연구 결과에서 말하길 "(환자는) 초롱초롱한 상태였고, 집중력을 보였고, 자신의 위치를 확실하게 인지했다. 인지과정 중 언어와 직접적 관련성은 없지만 좌우에 대한 지식, 평소 사용하지 않던 왼손으로 그림을 그리는 능력, 명령 수행 능력 등 여러 지적 기능들을 유지한 채 활용했다. 또한 환자의 비언어 부분의 지능지수IQ

또한 상당한 수준 범주에 속해 있었다".[8)]

그렇지만 언어 모듈을 위한 유전적 기반은 과연 어떤 것일까? 한 연구에서 런던에 거주하는 가족을 관찰했다. 해당 가족 구성원들은 모두 언어 습득에 문제점이 있는 상태였다.[9)] 가족 전체로 3세대에 걸쳐 관찰을 진행한 이후 연구자들은 가족 구성원 중 반 정도에 해당하는 약 30여 명이 음운론, 형태론, 통사론 등에서 심각한 문제점이 있다는 사실을 보고했다. 게다가 해당 연구의 실험에서 앞서 언급한 문제를 안고 있던 가족 구성원들이 유전자 중 FOXP2라고 알려진 특정 유전자에만 발생하는 유전적 돌연변이 현상을 겪는다는 현상을 찾아냈다. 본능으로서의 언어 이론의 주창자들은 이 발견을 언어가 실제로 유전적 결정 모듈이라는 주장을 확실하게 반증하는 증거로 집요하게 잡고 매달렸다.

하지만 언어가 별도의 모듈이 되려면 문법 요인 그리고 그 외의 인지적 능력 등이 분명하게 구별될 수 있어야만 한다. 마치 브로카 실어증의 경우를 보면 알 수 있듯이 말이다. 그러나 브로카 실어증을 연관시키려면 우리에게는 또 다른 분리 상황이 전제되어야 한다. 즉, 지적 능력에서 문제가 발생한다고 가정하더라도 언어적 측면이 여전한 상태를 유지해야 한다는 조건을 가리킨다. 그리고 앞서 언급한 두 부분으로의 분리 과정은 일명 '이중 분리 과정'이라고 일컬을 수 있다.

핑커의 경우에서 예시 A가 바로 수다쟁이 증후군이라고 명명했던 증세로 고통을 겪고 있는 불운한 사람들을 가리킨다. 즉, 여기에 속하는 개인들은 나타난 현상만으로 볼 때 앞서 언급한 분리 과정을 보인다. 수다쟁이 증후군 환자들은 염색체 11의 결함 유전자의 원인으로 말미암아 유전적 장애를 겪는다. 이와 같은 증세는 심대한 정신적 지체장애를 유발하지만, 언어에만은 크게 영향을 미치지 않는 모습을 보이기 때문에 핑커는 이런 현상에 나름 명칭을 부여했으며, 언어적 서번트 증후군이 바로 여기에 해당된다.

때때로 수다쟁이 증후군은 통상적으로 소위 윌리엄 증후군이라고 불리는 증세의 대상자들과 연관성을 보이기도 한다. 이 증세 해당자들은 일반인보다 작은 외모elfin, 뾰족한 턱, 널찍한 이마 등과 같은 외모 형태를 갖는다. 이 증후군 사람들이 문법적 능력에서 가끔은 평균 수준 혹은 그 이상의 능력을 보이기는 하지만, 이와 별도로 지능적으로 큰 손상을 안고 있는 것 또한 사실이다. 즉, 지능지수 측면에서 일반인의 지능지수가 84~114 정도 수준에 달하는 반면 이들의 지능지수는 단지 50 정도에 머무른다. 따라서 언어적 서번트 증후군 대상자들은 신발 끈을 매는 일부터 자신의 오른편, 왼편을 구별하는 등의 일상적 과업을 할 때도 엄청난 고역을 감내해야만 한다.

앞서 언급한 언어적 서번트 증후군 경우와 반대로 특수 언어 장애SLI라고 불리는 증상을 겪는 대상자들이 있다. 이 증세 환자들은 정상 지능을 보이긴 하지만, 특수 언어 장애라는 용어가 보여주듯 언어에 결함을 안고 있다. 이들은 후천적 획득 언어 상실에 해당되는 브로카 실어증의 환자들과 달리 유전적 기형에 원인이 있다. 이전에 FOXP2 유전자 결함의 예로 제시했던 런던 거주 가족 구성원 모두가 바로 특수 언어 장애를 겪었다. 브로카 실어증이라는 언어에 대한 심각한 영향 성향과 달리 언어 장애 가족들은 마치 "전혀 가보지 않은 도시에서 어찌할 줄 모르는 여행자"와 유사한 모습이다.[10] 이 가족 구성원들은 말하는 데 매우 힘들어 하면서 동시에 누가 보더라도 아주 명백한 문법적 실수를 빈번하게 저지르기도 한다. 예를 들어 이들의 말을 들여다보면 대명사 중 'she', 'it' 등을 제대로 사용하지 못하는 모습을 보여준다. 그리고 브로카 실어증과 마찬가지로 이들 가족들은 형태론적으로도 복수형 어미 '-s' 그리고 과거시제형 어미 '-ed' 등의 굴절형태적 활용 부분에서 잦은 실수를 저지르기도 한다.

지금까지 설명한 수다쟁이 증후군 그리고 특수 언어 장애 모두 언어 그리고 기타 지능 요소 사이에 이중 분리 과정을 가리킨다고 볼 수 있을 것이다.

즉, 특수 언어 장애의 경우 언어적 손상이 있더라도 지능 수치가 여전히 정상을 유지할 수 있다. 그러나 언어적 서번트 증후군의 경우 언어가 그대로 유지되는 반면 지능에는 문제가 발생한다.

세 번째 증거로서 마지막에 해당되는 사항은 언어 모듈에서의 발달 궤적에 연관된다. 본능으로서의 언어 이론 주장에 의하면 언어가 선천적 요소라는 의미는 문법에 관련되어 있으며, 여기서 말하는 문법이란 모든 사람들에게 보편적으로 공유된 사항으로서 이것은 사람들이 최종적으로 선택하는 언어 종류에 무관한 사안이기도 하다. 앞 장에서 이미 설명했듯이 촘스키는 이런 부분을 가리켜 보편문법(줄여서 UG)이라고 불렀다. 촘스키는 이런 상황을 설명하면서 다음과 같이 말한다.

"언어 혹은 또 다른 내적 모듈을 위해서는 개인별 성장 그리고 발달 과정을 보면 … 유전적인 데이터를 실질 경험으로 전환시키면서 동시에 인간의 보편적 발달 단계 과정을 유도시키는 유전적 자질을 포함한다 … 언어를 주축으로 우리는 유전적 요인을 인간 언어에 특화된 부위(보편문법)로 분석할 수 있을 것이다."[11]

촘스키 주장이 때로는 언어학 학자들로서도 이해하기가 쉽지 않지만, 다음과 같은 이유에서 그의 주장을 인용하려고 한다. 언어학 분야 밖의 여러 인지과학자 중 많은 전문가들이 영미 언어학에 수용된 주요 개념들이 문법이 인간의 정신세계에서 독립적 모듈을 형성한다는 어쩌면 극단적으로까지 보일 수도 있을 견해를 지속적으로 고수한다는 사실에 무척 놀랍다는 반응을 보인다. 특히 신경학자들 중에는 많은 사람이 모듈화를 개념으로 수용하기에 그 내용이 너무 간단할 뿐만 아니라 경우에 따라서 두뇌 부위별 특화 수위를 확인할 수 있기는 하지만, 그렇다고 모듈화를 그대로 수용하면서 선봉에 내세울 정도에 미칠까 하는 의구심 등의 혼선이 항상 존재하는 것 또한 사실이다.

경우에 따라서는 일부 사람들이 촘스키 그리고 그 행렬의 열렬한 추종자들조차 앞에 제시된 인용이 2011년도의 것으로서 다시 한 번 고찰할 필요가 있다는 미명하에 더 이상 그 내용을 고집하지 않고 철회했을 것으로 생각했다. 또한 현대 영미 언어학계에서 지금도 주축을 이루는 본능으로서의 언어 이론은 객관적 실험의 기반을 거의 갖추지 못했지만, 여전히 학계에서 패권을 유지하고 있으며 실질적 사실 여부를 뒤로한 채 현재 상태만을 유지시키는 데 골몰하는 형편이다. 따라서 누구든 연구자 신분을 갖는 이상 보편문법 이론의 하자에 대한 전망은 거의 생각조차 하기 힘든 상황이다

촘스키로서는 언어란 말 그대로 모듈 자체다. 그리고 그가 언급하는 '데이터'는 유아들이 맞닥뜨리게 될 언어에서 발견되는 것이고, 이 내용을 들여다보면 데이터에 속하는 단어들이란 바로 아이들이 수많은 복잡하기 그지없는 "완전히 정신 줄을 놓게 하는 혼란"의 말 표현들(이해하기 까다로운 표현) 중 일부를 들은 결과라고 볼 수 있다. 여기서 복잡한 말을 가리키는 인용 표현은 저명한 심리학자 윌리엄 제임스William James의 말들을 정리해 제시한 것임을 참고하기 바란다.

본능으로서의 언어 이론 주창자들에 따르면 언어가 보편문법이라는 상태로 하나의 모듈로 독립적으로 성숙해가는 궤적에 관련된 증거를 찾으려면 아이들이 단어 1~2개를 말하기 시작하는 단계부터 순식간에 완전한 구조를 갖춘 문법으로서, 즉 주어진 규칙에 의거해 단어들을 구문 구조로서 일렬 배열할 수 있게 하는 초입 단계로 진출하는 상황을 가리키는 어쩌면 비연속성의 도약이라는 측면에서 발견할 수 있다는 주장을 피력한다. 언어 시작 부분은 미비하지만 시간이 지나면서 어휘 그리고 문법으로 진행되며, 이때 문법이 어디에서 오는 것인지에 대해서는 누구도 알지 못하는 것 같다.

본능으로서의 언어 이론에 속하는 연구자들은 언어 습득 실행 단계의 궤도를 다음과 같이 설명한다. 먼저 소리 체계 부분에 해당되는 음운론이 6~8

개월 유아들의 '바-바-바'라는 음절 반복 형태의 옹알이 모습으로 드러난다. 그러는 와중에 10~12개월 정도에 이르면 발화로서 최초의 단어를 생성하게 된다. 이후 어휘 성장은 매우 더디게 일어나서 최초 단계에서는 50~ 100여 개의 단어들을 습득하는 정도다. 그렇지만 이후 16~20개월에 다다르면 많은 아이들이 어휘 습득에서 폭발적인 상승세를 보이게 되고, 18~20개월 사이에 드디어 두 단어 조합 형태 단계에 돌입한다. 그 이후 24~30개월 사이에 진입하면 단어 조합이 복잡한 구조를 보이기 시작하고, 이를 토대로 문법의 돌연 발생 상황을 확인할 수 있게 된다. 그리고 3세 혹은 3.5세가 되면 아이들은 모국어의 기본적 단어 조합은 물론 문법적 패턴을 완전하게 파악하는 단계에 들어선다.

위에서 언급한 내용은 무엇보다도 언어 습득 장치가 '작동 개시'를 시작하면서 문법이 출현하게 된다는 가정에 기반을 둔다. 신경학자 존 로크John Locke는 앞서 보였던 '문법적 분석 시스템 장치'는 아이들이 2세가 되기 전에 순식간에 작동을 시작하며, 이를 통해 문법의 순간적 출현을 2~3세 사이에 가능하게 한다는 주장을 제안했다. 로크는 자신의 주장에서 앞서 말한 시스템 장치가 아이들이 성장하는 단계를 토대로 적정한 숫자의 어휘를 학습하기 전까지는 작동을 멈추도록 설계되어 있다는 점을 지적했다. 아이들은 단어들을 보모, 부모, 형제들로부터 배울 때 복잡하기 그지없는 완전히 정신줄을 놓게 하는 혼란의 말 표현들을 통해 고통을 감내해야만 하지만, 일단 언어 모듈이 개시 단계에 들어서면 순식간에 문법이 출현하게 되어서 이를 통해 상대적으로 크게 힘들이지 않는 상태에 접어든다. 이 말의 뜻을 정리하는 인용 글은 다음과 같다.

앞서 말한 내용은 바로 "언어란 바로 모듈 자체이며 … 학습이란 … 실제로 언어 발달 과정과는 별반 연관성을 갖지 않는다"[12]라는 인용의 글을 통해 가늠할 수 있다. 이를 기반으로 보편문법의 원리들이 문법의 신속한 발달을 용이하게 한다는 생각을 가질 수 있다.

언어수행부의 오류

앞에서 제기했던 수다쟁이 증후군이 진짜로 존재할까? 지적 기능들에 능력 저하 현상이 발생해도 언어만 독립적으로 기능 능력 수준을 온전히 유지하는 언어적 서번트 증후군이 있을 수 있는가? 문법 요인 유전자가 있는지? 그리고 발달 과정에서 사전 프로그램을 갖춘 언어 습득 장치가 선천적으로 특화 부여된 보편문법의 순간적 발현을 유도하는 시기가 과연 나이순에서 20개월이라는 시간대에 맞춰져 있는 것인가? 가장 최근 그리고 주의를 기울인 연구를 살펴보면 이와 같은 제기들을 약화시키는 결과들이 나타난다.

여기서 지역 분포성에 대해 생각해보기로 하자. 즉, 두뇌 내부에 다른 기능이 아닌 오직 문법 요인만을 위한 부위가 있는지 살피는 것이다. 지난 100년 가까이 브로카 영역이 문법 요인과 밀접한 관계를 맺고 있다고 알려져 있었던 반면 이와 같은 두뇌 부위가 다른 지적 기능과는 완전하게 관련성에서 도외시되는가에 대한 이후의 연구는 찾을 수 없었다. 오늘날 밝혀진 결과에 따르면 브로카 영역에 해당되는 모든 부위가 언어 비연계의 다양한 운동 작동 과업의 기획 수행[13]과 함께 화음 연속에서 부조화 현상을 감지하는 능력[14] 등에서 상당한 수준의 역할을 보여준다. 이에 더해 좀 더 복잡한 상황의 예로서 브로카 영역의 손상이 언어를 전체적으로 절대 불가 상태로 전락시키지 않는다는 사실을 확인할 수 있다.[15] 예를 들어 최근의 경우에서 한 컴퓨터 기술자가 자신의 두뇌 내부에 서서히 자랐던 혹을 제거하면서 브로커 영역에 손상을 입는 상황이 발생했다. 그럼에도 당사자는 정작 언어적 상실을 겪지 않았고, 두뇌 절제 이후 3개월이 되어서 업무에 복귀했으며, 주위 사람들과 의사소통에서 전혀 문제가 없었다. 또 다른 경우로서 정작 브로카 영역에 심각한 문제점이 발생하면서 언어 능력을 소실했지만 시간이 지나면서 회복하게 되었던 상황으로 이와 같은 결과는 특히 어린이 환자에게서 발견할 수 있었다. 앞서 제기한 예들을 통해 언어가 때로 두뇌 내부에서 주변 위치로 '이동'할 수 있다는 가능성을 알 수 있으며, 이 경우는 바로 브로카 영역이 언어에만 국한된다는 주장에 의문을 제기한다고 볼 수 있을지 모른다.[16]

이제부터 좀 더 전환적 상황을 들여다보면 두 사람의 브로카 영역 환자들에게서 적출한 보존 두뇌를 최신 고도 자기 공명 영상 장치로 재조사한 경우를 생각해보기로 하겠다. 두 사람 중 르보른Leborgne은 앞부분에서 언급한 적이 있었던 환자로서 언어 상실 이후 오직 'tan'이라는 단어만 생성할 수 있었다. 다음으로 를롱Lelong은 'yes, no, three, always' 등 다섯 가지의 단어들만 생성했으며, 자신의 이름도 'lelo'와 같이 정확하게 발음하지 못했다. 두 환자의 심각한 언어 상실 현상은 르보른, 를롱 두 환자와 유사하게 비단 브로카 영역뿐만 아니라도 다른 부위에 손상이 발생하더라도 언어 생성에서 장애를 겪게 될 수도 있다.[17]

최근의 실험은 여기서 더 나아가 브로카 영역이 오직 언어 생성을 위해 전문화되어 있다기보다는 행동 인식을 포함하여 비언어적 범주에도 연계되어 있다는 사실을 밝혀냈다. 예를 들어 브로카 영역이 다른 사람들의 행동 인식은 물론 행동이 가리키는 의미를 해석하기까지 수행하기도 한다. 따라서 변인의 특정 행동 중 제스처 혹은 손동작 등에 대한 반응에서 작동에 돌입하는 거울 신경세포가 연관된 부위라고도 볼 수 있다.[18] 언어가 제스처로부터 진화했기 때문에 브로카 영역 그리고 언어 생성 사이의 연계는 손에 관련된 행동을 처리하고 인식하는 역할 가운데 나타난 결과로 볼 수도 있다.[19] 그리고 본능으로서의 언어 이론에 심대한 타격을 입힐 수 있는 상황이기 때문에 두뇌 내부에 브로카 영역의 정확한 위치에 대해 그동안 연구를 수행했던 실험실들 그리고 연구들 어디에서도 정확한 합의 결론을 내놓지 못하고 있다.[20] 사실 신경학자 프리드만 풀베르뮐러Friedmann Pulvermüler는 이 점에 대하여 언어 생성이 한 군데가 아닌 여러 장소에 포진해 역할을 수행하기 때문에 언어에 대해서는 인간 두뇌의 모든 부위(엽葉)에 두루 퍼져 있다는 주장을 피력했다.[21]

이제부터 문법 요인 유전자로 추정되는 FOXP2를 살펴보려고 한다. 지금 제시된 사항에 관련된 주장에 상당한 의혹이 일어나는 이유가 있다.[22] 우선적으로 해당 유전자가 언어에 국한되지 않는다는 사실이다. 이 유전자를 조사해보면 기능적으로 안면과 입에 연관된 연속 근육 작용이기는 하지만 여전히 언어와는 무관한 능력 수행에 결정적인 영향을 미치는 것을 알 수 있다. 이런 점은 일반 지능 측면에서도 확인이 가능하다. 앞서 제시했던 유전자 돌연변이에 관련된 런던 거주 가족 구성원들이 애석하게도 다른 가족 구성원들보다 지능지수에서 18점 정도로 매우 낮은 수치를 보였다. 여기에서 알아둘 점이 있다면 지능지수는 언어 능력보다는 차라리 일반적 지능 척도를 가늠하는 수치라는 사실이다.[23] 게다가 유전자 FOXP2는 다른 포유류에서 발견되어서 인간에게만 유일하게 존재하는 것이 아니다. 인간의 유전적 구조도 고릴라, 오랑우탄, 히말라야원숭이 등에서 발견되는 유전적 구조와 매우 흡사한 모습을 보인다.[24] 또한 유전자 FOXP2는 언어 외에도 심장, 소화관, 폐 등의 발달에도 중대한 역할을 담당하기도 한다. 매우 저명한 전문가 한 사람은 "정상적 구조의 인간 FOXP2에 연관된 무엇인가가 개인별로 언어를 발달시키는 데 도움을 주기는 하는 것 같다. 하지만 이 유전자 자체는 문법 요인을 위한 특별한 청사진과 같은 어떤 것도 갖고 있지 않다"라는 설명을 남겼다.[25]

언어와 다른 부류의 지능 사이의 비연계성을 보여주는 두 번째 증거 또한 여전히 의혹을 낳는다. 즉, 이중 분리 과정이 앞서 설명한 내용과 다르게 나타날 수 있다는 측면을 가리킨다. 윌리엄 증후군의 대상자들이 증세로 인한 시공간 및 추론 능력에서[26] 하위 능력을 갖고 있음에도 불구하고 정말로 매우 놀라운 수준의 언어적 능력을 보이기는 하지만, 그렇다고 이들 모두가 언어적 서번트 증후군에 해당되지는 않는다.[27] 윌리엄 증후군 환자들은 빈도수는 적지만 동일한 동급의 일반 아동 그리고 청소년에 비해 능력 면에서 저하된 모습을 보인다. 이것은 환자 대상자들의 지능지수가 50점대에 머무르는 것에서 그렇게 놀랄 일은 아닐 것이다.

아주 적은 수의 윌리엄 증후군 환자들이 비교적 음운론적 기억력 그리고 연령 수준 이상의 신종 단어 생성 등에서 탁월성을 보이기는 하지만 정작 그들의 수행 결과에서는 어휘, 문장 이해력, 문장 구사력 등이 대동소이하게 하위 수준으로 나타난다.[28] 더욱이 언어 습득 부분에서 궁극적으로 윌리엄 증후군 환자들이 상대적 성공을 보이기는 해도 해당 환자들은 말을 하는데 확실한 지체 현상을 안고 있다. 즉, 이들이 어휘를 생성하고 이해하는 과정을 보면 일반 발달 아동들과 달리 심각한 수준으로 지연되는 형태가 나타난다.[29] 윌리엄 증후군 환자들은 종종 박식한 어휘들을 습득하거나 복잡한 문법 구조들을 통달하는 식의 능력을 갖고 있기도 하다.[30] 이것은 사실 지능지수만 고려해도 특이한 현상이 아닐 수 없다. 그렇지만 이런 능력의 수행에서도 윌리엄 증후군 환자들은 일반인들과는 다른 전략을 사용한다는 점을 알아야 한다. 심리학자 카르밀로프-스미스는 연구 과정에서 일반 아동이 새로운 단어들이 대상물 전체를 가리키기를 원하는 반면 동일한 기대 현상이 윌리엄 증후군 아동들에게는 나타나지 않는다는 사실을 발견했다. 이 환자들이 "하나의 새로운 단어를 접하자마자 특정 대상물의 일부분에 해당하는, 즉 대상물의 손잡이 등처럼 특정 부분만을 언급하려는 성향을 이미 갖고 있었다 … . 말하자면 전체보다는 부분별로 해당 위치에 초점을 맞추는 매우 이례적인 모습을 보였다"[31]라는 보고를 제기했다. 또한 환자들은 주어진 문장 구조가 문법적인지 아닌지를 쉽게 판단하지 못하며, 상대적으로 복잡한 구조를 포함한 문장을 생성하는 데 난조를 보이기도 한다. 예를 들어 관계절을 포함한 문장을 더욱 어려워하기도 했다. [여기서 관계절은 'who, which, that' 등을 수반하는 절을 포함한 문장으로서 "The window cleaner who was bald loved the supermodel(대머리의 창문닦이가 슈퍼모델을 사랑했다)"가 여기에 해당된다.)]

여기서 확인할 수 있는 것은 바로 소위 '수다쟁이 증후군'이 언어적 결핍과 연관성을 갖고 있으며, 보통 사람들이 언어를 습득하는 단계의 궤도에 비해 이 증세 대상자들이 비정상적인 발달 과정을 보이는 현상에도 관련성을 보인다는 사실이다. 간단하게 말하자면 윌리엄 증후군 대상자들을 언어적 서번트 증후군이라고 판단하는 것은 착오가 될 수 있다.

핑커 주장에서 윌리엄 증후군 환자들을 특수 언어 장애인들과 분리시켜야 한다는 의견을 피력했다. 특수 언어 장애는 일반 아동들에게 문법 요인의 폭발적인 발현 현상이 발견되는 시기인 3~4세 정도 이후가 되어서야 전형적인 진단 결과로 판정이 이루어진다. 그렇지만 40년 이상의 연구가 시행된 이후에야 특수 언어 장애가 언어적 발달 측면에서 표준 수준 이하의 비정상적 결과만을 보여주는 제한적인 증상 대신 언어 발달의 지체 현상이라는 결과에 입각해 더욱 분명하게 설명될 수 있었다.[32] 시간적 요인뿐만 아니라 말 표현의 질적 부분에서도 언어 특수 장애 환자들은 일반 성장 아동들과 큰 차이를 갖지 않는다.

이와 더불어 최근 연구를 보면 특수 언어 장애가 언어 외의 문제점을 안고 있음을 알 수 있다. 특수 언어 장애 아동들이 특정 대상물을 상상해내든지 머릿속에서 대상물을 이리저리 여러 각도에서 바라보든지[33] 블록 장난감을 전화기로 취급하는 마치 상상으로 놀이에 몰입하든지[34] 그리고 특정 대상물이나 놀이 행동에서 다른 대상으로 관심을 돌리려는 행위 등의 여러 예를 보았을 때 일반 아동들과 비교하면 현격한 수준 차이를 발견할 수 있다.[35] 이와 같은 현상들은 특수 언어 장애가 무조건 언어에만 국한되지 않는다는 사실을 가리킨다. 특수 언어 장애가 마치 더 많은 증상에 관련되어 있음을 알 수 있다.

특수 언어 장애인들이 겪는 언어적 지체를 봤을 때 형태적 구조의 기본 단위에서 좀 더 복잡한 단위를 구축하는 데 장애인들이 지속적으로 더 많은 왜곡된 현상을 보여주는 듯하다. 게다가 알아둘 점이 있다면 형태적 요소들, 즉 여러 예 중 복수형 표식 '-s' 혹은 과거시제형 표식 '-ed' 등의 접사 요소들은 사람들이 빠르게 대화하는 중에 정확하게 그 소재를 소리로 파악하기가 거의 불가능하다고 알려져 있는 대상이기도 하다. 그래서 특수 언어 장애는 사실 언어 수행에서의 결핍이라고 보는 대신 일종의 청각적 단서 처리 불능에 연관된 듣기 분야에서의 난관이거나[36] 아니면 음운적 발달에 관련된 문제로서 정신적으로 소리 조합을 제대로 수행하는 능력을 결여한 현상으로 보는 것이 맞는 것 같다.[37] 이와 같은 장애를 어떻게 바라보든 해당 난관들은 문법 요인 발달 장애로 봐서는 '안' 될 것이다. 따라서 특수 언어 장애 증상은 지금까지 알려진 내용과 다르게 형태적 접사 표식들이 음향적 측면에서 충분한 수위에 도달하지 못한 상태에서 해당 요소들의 언어적 정보를 인식하거나 또는 형성하려는 데서 발생하는 문제로 봐야 한다. 전체적으로 언어적 서번트 증후군 환자들은 이전부터 알려진 바와 달리 언어학적으로 매우 복잡한 수준까지 다다를 수 있다고 생각하지 말아야 하며, 특수 언어 장애가 언어적 결핍에만 연관되어 있다거나 궁극적으로 발달 측면에서 말 그대로 문법적 능력에서 발생하는 장애가 주된 원인이라는 생각을 접어야 할 것이다.

끝으로 2세 정도의 아동에게서 어휘 학습 단계로부터 문법 출현 단계까지 갑작스러운 도약에 연관된 주장을 다시금 고려해보려고 한다. 다만 여기서 기억할 점이 있다면 본능으로서의 언어 이론 주장에 따르면 어휘는 보편 문법이 주관하기보다는 차라리 학습 과정을 통해 습득된다는 사실을 잊지 말아야 한다. 지금까지 알려진 것처럼 통시적 연구 조사가 상세하게 1970년대 이래 계속 진행되면서 아동의 단어 습득 과정이 시초 단계에서는 속도가 매우 더디게 나타나지만 1세 반 이후부터는 그 속도가 거의 급진적 상황에 돌입한다는 사실이 인정받으면서 두루 수용되기에 이르렀다. 그 와중에서도 아이가 20개월 이후에 다가가면서부터 문법 요인이 거의 순식간에 발현되기 시작한다.

그렇지만 아동들에 대한 연구가 개별적 혹은 다수를 대상으로 영어권이나 비영어권을 망라해 진행되는 중에 아동 언어 습득의 궤도를 추적해가는 수많은 연구들의 세심한 결과들이 제시되면서 비연속성 도약이라는 제안에 대한 정확도 수준에서 문제점이 나타나기 시작했다. 최근 알려진 사실은 문법의 습득이 어휘 습득 결과에 달려 있다는 연관성이 제시되었다.[38] 이 말은, 즉 문법 요인 발달이 어휘 성장과 함께 지속적으로 진행되며 아동의 어휘 습득과 밀접한 관련성을 보인다는 내용이다. 아동이 문법 '폭발' 시기이도 한 28개월에 다다르면서 개인별로 문법적으로 어느 수위에 이르렀는가를 추정하는 가장 좋은 방법은 바로 어휘 폭발이 중간 정도에 해당되는 20개월에서의 어휘 수의 총체적 합으로 볼 수 있다. 20개월 그리고 28개월의 아이들의 발화는 통계적으로 해당 아동이 문법적으로 생성할 수 있는 구조의 복잡성 수준에 비교해서 얼마나 많은 수의 어휘를 알고 있는가에 대한 결과 수치로 확인할 수 있다.[39]

문법 수행 능력은 16~30개월 범위 내 아이들의 어휘 수준과 밀접한 연관성을 보이는 것 같다. 본능으로서의 언어 이론에서는 어휘 습득이 더 이상의 상승곡선을 멈추는 한계점에 도달하면 문법 요인과 어휘 습득은 그때까지 유지한 평행선 구조를 탈피하기 시작하는 상황을 예측하기도 했다. 그러나 실제로는 그런 상태가 발생하지는 않는다. 나이를 주축으로 16~30개월이라는 기준에서 어휘 그리고 문법 요인의 관계 예측은 너무도 형편없는 시도가 아닐 수 없다. 어휘 수위를 한 지점에 멈춘 것으로 상정하면서 문법적인 복잡성 수준 차를 나이에 따른 연관성을 확인하는 검사로 진행해보면 수치상으로 기대 수준을 밑도는 0.8% 정도에 머무르는 것을 확인할 수 있다. 이와는 반대로 나이를 상수로 둔 채 어휘 수위 차이를 기반으로 문법에서의 복잡 수준을 조사해보면 앞서 언급한 수치와는 확연히 다른 32.3%라는 수치를 확인할 수 있다.[40] 따라서 이런 발견 결과가 영어를 습득하는 아동에서뿐만 아니라 모든 언어들을 습득하는 과정에 반영된다는 사실을 알아야 한다.[41]

이런 결과를 통해 우리는 문법 요인이 오직 인간 정신 내에만 한정된다고 보는 대신 어휘 습득 수위에 관련성이 있음을 확인할 수 있다. 결국 문법 요인을 인간 정신세계에서 별도의 모듈로 본능으로서 간주할 수 있을지 모른다는 관점에만 국한시켜 문법 자체가 오직 발달 단계 궤도에만 맞춰서 독자적으로 발현하는 것이 아님을 명심해야 한다.

앞서 제기한 나의 결론에 반대하는 사람들은 'to, of' 등의 문법적 '기능'의 단어들이 어쩌면 어휘 수위 계산에 포함될 수 있다는 문제를 제기할지도 모른다. 물론 이 단어들이 문법 일부로 포함될 수 있기 때문에 어휘 수위 수준을 부풀리는 효과를 낳을 수도 있고, 그로 인해서 어휘 습득 그리고 문법 개시 상황을 애매모호하게 만들 수도 있다. (물론 이런 애매함이 없다면 어휘 습득 그리고 문법 개시 관계는 분명하다고 할 수 있다.) 그럼에도 일단 앞서 언급했던 '소규모' 문법적 단어들을 어휘 계상에서 제외시키면 둘 사이의 관계성은 그대로 유효한 모습을 유지하게 된다. 사실 무엇이든 어휘 향상 그리고 그에 동반되는 문법의 출현 사이의 연관 패턴은 기능 어휘들을 포함시켰을 때

와는 다르게 완벽한 결과 형태로 나타난다.[42)]

두 번째 반대 사안으로 아이들의 성장 발육을 조사하는 방법으로서 일군의 아동 전체를 연령대 기준으로 단계에 걸친 평균을 계산하면서 결과를 확인하려는 방식을 벗어나야 하며, 그 대신 아이 개개인의 발달 궤도들을 일일이 전수 조사하는 과정을 통하는 방법을 사용할 필요성을 고려해야 한다. 이 방법에 의한 경우로 12~30개월의 아이들 중 28명을 조사 예로 생각해보려고 한다. 연구자들은 아이들을 매월 기준 자유롭게 노는 상태를 유심하게 고찰하면서 이들이 사용하는 언어의 녹화 그리고 녹음을 실시했다. 이와 함께 단어 그리고 문법 이해 수준에 연관된 약간은 공식성을 띤 테스트도 아울러 활용되었다. 그런 가운데 놀랍게도 아이들 각자에서 어휘 수위 그리고 문법 성장 사이에 상관성이 존재하고 있음을 확인할 수 있었고, 이를 바탕으로 앞에서 언급했던 두 요인 사이에서의 상관관계와 결과를 확인할 수 있었다.[43)]

그렇다면 어휘 검사 수치가 비정상적으로 아주 높거나 혹은 낮은데도 불구하고 여전히 문법적으로는 정상적 발전 속도를 보이는 비전형적 개체군의 아동들은 과연 어떠할까? 말이 늦는 아동들이란 지능발달 저해, 신경학적 손상, 자폐, 청각장애 등 누가 봐도 확실히 지체를 발생시키는 생물 의학적 원인들을 겪지 않음에도 불구하고 어휘 습득 측면에서 백분위 수로 봤을 때 하위 10번째(전체적으로 90%가 위쪽에 속함)에 속하는 아이들을 가리킨다. 이와는 반대로 조기 발화 수행 아동은 어휘 표현 부분을 볼 때 백분위 수 상위 10번째에 속한다. 최근 선도적인 심리학자로 잘 알려진 엘리자베스 베이츠Elizabeth Bates는 자신의 연구를 통해 비전형적 개체군에 속하는 아이들에게서도 어휘 그리고 문법 사이에 비연속성을 예시하는 증거가 여전히 존재하지 않는다는 사안을 보고하기도 했다.[44)]

지금까지 내용을 정리하자면 문법 습득 그리고 어휘 습득 사이의 관련성

〈도식 5-2〉 머리의 도식적 표식

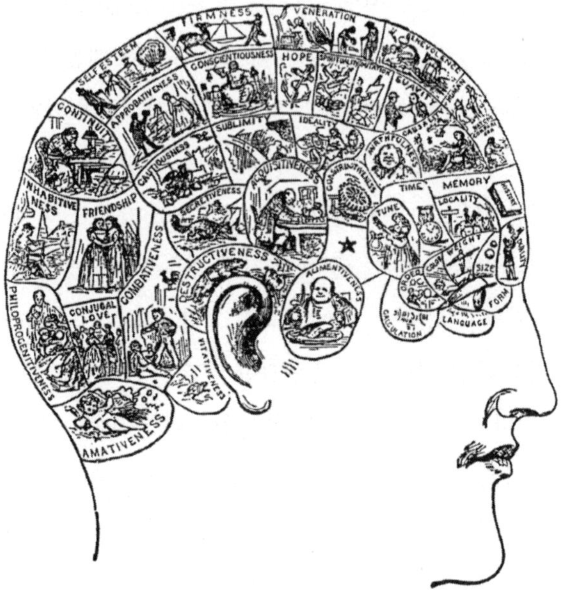

주: 골상학자의 표시를 예시한다. 기능으로서의 자연언어를 예시하는 상징물로 표시된 머리 형태의 석판 인쇄(물)이다.
자료: 영국 학회(19세기), 개인 소장용, 스테이플턴 소장품, 브리지먼 미술 도서관.

은 비연속적이지 않다. 즉, 둘 사이의 연계성은 어떤 경우든 뒤집을 수 없는 사실임에 틀림없다. 문법이 알려진 바대로 인간 정신세계의 독립된 모듈이라면 당연한 일이겠지만, 어휘와 아주 관련성을 갖지 않은 채 특정 시간별 단계로서의 스케줄을 따라 발달하지 않아야 할 것 같다. 문법은 실제로 어휘 습득에 의존하는 모습을 보여준다. 즉, 이 말은 문법 그리고 어휘 두 요소 사이의 연관성이 인간의 생 어느 시점을 봐도 절대로 비연속적이지 않음을 의미한다.

다원에 대한 연민

인간 정신세계를 모듈로 보는 견해는 역사적일뿐만 아니라 정신 기능이 두뇌 부위별로 포진한다고 믿었던 관점에 기반을 두었다. 과거 1784년 독일 외과의사 프란츠 요제프 갈Franz Joseph Gall이 인간의 성격, 사고, 감정 등이 두뇌 특정 부위에 위치한다는 주장을 펼쳤다. 이런 학설을 주장하면서 골상학이라는 분야를 개척했고, 이 관점에 의하면 인간의 다양한 특성의 두뇌 특성 부위 지정설을 믿었다.

비록 19세기경에 골상학이라는 분야가 상당한 인기를 얻기는 했지만, 곧바로 사람들로부터 외면받는 처지가 되기도 했다. 1943년 프란시스 마장디Francis Magendie는 골상학을 가리켜 "현대의 가짜 사이비과학"이라고까지 말했다. 골상학은 두개골 크기의 측정에 의거하여 인종적 계통에서 지능 수준을 고정관념화하거나 인종 차별주의 색채를 띤다는 취지의 기사를 통해 수많은 혹평을 받았지만, 이에 관련된 개념은 여전히 두뇌 관점에서 중요한 족적으로 남아 있다. 가장 처음 주창되었던 것과 마찬가지로 골상학은 인간 행동을 이해하려는 관점을 이전의 철학에서 벗어나서 신경학적 각도로 전환시켰던 대표적인 학설이기도 했다.

인간 정신세계의 모듈 견해가 골상학 자체에 직접적으로 관련된 것은 아니더라도 정신적 기능 그리고 두뇌 부위별 개념에 관한 일대일 관점을 견지했다. 사실 언어에 관해 모듈 견해를 갖고 있었던 연구자들은 바로 이런 관점에서 추론을 시작하면서 다른 부류의 지능도 모듈 형태로 되어 있다는 주장을 펼쳤다. 핑커는 일종의 원조 모듈 주창자로서 그 자신이 "어쩌면 다른 부류의 인지작용도 한 무리의 본능일 수도 있다. 즉, 복잡한 회로 구조로서 각각의 회로선이 인간이 수백만 년 전부터 수용했던 생활 방식에서 유발된 특정 집단의 연산 작용 문제들을 해결하기 위해 설정되었다고 볼 수 있다"

라는 말을 남겼다.[45] 핑커는 인간의 여러 능력 중 직관을 위한 장치, 직관에 연관된 생물학적 요인, 숫자 개념, 광활한 지역의 인식을 위한 위치 파악 능력, 서식지 선별 처리, 위험 감지 기능, 음식 음용 가능성 여부 판단력 등 다양한 부문에 관련된 기능 수행 능력들이 모두 독립적으로 모듈화 방식을 빌어서 인간 정신세계에 배열되는 구조를 갖춘다는 주장을 제안했다.[46]

인간의 정신세계를 여러 종류의 모듈로 여기는 다소 급진적 견해는 사실 자칭 진화심리학자였던 레다 코스미데스Leda Cosmides 그리고 존 투우비John Tooby 등에 의하여 좀 더 상세한 연구가 진행되었다. 소위 '진화심리학' 분야는 1992년 출판된 『각색된 정신세계The Adapted Mind』의 내용 속에서 절정의 대우를 받을 정도로 신격화 위치를 갖게 되었다. 핑커 자신도 모듈화의 대대적 옹호자이고, 이런 견해가 인간 정신세계의 작동 방식을 긍정적으로 주장했다.[47] 이런 사고방식의 핵심을 살펴보면 다음과 같다.

"흔히 볼 수 있는 스위스 아미 나이프swiss army knife처럼 인간의 정신세계도 특화된 도구들의 조립이며, 각각의 도구들이 일종의 특화된 목적들에 부합하게 되어 있다."[48]

모듈은 모두 주어진 기능을 위해 진화되었고, 이 모습은 "배우자 선택하기, 자신의 식사 패턴 결정하기, 관찰하기, 공간 방향 감각성, 얼굴 인식하기" 등과 같은 기능에서부터 사람의 기분을 다른 이 탓으로 돌리는 마음 읽어내기 및 문법 처리 기능 능력까지를 포함해서 다양한 방면에서 발달 양상을 보여주었다.[49] 그리고 이와 같은 모듈이 진화 과정에서 인간에게 이로움을 주는 쪽으로 발전했기 때문에 모듈 모두는 때때로 '다윈주의 모듈'이라고 명명되기도 한다.

지금까지 설명은 그런대로 괜찮은 듯하다. 그렇지만 여기에도 여전히 문제점이 나타난다. 언어가 대대적인 모듈화 주창자들인 코스미데스, 투우비, 핑커 등처럼 대표적인 학자들로 인하여 모듈로서 가장 대표적인 요인으로 제기되었다. 그리고 이미 본 것처럼 언어의 경우에서 모듈 관점은 완전한 실패 사례이기도 하다. 또 다른 추정에 의한 모듈을 위한 증거를 찾기도 더 이상 쉽지 않다. 특정 범주에 특화된, 즉 한 부류의 정보로서 언어든 시각 입력이든 또 다른 무엇이든 이들 모두 처리를 위한 광범위 신경학적 시스템에 연관된 증거도 실제로 그리 충분하지 않은 처지이기도 하다. 예를 들어 신경 촬영 연구에서도 정신세계 읽기 모듈을 위한 제안이 연구 대상이 된 적이 있었다. 실험 대상자가 다른 사람에 대한 믿음을 갖게 될 때 좌뇌 전두엽 대뇌의 언어 처리 영역, 우측 측두엽 근방 두정엽의 시공간 관련 영역들, 감정들과 연계된 편도체 부위 등의 위치들에 감광 현상이 나타난다. 간단히 정리하면 정신세계 파악하기는 두뇌 내부의 회로 구조를 보는 것이지 기능별로 특화된 영역만을 관찰하려는 것이 아니다. 그리고 여기서 말하는 구조들은 때로 매우 이질적으로 보일 수 있는 속한 범주가 다른 잠재 능력들과 연관성을 갖고 있음을 알아야 한다.[50]

다수의 모듈화 주창자들은 대대적으로 반박하면서 다음처럼 언급할지도 모르겠다. "잠깐만요. 인간의 모듈, 즉 다윈주의 모듈은 특정 부위에 배치되지 않습니다. 더욱이 알려진 대로라면 완전히 외부와 단절된 것도 아닙니다. 이 말은 두뇌가 기능적으로 모듈을 보이는 것이지 실제로 생체학적으로 분리된 것이 '아니라' 신경 조직 시스템들이 서로 얽히는 형태를 띠면서 '단지' 특화된 기능들을 수행하도록 진화'했던' 것입니다." 그 말대로라면 모듈은 이제 오직 준準자치의 대상일 뿐이다.[51] 지금까지 말한 모듈 중에서 가장 잘 알려진 것이 바로 거짓말쟁이 판독 모듈이다.[52] 알려진 바로는 이 모듈이 거짓말쟁이를 잡아내기 위해 진화했으며, 여기서 거짓말쟁이란 계약이나 또 다른 사회 규약을 어기는 개인을 가리킨다. 그리고 이 모듈은 세밀한 추론 체계에 더 잘 들어맞도록 되어 있다. 사실 우리가 생각하듯 거짓말쟁이 판독 모듈이 주어진 기능을 수행하도록 뒷받침 역할을 한다면, 안와 전두 피질이나 편도체 등 뇌의 일부분에 발생한 손상은 사회적 규범에 대한 정상적인 추론 수행에 심각한 문제를 일으킬 수 있다.[53)]

그렇지만 다수의 모듈화에는 논리적 측면에서 주목할 만한 문제점이 있다. 그리고 이 주장은 포더에 의하여 제기되었고, 그는 당시까지 인간의 정신세계에 관하여 모듈 견해를 주창했던 핵심적 제안자이기도 했다. 일단 사람의 안면을 인식하는 정신적 모듈, 동물 얼굴을 인식하는 모듈 그리고 그 외 다른 여러 사항들을 인식하는 모듈도 함께 가정해보자. 일단 동물의 얼굴을 인식한다면 동물 인식 모듈 처리 과정이 있어야 할 것이고, 인간 안면을 인식한다면 인간 인식 모듈이 있어야 하며 다른 사항들도 마찬가지일 것이다. 그러나 이에 관련된 일부의 정보가 두뇌로 수용되면 과연 우리는 어떤 모듈이 어떤 방식으로 작동했는지를 판단할 수 있을까? 그렇다면 문제는 다음과 같다. 즉, 인간의 정신세계가 주어진 정보 유형을 무슨 수로 알 수 있으며, 그에 따라서 어떤 모듈이 과연 작동에 배정되었는가를 알 수 있을까? 이 질문을 위해서라면 우리는 당연히 상위-모듈을 설정해야 할 것이며, 여기서는 이 모듈이 인간의 안면, 동물의 얼굴, 그 외 다른 사항들까지 모두를 인지한다는 사실을 전제해야만 한다. 결국 이런 언급 가운데서 감안해야 할 문제점이 있다면 다수의 모듈 제안자들은 모듈들이 특화된 기능만을 수행하면서 개별적인 처리를 진행한다고 보기 때문에 인간의 정신세계를 모듈 전체가 조합된 결과물로 본다면 정신계 내부에 두뇌가 수행하는 작업들 전체를 조망하면서 조절해가는 컨트롤 타워가 인정되지 않음과 동시에 특정 모듈이 특정 종류의 정보만을 처리하도록 제한하는 방식을 의미한다.[54)]

그러나 다수의 모듈 제안자들은 모듈에 관련된 문제점이 제기될 때는 모든 지적 기능이 모듈 구조가 아니며 보편적 학습이 필요할 경우 이를 다루기 위한 일부 처리 장치가 분명히 존재할 것이라는 주장을 펼친다. 이들은 예로서 여객기를 조종하고, 컴퓨터 프로그램 혹은 독서 수행 등의 행위들은 하나의 기능에 특화된 단편 모듈에만 의존해서는 원하는 수준까지 발전할 수 없다고 말한다. 즉, 앞서 예시된 사항들은 역사적으로 봐도 비교적 최근에 발생한 것임을 또한 명심해야만 한다.[55]

다수의 모듈화 주장 이전에 모듈화에 관해 주장을 피력했던 포더의 설명을 보면 자신은 모듈이 주어진 과업 중 수준 측면에서 비교적 상위보다 하위에 속하는 지각의 현상에 관련된 기능에 관여되어 있다고 언급했다.[56] 따라서 인지적 측면에서 상위적인 요소로서 마치 모듈 이상의 존재로 보편적인 조망 능력을 갖춘 빅 브라더big brother(총괄지휘자)와도 같은 '중앙 정보 통제소central intelligence'등의 조직의 필요성을 제안했다. 그렇지만 포더의 모듈화는 크게 주목을 받지 못했는데 그 이유는 자신의 주장에서 모듈이 정보처리에서 특정 부류의 정보만을 다루고 아울러 모듈 사이에 상호 교류를 허용하지 않는 완전한 고립화를 언급했기 때문이다. 하지만 우리는 모듈들이 서로 교류를 수행하는 수많은 예가 있다는 사실을 간과하지 말아야 한다.

앞에서 언급한 내용을 위한 대표적인 예로 스코틀랜드 출신 심리학자 해리 맥거크Harry McGurk가 찾아냈던 소위 '맥거크 효과'를 생각해보기로 하겠다.[57] 맥거크 효과에서는 우선 발음 음성 중 [b] 소리를 발음하는 모습을 영상화하여 피실험자에게 보여준다. 그러나 영상의 모습과 달리 귀로는 [g]처럼 전혀 다른 소리를 듣게 된다. 그러면 해당 소리의 청취자가 시각, 청각으로 입력된 음성을 섞어서 인지한다. 이 실험은 시각 그리고 청각 경험들이 서로 간섭하는 형태를 보인다는 데 초점이 있지만, 정작 이 결과를 통해 인간의 정신세계가 모듈로 구성되어 있다면 결코 가능하지 않은 상황을 접하게 된다고 볼 수 있다.

또 다른 예를 들어본다면 소위 '촉각 착각' 현상을 들 수 있다. 누군가 피실험자의 팔이나 다리를 만지는 경우 접촉의 횟수 판단이 자신이 무엇을 듣는지가 중요한 조건이 될 수 있음을 보여주는 사안이다. 예를 들어 정작 다른 사람이 자신을 한 번만 만지는 경우라도 다양한 소리들을 청취하게 되면 수차례 접촉이 있었다는 착각에 빠질 수 있다.[58] 이 실험에서 또 다시 모듈화에 대한 반대의 결과를 볼 수 있는데, 즉 촉각 그리고 청각의 분리된 모듈들이 각자 발산시키는 정보들이 서로 간섭을 통해 방해를 입하는 현상이 발생하는 과정을 보이는 것으로서 모듈 이론에서는 그 자체가 불가능한 현상이 아닐 수 없다.

다수의 모듈화는 세계 여러 장소에 걸쳐 급진적으로 언어선천성 이론의 입장 위에 건립된 개념이다. 어쩌면 일부분이나마 학습 및 경험의 역할에 대한 두려움에서 발생했는지도 모른다. 예를 들어 인간이 가로, 세로, 높이 시점을 주축으로 대상을 바라보는 3차원의 시야는 단계적으로 출현하기 시작하며, 경우에 따라서는 발달 자체가 이루어지지 못하는 경우도 발생하는데 이때 학습 및 경험이 시각에서 근본적인 측면을 발달시키는 데 역할을 담당하기도 한다. 그렇지만 핑커가 인간의 정신세계를 다수의 모듈 접근 방식으로 설명했던 『빈 공간으로서의 정신세계』를 보면 사람의 의식에는 3차원 시야 발달 과정이 설정된 선천적 장치가 이미 존재한다는 주장이 전개되어 있다. 그러나 이런 장치는 애초부터 유전자로 하여금 입력 정보를 추측할 수 있도록 요구할 수도 있지만, 유념할 사안은 이들 유전자들은 이전에 핑커 자신이 수용했듯이 입력 정보 자체를 예측조차 할 수 없는 존재들이라는 점이다. 그럼에도 핑커는 앞서 제기한 유전자와 3차원 시야의 관련성 사이의 연관성에 어떠한 의혹점이 있다 하더라도 여전히 3차원 시야가 유전적으로 설정된다는 전망을 더 선호하는 편이다. 그 이유는 핑커 자신이 불평처럼 말했던 내용을 통해 가늠할 수 있는데, 즉 약간의 문제성이 보이기는 하더라도 앞서 서술한 접근 방향을 통한다면 "3차원 시야가 다른 신체적 요인들과 마찬가지로 타고난 속성과 성장 과정 여건이 합쳐진 것으로 보는 어쩌면 지루할 정도로 반복되었던 설명 내용"을 일부나마 피할 수 있지 않을

까 하는 마음에서 시도된 것이 아닐까 하고 여길 수 있을지 모른다.[59]

다수의 모듈화에서는 이성주의 입장을 진화적 관점이라는 망토로 감싸려는 시도를 한다. 그러나 궁극적으로 이런 시도는 다윈을 오류에 빠지게 하는 것이다. 근대 신다윈주의 통합설은 1980년대까지 올바른 이론으로서 널리 수용되었다. 그리고 증거의 뒷받침에 힘입어 이론이기보다 진실로서 받아들여졌으며, 이런 점은 진화생물학자 도킨스도 힘겹게 지적한 부분이기도 하다.[60] 그렇지만 만일 당신이 이성주의 사상가라면 인지적으로 근대 인간의 정신세계까지의 진화를 어떤 방식으로 설명하겠는가?

정신세계 모듈에 관한 개념이 선천성 가설 주장에 잘 들어맞기는 한다. 우리는 역으로 분해 방식을 따르는 역설계 방식을 기반으로 모듈이 실제로 발생했던 지질학적으로 1만 2000년 전 시기로서 인간세계에 농업도 거주 등도 형성되지 않았던 홀로세 시대Holocene-era[•1만 년 전에 시작되어 현재에 이르는 지질시대로 현세Recent, 후빙기Postglacial, 완신세完新世(일본)라고도 한다]로 추적해서 돌아갈 수 있을 것이다. 그 세계에서는 특수한 상황에서 인간이 주위 환경에 적응하면서 필요에 따라 특수 기능 수행을 위한 새로운 모듈의 태동이 가능했을 것이다. 그렇지만 이미 개진된 여러 의견에서 볼 수 있듯이 인간 두뇌 내부에 다수의 모듈화를 기반으로 구성된 추정상의 정신세계 모듈의 발생이 있었을 것이라는 상황 논리를 유전학적이나 생태학적 어느 것으로도 구성하는 것이 때로는 거의 불가능할 수 있다.[61] 생각해보면 예로서 다음의 질문을 던질 수 있다. 즉, 어떤 환경이 과연 거짓말쟁이 파악 모듈에 시동을 걸어 이후 인간 사회 속에서 계약을 파괴하려는 사람들의 의중을 간파할 수 있는 특화된 모듈을 갖게 될까?

그렇지만 만일 다윈주의 모듈이 완전하게 고립되지 않으면서 동시에 특정 위치에 고착되어 있지 않다면, 이와 같은 상황이 어느 정도는 인간이 영리하게 발전시키고 아울러 이들이 여러 종류의 기발한 일들을 수월하게 완수할 수 있게 하는 보편적 지능을 부여해준 것은 아닐까? 사실 정말 그럴지는 확신하기 어렵다. 다윈주의 모듈이라는 제안에는 모듈은 반드시 특수 목적을 위해서만 진화했다는 가설이 수반되어 있다. 그런 측면에서 우리가 내릴 수 있는 예상이란 바로 특정 모듈을 위시해서 여러 모듈마다 별도의 기반을 형성하면서 동시에 발달 속도에서도 다양한 추이 과정을 갖는다는 사실이다. 마치 다양한 천 조각들로 누벼진 퀼트와 아주 흡사하게 두뇌가 독자적으로 그리고 별도의 기능들을 위해서 진화했던 여러 모듈들의 모자이크 구조를 갖추고 있다.

그렇지만 최근 연구에서는 앞서 언급한 예측을 약화시키는 것 같다. 신경학자이면서 철학 교수인 스티븐 쿼츠Steven Quartz는 다수의 모듈화가 다윈을 오류로 빠트린다는 결론을 내리기 위해 포유류 두뇌의 진화에서 최근에 발견한 사항들을 적용한다.[62] '호모사피엔스'를 포함해서 포유류 두뇌의 진화 발달을 예시하는 연구에서 두뇌 발달이 모자이크 방식[63]이 아닌 상호협동 방식 위주로 발달했음을 확인할 수 있다. 소뇌, 선조체, 그리고 무엇보다도 시피질 등을 포함해서 11명 피실험자 두뇌의 부위들을 조사 및 검토하면서 연구자들이 두뇌가 이전 다수의 모듈화 방식에서 예측되었듯이 특화된 모듈에 의존해 진화하기보다는 차라리 협주 방식의 앙상블 형태로 진화한다는 사실을 찾아냈다. 이 연구가 주로 관심을 기울였던 부분은 진화 시간대에서 두뇌 부분이 다른 신체 부분에 비해 크기 측면에서 대두된 발달 과정이었다. 쿼츠는 자신의 주장을 통해 만일 두뇌 발달이 다수의 모듈화에서의 주장처럼 진화상 모자이크 형태 패턴을 갖는다면 다른 신체 부분에 비해 두뇌의 크기 비율이 달라져야 한다는 말을 남겼다.

그렇지만 실제로 앞서 언급한 내용처럼 상황이 전개되지는 않는다. 실제로 포유류 두뇌의 구성 부위가 진화의 시간대에 걸쳐 상대적 크기 관점에서 지속적으로 전체 부위가 상호협동 관계 속에서 골고루 발달하는 패턴을 유지했다. 쿼츠는 이런 사실을 토대로 두뇌가 발달하는 과정이 부위별로 별도의 발달 속도를 따르는 방식보다는 상호협동 궤도를 기준으로 전체가 동시에 진화했음을 밝힐 수 있다고 봤다. 간단히 정리하자면 다수의 모듈화는 "우리 인간이 일상적인 정신세계 활용의 삶을 두고 볼 때 두뇌, 신체, 그리고 외부 세계 모든 요인 사이에 상호작용 … 을 설명하는 데 전반적인 이론으로서 적절한 수준에 이르지 못한" 것으로 최종 판정을 내릴 수 있다.[64] 그리고 쿼츠의 주장을 비판했던 철학자 에두아르 매커리Edouard Machery조차 "다원주의 모듈을 뒷받침할 견고한 증거의 예를 찾기란 거의 불가능함"을 인정하는 말을 남겼다.[65]

다수의 모듈화에 관한 마지막 문제점은 내가 이미 제3장에서 일컬은 확실한 과학 테스트에서 실패 결과를 보인 것이다. 이 말은 다수의 모듈화 이론은 반증 가능성이 거의 없음을 가리킨다. 즉, 인간 행위 및 상호 작용에 연관된 상황 기반 속성을 가정할 때 모든 실행 가능한 목적을 위해서 인간 행위에 속하는 요소들의 상호 연속성을 허용하지 않으면서 이런 상황의 도래가 독립적 모듈의 역할에 의한 것으로 원인을 삼으려는 시도는 실질적으로는 거의 가능성이 없다.[66] 예를 들어 인간이 만약 잠재적인 거짓말쟁이를 판별해냈다고 해도 이 결과는 사회적 상호관계가 포함된 복잡한 환경에 기인하며 동시대에 통용되던 법률의 통제 기능 속에서 발생한다고 봐야 한다. 그러나 이와 같은 환경의 복잡한 상태로 인해 앞서 가정해서 제시했던 거짓말쟁이 판정 모듈에 제공되는 입력을 구성하는 해당 모듈에서만 볼 수 있는 독자적으로 정형화된 행위 유형이 무엇인지를 확인하기란 실질적으로 그 가능성이 희박하다고 봐야 한다.

궁극적으로 모듈이라는 개념은 포더의 주장처럼 외부로부터 완전히 고립되어 있든 아니면 다수의 모듈화에서 말이 되는지는 모르겠지만 그래도 '다원주의' 모듈이라고 불리든 상관없이 신다윈통합설로부터 제기되었던 학설 그리고 발견 등에 확실하게 반하는 모습을 보인다. 말하자면 정신적 능력의 용량은 모듈 관점에서 요구하는 영역-특화로만 보지 말아야 하며, 그와는 반대로 용량의 측면을 두뇌 부분 상호협동을 기반으로 골고루 발달에 참여하는 방식을 추구하는 협조 진화를 기본으로 해야 한다거나 아니면 그 방향으로 갈 수밖에 없다는 견해를 가져야만 한다. 앞에서 언급한 스위스 아미 나이프 혹은 컴퓨터 비유는 진화적 작용과는 어떤 관련성도 없음을 확실하게 보여주는 경우라고 볼 수 있다. 여기서 컴퓨터에 견준 비유는 해당 부위들이 독립적으로 분포되어 있어서 특정 부위를 첨가하거나 또는 제거해도 다른 부위에 어떤 영향을 주지도 않으며 동시에 스스로도 어떤 영향을 받지 않는다는 사안을 설명하려는 시도라고 보면 된다. 진화는 간단히 보면 적자생존이든 종의 시작이든 어떤 측면에서도 비연속적 도약 방식으로 나타나지 않는다. 진화 과정은, 즉 특정 기능만을 수행하기 위해 특화된 모자이크 방식에서 모듈이 진행되지 않는다.

그렇다면, 모듈화 구조를 위한 대안이란?

진화는 점진적으로 향진하는 추세로 작동하며, 이미 사전 형성이 전제된 청사진 설계 방식이나 외적 압력에 의해 밀려가는 형상을 따르지 않는다. 이와는 다르게 차라리 기회주의 방식의 면모를 보이면서 전혀 다른 모습의 변화에 반응하거나 연관성을 맺으면서 변화에 해당되는 부분들이 협동을 기반으로 전체가 동시에 참여하는 처리 과정을 수없이 따르는 것 같다. 인간의 두뇌 그리고 언어를 따지기 전에 먼저 좀 더 간단한 구조를 지닌 예로서 기린의 목 구조를 생각해보기로 하겠다.

기린의 목을 보면 기본적 구조로부터 시작된 다양한 양적 변이형들을 생각해볼 수 있다. 그리고 해당 변이 과정을 통해 현대 기린들은 다른 동물들이 다다를 수 없는 높이에 위치한 좀 더 맛난 먹이들을 섭취할 수 있다. 그러나 더 긴 목으로의 진화가 다른 범주에 속하는 다른 변화들을 필수적으로 만들면서 동시에 함께 길이 변화 발생 원인을 제공한다. 이런 변화에는 먼저 심장에서 멀어진 머릿속의 두뇌까지 혈액을 공급할 수 있게끔 심혈관계 변형이 있다. 또한 기린의 신체 구조에도 변화가 수반되어야 하는데 바로 길어진 목 구조로 인하여 기린이 쉽게 넘어질 수 있는 가능성을 제거하기 위해 뒷다리가 앞다리에 비해 짧아지는 변화가 필요했다. 게다가 기린의 후두 신경 경로가 두뇌로부터 후두부까지 대동맥을 휘감아 돌아나가는 형태를 취한다. 이로써 해당 신경 조직은 20ft 이상의 길이까지 이르렀다! 기린의 뒷다리 단축과는 다르게 신경 조직의 발달은 단순하게 보면 목의 성장으로 부수적으로 생긴 결과이며, 일부에서는 이런 변화를 가리켜 '미숙한' 도안이라고 일컫기도 한다. 그러나 중요한 요점은 진화가 장치를 처리하는 방식과는 다르다는 사실이고, 따라서 실제 두뇌 혹은 다른 신체 조직 등을 상정한 하드웨어 장치 내부에 선택적으로 특정 부분을 삽입 혹은 완전히 제거시키는 등의 처리 방식 적용의 가능성을 감안하지 말아야 할 것이다.

이제 언어를 고려해보면 협동의 진화에서 기인된 양적 변이들이 인간 두뇌의 속성에 내적 그리고 외적 변화들을 유도했다고 볼 수 있다. 일단 발화를 생성하기 위해 필요한 신체 구조 그리고 관련성 있는 근골격계 시스템을 조절하는 체계 외에도 주기억장치로부터의 변화들이 규칙적인 문장들을 생성하는 능력을 용이하게 하려는 목적에서 발생해야만 하며, 이미 제2장에서 봤듯이 침팬지들은 사람과 영장류에 속하는데도 복잡한 통사 구조를 형성하는 데 문제를 쉽게 일으킬 수 있는 미숙한 수준의 단기 기억에만 의존한다. 언어를 위해 역시 필요한 사항이 있다면 말을 수행할 때 필수적인 사고의 암호화를 수행하고 해당 정보를 청각 표기들에 맞추면서 해당 말 내용에서 의도를 파악해내는 시스템을 갖추어야 하는데 이것은 생각-읽어내기 능력을 언어와 하나[67]로 맞춰가는 일치시키기 행위를 포함하는 체계라고 볼 수 있다. 사실 인간의 생각-읽어내기 기술이 사회적 경험 또는 언어 교육훈련 등을 통해 발생하기 시작한다는 사실에 관한 증거는 수없이 존재한다. 이에 더해 언어의 핵심이 이전에는 다른 기능을 담당하던 부위로부터 진화한 결과이며, 진화에서는 이를 가리켜 일종의 전 적응기관이라고 하며, 이 기관을 시발점으로 언어가 발달했다고 말할 수 있다. 우선 문법 생성을 주관한다고 알려진 브로카 영역의 역할을 진화 시점에서 살펴보면, 정확하게는 제스처 동작 위주의 언어 표현으로 구성된 원시언어의 초기 형태를 필두로 언어 진화의 발생에 관한 추측이 가능하다는 이유 때문에 애초 두뇌 중심부에 브로카 영역 그리고 손동작 부위 등이 동일한 장소에 함께 포진해 있었다는 추측이 가능할 것으로 생각한다.

생물인류학자 디콘은 협동적 동시 진화가 언어와 두뇌 사이의 상호 의존성을 가져왔고, 이 안에서 발생한 변화들이 두뇌 한 편에서 또 다른 변화를 유발시켰다는 나름 설득력을 갖춘 주장을 피력했다. 그리고 협동적 동시 진화는 진화 발달 내에서는 이미 구축을 마친 패턴이기도 하다.[68] 예를 들어 꿀벌처럼 꽃 꿀-섭취 곤충이 제1장에서 말했듯이 식물과 더불어 쌍방의 이득 추구를 위한 방안으로 협동적 동시 진화 과정에 돌입하기도 한다.[69] 꿀벌과 해당 식물 양쪽의 변화에는 꽃의 꿀로부터 자외선 반사율이 포함되며, 꿀벌이 자외선까지 인식 범위를 넓히는 능력도 분명히 협동적 동시 진화 중 하나라고 볼 수 있다.

최근의 발전 중 하나가 바로 복잡도 이론이며, 이를 토대로 과학자는 언어 및 두뇌 등의 협동적 동시 진화가 어떤 양상으로 나타나는지를 바로 모델로 도식화할 수 있다. 복잡도 이론에서는 시스템이라면 어떤 것이든 스스로 조직을 형성하고 시스템 내에서 다른 양상으로 나타난 변화에 적응하는 과정으로서 이해될 수 있다는 의견이 개진되었다. 시스템의 측면들은 어트랙터attractors 역할을 수행하며, 이 기능은 반응의 역할로서 재구성화를 다른 형태로 변화하도록 유도하는 역할을 가리킨다. 예를 들어 일반 도로와 고속도로에서 교통 흐름의 통제는 자기 조직 시스템의 가장 훌륭한 예다. 교통 신호등, 교차도로, 우회도로 등의 요소들은 일종의 어트랙터로서 교통에 영향을 줘 교통 흐름의 체계화를 가능하게 한다. 그러나 또 다른 부류의 어트랙터들은 자동차 운전자가 단단한 노견 위에서 고장 난 혹은 부서진 차로 고개를 돌리고는 넋 빠진 듯 바라보면서 차 속도를 늦추면서 뒤따르는 차들을 길게 늘어서게 하는 성향을 생각해볼 수 있다. 즉, 이런 모습은 자기 조직화 행동이며, 고장 난 자동차라는 어트랙터가 주어진 시스템 내에서 작동하면서 나타나는 결과이기도 하다.

심리학자 레이 깁스Ray Gibbs와 가이 반 오든Guy Van Orden 등은 협동적 동시 진화되었거나 진화를 하고 있는 언어 그리고 두뇌 사이의 관계성이 일종의 자기 조직화 시스템으로서 결국 복잡 적응 시스템으로 보려는 주장을 제안했다.[70)]

지금까지 말로만 내가 다른 유형의 진화적 적응하기를 서둘러서 첨언하려 한다든가 부인하려 한다든가 하려고 서두르는 것은 아니다. 예를 들어 최근의 증거를 볼 때 인간 유아가 소리 모음으로서 'ba' 그리고 'ga' 등의 음절 유형을 구별하고 태어난 지 3개월이 되면 남녀 목소리를 구분하는 기능 장치를 선천적으로 타고난 듯도 하다.[71)] 그러나 음향 표식들을 구별하는 능력은 진화의 자연적 이동 과정에서[72)] 출현하며, 이런 추이 속에는 기존의 파싱parsing하기 능력 묶음들이 지속적으로 특성화된 결과 성과, 인간의 패턴 인식 능력, 다른 영장류에서 발견되는 적응력 등과 같은 요인들이 포함되어 있다. 또한 앞서 언급한 적응하기는 자기 구조화 과정을 진행시키며, 여기에서 말하는 과정이란 언어 자체를 가능하게 하는 기본 능력 등을 포함하는 신경학적 시스템이 또 다른 속성들에 대응하는 가운데서 자기 구조화가 진행되는 상황을 가리킨다.

그렇지만 만일 인간에게 사전에 특화된 모듈이 없다고 한다면, 우리는 비록 다양한 부류의 의견으로 혼선이 야기된다고 해도 두뇌가 신경학적 회로 안에서 특성화라는 과정이 괄목할 만한 수준으로 전개되는 상태를 적절하게 설명할 수 있는 방법을 찾아야 한다. 예를 들어 우리가 일찍이 앞 장에서 강조했던 다양한 제시 내용에 사전적 설명으로서 제시된 내용이 있음에도 불구하고 브로카 영역의 언어 생성에 관한 특성화 수준 그리고 표현적 실어증과 같은 언어 결핍 현상으로서만이 그 존재 여부 확인이 가능하다는 사실은 과연 어떻게 설명할 수 있는 것인가?

심리학자 아네트 카르밀로프-스미스Annette Karmiloff-Smith는 포더, 촘스키, 여러 본능으로서의 언어 이론 연구자들이 주장했듯이 두뇌가 탄생부터 모듈로 구성된 것으로 봤지만, 그럼에도 두뇌 내부의 신경 조직의 회로가 여러 종류의 기능들을 위해 특화된 사안으로 봐야 한다는 견해를 개진했다.[73] 그녀의 주장에 따르면 이와 같은 상태는 인간이 유아기로부터 성인기로 발달하면서 나타난다고 한다. 따라서 모듈화 과정은 정상적 발달로부터 발생하며 앞서 제기되었던 선천적 모듈화라는 불안정한 견해를 가정해야 하는 상황 없이도 두뇌 기능의 특성화로 나아간다.

이런 생각을 부연하면 다음과 같다. 아이가 태어나면 아동의 두뇌가 신체적으로 널리 배치되어 있는 감각 기관을 통해 수용되는 정보에 반응을 시작한다. 즉, 유전적으로 결정된 총제적인 구성에서의 편향적 성향으로 인해 제약을 받기는 하지만 행동 개시에 연관된 현상이 두뇌 전체에 걸쳐 널리 퍼져 있는 것은 사실이다. 여기서 유전적 결정론은 예를 들자면 언어를 포함해서 지각을 위한 세세한 요목들이 좌뇌 측에서 처리되어야만 하는 편향된 현상을 가리킨다고 보면 된다. 그러나 시간이 지나면서 특수 회로는 특정한 유형의 정보에만 선별적으로 반응 행위를 하도록 기능이 설정된다. 이런 모듈화 과정 혹은 특수화 등은 아동의 두뇌가 발달하고 효율적으로 관련된 원천 요소들을 통제하면서 스스로 자기 구조화하기 과정을 수행하는 것으로 간주될 수 있다. 그렇지만 중요한 점은 이런 과정이 주변 환경에서 입력되는 요인으로부터 영향을 받는다는 사실이다. 인간 두뇌는 모듈로 구성되지 않았지만, 특수한 회로가 두뇌의 주변에서 수집하는 일정 범주의 정보에 대응하면서 효율성을 높여가는 중에 점점 더 특수화되는 모습을 보이도 한다.

이들 야단법석을 어찌할까?

이제 분석의 끝자락에 들어서면서 다음 질문이 궁금해진다. 즉, 인간의 정신세계가 과연 모듈 구조인지가 어떤 이유에서 문제로 대두되는 것일까? 이 문제에 과연 누가 관심을 두는가? 나로서는 인간 모두가 이 부분에 관심을 가져야 한다고 강조하고 싶다. 즉, 언어 사용에 의존하는 사람이라면 누구든지 물론 우리 대부분이 여기에 속하겠지만 언어의 속성뿐만 아니라 언어가 인간에게만 고착화된 방법에 대해서 기존부터 가졌던 흥미를 품을 필요가 있다고 본다. 모듈화 특히 포더와 관련된 원래 형태의 모듈화는 오늘날까지도 본능으로서의 언어 이론에서 널리 받아들여지는 핵심적 항목이다. 프롬킨과 기타 저자들이 완성한 언어학계의 베스트셀러에 따르면 언어 모듈화의 이론이 사실적인 내용으로 제시되어 있음을 확인할 수 있다. 가장 최근 판(제10판)을 보더라도 "습득 및 손상에서의 선별화가 모듈화의[선천성] 언어 능력을 지적하고 있으며, 언어는 다른 인지 시스템과 분리되어 있다"[74]라는 내용을 확인할 수 있다. 그리고 가장 최근 판을 보면 언어적 모듈화를 지지하는 '증거'를 제시하는 내용에만 집중된 특정 장의 배치도 확인할 수 있다.

여기서 프롬킨 교재를 언급하는 이유는 바로 저자 자신의 목적이 기존의 모듈 주창 이론가들이 언어 모듈화 혹은 나아가서 언어 기능에 대한 오류를 간과한 채 이미 자신들의 논증에 반대되는 수많은 증거를 외면하면서 지금껏 자신들의 논지를 계속해서 밀어붙이려는 모습을 이번 기회로 재차 이야기함으로써 상황을 부각시키고, 아울러 이전 이론가들이 스스로의 주장을 신격화 수준까지 끌고 가버린 현황까지도 확실하게 보여주려는 것이다. 그리고 포더에 '기반을 둔' 기존의 모듈화가 아무리 최선이라고 해도 역시 문제점이 많은 관점인 반면 언어학 분야에서 후대 언어학 연구자들, 언어 교육자들 그리고 전문가들을 훈련시키는 데 핵심이 되는 참고문헌 등을 토대로 여전히 강건한 주장을 역설하는 실정이다. 나는 이전에 이미 미국 대학 대학원생으로서 프롬킨 교재를 언어학 개론으로 접했다. 그리고 현재까지도 영국에 위치한 나의 대학에서도 프롬킨 교재 최신판이 주교재로 '모든' 언어학과 '그리고' 영어학과 신입생에게 쓰이고 있으며, 해당 교재는 지금까지 어떤 변경도 거치지 않은 채 기존의 포더주의를 필수 사안으로 중요하게 취급, 설명한다.

그렇지만 지금까지의 내용에서 보았듯이 모듈화는 논리적으로 매우 부정확한 예측에 맞닥뜨릴 수밖에 달리 도리가 없다. 즉, 인간의 정신세계가 본능으로서의 언어 이론 관점에서 본다고 해도 어떤 이유로 모듈 구조로 된 것으로 봐야 하는 것인가 하는 질문에 직면해야 한다. 일단 지금까지 우리가 알고 있는 대로 진화와 정신세계에 대한 이해를 전제한다면 앞의 주장은 터무니없는 것이 되고 만다. 그러나 때로는 일부 과학자들조차 추구하는 방향성을 잃고 전혀 의미를 찾을 수 없는 상황에 처해버리는 '것 같기도' 하다. 분명히 언어는 다른 종에서의 의사소통 수단과 질적으로도 맥을 달리하는 대상이다. 그리고 인간의 두뇌/정신세계는 자연 어느 곳에서도 찾을 수 없는 독특함이 깃든 잠재성을 소유한다. 그럼에도 이러한 나름의 특성이 과연 인간으로 하여금 이런 어려운 난제를 제대로 설명할 수 있는 길을 열어줄 정도로 손기술을 숙련시키듯 설명력의 세기 수준을 향상시킬 수 있을까? 인간 언어와 인간의 정신세계는 둘 다 속성으로 봐도 질적으로 매우 다른 대상이지만, 그렇다고 이런 면으로 인하여 이 둘 사이의 틈새 벌어짐과 상태에 영합할 수 있는 마치 동화 같은 이야기를 창작해야 하는 필요성이 있는 것인가? 그렇다면 당연히 희망적이면서도 어쩌면 기괴한 설명을 만들어내야 할지도 모른다. 즉, 갑자기 발생하면서도 비연속성의 거시적 진화 변화가 바로 여기에 해당된다고 볼 수 있다. 만약 언어가 순간의 돌연변이에 의해 갑자기 출현했다는 주장을 받아들인다면 모든 만물은 특성화된 결과라는 주장을 따라야 하는 형국으로 내몰릴 것이고, 여기서 말하는 상황은 결국 위험한 형국으로서 우리가 마치 서 있기도 위험천만한 산등성이 경사면 위로 그냥 뛰어내리는 격이 아닐까 싶다. 그리고 이런 상황의 결과는 바로 포더주의 모듈화에서 다수의 모듈화라는 결과 허위로서 입증이 불가능하면서도 동시에 궁극적으로는 타당성 자체가 결여된 세계관 쪽으로 우리를 끌고 갈 수 있다는 점을 잊지 말아야 한다.

6

정신세계에서의 보편적 언어란?

Is there a universal Mentalese?

신화: *영어든 일본어든 자연언어에서 의미란 궁극적으로 사고의 보편 언어라고 간주되는 멘탈리스*Mentalese*에서 시작된 것이다. 멘탈리스는 인간의 정신세계에 존재하는 혹은 개인별로 소유하는 언어를 가리키며, 이 언어를 토대로 사고 작용이 가능해진다. 인간 모두가 이런 언어를 선천적으로 갖고 태어난 것은 충분히 이해할 만한 일이기도 하다. 멘탈리스는 언어에 근사한 대상이고, 표식으로 구성되어 있어서 인간 정신세계 통사라는 규칙하에서 조합이 가능하다. 만일 멘탈리스가 없다면 말이든 글자든 상관없이 언어가 자연스럽게 발생하는 과정에서 발화 구성의 기반이 될 단어들의 의미를 배우기란 거의 불가능하다.*

주의를 기울여 읽는 독자라면 지금 시점까지 의미에 크게 의의를 두지 않았음을 알아차릴 수 있을 것이다. 언어의 목적이란 결과적으로 생각, 즉 의미를 전하는 데 있으며 그런 관계로 우리는 이 점을 확실하게 파악해야 하고, 이 장 그리고 다음 장에서도 이 부분에 초점을 두려고 한다. 본능으로서의 언어 이론에서는 보편문법 외에도 인간 정신세계가 바로 앞에서 제기한 멘탈리스, 즉 보편성을 갖춘 '사고의 언어'를 이미 소유한다고 본다. 1970년대 최초로 사고의 언어를 제기하고 옹호했던 포더에 의하면 어떤 자연언어든지 발화로 나타나든 글로 표현되든 습득이 가능한 근거가 바로 멘탈리스의 존재에 있다고 봐야 한다.[1)]

다만 많은 사람들이 의미가 곧 사고가 아니라는 사실을 잘 알고 있다. 만일 의미 그리고 사고가 동일하다면 언어가 바로 사고를 결정하게 될 것이고, 우리 모두는 언어가 없다면 사고 자체를 수행할 수 없게 된다. 아직 발육이 완성되지 않은 아기들은 비록 언어로 표현을 하지는 못해도 여전히 사고 처리를 세심한 수준까지 수행할 수 있고, 때로는 우리가 봐도 꽤 복잡한 수준의 개념을 종종 언어로 구성하는 모습을 보이기도 한다. 그리고 인간과 달리 언어 자체를 갖지 못한 다른 종들에게서도 유사한 현상을 발견할 수 있다. 게다가 언어 활용 단계 이전의 유아들, 다람쥐원숭이들, 덤불어치들 등 여러 종들에 걸친 생명체들이 언어 자체 없이도 사고 행위를 갖고 있음을 확인할 수 있다.[2)]

그렇다면 문제는 바로 인간이 어떤 방법으로 인간 언어 속 단어들의 의미 습득을 가능하게 해주는 개념, 즉 정신적 표식 수단을 발달시키는 것일까? 본능으로서의 언어 이론에서는 이 부분에 대한 답으로 인간이 개념을 표현하도록 작동을 조절하는 시스템 곧 멘탈리스를 선천적으로 갖고 있으며 이를 통해 자신이 원하는 생각들이나 정신적 상태를 표현하는 가능성을 갖게 된다고 주장한다. 인간이 태어난 이후 주어진 생의 과정을 거치면서 각자가 겪게 될 경험들을 갖게 되고, 이 경험들은 생각을 설정하는 데 중대한 기반이 되기도 한다. 그러나 정작 인간이 자신의 복잡다단한 사고를 생성하기 위해 멘탈리스에서의 표현 방식을 조종하게끔 가능성을 열어주는 전체 정신 설계 구조 그리고 '문법적' 원리들을 태어날 때 소유하고 있어서 이후 인간 모두가 세상에 나갈 때는 바로 이 멘탈리스를 갖추고 있다고 봐야 한다.

그러나 멘탈리스는 홀로가 아닌 나름 여러 내적 요인들이 더불어 동반된다. 그래서 멘탈리스를 인간 정신에 관한 설명 수단으로 믿고 싶다면 앞서 제기한 정신을 위한 특별한 그러나 어쩌면 오류로 나타날지도 모를 추정들을 설정해야 한다. 이런 과정을 통해 우리가 비로소 정신이 본질적 측면에서 컴퓨터처럼 대규모 정보 처리에 해당되는 기능 수행 그리고 작동을 수행하는 장치라는 주장의 행보를 취할 수 있을지도 모른다. 예를 들어 멘탈리스는 보통은 단어라고 볼 수 있는 상징기호로 구성되어 있다. 그러나 인간의 보편적 사고 언어를 형성하는 상징기호들이 곧바로 세상에 널려 있거나 또는 경험 속에 존재하는 대상과 대응 관계를 갖는 것은 아니다. 때로 상징기호들을 통해 의자, 탁자 등의 실제 개별적 독립체 그리고 더 나아가 사랑, 공포처럼 순간에만 나타나는 경험들을 표현하게끔 설정된 것일 수도 있지만, 또 다른 언어 체계인 논리 언어 내에서 이들 상징기호들이 역할을 수행할 때도 역시 동일한 상황을 보이기도 한다. 여기서 말하는 논리 언어의 기능은 인간이 때때로 본능적으로 인지하면서 외적으로 분명히 확인이 가능하면서도 동시에 현상학적 상황에 다가서는 경험들이나 정신적 상태들을 표현하는 과정과는 완전히 다르다는 사실을 가리킨다.

문제의 핵심은 바로 인간 개념의 속성에 있다. 모든 사람이 개념을 "인간 정신세계 삶의 중심 대들보"로 받아들이기는 한다.[3] 그러나 본능으로서의 언어 이론에서는 개념과 개념 자체가 표현하는 사고 사이의 연관성을 인정하지 않는다. 즉, 여기서 개념에는 세상에 널려 있는 대상으로서 문손잡이, 슈퍼모델, 세금 탈루 등과 더불어 개인의 주관적 경험으로서 욕정 혹은 짝

사랑 등이 포함되는지를 생각해볼 수 있다. 본능으로서의 언어 이론을 위해서는 개념은 추상적이면서 논리를 따르는 관련성을 보여야 한다. 모든 개념들이 어떤 유형이든 해당 개념이 관련된 경험 유형과 분리해서 작동하는 시스템 방식을 따라야 한다. 이런 작동 시스템이 바로 멘탈리스인 것이다.

이와는 반대로 내가 지지하는 활용으로서의 언어 이론에 따르면 개념은 직접적으로 경험에 근거하며, 해당 개념들이 바로 이들 경험으로부터 도출되거나 관련성을 갖는다. 예를 들어 앞서 제시했던 문손잡이는 바로 우리가 항상 경험을 통해 받아들였던 경험과 매우 유사하다. 그리고 이런 사실은 개념이 바로 두뇌에서 가장 먼저 지각된 경험을 처리하는 특정 지역에 '축적되었기' 때문이라고 이해할 수 있다. 즉, 이 말은 개념이 직접 경험으로 구현된다는 것을 가리키며, 또한 경험을 인식하면서 그런 가운데 경험들을 나타내는 두뇌 상태를 가리킨다.

멘탈리스 그리고 연산 작용으로서의 정신세계

그렇다면 의미란 과연 어디에서 오는 것일까? 예를 들어 인간이 어떻게 단어 'cat'이 네 다리의 털보이면서 자랑스러운 수염과 꼬리를 갖추고 "야옹" 소리를 내는 생명체를 가리킨다는 지식을 갖게 된다는 말인가? 사람들 중에는 이 질문에 대한 답으로 이전에 보모가 아이를 보면서 단어 'cat'을 발음하는 중에 털가죽, 콧수염, 다리, 발딱 선 귀 등의 일군의 지각 자극들을 갖춘 해당 생명체를 연결시키는 과정에서 해당 생명체에 관한 지식을 습득했기 때문이라고 말할지 모른다. 그러나 이런 대답은 많은 문제를 포함한다. 즉, 이에 대한 궁금증으로서 다음 질문들을 생각해볼 수 있다. 어떤 방법으로 보모가 앞서 언급한 일군의 개념들을 갖게 되었으며, 그 개념들을 어떻게 단어 'cat'과 연계시킬 수 있었을까? 개념은 오직 자신들의 보모로부터만 습득되는 것일까? 보모 이전에 다른 사람과의 접촉으로 가능하지 않았을까? 그렇다면 앞서 제시한 무한 수의 사람들과 접촉 가능성을 끝없이 거슬러 짚어가는 상황을 어떻게 벗어날 수 있을까?

본능으로서의 언어 이론에 의하면 단어와 의미 관계는 인간에게 이전부터 내재된 언어의 사고로서 멘탈리스가 존재하기 때문에 애초부터 의미를 습득하는 가능성을 열어놓았을 것이다. 이렇게 보면 인간 모두가 멘탈리스, 즉 보편적 사고의 언어를 소유한 채 태어나기 때문에 정상적인 발육 상태의 아이들 모두 아이슬란드, 통가, 영미 등의 언어를 자신의 모국어로 해당 언어들의 단어들을 습득하면서 성장할 수 있게 된다. 따라서 언어 습득하기란 이런 과정 자체가 가능하도록 일종의 후방 보호벽 기능을 제공할 인간 사고의 언어라는 보증 수단을 갖는 것이다. 포더가 "인간은 언어 자체를 갖고 있기 전에는 습득 자체를 기대할 수 없다"[4]라는 말을 남겼다. 그리고 핑커도 "언어를 안다는 것 그 자체는 바로 멘탈리스를 단어로 일렬로 구성시키는 방법을 안다는 것이다"[5]라고 했다. 또한 멘탈리스가 없다면 영어 등 자연언어를 습득하기가 불가능하다.

멘탈리스는 알려진 바에 따르면 인간의 내적·개별적 언어로서 사고 자체를 가능하게 해주는 대상이다.[6] 멘탈리스는 조합이 가능한 개념들로 구성되어 있다. 그대로 해당 구성체는 이성적 사고의 가능성을 열어주기도 한다.[7] 무엇보다도 멘탈리스의 존재를 영어와 같은 자연언어에 첨가하거나 또는 그 언어에 앞서 가정하는 이유 중 하나는 바로 다음과 같다. 즉, 인간이 발화 언어 존재 여부와 상관없이 여전히 사고를 수행하면서 추론하는 가능성이 바로 여기에 해당된다. 예를 들어 브로카 영역 등에 외상이나 혹은 언어 상실이라는 비극적 경험을 가졌던 사람들조차도 사고 수행에서는 문제를 보이지 않았다.

한 실험에서 5개월 아기들이 정신적 산수 연산이 가능하다는 사실을 밝혔다. 이 실험에는 소위 '습관화 효과'가 교묘하게 활용되었다. 즉, 아이가 일단 특정 장면에 흥미를 잃고 다른 곳을 바라보는 등 싫증을 내기 시작하면 곧바로 또 다른 흥미 유발이 가능한 대상을 찾는 방법이다. 그러나 어떤 장면이 어떤 면에서 매우 특이할 때는 아기의 흥미 정도는 최고조가 되면서 지속적으로 해당 장면을 바라보게 된다. 발달심리학자 카렌 윈Karen Wynn이 바로 그 실험에서 이 효과의 장점을 활용했다.[8)]

해당 실험에서 아기에게 무대 위에 놓인 2개의 미키마우스 인형을 보여줬다. 아기가 서서히 흥미를 잃기 시작할 무렵 장막으로 인형들을 가린 후 하나의 인형만 남겨두었다. 이제 장막을 내렸고, 하나의 인형만 보여주었을 때 아기는 인형 장면을 잠깐 바라보고는 곧 흥미를 잃어버렸다. 그렇지만 2개 혹은 3개 이상의 인형이 있을 때는 아기가 전혀 예상하지 못한 장면이었기에 해당 장면에 지대한 관심을 보이는 행동을 보였다. 이처럼 유사한 실험 과정 등을 통해 윈 박사는 아기가 무대에 놓인 인형의 수를 필요에 따라 더하고 빼는 과정에서 관심을 크게 보임에 틀림없다는 결론에 도달했다. 그리고 이런 결론이 가능하기 위해서는 아기들이 해당 정보를 처리할 수 있어야 하며, 산수적인 가감 연산에 근거한 추론 능력을 갖고 있다고 봐야 한다. 즉, 아기라고 해도 결국 추론적 혹은 논리적 사고 능력을 소유한다고 봐야 하다.

사고 수행의 가능성은 언어 이전 단계의 인간에게만 해당되는 것이 아니다. 증거에 따르면 다른 종의 동물에게서도 사고 능력을 찾을 수 있다. 이에 관련된 예를 위해 우선 사건의 시작과 흐름 과정을 판정하기 위해 일련의 사건 혹은 관찰 등을 통해 추론을 이끌어내는 능력에 관련된 경우를 보려고 한다. 내가 당신들에게 푸시 갈로Pussy Galore와 제임스 본드James Bond 중 갈로가 나이가 더 많고, 오릭 골드핑거Auric Goldfinger는 갈로보다 나이가 더 많다고 한다면 이들 세 인물의 나이 관계를 통해서 골드핑거가 제임스 본드보다 나이가 많다는 결론을 내릴 수 있다. (•여기서 세 인물은 모두 영화 〈007 제임스 본드〉에 출현하는 역할의 인명이다.) 이런 방식의 추론을 생태학자들은 이해추론이라고 명명하며 이는 간접추론 능력을 가리킨다. 생태학자들은 동물 행동을 연구하는 사람들이다. 그리고 이들은 연구를 통해 영장류 중 원숭이나[9] 미국 청색어치[10] 무리처럼 대단위 사회구성체를 갖춘 동물들이 이행추론 능력을 갖고 있음을 발견했다.

그러면 언어의 사고, 바로 멘탈리스는 과연 어떤 모습일까? 간단히 답한다면 바로 내재화된 '언어'라고 할 수 있으며, 일견 언어 유사 대상으로 간주할 수 있다. 마치 발화 언어와 마찬가지로 멘탈리스 또한 단어들, 표식 상징기호 등과 동등한 대상을 소유한다. 그러나 멘탈리스에 소속된 상징기호들은 분명 질적 차이를 갖는다. 즉, 사고의 언어를 가리키기 때문에 음성과 직접적인 연계성이 없다는 측면을 알아야 한다. 그리고 이 상징기호들은 음성보다는 의미에 연계되어 있어서 이들이 표시하는 목표는 세상에 존재하는 상태, 경험, 대상이라는 사실이다. 그 외에도 상징기호들이 정신세계에서의 통사론 규칙에 의거해 조합 상황을 연출할 수도 있다. 여기서 말하는 통사적 규칙들은 좀 더 복잡한 수준의 명제 문구를 구성하기 위해 상징기호들의 조합을 수행한다. 이들 명제 문구들은 의미적 해석이 가능하며 사람들로 하여금 복잡한 사고를 갖도록 가능성을 열어줄 수 있다.

그렇지만 멘탈리스는 어떤 면에서는 발화 언어보다 간단하다고 볼 수도 있다. 언어에만 국한된 구별이 반영되지 않기 때문이다. 예를 들어 영어에서는 'in' 그리고 'on' 등의 전치사를 직접 활용해서 전치사구preposition phrase: PP 'in the garage, on the table' 등을 구성하고 그 안에서 명사의 공간적 관련성을 암시할 수 있으며, 이런 방식은 일본어의 경우 후치사 형식의 활용에 반영되어 있다. 하지만 멘탈리스에는 앞서 언급한 방식의 구별을 암시하는 방법이 존재하지 않는다. 게다가 멘탈리스는 해당 단어들이 어떻게 직접 발음으로 나타나는지 고민할 필요가 없다. 그러나 다른 각도에서 볼 때 앞서 말한 내용과 달리 좀 더 복잡한 상태를 가져야 하지 않을까 싶다.

예를 들어 다음의 문장에서 단어 'red'의 사용을 고려해보기로 하자. 즉, 'The teacher scrawled in red ink all over the pupil's exercise book(선생님이 학생들 연습장 여러 곳에 붉은 잉크로 휘갈겨 적어놓았다)'에 대조해서 'The red squirrel is in danger of becoming extinct in the British Isles(붉은 날다람쥐가 영국제도 내에서 멸종될 위험에 처해 있다)' 두 문장을 보기로 하자. 두 문장에서 단어 'red'는 동일한 단어다. 그러나 의미상으로는 완전히 다르다. 첫 문장에서는 단어 'red'가 분명하면서도 확실하게 붉은색 색깔을 가리킨다. 하지만 두 번째 문장에서 'red'는 회갈색 혹은 황갈색을 의미한다. 이처럼 의미에 차이가 있는 이유는 어쩌면 언어 자체의 원인이 아닐 수 있다. 무엇보다도 이처럼 동일한 단어 'red'가 어째서 완전히 다른 지각에서의 색을 '전달하는' 것일까? 이에 대한 답은 실질적으로 다른 의미 전달이 아니라는 사실이다. 멘탈리스 자체가 단어 'red'로 하여금 넓은 범위의 다양한 개념에 대응하는 풍성한 표현을 소유하기 때문이 아닐까 한다. 즉, 단어 'red'가 색깔을 가리키기는 하지만 전체적으로는 슈퍼맨 망토로부터 적갈색 염료까지, 불부터 연인의 입술 색까지 어떤 것이든 그 범주 내에 있는 것이라면 동일한 색으로 판단할 수 있다. 언어는 제약하에 있기도 하고, 언어 자체를 싸고 있는 음성 및 청각 시간적 물리 현상의 제어를 받는다. 즉, 이 말은 음성과 단어 등이 시공의 조건 속에서 일직선 배열 구조에 있어야 비로소 우리가 시차별로 해당 소리를 인식할 수 있음을 가리킨다. 이와 반대로 멘탈리스는 이런 종류의 제어에 관련성이 없으며, 사고를 표현하는 방법에서도 매우 풍성하고 복잡한 구조의 사고 배열을 보여줄 수 있음에 틀림없다. 그리고 사고의 언어라는 사실에서도 상징기호들이 반드시 표식의 수단으로서 언어적 형태에 대응하기 위해 일대일 상응관계의 일직선 구조를 갖추지 않아도 된다.

다른 예를 살펴보기로 하겠다. 즉, 'The president changes every five years(대통령이 매 5년마다 교체된다)'가 바로 그것이다. 이 문장은 이중 의미를 갖는다. 명사 'president'에 초점을 맞추면 대통령직(역할)이라는 의미에서 하나의 의미가 나오며, 대통령을 사람으로 볼 때 또 다른 의미가 가능해진다. 우선 대통령 자리가 매 5년마다 선거로 새로운 사람을 맞이한다는 의미를 생각해볼 수 있고, 다르게는 대통령이 된 사람이 5년이 지나면 다른 모습으로 바뀔 수 있다는 말이 가능하다. 두 번째 경우는 대통령직을 수행하는 사람이 세월에 따라서 나이가 들고, 몸무게가 늘고, 머리카락이 빠지는 등의 모습으로 변하는 상태 변화를 가리킨다. 어떤 의미든 멘탈리스라면 '논리적' 구별 방식을 취하면서 역할 그리고 가치의 대결적 의미를 구분할 수 있어야 하며, 이런 방식을 기반으로 실제 자연언어에 나타나는 일종의 불명확성을 피할 수 있어야 할 것이다.

그렇지만 사고가 영어처럼 실질적 발화 언어와는 상관없이 멘탈리스와 같은 표시의 중간 매체에 의존해야만 한다면 정녕 이것을 언어에 근접하는 유사 대상으로 간주할 수 있는 것일까? 이에 대한 답은 정신이 작용하는 방식을 어떻게 보는가에 달려 있다. 이전 장에서 보았듯이 본능으로서의 언어 이론에서는 광의적으로 볼 때 정신이 컴퓨터와 매우 유사한 패턴으로 작동한다는 추정을 따른다. 이런 이유에서 만일 정신을 넓은 의미에서 컴퓨터 유사 대상으로 본다면 이것을 운영하는 작동 시스템이 바로 언어에 해당하며 비로소 멘탈리스에 들어서게 된다고 봐야 할 것이다.

최근 1950년대에 들어서면서 우리가 살아가는 시대에서의 인지과학의 동시대적 그리고 학제 간 연구가 정신을 컴퓨터에 비견해서 이해할 수 있다는 전제하에 태동했다. 인간 정신과 마찬가지로 컴퓨터도 복잡다단한 '추론하기'의 조치를 취할 수 있다. 그리고 인간 조직체와 마찬가지로 컴퓨터도 언어를 사용한다. 그러나 컴퓨터에서 사용되는 언어는 인간의 언어와 다른 기능의 언어다.

가장 먼저 컴퓨터는 자체적으로 내재화된 '기계' 언어를 갖고 있다. 컴퓨터 기계언어는 컴퓨터만이 해석할 수 있고 외부 컴퓨터 사용자인 인간으로부터 주어지는 입력 명령에 의거해 출력을 생성하는 운영 방식을 따르는 별도의 상징기호를 사용한다. 기계언어의 암호 체계는 이분법 방식을 따르며, 1 그리고 0의 일렬 방식을 수용한다. 여기서 1 그리고 0은 '비트bits'라고 불린다. 비트들의 일련의 표식 체계는 기계언어에만 국한된 규칙의 제어를 받는다. 비트의 늘어섬 구조는 항상 8개 조합을 따르지만 때로는 그 이상을 구축하기도 하는데 이들 구조는 별도로 바이트byte라는 명칭을 갖는다. 그리고 바이트의 일련 구조는 컴퓨터 내부의 기계언어를 구성한다. 그러나 바로 우리 컴퓨터 사용자들이 유용한 상황을 연출하기 위해 컴퓨터로 하여금 일종의 작동을 수행시키는 컴퓨터 프로그래머들에게는 기계 암호 체계가 너무 복잡해서 컴퓨터와 쉽게 상호소통하지 못한다. 프로그래머들은 자바, C+와 같은 아주 수준 높은 고급 언어를 사용하면서 컴퓨터와 소통을 시도한다. 그리고 컴파일러 장치가 컴퓨터에 내재된 기계 암호 체계를 해석해 입력시키거나 때로는 이와 반대 방향으로 과정이 진행되기도 한다.

지금까지의 상황을 인간에게 비춰보면 정신에는 이미 내재화된 언어인 멘탈리스가 존재하고, 이 멘탈리스는 조합이 가능한 단위별 상징기호들을 활용하는데 여기에는 정신-내재화 규칙의 제어 과정이 포함되어 있다. 정신을 외적 구조인 하드웨어로 전화하면 바로 두뇌 구조가 되며, 이것은 마치 우리가 정신이라고 일컫는 일련의 정신세계 상태들을 '연산 작동'시키는 장치로 여길 수 있다. 특화된 신경세포들이 두뇌의 기계 암호 체계 내부에 분리된 상징기호들을 구조화시키는 작동을 수행한다. 그리고 일직선 구조의 신경세포들 작용이 플러스, 마이너스를 반복하는 교류 형태의 작용 패턴이 사고 패턴에 상응하는 물리적 상태를 가져오게 된다. 그러나 이와 같은 정신세계에서의 상태들은 결국 영어, 아이슬란드어, 스와힐리어 등과 같은 입력/출력 언어 형태로 해석 과정을 거쳐야만 한다. 여기서 말하는 입력/출력 언어는 우리의 사고 '해석하기'를 수행할 수 있어서 굳이 텔레파시를 빌리지 않더라도 주변 사람들과 의사소통할 수 있다.

사고가 물리적 상징기호들의 연산 작용을 포함한다는 생각은 사실 17세기 영국 철학자 토마스 홉스Thomas Hobbes까지 거슬러 올라갈 수 있다. 홉은 『리바이어던Leviathan』에서 추론하기에 연산 작용이 포함되어 있다고 말한다. 즉, "사람이 추론을 할 때는 일개 부분들을 총합한 결과만 소지해야 하며, 그렇지 않다면 다른 부분들로부터 총합된 결과를 제하고 남은 결과를 소지해야만 한다 … . 이와 같은 작용은 수에만 국한된 과정이 아니다. 대신 무엇이든 첨가를 허용하는 가산 과정에 해당되거나 또는 제함을 허용하는 감산 과정을 허용하는 모든 종류의 대상이 이 과정의 대상이 될 수 있다."[11]

홉스에게는 사고란 생각의 첨가 그리고 제거를 포함한 대상이었다. 지금 시대의 연산 과정이 가능한 정신을 위한 설명에 멘탈리스가 바로 공식적 상징기호들 및 해당 기호들의 표식 결과들로 구성되어 있는 존재이고, 이 결과들은 규칙 규율화 방식에 의거해 작동을 구가하며, 이런 상황은 단어들이 영어처럼 자연언어에서 통사적으로 적절한 외형을 갖춘 일렬 구조물을 생성하는 목적으로 조합을 수행하는 방법과 유사하게 볼 수 있을 것이다. 정리하자면 의미란 바로 정신에서의 표현, 즉 공식적 상징기호들의 조절 과정에서 발생되며, 이런 조절에는 멘탈리스 장악하에 있는 통사적 규칙 준수가 주축을 형성한다.

그러나 정신세계가 컴퓨터로서 앞서 제시했던 방식으로 물리적 상태 및 상징기호들을 처리하고 조절한다는 사실을 충분하게 보여줄 증거가 과연 무엇이란 말인가? 포더는 앞서 말한 과정은 바로 "직접적 눈앞의 구체적 사실보다 조금 멀리 떨어져 있는 듯이 보이는 심리적 처리 과정에서의 심리적 모델에서만이 비로소 연산 작용으로서의 처리 과정을 표현할 수가 있다"라는 말을 언급했다.[12] 포더가 이미 남겼던 잘 알려진 내용에서처럼 연산 작용이 가능한 정신세계는 "가장 유일하게 이용할 수 있는 대상"이다. 그리고 가장 유용한 방법이라는 의미는 인간의 사고가 모든 인간 정신인 보편적 멘탈리스에 공통적으로 포진된 사고의 언어가 있어야만 비로소 그 활용성을 보장받을 수 있음을 가리킨다.

그렇다면 의미란?

멘탈리스 내용에 대한 비판 중 하나가 바로 의미의 시발점에 관한 의문이다. 일단 멘탈리스의 존재를 고려한 이유는 언어 자체가 의미적 기반을 갖고 있다는 데 있다. 즉, 언어가 코드화시키는 세상 속에서 정신적 상태는 물론 대상물까지 가리키는 것이 바로 의미임을 가리킨다고 볼 수 있다. 그렇지만 멘탈리스의 근거가 되는 것은 과연 무엇일까? 멘탈리스가 과연 어디로부터 의미를 혹은 개념을 갖게 된다는 말인가? 그리고 이 질문들은 멘탈리스를 맞닥뜨리는 한 쉽게 해결될 수 없다.

이와 같은 근본에 관한 문제는 세 가지의 변형된 사항들을 안고 있다. 첫째는 상징기호 측면의 기반 형성에 관련되어 있다.[13] 만약 멘탈리스가 외부 현상 및 일에 연관된 상태들과 관련된 상징기호로 구성되어 있다면, 이런 상징기호들이 의미를 어떤 방법으로 취하게 되는가? 앞서 설명한 내용 중 외부 현상 및 일이란 예를 들면 고양이, 문손잡이, 슈퍼모델 등으로 나타나는 상황 등을 가리키며, 이런 외연적 현황을 토대로 드디어 고양이, 문손잡이, 슈퍼모델 등이 의미하는 것이 무엇인지를 아는 입장에 들어서게 된다. 멘탈리스 속에서 상징기호들은 정작 필연적 연관성보다는 임의적 연관성으로 해당 대상과의 표현 연계성을 갖는다. 이 말은 상징기호들이 특정 대상을 가리키더라도 정작 해당 대상과는 어떤 유사성을 전혀 보이지 않는 사실을 의미한다.

예를 들어 멘탈리스에 포함된 'cat'이라는 상징기호가 의미적으로 지칭하는 방법 중 하나는 분별적 자질을 활용하는 방식으로 볼 수 있다. 이에 관한 예로서 멘탈리스에서는 고양이라는 대상을 표현할 때 [+꼬리, +콧수염, +네발] 등과 같은 방식을 사용할 수 있으며, 여기서 '+'는 특정 자질에 연관성을 갖고 있음을 나타낸다. 신경학적 단계에서 본다면 이 분별적 자질들은 임의적으로 구성된 신경세포 일직선 구조에 연동될지도 모른다. 그러나 이 부분에서 짚어볼 사안은 사람이 하나의 의미를 표현하기 위해 분별적 자질을 활용하든지 임의적으로 구성 관련성의 신경세포들을 사용하든지 상징기호와 그것이 표시하려는 해당 대상물 사이에는 어떤 내적 관련성을 찾을 수 없다는 사실이다. 간단히 정리해서 말하자면 실제로 고양이와 교감하면서 경험을 가져보지 못한다면 멘탈리스의 상징기호만으로는 과연 고양이란 무엇인지, 고양이가 어떤 느낌을 주는지, 현실적으로 당신이 고양이에 관하여 어떠한 경험을 치렀는지 등을 충분하게 전달할 수 없다.

이런 문제 제기는 철학자 존 설John Searle의 '차이니즈 방Chinese Room' 실험에 잘 설명되어 있다. 해당 실험을 위해 설은 우리에게 소위 '차이니즈 방'이라는 공간 내부에 홀로 거주하는 영어-화자를 상상하기를 제안했다. 상상의 사람은 중국어를 전혀 알지 못한다. 그렇지만 '차이니즈 방' 내부에는 영어로 중국어 한자를 조작하는 방법이 적힌 안내서가 놓여 있다. 안내에 따르면 영어 화자인 사람이 안내서에 제시된 규칙에 의거하여 중국어로 문장을 구상할 수 있으며, 중국어 한자들을 적절하게 조합할 수도 있다. 방 밖에 중국인이 있도록 했다. 그리고 '차이니즈 방' 내부인은 방 외부로 아주 좁은 틈을 통해 쪽지를 주고받으면서 외부 중국인과 의사를 나눌 수 있다. 그러나 여기서 좁은 틈 크기는 너무 작아서 바깥에 누가 있는지를 전혀 알아볼 수 없는 정도여야 한다. 영어 안내서 내용에 따라 '차이니즈 방' 내부 사람은 자신이 외부 중국인으로부터 받게 될 쪽지에 적힌 중국어 한자들을 영어로 변화시켜야 하며, 주어진 쪽지 내용에 응답하기 위해 안내서에 주어진 규칙에 의거해서 자신의 영어 전달 내용을 한자 상징기호들로 다시 재구성해야 한다. 그리고 이런 방식 속에서 두 사람이 대화를 지속할 수 있을 뿐만 아니라 이 과정을 겪으면서 외부인은 방 내부 거주자가 중국어를 할 수 있는지 아닌지를 전혀 눈치채지 않아야 한다. 또한 내부 사람이 받게 될 중국어 전달 내용이 그 자신에게 의미적으로 어떤 단서도 주지 않아야 한다. 방 내부자의 의사소통이 '가능할 수'는 있다. 그러나 이런 과정에는 안내서에 주어진 규칙에 한해서 중국어 한자를 영어로 변환시키고 또한 영어 내용을 중국어로 변환시키는 방법으로만 모든 소통 과정이 수행되어야 한다.

이 실험의 주안점은 바로 언급된 '차이니즈 방' 내부의 안내서가 바로 멘탈리스에 비견된다는 사실이다. 안내서, 즉 멘탈리스가 바로 상징기호들의 변환 혹은 번역의 길을 열어 주게 된다. 그러나 주목할 점이 있다면 안내서를 어떻게 사용하는지 방법을 알고 있다는 상황이 안내서 사용자가 진짜로 해당 상징기호가 지칭하는 것이 무엇인지를 알고 있다는 사실을 의미하지 않는다는 점이다. 즉, 방 안에 갇힌 사람에게 안내서 내용은 단지 활용 과정의 집합일 뿐이며 그 이상 어떤 기능도 갖지 못한다. 이 사람에게 중국어 한자라는 상징기호 자체는 어떤 의미도 부여하지 않는다.

또 다른 문제점은 멘탈리스 내부 상징기호의 해석 방법에 관련되어 있다. 즉, 해석의 초석이 어찌 형성되는가에 대한 문제다.[14] 이 문제점을 살펴보면 만약 사고 자체가 인간 두뇌 내부에서의 내적 표현들이라고 본다면 어떤 방식으로 이들 사고가 무슨 대상을 표현했든지 그것을 통해 자신들이 표현하려고 취하는 형태 자체로 해석에 돌입하게 되는 것일까? 이 말은 마치 방의 내부자처럼 우리 머릿속에 인간을 아주 작게 축소시킨 조그만 소인 호먼큘러스homunculus를 설정하고 이들로 하여금 해석 작용을 하도록 기능을 부여하는 상황 상상으로 생각을 시작할 수 있다. 그러나 또 다른 문제점이 있다면 조그만 소인의 머릿속에 포진된 표현, 즉 우리가 표현하려고 시도했던 표현 자체에 해석을 부여하는 존재란 과연 무엇일까? 하는 사실이다. 그리고 이런 과정 속에서 우리는 해석 부여자로서 무수한 더 작은 소인들을 각각의 머릿속에 가정해야만 한다. 인지과학의 철학에서 조그만 소인 기반 논쟁은 결국 순환논리 과정에 빠지며, 그 설명 능력을 잃게 된다. 또한 현상을 설명하면서 해당 현상을 또 다시 적용시키면서 설명을 시도하는 순환 논리 방식을 따르기 때문에 결과적으로 실패하게 된다.

핑커 자신도 이 문제점을 이미 알고 있었고, "인간 정신세계를 컴퓨터 작동 이론으로 보는 시도 역시 최종적으로 불명예스러운 조그만 소인을 부활시킨다"라는 말을 남겼다. 그리고 핑커는 항상 자신이 쉽게 넘기기 어려운 반대에 부딪히게 될 때는 대답 대신 질문 자체를 조롱하듯 언급하는 경향을 보이곤 했다. 그래서 그는 조그만 소인 논쟁의 오류에 근거해 멘탈리스 문제를 제기했던 제안을 단순화시켜서 과학자들이 "스스로 정말로 강인한 정신으로 무장된 전사다"라는 점을 보이려는 시도에 지나지 않는다고 말한다.[15] (그러나 핑커가 과학자라고 지칭하는 사람들이 과연 지적인 가식에 빠져든 핵심적 학자들을 의중에 둔다고 보기는 어렵기 때문에 독자라면 이들이 서로 주고받는 논쟁들에 너무 큰 의미를 부여할 필요가 없다!)

핑커는 계속해서 앞서 제기했던 핵심적 이론가들을 컴퓨터 전문가들까지 포함해서 해당 과학자 모두를 폄하했다. 어쨌든 핑커가 해당 과학자들을 내리깎는 수단으로 "만약 기술자 설명이 옳다면 그의 컴퓨터 단말기 장치인

워크스테이션에 한 무리의 요정들이 들어 있다고 해야 할 것이다"라고 말하기도 했다.[16] 핑커는 분개한 투로 "조그만 소인들은 컴퓨터 과학과 분리해서 볼 수는 없다. 자료들이 항상 독해, 해석, 검토, 인식, 수정 과정을 거치는 과정을 거쳐야 하며, 이와 더불어 버젓이 '행위자들', '악동들', '감독자들', '관리자들', '해석자들', '수행자' 등의 별칭으로 불리는 서브루틴 과정들도 거쳐야 한다. 그리고 컴퓨터 과학자들은 이와 같은 상황을 보면서도 컴퓨터 처리 과정 또한 무한정의 회귀적 순환에 돌입한다고 말하지 않을까?"라고 수차례 제언했다. 물론 수사적 수단을 동원해서 말이다.[17]

핑커가 예의주시하는 부분은 만약 인간 정신세계를 광의적으로 컴퓨터 처리 과정에 비유해서 원래 기능적 측면에서 정보 처리에 해당된다고 본다면, 조그만 소인들 각자가 모든 대상에 관련된 표현에 임하면서 모든 것을 한꺼번에 바라보지 않는다는 사안이다. 즉, "시스템의 지능이 내부에 들어 있을 별반 지적이지 못한 기계 장치 악동들의 활동이 시작되면서 비로소 나타나게 된다"[18]라는 의미다. 이런 주장에서는 조그만 소인 각자가 두뇌에 존재하는 조그만 소인 호먼큘러스보다 적은 규모의 작은 기능을 수행하기에 소인 각자는 실제로 이전 전임자보다는 반 정도 수준의 지능을 지닌다는 것이 전제되어야만 한다. 우리가 최종적으로 바라는 해석은 마지막 소인의 지능이 아주 낮은 수준이어서 단순히 "예" 혹은 "아니요" 정도 수준의 판단만 가능하다고 가정되는 상황이 만족되는 조건에서만 비로소 자신의 값어치를 얻는 단계에 돌입하게 된다. 그러나 이와 같은 주장은 문제점만을 부각시키는 까다로운 이론가들이 자신들이 순환성을 지적하는 속에서 독선적 태도를 보였던 상태처럼 이것도 역시 솔직하지 못한 논증으로 봐야 한다. "예"든 "아니요"든 어떤 것이라도 표현으로서 각자 모두 해석을 포함한다. 더 나아가 이 둘을 해석할 때에도 여전히 조그만 소인이 있어야 한다. 핑커가 조그만 소인의 설정 기반으로 인간 정신세계를 컴퓨터 작동 관점에서 옹

호하려는 시도는 여기서도 역시 실패를 맛보게 된다.[19]

세 번째 문제는 멘탈리스가 결국 통사적 관점에 매어 있다는 사실이다. 인간 정신세계에서의 개별적 언어로서 멘탈리스를 제안하는 속에서 포더는 자신도 작업에 참여했던 자연언어에 대한 촘스키 연구 수행으로부터 주장을 이끌었다. 촘스키가 언어의 핵심 속성은 바로 통사론으로서 문법적으로 규칙에 맞는 적정 문장을 구성하기 위해 단어들을 한 줄로 구성하는 것이라는 취지의 주장을 피력했다. 이 설명에 따르면 'ogled window the cleaner window the through supermodel the' 구성 결과는 비문법 문장이며, (예, 'The window cleaner ogled the supermodel through the window') 그 이유는 위 문장 내부 구조가 영어의 통사적 조건에 들어맞지 않기 때문이다. 즉, 제3장에 제시한 것처럼 영어에는 단어들이 문법적으로 늘어서서 제대로 된 문장을 구성하도록 유도하는 조합의 규칙 방법이 있다. 이와 유사하게 멘탈리스에도 주어진 상징기호들이 문법적으로 적절한 구조로 사고를 갖추도록 제어하는 규칙이 존재한다. 그러나 이런 관점에는 통사론이 의미와 분리된다는 전제가 깔려 있어야 한다. 즉, 이런 전제에는 바로 앞 장에서 언급되었듯이 언어 그리고 인간의 정신세계를 위한 모듈로서의 접근 방식이 그 기반을 형성한다.

촘스키는 초기 1957년도 통사론과 의미론의 분리 구성에 대해 예시를 통해서 분명하게 제시했다. 즉, 그는 자신의 주장에서 문장이 내부에 포함된 의미 부분에서 충분한 근거를 갖지 못하더라도 문법적으로 적절하다는 판정의 가능성을 언급했다. 이를 위한 대표적 예문이 바로 다음과 같다.

Colorless green ideas sleep furiously.[20]

(무색 초록의 생각이 분노에 차서 자고 있다.)

예를 보면 확실히 무색 상태 그리고 초록색이 동시에 양립할 수 없으며 생각이라는 개념 또한 추상적 의미를 갖고 있어서 잠에 든다는 것이 가능하지 않다. 그리고 잠에 드는 것이 느긋하면서도 고요한 상황을 암시한다는 차원에서 생각이 "분노에 차서"라는 단어와 하나의 맥을 정상적으로 형성할 수가 없다. 그럼에도 문장은 의미적 측면을 제외하면 전체적으로 이해하기가 곤란할 수 있음에도 불구하고 여전히 문법적 기준을 따른다.

그렇지만 촘스키가 제시한 문장 저변에 깔린 전제를 생각해보면 어떤 문장이든 영어라면 당연히 '형용사-형용사-명사-동사-부사'라는 순서 구조를 갖춰 "Colorless gree ideas"라는 문장 구조의 문법적 규칙을 준수하는 구문을 생성할 수 있다는 가능성에 기초한다는 사실을 확인할 수 있다. 그러나 이런 사항에 관해 문제를 제기했던 브렌던 윌리스Brendan Wallace에 따르면 앞의 설명이 경우에 맞지 않아 보인다. 우선 다음 예를 살펴보기로 하자. 단지 이 예에서 '문단'이라는 용어는 '문단 구조로 나누다'라는 동사로 보기로 하겠다.

Arboreal mammary media paragraph well.[21]
(수목의 유선으로서의 미디어가 충분히 분류되어 있다.)

이 문장은 구문으로 보면 앞서 제시한 촘스키 예문과 마찬가지로 동일한 문법적 구조를 갖추고 있다. 그럼에도 일반적인 영어 모국어 화자들은 이 예문을 문법적으로 아주 이상하다고 여길 것이다. 이 말은 문장 속에 선택된 단어들이 서로 의미를 완성하지 못하고 어긋나 있는 경우에도 역시 비문법적 판정이 가능하다는 점을 보여줄 수 있다는 의미다. 이런 증거를 기초로 의미든 통사적 구조든 둘 중 어떤 것이라도 문장의 문법 판단에 더욱 가깝게 다가설 수 있으며, 이런 예상은 촘스키, 핑커, 포더 등이 기대했던 정도 이상일 수 있음을 확인시켜준다.

이제 남은 부분은 촘스키의 “Colorless green ideas” 문장이 의미상 앞뒤가 맞지 않는데도 불구하고 문법에 일치하는 이유를 설명하는 것이다. 이에 관한 답은 의미가 문장을 구성하는 여러 부류의 요소들을 기초로 완성된다는 사실에서 찾아야 한다. 이런 사고 방향에는 단어들뿐만 아니라 문장 자체의 전체 문법적 구성 등이 포함되어 있다. 즉, 이 문제는 앞으로 제8장에서 자세히 설명하려고 한다. 그리고 앞서 제기한 요소들은 하나 이상의 다수의 의미를 대표할 수 있다. 예를 들어 ‘green’이라는 단어는 색을 가리키지만, 또는 환경 친화적이라고도 이해될 수 있다. 이와 같은 맥락에서 단어 ‘colorless’의 경우도 색이 없는 무색으로서의 의미나 실체가 없는 등과 같은 의미를 가리킬 수도 있다. 즉, 예를 들어 ‘idea’도 의미적으로 ‘실체’ 부재에 연관되어 있다. 단어 ‘sleep’은 인간의 특정 행위 중 하나로서 신체 구조 중 눈감기, 깊은 숨소리 등의 행동이 포함된다. 또한 이 단어 상태에 들어서면 사람들은 더 이상 집중하는 행동을 할 수 없기도 하다.

이에 더해 문장은 전형적으로 다른 문장들과 더불어 전체적인 맥락에서 해석을 갖게 된다. 즉, 문장 하나만을 별도로 분리시켜서 촘스키와 기타 언어학자들이 하듯이 특정 페이지에 예시하는 형태에서보다는 실생활 내에서 해석이 주어져야 한다. 이 말은 19세기 나비 채집자들이 죽은 나비들을 자신들의 채집통에 핀을 꽂아서 더 이상 이리저리 날거나 살아 있을 당시의 선명한 광채를 뿜어내지 못하도록 고정시켜놓은 상황과 아주 흡사해 보인다. 결과적으로 단어들 그리고 문장들이 개별적으로 혹은 독립적으로 여러 종류의 의미를 나타내면서 다양한 방사 구조를 연상시키는 의미적 잠재력을 소유하고, 더 나아가 이들 요소들이 여러 맥락에서 사용되면서 의미의 다양화에 기여하는 증거가 될 수 있기 때문에 하나의 문장이 반드시 하나의 의미로만 해석된다는 것은 거의 불가능하지 않을까 싶다. 그러므로 문장의 의미는 양자택일 형태가 아니다. 단어들이 문장 내부에서 의미를 가질 때는 해석에서 단계성을 띠게 된다.[22)]

다음 예에 제시된 단어 'began'에 초점을 맞춰보자.

John began the novel.	(존이 소설을 시작했다.)
John began the magazine.	(존이 잡지를 시작했다.)
John began the dictionary.	(존이 사전을 시작했다.)

사람들에게 위 문장들을 읽게 하면서 그들의 반응이 아래쪽 문장으로 갈수록 좀 더 이상하다는 사실을 알게 되었다. 우선 소설은 아주 선명하게 진행에 연관된 의미가 있어서 나름 이해가 되기도 한다. 내부의 각 장들이 순서대로 배치되고 이를 토대로 시작 부분, 중간 부분, 마지막 부분으로 볼 수 있기 때문에 소설이라는 명사와 함께 'begin'이라는 동사는 좋은 결합을 보여준다. 다음 예로 잡지의 경우 수많은 기사 글, 광고 글, 화보 등을 포함한다. 잡지를 펴면서 기사 글을 보기 시작할 수도 있지만, 잡지를 보는 태도는 소설을 보는 태도와 매우 다를 수 있으며, 잡지를 읽을 때 반드시 앞 페이지부터 시작해서 다음 페이지로 넘어가는 형식에만 국한되어 내용을 보지 않을 수도 있다. 그리고 시작하기라는 의미가 무엇보다도 일직선상의 구조에서 앞부분을 가리키는 경향이 있어서 단어 'began'이 잡지에서 갖는 의미적 비중이 적을 수 있다. 이와 같은 성향은 동사 'began' 다음에 오는 명사가 사전으로 대체되면 의미적으로 좀 더 이상한 상황에 처하게 된다. 사전은 구조적으로 시작-끝 패턴으로 읽히지 않기 때문에 예에 속한 마지막 문장이 가장 부자연스럽게 여겨진다.

그렇지만 사전이 포함된 예도 적절한 조건이 첨가되면 이상한 상황을 벗어나서 의미적 적정성을 인정받을 수 있다. 바로 해당 문장을 적절한 맥락에 들어서게 하는 것이다. 예를 들어 미국 흑인 시민운동가 맬컴 엑스Malcoml x가 교도소에서 사전을 첫 장부터 한 장씩 읽어갔다는 유명한 예를 생각해 보면 된다. 당시 그에게는 사전만이 유일한 읽을거리였기 때문이다. 이와 같은 맥락에서 해당 문장의 의미적 수용성은 정상 수치를 향해 상승 곡선을 보여주게 된다.

여기서 나의 요점은 문장의 문법적 수준의 정도에 따라 의미적 해석의 수준 정도도 따라갈 수 있다는 데 있다. 문장이 비록 "Colorless green ideas" 처럼 나타난다고 해도 이를 해석하기 위한 시도가 첨부되면서 통사적으로 적정성을 갖춘 문장의 자격을 갖추게 될 수 있다. 문장 "Colorless green ideas"가 적당한 맥락 안에서, 즉 아주 작은 부분을 놓치면서 효과성에서 떨어지는 환경적 정책의 제안 등을 가리키는 경우를 의미할 수 있다. 결국 문장은 원칙적으로 해석이 가능하다는 결론에 도달하게 된다. 바로 이것이 해당 문장을 문법적 구성의 문장으로 판단할 수 있는 근거이기도 하다. 그러나 만일 의미상 전혀 역할을 수행할 수 없는 문장을 보게 된다면, 아무리 머리를 이리저리 굴리면서 해당 문장의 적정성을 찾기 위한 여러 맥락을 탐색한다고 한들 해당 예문은 여전히 비문으로 귀착된다. 그리고 여기에 해당하는 예시 문장이 바로 "Arboreal mammary"라고 보면 된다.

지금까지의 설명에서 알 수 있는 핵심은 바로 본능으로서의 언어 이론에서 문장 표현과 의미를 다른 구역으로 분리했다는 사실이다. 그리고 이 문제는 포더가 제안했고 핑커 및 다른 언어학자들이 수용했던 멘탈리스 중심의 설명에 그대로 전달되어 있다. 멘탈리스는 충분한 근거를 바탕으로 선정된 상징기호를 포함하지 않으며, 무엇보다도 분명하게 의미 측면이 누락되어 있기도 하다. 이들 상징기호들의 연산 작동 과정은 완전히 형식을 따르고 있고, 원인결과 방식에 기초하면서 상징기호들을 늘어서게 하는 연결체를 생성한다. 그러나 이들 연결체들로부터 의미를 분리시키게 되면 마치 살점 하나 없이 앙상한 모습의 골격의 외형으로서 어떤 의미도 전달하지 못하게 된다.

요점적 사실은 통사 구조 그리고 의미 둘은 분리되지 않는다는 점이다. 그리고 이들을 나누려는 시도 안에서 멘탈리스는 기대되는 기능을 충실하게 수행하지 못하게 된다. 즉, 여기서 말하는 기능이란 복잡한 사고를 지탱하고 언어 습득 가능을 열어주는 의미를 위한 버팀목의 구축을 지칭한다.

포더의 반박

지금까지 저자로서 내가 논의했던 기초 문제들을 피하는 하나의 방법은 멘탈리스의 선천적 측면을 주장하는 것이다. 그런데 이 언급이 꽤 익숙하게 느껴지지 않나? 순식간에 이 기초 문제들 그리고 조그만 소인들 논의가 눈앞에서 홀연히 사라진다. 인간이 상징기호들을 갖고 태어나고 이들 상징기호를 토대로 멘탈리스가 작동하기 때문에 모든 사람이 머릿속에 멘탈리스를 가정할 수 있을지 모른다. 그리고 이와 같은 관점을 통해 멘탈리스 작동에 기여하는 개념들 그리고 멘탈리스로 하여금 주어진 상징기호를 토대로 표현하는 실제 세상 속에서의 상황적 일들 사이의 난제들을 깔끔하게 해결해줄 수 있다. 기초 문제는 멘탈리스를 구성하는 상징기호들이 애초부터 머릿속에 존재한다는 사실에 기초해서 해결의 실마리를 얻을 수 있다.

그렇지만 모든 개념이 선천적이라는 사실이 정말 그럴 수 있을까? 그래서 그와 같은 관점으로 인간이 과연 무엇을 할 수 있단 말인가? 개념 중 '붉다', '문손잡이', '슈퍼모델' 등이 앞서 언급한 선천적 관점에서 마치 보편문법이 그러했듯이 어쩌면 인간 두뇌 내부 세부 순환 조직으로 내장 설치되었다고 볼 수 있을 것이다. 1975년 출판된 『사고의 언어The Language of Thought』

에서 포더가 어느 정도 이와 유사한 입장을 밝혔다. 그리고 포더는 개념들이 학습 대상이 아니기 때문에 선천적이라고 생각했으며, 만일 이들 개념들을 학습하려면 반드시 가정 형성 그리고 향후 증명 및 확증 과정을 거쳐야 한다. 즉, 이 말은 학습이라는 과정이 애초 발생의 시동에 들어서기 위해서는 최소한 사전적인 정보를 갖고 있어야 하며, 이들 사전 지식에 기반을 두어야 비로소 학습될 대상이 이들 지식에 기초해서 의미적 측면을 갖추게 되는 단계에 들어서게 된다는 점을 의미한다. 포더는 이런 방식에 의거하여 선천적 개념으로서 최소의 기초 개념 집합이 있어야만 하며 이를 통해야만 인간이 드디어 세상에 나설 수 있게 되리라는 논리를 피력했다.

이런 점을 볼 때 앞서 제시된 논증은 정말 놀라울 정도다. 만약 인간이 최소의 기초 개념 집합체를 갖고 태어난다면 가장 기본적 수준에서 개념적 원천 재료를 갖게 되고 이를 토대로 앞으로 인간에게 필요하게 될 개념들을 표현할 수 있게 될 것이다. 결국에는 기초적 근원 요소들이 멘탈리스의 개념적 통사 구조를 활용하면서 조합을 행하게 되며, 이를 거듭하면서 더욱 복잡한 개념들의 구성 단계에 다다르게 된다.

그렇지만 이와 같은 설명에는 다음과 같은 질문이 따르게 된다. 즉, 인간이 무슨 수로 아주 쉬운 단계의 과목들로부터 중세 음악학까지 만화경처럼 펼쳐질 매우 다양한 생각들 그리고 개념들을 결국 갖게 되는가?를 가리킨다. 복잡한 개념을 위한 상징기호들이란 여전히 일부 수준에서 이들 상징기호들이 표현하려는 현실 세계의 대상과 들어맞는 양상을 보이기는 한다. 포더는 인간의 사고의 언어에 퍼져 있는 개념들의 일정 범주가 경험이 존재하는 사회체계 세계 속에서 경험들이 상호작용을 수행할 때 드디어 작동의 순간에 들게 된다는 주장을 펼쳤다. 예를 들어 '바깥에 있는' 현실에서 '초록' 혹은 '삼각형'이라는 경험을 인식하는 순간 이런 과정은 먼저 개념을 불러일으키거나 혹은 멘탈리스에서 이들 경험들을 표현하게 될 상징기호들을 바로 이 작동 단계에 들어서게 한다.

그렇지만 이 설명에도 문제가 없는 것은 아니다. 먼저 '문손잡이'를 놓고 보자. 경험에 의한다면 과연 해당 개념이 어떻게 정신세계 내부에 나타날까? 인간이 문손잡이 의미를 원래부터 갖고 태어나는 것일까? 아니면 해당 의미를 구성할 원초적 개념 요소들로부터 문손잡이 의미를 구축하는 것일까? 그리고 문손잡이가 연결된 상황을 통해 우리가 정작 방이나 건물을 드나들면서 앞서 언급한 문손잡이류라는 선천적 능력이 드디어 작동 단계에 들어서는 것일까? 이런 생각은 어쩌면 너무 정도가 지나치지 않을까 싶다.

그리고 포더가 이후 작업에서 '문손잡이' 등의 개념들이 사실은 인간이 태어날 때 두뇌 내부에 장치로서 내재화되어 있다는 조금은 황당무계하게까지 보이는 주장을 피력했다.[23] 그가 주장한 요점은 인간이 경험에 의해서 작동에 들어서는 선험적 개념 혹은 개념적 잠재력을 소지한 채 태어나는 것이 아니라는 부분이다. 차라리 그는 상징기호라는 사항이 현실 세계에서의 정형화된 예에 해당되는 경험들에 결부되는 묶여 있기로 보았다. 그리고 이 상징기호들이 경험의 도움을 통해서 취득된다고 보았다.[24] 이처럼 향후 수정된 주장을 바탕으로 인간이 아직 문손잡이 경험을 겪지 않았음에도 불구하고 해당 개념을 가질 수 있다는 바로 '문손잡이류'라는 의미적 가치의 선천적 소유 부분을 인정하지 않는 모습을 보여주었다. 대신에 포더는 정신세계의 상징기호가 멘탈리스 속에서 마치 위치 표식의 역할을 수행함으로써 외부 세계에 존재하는 문손잡이 경험을 겪으면서 해당 경험에 '결부'되는 형태를 갖는다는 주장을 내세웠다. 그럼으로 인해서 인간이 문손잡이류에 대해서 갖게 될 '개념'이 단순하게는 일종의 표식(토큰)에 불과하며, 해당 표식과 연계된 의미가 실질 외부 세계에서 발견이 가능하게 된다. 따라서 멘탈리스 속의 상징기호들은 경험 유형의 지정 표식 같은 색인을 제공하게 되고, 이 말은 예로서 '문손잡이류'를 생각하면 될 것이다.

그렇지만 이와 같은 수정된 주장은 더 큰 문제를 불러올 수 있다. 바로 상징기호들이 우리 '바깥에 있는' 세상 속에서 기호 나름의 경험 유형에 결부되는 방법이 무엇일까? 하는 의문이다. 또한 상징기호 X가 경험 Y에 묶이는 방법은 과연 무엇일까이기도 하다. 포더는 이 질문은 인지심리학에서 염려한 사안이 아니라는 결론을 제시했다. 달리 말하면 그의 언급이 제언하는 의도가 해당 의문점을 별로 진지하게 걱정할 필요가 없다고 제안하는 것인지 알기도 어렵고 또한 어리둥절하기까지 하다. 2008년도 논술에서 "어쩌면 선천적 생각이란 전혀 존재하지 않을 수도 있다"[25]라고 말하기도 했다. 그렇지만 이전의 주장에서 우리가 갖고 있는 방법이라곤 선천적 장치로서 정신세계 상징기호들을 현실의 경험에 결부시키는 것이 고작이었다.

마지막 분석으로서 표현 자체를 선천적으로 만들어버리면서 기초 문제를 해결하려는 시도가 포더의 초기 주장처럼 개념 자체를 선천적 요인으로 보든 혹은 이후 수정 주장에서 '결부시키기' 장치가 경험에 연계 선을 묶으려는 과정에서 출현하든 지금까지 멘탈리스 주장은 오류 자체라고 볼 수 있다. 만약 정신세계 표현이 선천적이라면 학습은 당연히 제외되어야만 한다. 그러나 바로 이 부분에서 문제에 봉착하게 된다. 궁극적으로 개념의 설명을 위해 선천성 가설을 옹호하고 학습 부분을 제외시키려 한다면 이 시도 자체는 너무 벅찬 상황에 접하게 되지 않을까 싶다.

지능 구조, 구체화된 정신

멘탈리스가 안고 있으면서 실질적으로 극복하기 매우 어려운 기초 문제란 인간의 정신세계에 대한 견해에서 유발되는 결과에 그 원인이 있다. 즉, 정신세계가 정보 처리 자체인 컴퓨터라는 점이다. 특히 연산 작용 처리를 행하는 정신세계에서는 표현의 결과가 행동 및 행위 어디에도 치우지지 않아야만 한다. 멘탈리스에서 현실 세계의 일의 상태를 표현하는 상징기호는 결부된 표식 역할을 수행하지만 표시된 대상과 어떤 유사함도 갖지 않아야 한다.

전통적으로 이전부터 심리학은 지각, 인지, 행동 등과 같은 소위 '감각-사고-동작' 모델에 속하는 요소들 사이에 차이를 두었다. 두뇌가 세상에 대해 지각적 표현을 구성하기는 하지만 이런 과정 내에는 외부 환경으로부터 유입되는 에너지 표기 기호를 두뇌가 인식할 수 있는 신경 표기로 전환시키는 방법을 통하면서 이런 흐름에 응대하는 차원에서 지각적 이미지 혹은 지각 표상이 구축된다. 여기서 말하는 지각 표상에는 마치 고양이의 외형적 이미지 또는 등 쪽 줄기에 걸쳐서 느껴지는 부드러운 촉감들처럼 대뇌 피질에 포진한 여러 부위들로부터 각기 다른 감각적 경험들이 시간적 측면에서 서로 통합되는 작용들이 포함된다. 자 이제 멘탈리스에서 여기 지각 표상들이 사고의 언어에서 추상적 개념인 또 다른 상징과 함께 현실 세계에서의 일의 상태 사이를 결부 짓는 과정이 쉽게 이루어지도록 일정 수준에서 편의를 제공해야만 한다. 그러나 멘탈리스 내부 상징은 추상 자체다. 즉, 상징은 직접적으로 고양이와도, 등을 따라 느껴지는 부드러운 두드림과도 어떤 연관성을 갖지 않는다.

본능으로서의 언어 이론에서 제기한 또 다른 관점으로서 인간 정신세계에 발생하는 표현이 사실은 표현하려는 대상과 밀접한 관련성을 가질 수도 있고 또한 닮은 모습을 취하기도 한다. 인간 육체가 주변 환경과 상호작용하거나 환경 자체에 역할을 수행할 때도 내부에 발생하는 정신적 표현들은 이미 구체화된 우리의 경험의 속성을 반영한다.[26] 인지과학 철학자 클라크는 멘탈리스 내부에 구성된 개념들이 행동-중립적이라는 주장을 피력했다. 이 주장의 요점은 멘탈리스는 맥락에 속하는 현실 상황에 관련성이 없다고 믿는 데 있다. 즉, 그런 개념에서는 중립적 혹은 세상사에 관해 객관적인 '신의 눈'이라는 견해를 가정한다.[27] 그러나 세상에 관한 이런 견해는 (우리 자신이 신이 아닌 다음에야) 절대로 가능하지 않다. 즉, 개념이란 현 세상에 대한 '우리의' 이해 그리고 '우리의' 상호작용에 기반을 두어야 한다. 개념은 '항상' 상황에서 기인되며, 이 개념들은 결코 관점-중립적 혹은 행동 중립적이 될 수 없다.

클라크의 관점은 지적 행위가 현실 세계 '안에서' 행동하기 방향으로 향한다는 의미다. 그리고 인간이 살고 있는 생태적 지역 환경에 적응된 육체를 소유함으로써 우리 두뇌 또한 육체를 좀 더 효율적으로 지탱하고 조절할 수 있게 되었다. 예를 들어 보행 학습은 사람들이 '지능적인' 다리를 이미 갖고 있다는 조건 때문에 비교적 쉽게 여겨진다. 인간 다리는 다른 영장류에 비해 특이하게 긴 형태를 갖고 있다. 즉, 다리가 양발 보행을 위해 특별하게 진화한 결과다. 인간 다리는 몸통 전체 길이에서 평균 171%를 차지한다. 이런 상태는 오랑우탄 111%, 침팬지 128%와 비교하면 잘 알 수 있다. 인간의 종아리 그리고 둔부 근육은 두 발로 걷는 데 적용하도록 진화된 반면 무릎슬개골이 다리가 움직일 수 있는 형태를 제어하는 기능을 수행한다.[28]

인간 신체 구조의 또 다른 측면들이 두 발 보행을 위해 진화를 거듭했다. 즉, 인간에게 중력이 작용하면서 무게 중심 부위가 이동했고, 따라서 인간은 더 이상 쉽게 넘어지지 않게 되었다. 그리고 이를 통해 신체 내부 여러 기관들이 재구성되기에 이르렀고 이로써 인간과 다른 영장류 동물 사이에 차이가 나타나게 되었다. 재구성 과정은 인간의 양발 보행으로서 단계적 발달 추이와 더불어 진화를 겪었다. 이 말은 술에 취한 사람이 지각을 잃고 계속 넘어진다면 과연 보행을 위해 마련된 지능적 다리를 갖는다 한들 아무 소용이 없음을 가리킨다. 게다가 인간의 이중 S자형 형태의 척주 구조는 걸으면서 겪게 될 충격을 막는 충격-흡수 장치 역할을 수행한다.[29]

이와 같은 종류의 관점으로부터 개념들이 바로 이들 지능적 육체 구조로부터 발생할 수 있다. 즉, 우리의 정신세계 표현들은 자신들이 표현하고자 목표로 삼았던 경험들을 결국 모방하는 단계에 들어서게 된다.[30] 여기서 말하는 표현들은 활동 지향적 표현과 유사하면서 또한 이들 활동 지향적 표현들을 제공하기도 한다.[31] 앞 말에서 표현들이 표현의 목표 대상과 유사하다는 의미는 용어로 볼 때 '같다' 혹은 '비슷하다' 방식으로 이해하면 될 것이다. 그리고 이들 표현의 목적은 육체가 '지능적인' 행위를 수행하도록 도움을 주는 데 있으며, 그로 인해서 표현들이 행동으로 향하게 방향을 결정해줘야 한다. 예를 들어 '문손잡이'라는 개념은 해당 물품의 소유자가 문손잡이의 형태가 어떠한지를 알거나 어떤 느낌으로 받아들이는지 등의 정보를 알려주지는 않는다. 우리는 해당 대상물 개념의 이해를 통해 문손잡이의 기능이 무엇이고, 이것으로 '어떻게' 문이 열리는지를 알 수 있다. 즉, '문손잡이류'의 개념이 해당 물체와의 구체적인 상호교류에서 구체화된 경험이 발생한 상황을 의미한다.

그래서 만약 앞서 주장했듯이 표현이 직접적으로 우리에게 주어진 지적 육체들, 즉 구체화된 결과물 등을 반영한다고 볼 수 있다면 이를 바탕으로 표현에 관련된 대응 결과들이 이미 정신세계에 존재한다는 당위성을 가리킨다고 볼 수 있다. 우리의 개념이란 바로 우리가 갖게 될 구체적 결과들을 반영해야 한다.

우리 주변에서의 은유

언어학자 레이코프 그리고 철학자 마크 존슨Mark Johnson 등은 지금은 고전적으로 여겨지는 연구에서 추상적 개념, 즉 '사랑', '정의', '인플레이션',

'시간' 등이 구체화된 경험에서 구축되었다는 주장을 언급했다.[32] 이들 학자들이 제시했던 증거들은 압도적이었고 주로 언어에 기반을 두었지만, 여전히 인간 사고의 속성과 구조를 들여다보는 데 중요한 지침이 되었다. 두 학자는 인간이 추상적 생각을 구상하는 데 응용한 경험의 유형들은 인간이 세상에 살면서 혹은 세상사에 대응하면서 상호교류 과정을 겪으면서 나타난다고 보았다. 이와 같은 구성 진행 과정은 인간이 해당 경험을 공간 안에서 움직이면서, 여러 종류의 대상물들을 취사선택하면서, 여러 일들과 맞닥뜨리는 가운데 시작되는 특성을 갖는다. 구성 진행 과정이 대상물을 남에게 양도하거나 반대로 받는 중에 도출되기도 한다. 그리고 이런 과정에서 우리로 하여금 추상적인 개념인 '사랑', '죽음', '시간' 등 셈하기 자체를 불허하는 여러 존재들을 모두 포함해서 상대적으로 추상적 상태를 이해하는 토대가 될 수 있는 추론적 구조를 우리에게 제공해주는 것이 바로 앞서 언급했던 부류의 경험들이다. 레이코프 그리고 존슨은 인간 정신세계에 배치된 복잡한 부류의 추상적 개념들은 좀 더 구체적 부류의 구상화된 경험을 통해 구성되어야 한다는 사안을 제안했다.

일단 예로 '사랑' 개념을 생각해보기로 하자. 우리가 늘 사랑이란 관계성을 이야기할 때면 특별하게도 항상 여행의 개념을 인용하곤 한다. 다음 일상적인 표현들로서 사랑 관계성을 묘사하는 것과 유사한 예를 보기로 하자.

> *우리가 얼마나 멀리 온지* 보시오. 우리는 이제 *교차로에* 있소. 이제부터 *각자 분리된 길을 따라야만 할* 것이오. 이제는 *돌아갈 수도* 없소. 나는 이런 관계성은 *어디든 해당된다고* 보지는 않소이다. 우리는 *어디에* 있는 것일까요? 우리는 이제 *갇혀버렸소*. 너무도 *길고도 험난한 길이었어요*. 이런 관계성은 *막다른 길이기도 해요*. 우리는 마치 *우리의 수레바퀴를 돌리고 있는* 것 같아요. 우리의 결혼은 *단단한 바위 위에* 있지요. 이런 관계는 *무너져 내리기도*

하지요.[33]

이 내용을 보면서 여기에 제시된 표현들이 말 그대로 여행에 관련되어 있음을 알 수 있다. 즉, 내용 내부에 이탤릭체로 '여행'을 가리키는 용어들을 알기 쉽도록 표시해놓았다. 어떤 사람도 헷갈리지 않을 것이다. 만약 인간 관계성의 상태에 대해 마음과 마음으로의 느낌을 시도하는 가운데 연인에게 "우리는 이제 교차로에 있소"라는 말을 전한다면, 전달자 자신이 어느 길을 택할지에 대한 논의를 시작한 것은 아닐까 하는 의문으로 말미암아 최소한의 황망한 느낌을 받을 수도 있다. 큰 힘 들이지 않고도 이런 표현이 주어진 단어들에 나타나는 글자 그대로의 의미와 본래 의미 사이에 연관성이 매우 적다는 면을 이해할 수 있을 것이다.

레이코프 그리고 존슨은 '사랑'처럼 추상적 개념들은 스스로의 의미를 갖는 과정에서 구체적 구상화의 경험을 통해서 체계적으로 만들어진다는 개념을 주창했다. 시 그리고 수사적 표현들처럼 언어로 하여금 주어진 영역에 국한되지 않으면서 여러 범주를 넘나들게 하는 장르들은 전형적으로 언어적 은유라는 용어로 언급된다. 레이코프 그리고 존슨은 더욱 구체적인 구상화의 경험들을 바탕으로 좀 더 추상적인 개념을 구성하는 것이 은유적임이라고 말한다. 그러나 중요한 점은 차이가 있다면 사랑의 개념을 앞서 언급한 과정으로 이해하는 데 단순히 언어적 단어-유희 정도 이상에 지나지 않는다는 사실이다. 이들 '개념적' 은유들은 인간의 정신세계에 근원적인 구조화 원칙들을 제공해주는 듯하고, 은유라는 수단은 우리가 무엇보다도 잘 알면서도 이해하는 경험들 중 일부를 토대로 해서 훨씬 복잡하면서도 추상적인 생각들을 설명하는 가교를 마련해주기도 한다. 즉, 알고 이해한다는 말은 우리 주변의 사회-물리적 세계와의 상호작용 관계를 바탕으로 구상화 과정에 들어선 사안을 의미한다.

사실 '사랑'의 이해란 범주 혹은 영역이라는 차원에서 지식 측면에서 광범위한 개념 구성체를 구성한다. 게다가 **사랑**의 영역은 일정한 범위의 분별되면서도 나름 연계성을 보여주는 개념들로 이루어져 있다. 이런 개념들 내에는 사랑의 관계를 맺어가면서 나타나기 시작하는 '연인들', 사랑 '관계성', '여러 사건들' 개념들과 해당 관계에서 발생하는 '난관들' 그리고 이들 어려움들을 극복해가거나 관계의 수위를 키워나가는 '과정' 등 여러 사항들이 포함되어 있다. 또한 사랑을 한다는 상황 내부에는 관계 속에서 만남을 지속할지 아닐지에 관한 '선택들'의 개념, 관계성에서 찾아야 할 '친밀의 부위'의 속성의 개념, 그리고 좀 더 일반적 측면에서라면 사랑의 참여자들이 공유하거나 별개로 품고 있는 '목적들' 등에 관한 개념들도 아울러 포함되어 있다.

이와 유사하게 우리는 각자의 마음속에 **여행**의 영역에 포함되는 개념들의 범주도 역시 품을 수 있다. 이들 개념들은 '여행자', 비행기, 기차, 자동차 등 여정을 위한 '이동 수단들', 여행을 위한 '거리', 여행 계획을 늦춰지게 하거나 여정 진행을 방해할 수 있는 여정 중의 여러 '난관들', 여행 장소까지의 '방향 설정', 여행으로 취할 '경로', 최종 '여행지'에 연관된 갖가지 정보 등으로 나뉠 수 있다.

앞의 개념들을 합치면서 **사랑은 여행이다**LOVE IS A JOURNEY라고 할 때 이 은유적 표현이 곧 우리에게 주려는 의미는 바로 **여행**의 영역에 포함된 개념들에 체계적으로 기반을 두는 여러 분별적 요소들을 **사랑**이라는 좀 더 추상적인 요소를 포함하는 영역에 대응시키면서 위 문장 구조를 구성하는 가운데 전체적 맥락에 대한 이해를 도모할 수 있는 기회가 열릴 수 있을 것이다. 예를 들어 사랑의 영역에서의 연인들이란 결국 여행자와 유사한 방식으로 개념 구성이 이루어지고 따라서 우리에게 연인의 이해는 여행자 '관점으로' 이해될 것이다. 이와 유사하게 사랑 관계성 자체도 여정을 위한 이동 수단들 관점에서 개념이 구성된다. 이와 같은 이유로 결혼을 '무너져 내리다',

〈표 6-1〉 개념적 은유 '사랑은 여행이다'에 첨부되어 있는 대응 관계성

출발점 영역: 여행		목표점 영역: 사랑
여행자	→	연인
이동 수단	→	사랑 관계성
여정	→	관계성 내에서의 사건
전체 여행 거리	→	완성된 진행 과정
맞닥뜨린 난관	→	치룰 난제
여행 방향의 결정	→	행동 양식의 선택
여정의 최종 목적지	→	관계성 유지의 목표

'단단한 바위 위에 있다', '권태기에 들다'처럼 표현할 수 있으며, 이런 말 속에서 사랑이라는 관계 맺기를 여행이라는 단어의 외형적 글자 구성에만 치우치지 말고 오히려 두 연인이 오랜 기간 사랑을 유지하는 가운데 가끔이라도 어려움에 부딪치는 상황을 연상하면 어떨까 한다.

이에 더해 우리 머릿속에는 개념적 은유로서 특정화된 유형의 지식들이 축적되어 있다는 면도 확실하게 해둘 필요가 있다. 만약 이런 생각이 틀리다면 영어 표현들을 이해하기가 쉽지 않을 것이다. 언어적 표현들이 바로 개념적 은유의 존재를 밝혀줄 수 있는 중요한 여러 증거들을 제공해준다. 일단 〈표 6-1〉에 앞서 설명했던 **사랑은 여행이다**의 개념적 은유 표현에 동원된 두 영역들 사이의 대응 관계를 정리해놓았다. 표를 보면 화살표는 여행 영역의 구체적 개념으로부터 좀 더 추상적이면서 해당 개념에 대응할 수 있는 사랑 영역의 개념을 연결시키고 있다. 예를 들어 여행 영역에 속하는 **여행자** 개념이 **사랑** 영역에 속하는 연인들 개념으로 상응하는 방법으로 화살 표식을 보여준다. 이처럼 서로 대응 관계를 보이는 개념들이 개념적 은유 안에서 서로 짝을 이루도록 되어 있다.

언어가 인간 정신세계 안에 지식이 형성되는 방법을 밝혀준 반면 언어 자

체도 역시 상호 대응을 갖는 방향성 존재를 보여준다. 또한 우리가 앞에서 와 같이 사랑을 여행에 관련시켜 말을 하거나 생각을 전개하지만 여행을 통해 사랑을 이해하는 반대 경로는 불가능하다. 어쨌든 여행을 논의하기 위해서 사랑 관계성에 연관된 표현을 사용하지는 않는다. 예를 들어 'They have just got married(그들은 이제 막 결혼했어요)'라는 구문에서 'They have just started their journey(그들은 이제 막 여행을 시작했어요)'를 의미하지는 않지만, 'They have just started their journey'의 의미에 근거해서라면 'They have just got married'라는 의미를 유추해낼 수 있다. 이 두 구문 사이에 언어상 나타나는 비대칭 패턴 관계는 인간의 정신세계 내부의 방향성을 밝혀줄 수 있다. 둘 사이의 관계는 결국 '사랑은 여행이다'에 관련된 〈표 6-1〉에 제시된 화살표로 표시되어 있다시피 비대칭, 즉 일방향성으로의 표시임을 알아야 한다.

이런 논의의 요점은 바로 다음과 같다. 즉, 언어가 개념적 은유로 방향성을 취한다는 것이다. 그러나 개념적 은유가 언어 활용을 용이하게 해줄 수 있음에도 불구하고 은유를 바라볼 때는 언어 자체로만 보는 대신 인간의 정신세계 내부에서의 지식 구조물로 봐야 한다. 그리고 중요한 사실은 앞서 말한 은유란 바로 인간 정신세계가 구상화된 속성이라는 점이다. '사랑'처럼 추상적 생각은 관점에 무관한 관점-중립성 방향에서 체계적 구조를 갖춘다. 이와는 반대로 사랑에 관한 개념은 구상화된 경험을 토대로 구조를 갖추게 된다. 여기서 구상의 경험이란 마치 우리가 여정에 오르듯 오랫동안 목표 지점을 향해 다가가는 과정에 해당된다고 보면 된다.

인간 두뇌에서의 구상화 효과

개념적 은유가 인간의 정신세계에서의 구상화 속성을 위한 일련의 중요한 증거를 제공한다. 이런 증거의 존재에 관한 추정에서 우리는 개념들이 현실 세계 내부의 일의 상태에 결부된 논리적 관계만을 가리키지 않는다는 사실을 알 수 있다. 개념은 직접적으로 구상화의 행동, 세상 속 또는 세상 자체와의 상호작용 등을 반영한다. 그러나 연상 혹은 제언에 그쳐 보이기는 하지만 레이코프 그리고 존슨 등이 제기한 해당 증거는 우선 간접적임을 알아야 한다. 이 학자들은 개념적 은유를 추상적 개념에 취해진 구상화의 경험으로부터 유도된 내용을 투영시키는 지식 구조로 간주하면서 이 은유들이 존재해야만 하는 이유를 바로 언어가 우리에게 과연 무엇을 전하려 하는가를 가리키는 데 원인이 있기 때문이라고 보았다. 사랑을 여행에 비추어 보려는 시도는 바로 사랑의 속성을 좀 더 확실하게 알려는 시도인 것이다. 그리고 이로부터 개념적 은유가 바로 언어 활용 저변을 구성해야 한다는 점을 제시한다는 결론에 도달할 수 있게 된다. 그러나 이와는 달리 좀 더 직접적 증거는 없는 것일까? 인간 두뇌에서 언어가 처리되면서 발생하는 작용의 종류 그리고 언어에 의존해서 이를 바탕으로 발생한 개념들을 실험적으로 검사할 수 있는 실험심리학 및 인지 신경과학 분야에 기반을 둔 좀 더 확실한 또 다른 증거를 찾을 수는 없는가?

보통은 언어가 개념에 의존한다고 알려져 있기는 하다. 의사소통을 위해 언어를 사용하기 위해서라면 개념들을 부호로 전환하거나 외재화시키는 과정이 필요하다. 언어를 '생각을 전달하기' 위해 사용한다고 할 때 여기서 '생각들'은 바로 개념을 가리키며, 이들 개념이 바로 전달의 목표가 될 것이다. 때때로 잠시 쉬는 시간에 동료에게 내 자신이 어떤 이유에서 상당히 피로한지를 설명하는 와중에 지난 밤 고양이가 밖에서 심하게 우는 바람에 잠을 설쳤고, 그 시간이 마치 영원한 듯했다라고 전하는 속에서 내 자신이 외부 세계를 나의 정신적 표현인 나만의 개념에 의존해 말을 이어가는 모습을 확인할 수 있다. 그리고 이런 설명을 전하는 과정에서 이야기를 듣는 청자인 상대방도 현재 설명을 전하는 화자 자신과 마찬가지로 고양이 그리고 그들의 영역 다툼 특성에 대한 개념을 똑같이 소유한다고 믿을 것이다.

개념의 속성을 위한 직접 증거는 인간이 언어를 사용하거나 언어를 이해할 당시 두뇌 안에서의 작동 패턴에 의한 것이다. 만일 개념이 활용으로서의 언어 이론 주창자들이 말하듯이 구상화 작업에 든다면, 두뇌에 정보를 처리하려는 수단으로 두뇌 내부에 특정 경험을 처리하는 방식인 일정 두뇌 부위의 신호등 발광 현상을 기대해볼 수 있을지 모른다. 여기서 두뇌의 처리란 바로 언어로 앞서 두뇌 처리 특정 부위에 배치된 동일한 경험을 묘사하든지 또는 활용하든지 무엇이든 간에 인간이 언어 자체를 사용하는 경우를 전제한다. 예를 들어 어떤 사람이 못을 박으려고 망치를 사용할 때나 혹은 망치를 단순히 다른 사람들에게 휘두를 때 어느 경우를 막론하고 두뇌 운동피질에서 특정 부위가 동작에 돌입하게 된다. 만약 '망치' 개념이 구상화된다면 일단 망치에 관련된 사건은 무엇이든 언어로 묘사하는 동안 해당 도구와 연관된 두뇌의 부위에 동일하게 신호를 기대할 수 있다. 이것은 활용으로서의 언어 이론 주장이 그러하듯 개념이 직접적으로 스스로에게 연관되어 표현되는 경험에 기반을 두기 때문이다. 두뇌 작동 원리에 따르면 개념은 개념을 발생시키는 지각적 경험들로부터 생겨나게 된다. 그렇기에 망치 사용을 처리할 두뇌 부위의 자동적이고 즉각적인 동작은 사람들이 망치 사용하기를 언급하는 순간 구상화 효과를 구성하게 된다. 즉, 언어가 사용되면서 개념 속성의 구상화의 흔적을 눈으로 직접 목도할 수 있다는 의미이기도 하다. 그리고 구상화 효과는 레이코프 그리고 존슨이 주장했듯이 개념의 구상화란 내용을 확정시키는 직접 수단을 제공하기도 한다.

그렇지만 인간 정신세계가 근본적으로는 컴퓨터와 동일한 것으로 간주했던 멘탈리스 관점은 개념을 그냥 추상적 상징기호로 보는 견해를 갖는다. 그리고 이런 견해는 앞서 봤듯이 이 상징기호들이 현실 세계에서의 일의 상태를 실제적으로 구상화한다는 관점보다는 차라리 일의 상태에 결부된 형태를 보인다고 봐야 한다. 결과적으로 멘탈리스 내부 관념들은 자신들과 결부된 경험과 상태들 어디에든 관련성을 갖지 못한다. 멘탈리스에서 개념은 추상적인 논리적 관계이며, 개념들 자체는 구상화에 돌입하지 못한 상징기호들로서 이를 토대로 멘탈리스가 어떤 이유에서 개념이 기반을 형성하는 방법은 물론 의미를 갖게 하는 방법 등을 설명하려는 시도가 난관에 봉착하는지를 이해할 수 있다. 또 다시 결과적으로 멘탈리스는 구상화 효과의 존재 자체를 부정한다. 따라서 개념이 언어 사용으로 전개되는 경우라도 두뇌에서 감각 운동적인 부위 어느 것도 해당 과정에 포함되지 않는다. 일단 앞서 말했듯 망치를 묘사하는 개념에 의존하는 경우라도 두뇌 운동피질 일정 부위가 작동에 돌입하는지 하지 않는지는 크게 문제되지 않는다. 달리 말하면 나무 널빤지에 못을 박는 망치질을 논하는 능력은 두뇌에서 운동피질의 반응 동작 여부에 전혀 관련성 없이도 충분하게 완수될 수 있다.

최근 실험 심리학에서 언어 활용 동안의 인간 행위가 연구되었다. 그리고 신경학자들의 연구가 지금 인간이 언어를 생성하거나 이해할 때 두뇌의 작동 과정을 직접적으로 들여다볼 가능성을 열어주었다. 두 가지 유형의 정보를 통해서 구상화 효과가 실질적으로 발생하는지 밝혀져 있다.

구상화 효과의 한 가지 유형은 인간이 특정한 단어 혹은 단어류 요소들을 사용할 때 특정 두뇌 부위들에 연관되어 있다. 예를 들어 두뇌 외층인 피질의 특정 부위들이 시각, 청각, 촉각 등의 경험으로서의 감각 정보를 처리하거나 저장하기도 한다. 피질 다른 부위들은 손 혹은 몸통 동작 등과 연관된 운동 정보를 처리한다. 끝으로 편도체 같은 피질 아래 부위에서는 감정 경험이 처리되거나 저장된다. 최근 발견에 의하면 앞서 말한 두뇌의 각 부위들이 여기에 해당하는 육체-기반 언어를 이해할 때에도 자동적으로 또는 즉각적으로 동작을 개시한다는 면을 밝혀주었다.[34]

예를 들어 망치, 스크루드라이버screwdriver, 바늘 등 연상을 사용하는 동작의 처리가 진행되는 동안 작동에 돌입하는 두뇌 부위들이 해당 연장 사용을 말로 표현하는 과정에서도 자동적으로 작동에 임하는 것을 알 수 있다.[35] 달리 표현하자면 당신과 내가 'He hammered the nail(그가 망치로 못을 박았다)'라는 문장 표현을 이해하면 우리 두뇌에서 망치 사용하기를 지각하거나 해당 동작에 들어서게 하는 인지가 작용하는 등의 방식으로 두뇌의 해당 부위에 자동적이면서 즉각적인 작동 돌입 현상이 나타나게 된다. 언어를 이해한다는 것은 어쩌면 동작을 책임지는 두뇌 부위를 작동에 들어서게 하는 작용 과정을 요구하지 않나 싶다. 이런 과정이 비로소 구상화 효과를 구성하게 될 것이다. 만약 망치질 처리를 위한 두뇌의 지각 시스템이 망치질 개념화를 위한 근원적 역할을 하지 않는다면 이런 전제는 이미 멘탈리스 개념에서 본 것처럼 언어 활용이 망치질의 경험을 처리하는 해당 두뇌 부위 바로 그 부분을 작동시키지 말아야 하며 어쩌면 그럴 필요성이 없을지도 모른다. 이런 설명을 통해 언어로 암호화되고 외재화되어버린 '망치질'의 개념이 멘탈리스 방식에서 구상화 상태를 제시하는 방식보다 훨씬 그 기본이 분명하다는 면을 확실하게 이해할 수 있을 것이다.

여기에 또 다른 예로서 시각적 정보를 처리하는 두뇌 부위가 물체 외형이나 방향성 등 해당 시각 정보에 연관된 단어 그리고 문장을 이해할 때도 작동에 돌입한다는 사안을 제시하려고 한다.[36] 예를 들어 별도의 동물 형태를 인식시킬 수 있는 두뇌의 시각 처리 부위가 해당 동물의 명칭을 듣거나 보더라도 역시 작동에 돌입할 수 있다.[37] 그리고 마지막으로 감정 반응을 포함하는 언어도 역시 관련된 두뇌 부위의 자동 작동으로 귀결될 수 있음을 말하고 싶다. 예를 들어 '파괴' 그리고 '훼손' 등 위협적인 단어들도 앞서 말한 다른 예들처럼 감정에 연관된 편도체 부위에 자동 반응을 일으킨다.[38] 이 부위는 진화상으로 더 오래된 피질 하부의 두뇌이기도 하다. 신경생물학자에 따르면 편도체는 감정 처리에 연관된 것으로 알려져 있다.[39]

지금까지는 한 유형의 구상화 효과를 논의했다. 여기서 말하는 효과란 언어적 표현에 대응하는 작용의 이해를 위해 두뇌 부위의 자동적 그리고 즉각적 작동 돌입을 가리킨다. 또 다른 유형의 구상화 효과는 행위를 가리킨다. 인간은 언어를 사용하거나 이해할 때 무수하게 세분화된 방법들 속에서 인간 주체들이 마치 그들 모두가 감각 운동으로서의 언어에 반등하는 감각 운동적인 동작에 들어서듯이 행동한다. 그리고 이런 상항은 언어 자체가 특정 동작을 위해 언어 사용자들을 미리 준비시키는 것으로 여길 수도 있을 것이다. 예를 들어 술집에서 다트 게임을 하면서 과녁을 살펴보는 순간 우리는 자동적으로 다트를 던지기 위한 손에 잡기 동작에 합당한 근육 시스템을 작동시키며, 언어로 게임 상황을 언급하거나 또는 이 상황을 듣기만 해도 움직임을 관장하는 눈과 손동작이 묘사되는 감각 운동 동작으로 들어서는 양상이 발생한다.[40] 이것은 마치 언어가 표현되는 사건을 대신 경험하는 것 같은 모습을 가리키는 것이 아닐까 싶다. 심리학자 롤프 즈완Rolf Zwaan은 이것을 언어 사용자의 몰입된 경험자에 연관 지어 설명을 개진했다. 그는 자신의 주장에서 "언어가 당시에 묘사되는 상황의 경험적(지각과 동작의 합) 자극을 구성하기 위해서는 이해 수용자를 위한 일군의 단서들이 될 수 있다"라는 말을 남겼다.[41] 그리고 이런 상태가 이루어지는 조건으로서 언어가 육체-기반의 상태 표현, 즉 개념의 구상화에 직접 접근할 수 있는 기회를 제공한다는 전제가 깔려 있어야만 한다.

언어가 사용될 때 구상화 상태로의 몰입을 위한 동작으로서의 증거는 심리학 실험실에서 나타나게 된다. 한 실험에서 실험 대상자에게 'He closed the drawer(그가 서랍을 닫았다)'라는 문장의 의미적 타당성 판단을 요구했다.[42] 그는 판단에 답을 하기 위해 자신 앞에 일렬로 배치된 단추들을 누르는 방식으로 자신의 판단을 보여주었다. 문장이 의미적으로 옳다는 답에 해당하는 단추는 대상자 가까이에 배치시켜서 해당 버튼을 누르는 경우 마치 자신이 서랍을 여는 동작을 취하는 것 같은 연상이 가능하게 했다. 이 실험에서 문장의 의미적 타당성을 판단하는 답을 받으면서 동작 방향이 문장에 표현된 닫는다는 동작에 상응할 때 훨씬 반응 속도가 빠르다는 결과를 알 수 있었다. 이런 발견은 바로 육체 동작 상태가 문장을 읽는 과정에서도 역시 자동 동작에 돌입한다는 사실을 입증하는 결과다. 그러나 단추를 누르는 동작이 문장에 표현된 동작과 어긋날 때는 반응이 훨씬 느리게 나타났다. 이것은 결국 언어로 표현되는 동작에 반하는 운동 동작은 묘사된 동작의 이해를 방해하는 것과 같은 효과를 가져온다고 봐야 할 것이다. 그리고 여기에 바로 우리가 바라는 이점이 존재한다. 즉, 언어 이해가 언어로 그려지는 구상화 경험의 종류들의 동작 돌입을 포함한다면 바로 우리가 바라는 경우가 된다는 사실이다. 바로 말 표현으로만 그치기는 했더라도 서랍의 여닫이 동작에 수반될 근육의 실제 동작이 따라오는 관련성이 실현되는 경우를 가리킨다.

놀랍게도 이런 상황은 '사랑' 그리고 '정의' 등의 추상적 개념에서도 좀 더 구체적 개념을 통해 구성될 수 있다는 생각과 일치해서 이 역시도 구상화 효과를 전개한다고 말할 수 있다. 레이코프 그리고 존슨은 인간이 의사소통을 물질적 운반자로 개념화한다고 주장했다.[43] 이에 대한 증거는 바로 'I couldn't get my ideas across(나는 내 생각을 이해시킬 수 없다)', 'Put it in to words(말로 표현하시오)' 등의 언어적 예에서 찾을 수 있다. 인지과학자로서 방금 말했던 서랍 여닫이 실험을 주도했던 아서 글렌버그Arthur Glenberg가 또 다른 실험에서 동일한 패턴 결과가 추상적 개념에도 그대로 적용될 수 있음을 발견했다.

자 이제 'I gave him some words of wisdom(나는 그에게 몇 가지 지혜의 말을 전했다)'라는 예를 보기로 하자. 은유적으로 이 문장은 화자 그리고 청자 사이에 '지혜의 말', 즉 몇 가지 충고 전달하기를 포함하며, 그리고 이 문장의 내용은 육체로부터 분리된 패턴을 따른다. 실험은 대상자에게 해당 문장의 의미적 판단을 묻고 어떤 방향성도 가리키지 않은 동작과 무관한 단추를 누르는 응답 시간을 측정하자 훨씬 신속하게 답하는 결과를 얻게 되었다. 결국 이 실험을 통해 은유적으로 '행위'에 연관된 물리적 동작이 언어적 표현의 이해를 더욱 신속하게 만들어주었다는 사실을 알 수 있게 되었다. 이 결과가 바로 추상 언어를 위한 구상화 효과를 보여주었고, 이런 상황은 레이코프 그리고 존슨이 실행했던 언어 분석의 토대에서 발견된 결과들과 연계된 결론이기도 하다.

일부이기는 하지만 추상적 개념의 감각 운동적 경험에 의거한 구조화에 관련된 더 많은 종류의 증거가 심리학자 다니엘 카사산토Daniel Casasanto의 연구에서 제시되었다.[44] 한 실험에서 그와 동료들이 '자부심' 그리고 '수치심'이라는 추상적 개념을 조사했으며, 실험 진행은 대상자에게 자신을 자랑스럽게 만들거나 혹은 부끄럽게 만들었던 경험들을 기억하도록 했다. 대상자들은 기억을 더듬으면서 동시에 조약돌을 아래 쟁반에서 위로 옮기거나 또는 위쪽 쟁반에서 아래로 옮기도록 했다. 레이코프 그리고 존슨은 긍정적 경험이 은유적으로 상향 국면을 갖는 반면 부정적 경험이 은유적으로 하강 국면으로 나타나는 현상을 발견했다. 따라서 'She's down in the dumps(그녀가 풀이 죽어 있다)', 'I'm feeling low(나는 기분이 별로다)', 'He's a bit down today(오늘 그가 기분이 좀 안 좋다)' 등의 문장 표현에서 비슷한 성향을 읽어낼 수 있다. 카사산토는 자서전으로서의 과거 이야기하기 과정이 조약돌을 옮기는 방향과 연관되어 영향을 받는다는 사실을 발견했다. 이 말은 자부심은 위쪽 방향 그리고 수치심은 아래쪽 방향이라는 의미다. 이 실험은 추상적 개념일지라도 두뇌에서 감각 운동적 경험의 자동적 작동을 포함하는 것으로 나타났음을 확인시켜주었다. 결과적으로 우리는 단어 '자부심' 그리고 단어 '수치심'이 의미하는 바를 부분적이나마 은유적으로 해당 개념에 연계된 위아래 방향성 궤적의 특성에 의거해서 이해하게 된다. 그리고 이런 지식은 언어가 사람들에게 자부심 그리고 수치심을 느끼도록 하는 경험을 이야기하는 언어를 사용하는 순간 자동적으로 동작에 돌입하게 된다.

전반적으로 인지 신경과학 그리고 실험 심리학에서의 최근 연구가 개념이란 구상화되어 발현되는 측면을 밝혀주었다. 따라서 개념을 멘탈리스 방식의 제안에서는 다르게 비구상화의 그리고 비기축적 상징기호 등으로 바라보지 말아야 한다.

인간과의 고별 지점이란

핑커는 자신의 저서 『언어의 본능』에서 멘탈리스 그리고 연산 작용으로서의 정신세계가 "세포주의 강령이 생물학에 그리고 판구조론이 지질학에 연계된 것처럼 인지과학에 근본적이다"라는 생각을 언급했다. 이 말은 제1세대 인지과학으로 일컬었던 상황에서 확실하게 진실로 수용되었다.[45] 그러나 1980년대 이후 두뇌에서 정보가 처리될 때 그 안에서 어떤 상황이 벌어지는지를 직접 관찰할 수 있는 다양한 기술이 발전함으로써 멘탈리스에 의해 추앙받던 견해가 그 위세를 잃어가는 국면에 접어들게 되었다. 앞서 제시된 설명에 언급되었던 기술이란 신경 촬영법을 위시해 두뇌의 동작 실행 시간 동안 밖으로 방출되는 전기적 박동 측정하기까지를 총망라하는 방식을 가리킨다.

멘탈리스의 가장 어려운 난제 중 하나는 개념의 선천성에 기반을 둔다는 점이며, 이런 생각은 포더가 가정 요건으로 내세운 것으로서 개념이 이미 존재하기 때문에 언어 학습하기 실행의 가능성을 전제하는 사안을 가리킨다. 그래서 인간은 어느 정도에서 보면 조금일지라도 일정한 종류의 개념적 표현을 소지한 채 태어나는 것이 필요하다.[46] 또 다른 난제는 바로 멘탈리스에 기초한, 즉 넓게 본다면 본능으로서의 언어 생태계에 대한 믿음에 근거하는 인간의 정신세계에 대한 견해가 바로 컴퓨터 개념으로 이해된다는 사실이다. 그런 관점에서는 멘탈리스가 일종의 논리적 작동 시스템으로 여겨지며, 멘탈리스에 해당하는 표현들도 관점-중립적 입장을 취하도록 되어 있다. 그러나 인간의 정신세계는 구상화 과정에 돌입하는 상황을 제시하는 증거를 토대로 개념들이 단순히 개념 그리고 현실 세계에 존재하는 일의 상태 사이에서 관점-중립적인 관련성을 설정하는 추상적 상징기호가 아니라는 측면을 분명하게 인식할 수 있다. 개념이 바로 세상 자체에서 기인되며, 특히 이런 상태는 세상을 인간의 자아 중심적이면서 구상화의 관점으로 간주할 수 있다. 그리고 앞서 언급했던 망치 또는 망치질과 같이 구체성에서 어디에도 뒤지지 않을 외형으로 나타날 수 있는 구체적 개념들조차도 이들의 표현을 위한 기반을 구성하는 경험들과 밀접하게 결부되어 있다. 그래도 개념을 경험에 결부된 의미가 결여된 상징기호로만 보지 말아야 한다. 차라리 개념을 볼 때는 경험 자체로부터 도출된 결과로 보는 편이 나을 것이다. 이에 더해 경험의 지각을 처리하는 두뇌 구조 부위들은 항상 똑같이 이전에 겪었던 경험이 사라져버린 이후에도 동일한 경험이 표현될 수 있는 조건하에서 구성 진행 역할을 수행하는 것으로 알려져 있다. 인간이 의사소통에 들어가면 언어가 항상 동일한 부위에 작동을 유발시키는데, 이것은 마치 인간이 '현시점에서' 겪은 아주 똑같은 경험들을 처리하고 인식할 때 작동에 들어서는 것처럼 이해하면 될 것이다.

멘탈리스는 "기존의 개념적 공간으로서 인간의 생물학적 속성에서 프로그램화된 무엇인가를" 제공해줄지도 모르며, 여기서 단어는 근본적으로 기존의 개념들을 위한 표식 꼬리표라고 여기면 된다.[47] 멘탈리스가 인간으로 하여금 무엇보다도 언어적 의미 습득을 수행할 수 있도록 설정된 가운데 생물학적 관점에서 프로그램화된 작동 시스템을 제공한다. 그러나 이 장에서 나는 정신세계를 바라보는 입장 그리고 정신적 표현인 개념에 대한 속성 등이 이미 오류에 빠져 있기 때문에 멘탈리스 또한 잘못된 것으로 지속적으로 주장했다. 또한 멘탈리스에서는 학습 그리고 경험 등을 위한 탁월한 역할이 부인되거나 혹은 최소한이나마 제약을 받게 되어야 하므로 역시 잘못된 것으로 판단된다.

본능으로서의 언어 이론은 급진적인 생득설의 예이기도 하다.[48] 그러나 이 이론은 경험이 개념 형성에 의미적 역할을 갖고 있음을 전적으로 부정하고 있어서 적절한 이론으로 수용하는 데 문제점이 있다. 이전 장에서 나는 인간이 상당한 양의 선천적 기계 장치를 제공받는다는 주장을 했다. 예를 들어 오늘날 우리는 인간이 특출하게 패턴 인식 그리고 의중 파악에 매우 능숙하게 대처하는 능력에 대해 잘 알고 있다. 부분적으로 이런 능력들은 복잡한 상대적 지식 그리고 경험에 관한 상세한 지식 등을 아주 절묘하게 구축할 수 있게 해주는 정교한 추상화 수행 장치에 의해 강조되는 상태다. 이들 능력에는 앞서 말한 내용 외에도 유아기에는 알아듣기 어려워서 해독이 필요하지만 자라면서 결국에는 개인의 모국어로 변모하는 옹알이를 해독하는 데 필요한 음성 그리고 문법 패턴 등이 포함된다. 또한 이 능력은 선천적으로 사전 조제된 신경적 제약에 해당하며, 이런 상황은 습득 과정을 상의하달 형식으로 이끌어갈 수 있다. 그러나 습득은 그대로 지속되면서 경험에 의존하는 습득도 생각할 수 있다. 그리고 언어 습득의 경우 경험이 인간이 태어나기 전부터 몰입했던 바로 언어 입력이라는 사실도 알 수 있다.

마지막 분석으로서 자연속성론(선천적 생득설) 그리고 양성론(경험) 사이에서 결정을 위한 선택이 지나칠 정도로 상황을 극화시키는 경향이 있을 수 있다. 그렇다고 내가 이런 언급을 토대로 선천적 특성화의 역할 수행 불가능성을 내세우려는 것은 아니다. 선천적 관점들 또한 역할을 수행할 뿐만 아니라 습득 처리 과정을 도출시키기도 한다. 그러나 분명한 사실은 인간은 습득을 한다는 사실이며, 인간이 소유한 개념의 창고란 결국 경험과 함께 습득 과정에서 출현한다는 점도 아울러 명심해야 한다.

7

사고 그리고 언어의 독립성에 대하여

Is thought independent of language?

신화: *사고는 독립적 존재이며 언어에 의하여 큰 범위에 걸쳐서 대폭적으로 영향을 받을 수 없다. 언어에 걸쳐 나타나는 문법적 그리고 의미적 표현에서의 체계적 패턴들이 결국 여러 커뮤니티들이 보여주는 사고 패턴들에 대응하는 가운데 발생하는 것으로 간주하는 (즉 언어적 상대성 원리 관점) 방식의 아이디어는 완벽히 오류 그 자체다.*

과거 1519년부터 1556년까지 신성 로마제국 황제였던 찰스 5세Charles V가 종종 다음과 같은 말을 남겼다고 알려져 있다. "짐은 신께는 스페인어를, 여성에게는 이탈리아어를, 남성에게는 프랑스어를 그리고 내가 타는 말에게는 독일어를 사용하노라"가 바로 그가 언급한 내용이다. 물론 이 인용문의 의미는 각각의 언어들이 나름의 특색을 띠고 있으며, 이를 토대로 언어마다 별도의 기능을 부여하는 것으로서, 즉 스페인어는 말 그대로 '신의 언어'라는 의미를 가리키는 'Linguica Domnichi'라고 호칭하고, 이탈리어에는 '사랑의 언어'라는 호칭을, 프랑스어에는 '정치의 언어'라는 호칭을 부여하며, 독일어에는 해당 언어가 강한 후두 소리를 포함하는 관계로 매우 거친 느낌을 준다고 알려져 있어서 '명령의 언어'라는 호칭을 남겼다. 그러나 여러 연구자들에 의하면 언어의 특색은 앞에서 말한 내용보다 그 정도가 더 많다고 알려져 있다. 언어의 분별적 특징이 모국어 화자들이 생각하는 방식은 물론 외부 세계를 지각해서 수용하는 태도에서 전반적 차이점을 발생시킬 수 있다는 주장이 이전부터 제기되었다. 언어에서 공간, 시간, 색깔 등 여러 범주에 속하는 요소들을 부호로 변환시키는 방법이 화자들이 일상생활에서 앞서 언급한 경험의 영역들을 어떻게 지각하고 수용하는지에 심대한 영향을 미쳤다. 이런 생각은 때때로 언어 상대성으로 불리며, 이 말은 언어 사이에 분포하는 차이점들이 특정 언어의 모국어 화자들이 생각하는 방법 그리고 이들 화자들이 외부 세계를 지각하는 방법 등에 해당하는 상응 관계적 차이들을 발생시킨다는 사실을 가리킨다.

그렇지만 이와 같은 언어 상대성에 관한 주장은 인간이 청자에게 영향을 미치기 위해서 언어 표현을 수행한다는 어쩌면 아주 간단한 생각에 지나지 않는다고 볼 수도 있다. 어쨌든 인지과학자 폴 블룸Paul Bloom, 프랑크 케일Frank Keil 등은 "누구도 언어의 기능으로서 정보를 고지하고, 확신시키고, 설득하고, 위로하고, 실망을 주고, 힘을 북돋는 등의 역할 수행 사실을 부인하지 못한다"라고 주장했다.[1)] 언어가 사고에 영향을 미치는 것은 분명한 진실이며, 인간은 언어를 사용할 때 대부분 이 점을 염두에 둔다. 때로 'Shut the door on your way out, please(나갈 때 반드시 문을 닫아라)'와 같은 별 뜻 없는 표현에도 언어의 이 기능이 나타나 있다. 결국 인간은 상대방의 생각에 대하여 여러 양태로 영향을 미치기 위해 매일 수도 없이 언어 표현들을 제시한다.

언어 상대성의 원리는 앞서 말한 내용 이상이다. 즉, 언어 상대성을 좀 더 자세히 살펴보면 사고하기 그리고 외부 세계 지각하기 등은 근본적으로 언어에 걸쳐 포함된 구조적 차이점들의 영향하에 놓여 있다는 주장도 아울러 가리키고 있음을 알 수 있다. 이와 같은 생각 방향에 관해 잘 알려진 미국 언어학자로서 벤저민 리 워프Benjamin Lee Whorf가 있다. 이 학자는 1940년대에 다음과 같은 내용의 주장을 피력하기도 했다.

> 우리는 주어진 모국어에 의거해 설정된 구획선으로 자연을 분할한다. 카테고리 그리고 유형은 세상의 현상을 우리가 관찰자로서 반드시 맞닥뜨릴 수밖에 달리 도리가 없다는 환경적 조건 때문에 우리 자신이 정해진 구역 내부에서 직접적인 방법으로 관찰이 불가능한 현상의 세계로부터 분리 작업을 이행하는 과정을 밟으면서 형성한 결과다. 이와는 대조적으로 세상의 모습이 우리의 정신세계에 의하여 형체를 갖춰야 하는 만화경 흐름의 인상 속에서 나타난다. 이 말은 곧 크게는 인간의 정신세계에 분포된 언어적 시스템을 따른다는 의미이기도 하다. 우리가 자연을 나누고 또한 이 분류된 자연들을 개념으로 체계화하면서 우리가 하듯이 해당 대상에게 나름의 의의를 부여한다. 물론 이 점은 넓게 보아 … [그것], 즉 분류된 자연이 결과적으로 우리 언어의 패턴 속에서 부호화 과정에 들어서게 된다는 이유 때문이기도 하다.[2)]

그렇지만 핑커는 자신의 저서 『언어의 본능』에서 다음처럼 자신의 입장을 분명하게 밝혔다.

> 이런 주장은 완전히 틀린 내용이다. 사고를 언어와 동일한 것으로 보려는 생각은 전통적인 불합리성으로 불릴 수 있는 대상에 속하는 일례로 봐야 마땅하

다. 즉, 해당 주장은 모두가 공통으로 소유하는 감각에 완전하게 반하는 설명들을 포함하고 있음에도 불구하고 사람들이 어디선가 어렴풋이 들은 것처럼 여기거나 또는 설명 자체를 위한 엄청난 수준의 암시적 양태 등으로 인해 많은 사람으로부터 인정을 받는 내용에 불과하다는 실정을 알고 있어야 한다.[3]

핑커는 자신의 주장을 지속적으로 다음처럼 피력한다.

> 언어가 놀라울 정도로 화자가 생각하는 양상을 결정한다는 주장의 증거는 어디에도 존재하지 않는다 … 언어의 생각하기에 대한 설정에 관한 생각은 과학자들이 사고하기라는 동작이 어떻게 작용하고 해당 내용을 어떻게 연구할 수 있는지에 관해 전혀 알지 못하던 시절이었다면 의미를 가질지도 모르겠다. 그러나 인지과학자들이 이미 사고하기를 어떻게 바라볼지 알고 있는 지금의 상황에서라면 단순히 단어들이 사고보다 훨씬 다루기 용이하다는 조건에만 국한시켜서 사고하기와 언어를 동일시하려는 시도 자체를 고민조차 하지 말아야 한다.[4]

물론 본능으로서의 언어 이론의 사고를 펼쳤던 핑커라면 사고하기를 언어의 상대성 효과에 견주는 방향에 일단 반대'하려는' 것은 당연하지 않을까? 무엇보다도 본능으로서의 언어 이론은 멘탈리스라는 사고의 언어가 언어 자체로부터 독립되어 있으면서도 완전히 분리되어 있다는 전제를 우선시해야 한다. 그리고 최소한의 일부분에서일지라도 멘탈리스는 반드시 선천적이어야만 한다. 멘탈리스를 상정하지 않기 위해서는 영어, 말레이어, 만다린어 등과 같은 자연언어들이 어떤 상황에서든 습득이 불가능해야 할 것이다. 만약 자연언어들이 인간의 사고는 물론 사고의 언어 등 모두에 영향을 미치거나 수정을 가할 수 있다면, 지금껏 당연하게 받아들여졌던 선천성에 기반한 멘탈리스라는 존재의 선제적 추정에 심각한 문제가 발생하게 된다. 본능으로서의 언어 이론에서는 인간 모두가 공통적으로 선천적으로 특화된 심리적·기능적 능력의 소유가 중요하게 간주된다. 이런 설명을 따라가면 인간의 정신세계는 크게 보면 생물학적 구성체이며, 이 속에서 나타나는 문화적 그리고 언어적 차이점에 원인을 두는 다양함의 특성은 별로 큰 비중을 두지 않아야 한다.

그렇지만 이 장에서 확실하게 밝혀줄 내용이기도 하지만, 언어의 변별적 특성이 다른 언어의 모국어 화자들이 어떻게 사고하고 외부 세계를 어떻게 수용하는지에 연관된 습관적 속성에 영향을 미칠 수 있다는 사실을 분명하게 밝힐 수 있는 확실한 증거들이 존재하는 것 또한 사실이다. 예를 들어 그리스어로 담청색'ghalazio' 그리고 감청색'ble' 색깔 등을 구분할 수 있는 그리스 화자들은 청색의 외형적 특징을 아주 쉽게 분별할 수 있지만, 이 색깔 구별을 위한 용어가 결여된 영어 화자들은 분별력에서 큰 격차를 보인다. 공간적 개념을 보더라도 영어, 화란어和蘭語에서 처음부터 상대적 공간의 상호관계성을 응용하는 데 반해 호주 북퀸즐랜드North Queensland 지역 원주민 언어 구구이미티르어Guugu Yimithirr의 화자들은 애초부터 절대적 공간의 상호관계성을 받아들이면서 언어로 표현될 수 없는 비언어적 공간 과업까지도 완수하는 양상을 보여주었다. 성별 측면에서도 스페인어, 독일어 화자들에게 그림 속에서 살아 있는 대상에게 남성 혹은 여성의 문법적 태 중 하나를 배정하도록 요구하면 범주화 관점에서 문법적 성의 효과를 어떻게 인식하는지를 확실하게 보여주며, 이들 언어와 달리 문법적 성별 개념을 포함하지 않는 영어 화자들은 효과적 측면에서 완전히 다른 결과를 보인다. 이와 같은 발견은 '언어에 대한 오류'에(•여기서 저자는 '오류'를 본능으로서의 언어 이론 관점에 초점을 맞추고 있다고 봐야 한다.) 의해서 그려볼 때 화재畫材가 완전히 다른 형태의 그림으로 나타날 수 있다. 언어가 우리의 습관화된 사고 그리고 지각 등을 증강시키면서 동시에 영향을 주었으며,[5] 우연히 모국어로 굳어 버린 언어가 인간이 외부 세계를 받아들이는 방식에 영향을 미치기도 한다. 그리고 궁극적으로는 이런 모든 생각을 받아들이려면 "완전한 오류"가 바로 본능으로서의 언어 이론이라는 사실을 그대로 인정해야만 한다.

누가 위협적인 워프를 두려워하랴?

(•이 절의 제목은 '과연 누가 늑대를 두려워할 것인가?Who's afraid of the Big Bad Wolf?'라는 표현을 응용한 것이다. 다시 말해 본래 인용 문구에서 Wolf를 Whorf로 대체한 것이다. 저자는 이 방식을 통해 언어학자 워프를 위협적인 대상으로 내세우려는 의중을 표현했다.)

심리학자 카사산토는 제목을 이 장에 그대로 사용한 그의 논문에서 일부 연구자들이 워프가 내세웠던 언어 상대성의 추종자들을 약간은 위협적이라고 보았던 것 같다고 지적했다.[6] 그러나 어떤 이유로 워프가 그렇게 두려운 존재가 되었을까? 그리고 그가 언급했던 언어 상대성이 그토록 위험한 생각이라는 인상을 주었을까?

이성 주창자들은 언어 상대성의 생각 자체에 두려움을 가졌으며 분통을 터뜨리기도 했다. 이유는 상대성이 내세웠던 사상은 이성주의자들을 대표했던 모든 요인에 반했을 뿐만 아니라, 비록 그들이 꽤 진실에 다가섰다고 치더라도 마치 집이 타서 사라져 내리고 변변한 받침대도 없이 세워진 모래성 같은 게임카드 탑이 순식간에 무너져 내리는 느낌을 받았을 것이다. 또한 역설적이기는 하지만 이성주의 측에서 이런 공포감 그리고 혐오감을 느낀다는 것 자체는 매우 비이성적 현상이 아닐 수 없다. 때로는 이성주의가 무엇보다도 지적 사상으로서 존재의 열정을 갖는 이유만으로도 근거 없는 비판 혹은 비아냥거림을 듣기도 한다. 포더는 누구보다도 자신이 느꼈던 비이성적 공포 이상으로 마음으로부터 있는 그대로 이성주의에 대한 혐오감을 내비쳤다. 그는 "이유는 이렇다. 바로 내가 이성주의에 염증을 느낀다는 것이다. 내가 싫어했던 어떤 것들보다 이성주의에 더 많은 혐오감을 느꼈다. 무엇이든 그렇지만 굳이 여기에서 유리섬유 모터보트는 제외시킨다고 하더라도 이성주의 이상으로 싫은 감정을 가지기 어려울 것이다"[7]라는 말을 남기기도 했다. 포더는 이에 더불어 자신의 비이성적 모멸감을 지속적으로 있는 그대로 표현하면서 "확실한 것은 '정말로 확실한 것은' 이성주의 외에 누구도 감히 유리섬유 모터보트를 운전하려고 엄두를 내지 않을 것이다"라고 언급하기도 했다.[8]

포더가 제시한 반대 부분은 이성주의에서 "인간 속성에서의 고정된 구조"로[9] 여겼던 바를 간과하는 데 초점을 맞췄다. 멘탈리스는 이미 앞 장에서 살펴봤듯이 '바로' 고정된 구조를 제공한다. 만약 언어가 이와 같은 선천적 개념의 집합을 방해한다면 앞서 말했던 고정된 구조는 더 이상 고정적 특성을 유지할 수 없게 되며 결국 이성주의자들을 배척하게 된다.

이 외 다른 학자들은 말을 아꼈지만 표현의 강도는 그렇게 낮은 편은 아니었다. 핑커를 보면 그의 전략은 거짓 허수아비를 만들어놓고는 아주 멋들어지지만 아주 신랄한 어조로 비아냥거리는 것이었다.[10] 그러나 이런 말들이 있다고 해서 쉽게 넘어가지 않길 바란다. 이유는 이들 설명을 보면 눈여겨볼 만한 논증을 전혀 찾을 수 없기 때문이다. 핑커가 수긍할 수도 없고 극단적인 표현을 동원해서 워프의 주장에 대해 자신의 의견을 피력하면서 엄청난 놀림을 해댔지만, 이는 마치 공포에 질린 대상이 흔히 보여주는 절차상의 방식이라고 볼 수도 있다. 핑커는 워프가 언어를 사고와 동일시하면서 언어가 어떤 것보다 우선해서 사고를 발생시키고 결정한다고 가정했다는 이유로 그의 논리적 오류를 지적했다. 이를 핑커는 자신의 인용 글 앞 분분에서 "전통적인 비합리성"이란 말로 정리해 보여주었다. 핑커에게 워프는 언어의 효과에 관해서 낭만적 초보자이거나 더 나쁘게 말하면 지식이 짧고 교육이 미천한 학자로서도 유아적 수준에 멈춘 사람으로 믿어졌다.

그렇지만 그의 이런 주장은 전형적인 허수아비 만들기 현상이 아닐까 한다. 아무리 정교하게 제작해도 짚으로 만든다면 종래 실패를 맛볼 수밖에 달리 도리가 없다. 앞으로 보게 될 일이지만 언어의 결정주의 이론은 누구도 믿지 않고 워프도 분명히 거부하지만 지금에 이르러서는 마치 워프 자신이 옹호한 것으로 알려져 있다. 그러나 사실은 핑커가 창출한 그릇된 신화였으며, 그 이유는 핑커 자신이 철저하게 주도하면서 열렬히 응원자 역할을 자임했고, 또한 스스로가 언어 상대성에 대한 공포를 느낄 수밖에 없었던 전통 이성주의자였기 때문이었다. 마지막 분석에서 본능으로서의 언어 이론가들은 엄청난 두려움을 갖고 있었음에 틀림없었으며, 이것은 바로 언어 상대성이 본능으로서의 언어 이론의 신화를 아주 완벽하게 날려버릴지도 모른다는 데 원인이 있었다고 보면 된다.

사피어-워프 가설의 등장

워프는 기술자로서 직업을 갖고 있으면서 1924년에 들어서면서 언어학에 흥미를 느끼고 마치 취미처럼 이 분야를 연구했다. 1931년에 청강생 자격으로 대학 수업에 참여했고, 에드워드 사피어Edward Sapir와 같은 저명한 언어학자를 만날 수 있었다.[11] 사피어는 수업을 통해서 "개념의 상대성 … [그리고] 언어학에서 시작하고 귀결된 사고 형태의 상대성"이라고 명명했던 주제에 대해 설명했다.[12] 언어마다 차이가 사고에 영향을 미친다는 효과에 대한 개념은 워프의 학문적 상상력을 사로잡았으며, 그로 인해서 이 개념으로 자신이 유명해질 수도 있으리라는 생각에 빠지게 되었다. 워프의 주장이 그의 죽음 이후 논쟁의 대상이 되거나 때로 잘못 그려졌기 때문에 우리는 여기서 좀 더 정확하게 그의 언어 상대성 원리를 재차 구성해 어떠했는지를 다시금 살펴보려고 한다.

> 우리는 여러 다른 유형의 관찰에 대한 자신들의 문법을 적응시키는 그리고 외형적으로 비슷한 관찰 행동에서의 여러 다른 평가를 내리는 반응에 근거해 완전히 별개 문법 사용자들에게 점수를 매겨보았다. 그런 과정을 통해 사용자들이 관찰자로서 동등하지는 않지만, 외부 세계에 대해서는 다소 별도의 견해에 도달해야만 한다.[13]

사실은 워프가 지명한 학자 페니 리Penny Lee는 전후 연구에서 처음부터 워프의 원리, 주장 내용을 거의 수용하지 못했다.[14] 어쩌면 그와 반대로 그의 기록들은 무시되었고, 그의 주장 내용도 크게 왜곡되어 있었다.[15]

우선 한 가지만 보면 소위 '사피어-워프 가설'은 사피어든 워프든 누구의 공도 아니었다. 사피어는 연구 자체가 상대성에 관련이 없었음에도 워프와 한 대상으로 묶여버렸다. 사피어가 1939년, 워프가 1941년 작고한 이후 10년이 지나서 바로 '사피어-워프 가설'이라는 말이 1950년대 새롭게 등장했다.[16] 게다가 워프의 원리는 인류학적 연구 전통에서 탄생한 것으로서 정확히 말하자면 가설로 볼 수도 없었다. 1950년도 심리학자 에릭 르네버그Eric Lenneberg 그리고 로저 브라운Roger Brown 등은 실험을 주축으로 언어 상대성 조사를 시도했다. 그리고 이 방법을 통해 언어 상대성을 검증 가능성 입장에서 재구성했고, 이로써 두 가지의 검증 가능한 구성들을 생성했다.[17] 그중 하나가 상대성의 소위 '강성 설명 형태'로서 언어가 인지의 재구조화의 원인이라는 사실을 주장한다. 이 말은 다른 측면으로는 언어 결정론으로 알려져 있고, 핑커의 "전통적 비합리성"과도 일맥상통한다. 두 번째 가설은 '약성 설명 형태'로 알려져 있으며 언어가 원인 제공보다는 차라리 인지 재구성에 영향을 미친다는 내용을 첫 번째 강성 내용 대신 내세운다. 그러나 앞서 보았던 '사피어-워프 가설'이란 제목의 구성 중 어떤 것도 워프든 사피어든 누구에게도 관련되어 있지 않다. 실제로 언어 결정론으로만 본다면 워프는 이 점에 대해 확실하게 반대 의견을 다음과 같이 피력한다.

> 내 의견으로는 언어의 막강한 중요성은 이전부터 '정신세계'라고 불리던 속성의 뒤편에 아무것도 없다는 사실을 반드시 가리키려고 응용되지 말아야 한다. 내 연구를 통해서 언어가 자신의 모든 드높은 역할을 위해 내면 의식 흐름의 외형적 자수 형태 정도로 볼 수 있지 않을까 하는 생각이 들기도 하며, 이런 상황은 의사소통, 신호로 나타내기, 상징주의 중에서 어떤 요인이 발생하든 그 전에 반드시 전제되어야만 할 것이다.[18]

이 인용문에서 사실의 요점으로 워프가 실제로 포더의 주장이 상대성이 결여된 '고정된 구조' 등으로 믿었음을 확인할 수 있다. 이 점에서 발생하는 구미가 당기는 모순은 바로 핑커가 워프를 조롱하는 이유가 사피어-워프 가설, 즉 언어 결정론으로서 언어가 사고의 원인이라는 '강성 설명 형태'에 기초한다고 봤기 때문이었다. 그러나 여기서 말하는 강성 설명 형태란 워프가 제창한 가설이기보다 워프에 반대하고 언어 상대성을 비판했던 이미 이 세상을 등진 이성주의 심리학자들에 의해 설정되었다. 그 외에도 워프는 분명하게 그가 죽은 이후에도 그를 따랐다고 판단되는 논문에 대해서도 찬성하지 않았다. 언어 결정론은 부정확하면서도 부정직하게도 워프에게 연관된 것으로 되어버렸으며, 마치 암이 스멀스멀 자라듯 이성주의자들이 자신들의 잠재의식 안에서 워프를 생각하면서 그의 주장에 확실히 논리적 문제가 있었다는 믿음을 키워나갔다.

좀 더 일반적 관점에서 본능으로서의 언어 이론의 옹호론자들은 촘스키 주장의 사례를 본받았다. 만약 학문적 방법이 제 역할을 충실히 이행하고 논쟁의 장에서 충분한 능력을 보여준다고 믿어진다면 생각을 다시 해보기 바란다. 성공적 생각은 바로 통용으로서의 수단이 되기도 하며, 우리에게 교수 재직 권리, 진급 기회, 영향력, 명성 등을 보장해주고, 학문 범주에서 앞으로 촘스키가 말했던 이론으로 무장한 채 학계로 나간 후 해당 학설을 설파할 미래의 박사학위 학생을 유인하는 기회의 장을 열어주기도 하고, 나름의 학설로서의 지식 세계를 구축하는 데 도움을 주는 등 많은 역할을 보여준다. 이 세계에서는 선택한 생각을 위한 최선의 방어는 바로 조롱이다. 그리고 1950년대 이후 1990년대 존 루시John Lucy(앞으로 논의할 학자)가 끼어들기 이전까지 상대성은 대부분 기각되었지만, 실제적으로는 언어 상대성에 대한 연구는 여러 세대의 연구자들에게 광범위하게 퍼져나갔다.

세상을 색칠하려고 태어났는가?

워프의 언어 상대성 원리 문제점을 지적하는 데 가장 두드러졌던 연구는 바로 브렌트 벌린Brent Berlin 그리고 폴 케이Paul Kay 등이 1969년 출판한 『기본적 색채 용어Basic Color Terms』였다. 레빈슨이 "어떤 연구도 결코 언어 상대성 원칙을 폄하하지 못했다"라는 말을 했지만 말이다.[19)]

벌린 그리고 케이는 색채의 영역이 언어에 걸쳐서 보편성을 보여준다고 주장했다. 그리고 여기서 말하는 핵심은 보편성을 선천적·신경학적·사전적-특성화의 결과로 보는 것이며, 여기서 사전적-특성화란 색채의 지각이 선천적 신경 장치들의 제어 범주하에 있다는 사실과 아울러 인간이 색채 감각을 소유한 채 태어나는 상황을 의미한다고 보면 된다. 언어 중 20개의 언어에 대한 검토 및 또 다른 80여 개에 달하는 언어에 포함된 문학 작품들에 대한 조사에 의거해서 이 두 학자는 다음과 같은 사실을 '발견'했다. 즉, 언어가 놀랍게도 스스로 지니고 있는 색채 용어들의 수적 측면에서 일관성을 가질 뿐만 아니라 용어 자체에서도 상당한 공통성을 보여준다는 것이다. 여기서 주의할 점은 벌린 그리고 케이가 자신들이 '발견'으로 일컫는 사안을 위해서 바로 '초점 색채' 개념을 응용한다는 사실이다. 즉, 언어 사이에서 '붉다'에 해당하는 단어가 있는 경우 붉은색에 관련되어 있다고 해서 여우 혹은 붉은 날다람쥐 등의 회갈색이나 적갈색 등보다는 차라리 해당 색채만을 가리키는 선명하고 순수한 붉은 색채만을 가리키도록 했다. 이 학자들은 조사를 통해 색채 용어 정하기가 상대성보다는 보편성을 갖는다고 결론지었다. 그리고 이 경우를 수용한다면 다른 영역에서도 비슷한 보편성의 발견을 추론할 수 있을 것이다.[20)]

앞에서 언급했던 『기본적 색채 용어』 저서 출판이 일종의 이정표적 업적으로 널리 칭송받았고, 여전히 사회생물학자, 진화심리학자, 생태적 인지과학자 등 모두에게 똑같이 하나의 고전으로 받아들여졌다.[21)] 벌린 그리고 케이는 언어마다 색채를 표현하는 방식에 확실히 다양한 차이를 보여주었음에도 불구하고 이처럼 보이는 다양성이 사실은 두뇌 내부에 존재하는 색채를 위한 보편적 구축 블록에 의하여 철저한 제어를 받는다고 주장했다. 또한 모든 인간이 색채 감각을 통제하는 "종-특유 생물형태적 구조"를 공유한다는 사실도 주장에 포함시켰다.[22)] 그리고 다른 언어들이 다양한 색채 용어 집합을 드러내는 사실이 진화적 힘에 의해서 결정되며, 인간의 생물학적 조건하에서 형성이 진행된다고 했다. 달리 말하면 색채 용어들이 '자연 법칙'에 의거해서 출현한다는 의미로, 이에 따르면 기술에서 앞선 문명이라면 더 많은 수의 색채 용어를 증가시키겠지만 그렇다고 해서 이런 결과가 항상 인간의 선천적 처방만을 따르는 방식의 색채 감각에만 의존해 결정되는 것은 아니다.

세상의 언어들에 확실하게 분포하는 색채 용어들이 완성되는 전체 과정은 우선 "계속적 점진 노정을 따르면서 마치 정해진 '목적telos'을 향해 놓여 있는 여정을 따라 단계별로 밟아나가는 연속체 형식에서 출현"되는 것으로 봐야 한다. 이 말은 단계별로 첫 단계와 다음 단계 사이에서 나타나는 변형에 별도의 표식을 매기는 방식처럼 초기 단계들을 '위로 넘어가기'로 지나치고 이후 다음 단계로 들어서는 행위를 반복하듯이 전체 단계들을 하나씩 밟으면서 단계에 따라서 별도의 색채 용어를 설정하는 방식으로 색채 용어 전부를 완성하는 모습을 가리킨다.[23] 이것은 언어에 포진된 색채 용어의 구성요소가 무작위 혹은 임의적이지 않으며, 결국 색채에서의 차이점이란 기본 색채 용어의 선천적으로 특화된 연속성으로부터의 도출을 의미한다.

진화적 연속 현상이 무엇인지 검토하기 전에 우선 '기본 색채 용어' 개념을 생각해보려고 한다. 벌린 그리고 케이는 기본 색채 용어가 다수의 꽤 특별한 기준을 만족시킨다고 했다. 가장 먼저 진화를 볼 때 하나의 단어가 있어야만 하며, 여기에서 '적갈색' 단어는 제외해야 한다. 둘째로 기본이기에 접사는 허용되지 않고, 그로 인해서 '푸르스름한bluish'처럼 '푸르다blue'에 접사 '-스름한-ish'을 첨가한 경우는 제외한다. 셋째로 일반 말 용어로 결정된 색채는 더 많은 포함 능력을 가진 또 다른 용어로 다뤄지는 범주에는 포함시키지 않는다. 예를 들어 '크림슨crimson'은 '붉다'라는 용어가 가리키는 색채 중 아주 일부만을 포함하는 협의의 의미를 갖는다. 그래서 이런 측면에서 볼 때 '크림슨'은 기본 색채 용어로 간주하지 않는다. 더욱이 기본 색채 용어는 반드시 광의적으로 사용되어야 하고, 특정 독립체만을 가리키는 등의 제한적 대상만을 위해 사용되지 말아야 한다. 예를 들어 '블론드blonde'라는 색채 용어는 머리카락에만 사용되어서 기본 색채에 포함시킬 수 없다. 끝으로 용어로 묘사되는 색채는 반드시 심리적으로 해당 언어 사용자 모두에게 큰 의미를 가져야만 한다. 예를 들어 검은색 그리고 백색 등은 영어에서는 사람들 사이에서 심리적으로 큰 의미를 갖는다고 알려져 있지만, 어머니의 냉장고 색채는 내 가족 또는 나와 아주 가까운 몇 사람을 제외한다면 영어 화자들에게 큰 의미를 갖는다고 말하기 어려울 것이다.

바로 앞에서 언급한 기준에 의거해서 벌린 그리고 케이는 세계 언어들이 최대 11개 색채 용어를 보인다는 주장을 피력했다. 그리고 정말 다행스럽게도 영어가 진화적 궤적을 완수하고 완전한 기본 색채 용어 세트를 발전시킨 언어로서 바로 이들 무리에 속한다. 여기서 말하는 기본 색채 용어는 검은색과 흰색, 붉은색, 초록색, 노란색, 파랑색, 고동색, 보라색, 분홍색, 주황색, 회색 등을 가리킨다. 그러나 중요한 점은 모든 언어에 앞에서 열거한 색 모두가 존재하지는 않는다. 이 사실에서 우리는 진화적 궤적의 의미를 다시 한 번 고려해야 한다. 즉, 벌린 그리고 케이의 경우는 기본 색채 용어 완전 세트의 존재 여부가 언어들이 어느 지점까지 도달했는가를 보여줌으로써 이들 사이에 차등이 나타난다고 믿었기 때문이다. 영어를 예로 보면 기술적 측면에서 좀 더 '선진화한' 언어가 기본 색채 용어 완전 세트까지 다다르는 데 기여했던 일종의 문화적 요소들의 역할에 힘입어 안정 단계에 들어서 있음을 알 수 있다.

벌린 그리고 케이에 의하면 진화적 연속성이 다음과 같은 항목들로 정리될 수 있다.

① 모든 언어들이 초기에는 검정색과 흰색 용어를 갖는다.

② 언어가 발전하는 과정 중 세 번째로 나타나는 기본 색채 용어는 붉은색일 것이다.

③ 네 번째 기본 색채 용어는 초록색 혹은 노란색 중 하나일 것이다.
④ 다섯 번째는 초록색이거나 노란색일 것이며, 이런 상황은 현재 해당 언어에 기본 색채 용어로서 초록색과 노란색 둘 다 존재할 때 네 번째 위치에 배치된 용어가 어떤 것인지가 중요한 요인이 된다.
⑤ 발전 과정상 여섯 번째 기본 색채 용어는 파랑색 용어일 확률이 높다.
⑥ 끝으로 언어에는 고동색, 보라색, 분홍색, 주황색, 회색 등의 용어들이 발전 단계 속에서 출현하게 될 것이고, 최종적으로 11개의 기본 색채 용어로서 완전 세트를 갖추게 된다.

여러 언어에 대한 조사에서 벌린 그리고 케이가 발전 궤적상에서 모든 단계별 현상에 해당된다는 사실과 함께 또한 어떤 언어든지 이 현상을 위반하지 않는다는 사실을 발견했다. 예를 들어 서파푸아뉴기니western PapuaNew Guinea 중앙 고지대 언어인 다니어Dani에는 색채 용어로서 단지 '검정색', '희색' 두 가지만 존재하지만, 영어, 러시아어 등처럼 서양 언어들에는 색채 용어와 관련하여 잠재력 범위 측면에서 본다면 기본 색채 용어의 완전 세트가 완비되어 있음을 확인할 수 있다.

진화적 연속성이 다양한 언어에 관한 조사의 결과인 반면 벌린 그리고 케이는 색채 사이에 나타나는 순서는 인간의 색채 감각에 의한 선천적 생물학적 요소가 반드시 결정한다는 주장을 제시했다. 1978년 글에서 케이 그리고 동료 맥다니엘McDaniel 등이 "기본 색채 범주들은 … 색채 지각의 저변을 이루는 신경 반응 패턴으로부터 직접 도출될 수 있다"라고 언급했다.[24] 정리하면 두뇌 내부에 색채를 위해서 의미적 부호가 하드웨어 장치로서 내재되어 있는 상태를 생각하면 된다. 그리고 이 부호는 '원소들'로 구성되어 있고, 이들 원소들 스스로가 기본 색채 용어의 모습으로 실현된다. 그리고 11개의 기본 색채 용어가 존재한다는 사실은 바로 이와 같은 인간의 생물학적 요인의 결정에 달려 있다.

이 외에도 진화적 궤적에서 기본 색채 용어 사이의 순서조차 생물학적 제어에 의해 결정된다. 케이 그리고 맥다니엘이 11개의 기본 색채 용어들 중 6개가 다른 6개보다 더 기본에 가깝다고 주장했다. 이들 6개 색채는 영어의 기본 색채 용어로서 '검정색', '흰색'에 더해서 기초 색채로 '붉은색', '노란색', '초록색', '파랑색' 등의 색채 용어들을 발생시키는 색채 '원소들'에 해당된다. 그리고 앞에서 제시한 여섯 가지의 색채들이 진화적 궤적에서 더 이전 부분에 속한다고 판단할 수 있는 가능성 여부는 이들 색채 용어 외 다른 색채 용어를 포함하지 않는 언어의 조사 및 확증 등으로 판단이 가능하다.

그렇지만 지금까지의 주장에 문제가 없는 것은 아니다. 이런 주장이 맞다면 다음 질문이 나올 수 있다. 즉, 기본 색채 용어라는 측면에서 진화적 궤적 단계가 충분하지 않다고 판단되는 언어는 완전한 범주의 색채 스펙트럼 묘사가 불가능하다고 생각해야 하는가? 물론 답은 '그렇지 않다'다. 예를 들어 단지 두 가지의 기본 색채 용어를 소유한 다니어를 기억해보면 검정색 용어 'mili'가 영어에서의 검정색 용어 'black'보다 더 넓은 범위를 가리키고 있음을 확인할 수 있다. 다니어에서는 이 용어로 파랑색, 초록색, 검정색은 물론이거니와 서늘한 그리고 어두운 그늘을 가리키기도 한다.[25] 그리고 흰색 용어 'mola'가 흰색 의미와 함께 붉은색, 노란색을 가리키면서 동시에 따뜻함/가벼움 등의 색채 의미를 아울러 가리킨다.[26] 사실 인지심리학자 로슈 하이더Rosch Heider가 다니어 화자들이 비록 충분한 색채 용어를 갖고 있지 않더라도 색채로 물체들을 분류할 수 있다는 사실을 밝혀주기도 했다.

앞서 언급한 발견에 대한 답변으로서 케이 그리고 맥다니엘이 신경학 차원에서 색채 용어 원소들이 합성 색채 범주들을 발생시킨다는 주장을 제안했다. 그리고 언어 측면에서 기본 색채 용어 완전 세트의 진화 단계에 도달하지 못한 언어들이 불리한 상황이 아니며, 이런 환경에서조차도 색채 공간 전체를 충분하게 지칭할 수 있다고 보았다. 다니어만 보더라도 기본 색채 용어가 소수에 그침에도 불구하고 일부 용어들이 주어진 색채 용어로도 색채 스펙트럼의 더 넓은 범위를 망라할 수 있다.

벌린 그리고 케이 연구를 위시해서 여러 연구 참여자들이 앞서 언급한 11개 기본 색채 용어들이 무엇인지를 명시하는 것 외에도 용어로 규정된 색채들 각자가 궁극적으로 지정하는 대상에 관한 연구를 위해 피실험자들을 모집했다. 그중 한 연구에서 피실험자에게 문셀Munsell 색채 차트를 보여주었고, 이 차트에는 색채 스펙트럼을 총망라하면서 330개의 색이 마치 별개의 색채 '조각'들처럼 포함되어 있다. 실험 대상자 각자에게는 기본 색채 용어와 적용될 수 있는 조각들을 가리키도록 했으며, 이 과정은 예로 '붉은색'처럼 기본 색채 용어 지정에 가장 잘 들어맞는 색 조각을 찾는 작업이다. 벌린 그리고 케이가 "이 실험에서 범주 과녁 맞추기 행위가 두 가지 이상의 인접 색 조각 이상으로 잘못을 저지르는 경우 수가 매우 적게 나타났다"라는 현상을 밝혀냈다.27) 정리하면 벌린 그리고 케이는 그들의 연구 등을 통해 기본 색채 용어 중 하나를 선택해서 외부 세계 물체를 지칭함으로써 해당 색채로 매우 광범위하게 사용하도록 다양성을 허용해도 기본 색채 용어가 '항상' 최상의 혹은 초점의 색채에 제한된다는 사실을 확인해주었다.

이런 상황을 보면 벌린 그리고 케이가 기본 색채 용어를 위해 제안했던 진화의 궤적이 색채 과학에서 찾은 사실들과의 일치성을 발견할 수 있다. 이전 1800년대 초기 최초의 제안에서 인간의 시각 시스템이 3쌍의 색채 시스템을 갖고 있으면서28) 인간이 시각적 경험을 토대로 붉은색, 초록색 등과 파랑색, 노란색 등과 함께 검정색, 흰색을 추출하면서 인식하는 기능을 언급했다. 20세기에 이르러서 세 가지 유형의 원추 형광색소가 안구 망막에서 확인되었다.29) 그리고 1990년대에 선구적 시각 과학자 러셀 드 발루아Russel de Valois와 카렌 드 발루아Karen de Valois는 앞에서 제기한 쌍 구조 색채 시스템을 위해서 신경생물학적 기반을 용이하게 하는 별도의 두뇌회로를 제창했다. 앞서 제기한 발견과 제안들이 벌린 그리고 케이가 언어 전체 조사를 토대로 확인했던 기본 색채 용어들의 주도적 우의 및 진화적 연속성을 지지해주는 듯하다. 색채는 유전에 기초할 뿐만 아니라 인간의 시각 시스템과 두뇌에서 일어나는 색채 지각에서의 상대적 우의를 반영하는 의미론적 보편성의 기반을 형성한다고 할 수 있다.

2009년 세계 색채 조사World Color Survey 학술지에 실렸던 벌린 그리고 케이가 주도한 연구들을 총체적으로 보면 언어 상대성에 대한 종말의 전조 발생을 확인할 수 있다. 언어는 일단 대부분 연구에서 그러하듯 신경학에 의해 제어를 받는다. 색채라는 관점에서 전체 언어에 나타나는 다양한 형태가 항상 선천적 특성화를 반영하는 기저의 의미적 보편성에 의하여 늘 결정된다. 그리고 언어 전체의 색채 다양성은 특정 언어가 기본 색채로서 가능한 11개 용어가 주어진다는 조건하에서 그 범위가 정해진다.

벌린 그리고 케이 주도 연구는 앞선 내용의 발견 이후 인간 유아를 대상으로 동일한 결과의 가능성에 대해 더 깊은 연구에 돌입하는 연구 전통을 보여주었다. 이 중 한 연구에서 16명의 4개월 아기들을 다른 색채의 빛에 노출시켰다. 언어 습득 이전 유아들의 경우는 기본 색채 용어에 연관된 초점 색채를 주변 비초점 색채들보다 더 쉽게 인식하는 모습을 보여주었다.[30] 그래서 4개월 유아들은 아직도 언어에 노출되지 못한 상태이기 때문에 초점 색채를 인식하는 능력이 언어적 영향하에 있을 수가 없다. 이런 사실을 통해 초점 색채에 주로 연결된 기초 색채 용어들이 사실 생물학적 사전-특성화의 결과이며 언어나 문화와는 관련성이 없다는 생각에 확실한 근거를 찾을 수 있다.

신워프주의 비판

루시는 1990년대 언어 상대성을 연구함으로써 이 분야를 충분히 존중받을 만한 주제로 재정립하려는 취지로 두 권의 저서를 완성시켰다. 시카고 대학교 교수이면서 언어학과 심리인류학 전공자인 루시는 기본 색채 용어 이론에 대해 일관된 비판을 키워가면서 이를 지속적으로 유지시켰다.[31) 다른 연구자들도 벌린 그리고 케이가 수용했던 접근 방식에서 이론적·방법론적 문제점들을 다량으로 지적했다.[32)

신워프주의자들이 언어 상대성에 연관시켜서 이 연구의 전통적 측면에 대해 던졌던 비판은 크게 네 가지로 요약할 수 있었다.[33) 첫째는 '기본 색채 용어'의 이론적 구성이 영어에 기반을 둔다는 점이다. 영어를 주축으로 하면 기본 색채 용어들이 선천적·생물학적 특성화에 상등한다는 추정이 가능해보이기도 한다. 그러나 영어 기반 기본 색채 용어의 인간 공통 생물적 특징으로서 보편적인 의미상의 제약으로의 상응 연관성의 가정은 앞서 발견된 사항들을 자칫 왜곡시킬 수도 있다. 영어 외의 다른 언어들도 기본 색채 용어를 소유한다는 '발견'이 스스로의 완전 실현성이라는 예언의 결과이기도 하다. 그 이유는 영어에서 기본 색채 용어가 '발견'되었기 때문에 다른 언어에서도 동일한 결과를 기대할 수 있다는 예측의 결과로 볼 수 있다는 말이다. 그러나 이런 논리로 추정적인 언어 전반에 걸친 보편성을 조사하지 말아야 하며, 마치 촘스키가 그러했듯이 세상의 모든 언어에서의 색채는 근본적으로 영어 유사 대상으로 봐야 할 것이다. 그리고 앞으로 보게 될 일이지만 다른 언어들이 종종 놀라울 정도로 영어와는 아주 다른 방향성을 보이기도 한다.

둘째로 벌린 그리고 케이가 수행했던 언어학적 분석이 최소 단계에서 말해도 철저한 연구라고 보기 어렵다. 이 학자들이 분석했던 대부분의 언어들을 위해 간접적 자료에 의존했고, 따라서 자신들이 기본 색채 용어를 찾고자 기대했던 언어에 대한 직접적 원천 지식을 전혀 알지 못했다. 당신에게 문제의식을 보여주려는 차원에서 벌린 그리고 케이가 '찾아냈던' 수많은 추정상의 기본 색채 용어들이 동일한 어휘 부류(즉, 품사를 가리킴)에 기초하는지 아닌지에 대해 분명한 근거가 없음을 지적하려고 한다. 또한 예를 들어 영어에 포함된 '흰색', '검정색', '붉은색' 등 기본 색채 용어들은 우선 형용사로 사용된다. 그렇지만 세상의 다른 언어들을 보면 색채 표현들이 종종 다른 어휘 부류 특성을 보이기도 한다. 곧 확인할 사안으로서 옐리 드나이어를 보면 색채 용어들의 어휘 부류가 여러 특색에 속하며, 모든 색채 용어가 형용사로 사용되지 않는다. 그리고 옐리 드나이어는 이런 현상에서 예외적 언어가 아니다. 좀 어려운 점이 있다면 좀 더 세밀한 분석이 없다면 조사를 위한 비교, 검토라는 행위로 곧 비교상의 단어들을 포함할 것이라는 추정은 거의 근거를 찾을 수 없다는 사실이다. 그리고 그런 경우라면 우리가 과연 기본 색채 용어를 다루고 있다는 주장을 피력할 수 있는 것인가?

셋째는 무수한 기타 언어가 실제로 색채가 연관된 대상 물체와 상관없이 색 자체를 추상적 영역으로만 개념화하기는 불가능하다고 봐야 한다. 예를 들어 일부 언어에는 영어에서 색채를 가리키는 'colour'에 상응하는 단어조차 없는 경우도 있다. 이 부분은 차후에 살펴보려고 한다. 수많은 언어에서 색채가 다른 외형적 특성들과 연관되어 다뤄지기도 한다. 영어 화자에게는 이런 설명이 조금 어색해 보이기도 한다. 그러나 영어 'colour', 용어 'roan'을 생각해보기로 하자. 이 용어는 색채 자체라기보다 차라리 외면 패턴을 부호화한 것이며, 이 경우에 말을 가리켜 'roan'이라고 묘사한다면 고동색과 흰색이 섞여 있는 외형을 가리킨다. 일부 언어들이 색채를 균열 형태 등의 다른 외형 형태와 조합하기도 하며, 노란색 그리고 건조함을 의미하는 고대 독일어 단어 'saur'가 바로 여기에 속하는 예다. 그런데 문제는 상대적으로 색채 기능이 간단한 언어(세상 언어 대부분이 여기에 속함)에서 색채를 대상 물체의 외적 형태의 모습과 합쳐버리는 어휘적 시스템이 인위적으로 기본 색채 용어 범주에서 제외되어야 한다는 것이다. 이런 사실은 영어를 참고로 활용해도 된다. 그리고 언어의 이론 성향을 마치 영어를 주축으로 도출한 '기준 척도'에 상응하는 언어 자질에 초점을 맞춘 채 분석을 진행시킨다면 색채가 언어에 나타나야 할 본래의 모습으로 왜곡될 염려가 있다.[34)]

마지막 네 번째로 '기본 색채 용어' 기획이 언어 상대성에 대응하려는 의도에서라면 일단 그 자체로 오류가 된다. 그리고 루시가 확실하게 관찰했듯이 언어 상대성은 언어가 사고의 비언어적 측면에 영향을 미친다는 이론이다. 따라서 지금까지 본 것처럼 언어상에서 선천적 색채 감각의 효과를 조사하는 방법을 따른다면 당연히 틀린 결과를 낳게 된다.[35)] 실제로 우리는 이와 반대 상황을 분명하게 밝혀야 한다. 즉, 언어가 정신물리학(색채 영역 내에서)에 영향을 미치지 않는다는 사실 말이다. 그러기에 기본 색채 용어 이론이 우습게도 언어 상대성 원리를 반박할 수 없으며, 또한 해당 이론은 언어 상대성에 대한 조사조차 하지 않았다.

루시 등의 여러 학자들이 주도했던 신워프주의 비판의 핵심 부분에서 벌린 그리고 케이가 취했던 접근 방식이 앞서 발견된 사항들을 왜곡했던 어떤 담보성도 갖지 못한 민족 중심적 접근법을 수용했다는 주장이 제기되었다. 그리고 그런 과정에서 다른 언어 그리고 문화 등이 무슨 역할을 하는지의 부분을 관찰하면서 인간 모두에게서 신경생물학적 제어로의 적응의 공통점을 확인했음에도 불구하고, 색채를 다루는 영역 내부에서 단일 보편성 시스템의 존재를 밝히기보다는 오히려 다방면의 의미론적 시스템을 발달시켰다는 가능성을 완전히 배제시키지 못했다. 대체로 영어 자체와 영국 제도, 북미, 남쪽 영어 국가들(호주, 뉴질랜드)의 사람들을 일종의 참고자료로 놓고 볼 때, 특히 서양 지역 외의 지역에서의 또 다른 언어적 시스템의 역할이 무엇인지를 제대로 설정도, 설명도 하지 못했으며, 나아가 세상의 여러 언어들이 색채 시스템 측면에서 분명히 나름의 특이한 모습을 갖고 있음에도 불구하고 근본적 관점에서 본다면 이 언어들이 결국 영어 부류에 속할 수도 있다는 결론에 도달해 있었다.[36)]

로셀섬에서의 교훈

벌린 그리고 케이가 1969년 최초 인쇄판을 낸 이래 여러 반증들이 수시로 발견되었다. 예를 들어 일본 북방 홋카이도 지역 언어 아이누 후Ainu hu는 일본어에 관련성이 없는 언어로서 벌린 그리고 케이 조사에 의하면 색채 용어 발달에서 각각 다른 단계에 속해야 할 '붉은색', '초록색' 등을 한꺼번에 가리키는 단어를 소유하고 있다. 그리고 이 책 전체를 통해 봤듯이 언어 그리고 인간 정신세계가 계속 우리를 놀라게 하듯이 일본 아이누 후 언어에서 색채에 대한 현상은 가능한 일이 아니다.

이와 같은 예에 대한 응답으로 1969년도 가장 먼저 발달했던 진화적 패턴이 나중 연구에서 많은 수정 과정을 겪게 되었으며, 그 안에는 연속성 측면에서 훨씬 더 많은 탄력성이 포함되어 있다.[37)] 그러나 아직 남은 부분이 있다면 단독으로 진화적 연속체가 있다는 점이고, 이들은 보편적이면서도 '그리고' 모든 언어에 걸쳐서 영향력을 갖고 있다는 주장이다. 그렇지만 이런 원리가 옐리 드나이어라는 독특한 언어의 출현으로 눈에 띄게 그 힘을 상실해버리게 되었다.

옐리 드나이어는 로셀섬의 언어이며, 약 3500명 정도의 인구가 사용한다. 로셀섬은 오세아니아 직영 파푸아뉴기니에 속하는 먼 섬이기도 하다. 제3장에서 보았듯이 우리가 추정하는 보편적 패턴을 무효화하려면 한 가지

반증 예만 들어도 된다. 그리고 옐리 드나이어가 바로 해당 반증으로 이 언어를 토대로 벌린 그리고 케이가 내세웠던 의미론적 보편성을 무효화시킬 수 있으며, 앞 장에서 설명했듯이 인간 언어에서 찾을 수 있는 놀라울 정도의 다양화 현상은 완전 보편성을 상정하는 데 좀 더 조심하라는 교훈을 줄 수 있다. 게다가 일반적 교훈으로는 이성주의 설명이 직접적으로 언어 습득 및 다양화의 문제 해결에 총력을 기울일 수 있다는 면에서 호소력이 있다고 알려져 있지만, 문화 그리고 활용이 언어 색채 시스템을 발달시키는 열쇠라는 사실을 잊지 말아야 한다. 그리고 이런 사실은 앞으로 계속해서 제시될 예정이기도 하다. 옐리 드나이어가 인간이 색채 지각을 위해 생물학적 특성화를 갖고 있다는 시각 과학으로부터의 발견을 무효화하지는 않지만, 로셀섬의 경우 그럼에도 불구하고 다음과 같은 사항을 예시한다. 즉, 언어가 생물학 제어를 받기는 해도 때때로 놀라울 정도로 엄청나게 다양한 해결 방안들을 취사선택 방법을 통해 스스로의 발달을 거듭한다는 사실이다. 그리고 이런 해결 방안들은 언어에 특화된 활용 기반 작용 덕으로 볼 수 있다.

언어 인류학자 레빈슨은 아주 광범위하게 옐리 드나이어에서의 색채 시스템을 조사했다.[38] 레빈슨은 로셀섬에서의 교훈이란 벌린 그리고 케이가 주장했던 다음 내용이 오류임을 밝혀준 것이라는 주장을 내세웠다.

주장 1: 모든 언어들이 기본 색채 용어를 갖고 있다.

주장 2: 색채 스펙트럼이 지각 부분에서 너무도 분명해서 모든 문화는 체계적으로 그리고 하나도 빠짐없이 색채 공간에서 명칭을 설정해야 한다.

주장 3: 어떤 언어든 그 안에 존재하는 기본 색채 용어들을 위해 각자에 상응하는 초점 색채가 존재하며, 이들 초점 색채는 이상적 색으로서 무엇이든 선정된 기본 색채 용어를 위한 전형적인 색조를 띤다.

주장 4: 색채 용어 출현은 보편적·진화적 패턴에 준해 발생한다.

로셀섬 문화에서 눈여겨볼 특징이라면 언어 자체가 색채에 큰 관심이 없다는 것이다. 예를 들어 섬 원주민의 원산지 미술품, 세공품 어디에도 색을 볼 수 없다. 이런 성향의 반대 경우로 바로 수직 패턴의 바구니를 들 수 있다. 이유는 해당 제품 제작에 대체로 색칠을 하지 않지만, 일단 색을 넣으면 검정색 혹은 파랑색을 선호하기 때문이다. 게다가 로셀섬 언어에 영어의 'colour'라는 단어 자체를 대신할 단어가 없기도 하다. 이 말은 색채 영역 자체는 대상 물체를 제외시키고 색채만을 위한 두드러진 개념적 범주 역할을 하지 못한다는 의미다. 예를 들어 옐리 드나이어를 정상적으로 사용할 경우 영어와 달리 어떤 대상에 대해서도 색채를 별도로 물을 수 없다. 레빈슨이 이에 해당하는 질문으로서 'U pââ ló nté?'를 제시했다. 이 표현의 의미를 번역해보면 "그것의 외적 형태 그것은 어떠한지요?"가 된다. 더욱이 색채들이 보통은 대상 물체 전반 부분과의 연관성을 갖는 대신 외적 표상과 연결성을 보여준다. 예를 들어 옐리 드나이어에서 '유럽인들은 흰색 혹은 백인이다'와 같이 표현하기가 불가능하다. 오히려 옐리 드나이어 화자는 같은 생각을 전달하는 방안으로서 '유럽인들의 피부가 흰색이다'처럼 의중을 표할 것이다.

색채 표현을 통해 옐리 드나이어는 색채 대상을 표하는 유일한 어휘 부류를 갖지 않는다. 옐리 드나이어 색채 표현들은 두 가지 방법으로 도출된다. 우선적으로 대상 물체로부터 직접 차용한 용어를 기반으로 하거나 또는 단어 이상의 구 형식 묘사 방법 그리고 비유 방식으로서 '앵무새처럼'(여기서 "앵무새"는 붉은 색채를 띤 특정 종류의 새를 지칭함)을 사용함으로써 표현을 실행에 옮긴다. 이 외에도 앞선 표현들이 대상 물체 명칭에서 오는 경우 해당 표현들이 색채 명칭을 끌어내는 데 외형적 색 형태의 지칭 부분을 그대로 유지하더라도 이것을 두고 엄격하게 색채 표현에 속한다고 볼 수는 없다. 예를 들어 옐리 드나이어 단어 중 섬에 서식하는 붉은색 앵무새 종에 해당하는 'mtye'가 있다. 이 단어가 '앵무새'에 해당되는 단어로서 'mtyemtye'와 같은 이중화(즉, 중첩) 단어가 생성된다. 이처럼 파생되는 단어는 번역하면 '붉은 앵무새처럼 붉은'이라는 의미가 된다.

기본 색채 표현으로서 옐리 드나이어 색채 용어로 보면 모든 용어가 벌린 그리고 케이가 설정한 윤곽의 기준에 미치지 못한다. 색채 용어 중 어떤 것도 단독 단어 형태 혹은 비중첩 단어 형태로 나타나지 않는다. 게다가 대부분 혹은 거의 전체라고 여겨지기도 하는 옐리 드나이어 표현들이 완전히 색채 정보만을 의미하지 않는다. 예를 들어 표현 중 하나인 'yi kuu yââ'는 번역 의미가 "나무의 신선한 잎사귀"로서 옐리 드나이어 화자들은 이 표현을 주로 '초록색'을 지칭하는 데 사용한다. 그러나 이 단어가 반드시 초록색만을 가리키는 것은 아니며 이 외에 나무에서 막 피어난 어른 잎사귀에 적용되기도 한다. 또한 레빈슨이 지적했다시피 로셀섬 주민들이 사용하는 표현 대부분이 색채 용어로서 심리적 의의를 갖는 것처럼 보인다. 따라서 옐리 드나이어에 별도의 색채 용어가 쉽게 존재할 수 없다.

319쪽에서 언급한 주장 2에서 벌린 그리고 케이 등의 연구로부터 도출된 전통이라면 색채에 대한 지각적 비중 덕분에 언어의 기본 색채 용어가 색채 공간 전체를 매우 적절하게 묘사할 수 있다는 가정을 들 수 있다. 케이가 1999년 저술에서 다음과 같은 주장을 명확하게 보여주었다. 즉, "모든 언어가 기본 색채 용어라는 소규모 단어 집합을 소유하며, 이 집합에 속한 용어들의 탁월성은 해당 용어들 각자가 공조하는 형태로 심리학적 색채 공간을 색의 특성에 따라 분류시키는 역할을 수행한다는 점이다"[39]라는 의견이다. 그러나 레빈슨이 벌린 그리고 케이가 연구에서 활용했던 문셀 색채 차트를 포함시키는 실험을 재시도할 때 다음의 사실을 발견하기에 이르렀다. 즉, 옐리 드나이어 모국어 화자 7명이 보여주었던 언어적 판단에 의거해서 색채 공간 전체 중 평균 40% 정도가 소속이 불확실하다는 결과를 보여주었다. 조사 대상자들 중 극단적 경우로서 색채 공간에서 색채 조각 중 72%까지 색채 소속 판정을 주저했다. 그리고 문셀 차트의 색채 조각들 대부분을 색으로 분류하려던 피실험자를 봐도 여전히 24%의 색채를 결정하지 못하는 결과를 나타냈다.

사실 어떤 실험에서도 화자들이 색채 공간의 존재를 100%로 명칭을 부여하지 못한다는 점을 확인할 수 있다. 예를 들어 65가지의 색을 포함하는 문셀 색채 조각들을 보았던 영어 모국어 화자들도 실지로 95%의 결과에 멈췄다. 이와는 반대로 서부 아프리카 언어인 세츠와나Setswana 화자들은 동일한 색채 배열 중 오직 25% 정도만 성공했다.[40] 이와 같은 관찰 결과가 보여주는 것은 언어 그리고 화자들이 색채 공간을 형성하는 모든 색채 전체를 망라할 수 있는 원천 자료를 반드시 소유하지 않을 뿐 아니라 일부 언어 화자들이 분류하는 색채의 수준도 기껏해야 1/4 정도에 멈춘다는 것이다. 게다가 사람들이 문셀 색채 공간의 명칭을 결정하는 데 꽤 능숙한 능력을 보이기는 하지만 여러 문화별로 여전히 엄청난 차이점을 보인다.

세 번째 주장은 언어의 색채 표현들이 광범위하게 색채를 묘사하는 데 전용될 수 있다고 하더라도 결국 색채가 주어진 스펙트럼 내에서 각자 색들이 이상적이고 초점의 대상이라는 추정에 연관되어 있다. 앞에서 언급했듯이 벌린 그리고 케이가 초점 색채는 결코 "인접하는 색채 조각의 2개 이상을 벗어나지 않음"이라는 사실을 발견했다.[41] 그러나 또 다시 레빈슨이 로셀섬 언어를 관찰하면서 "이곳 언어가 획일화된 '검정색', '흰색'이라는 범위를 벗어나서 이전 연구와 달리 언어 내부적으로 더 넓은 사용 범위를 보여준다는" 사실을 발견했다. 여기서 이전 연구란 바로 벌린 그리고 케이가 보여주었던 색채 용어 사용 범주의 제한성에 대한 주장을 가리킨다.[42] 예를 들어 일부 옐리 드나이어 화자들이 '붉은색' 용어에 관련된 색채 조각들의 범주 결정 부분에서 의견 일치를 보이지 않았다. 그리고 옐리 드나이어에는 '붉다'라는 용어로서 2개의 색채 단어가 존재한다. 그리고 화자들 중 동의하지 않는 사람들이 해당 용어를 연주황색부터 크림슨색까지 색채 부분에 적용 범위의 가능성을 느끼고 있었고, 그들 이 외의 사람들은 색채를 인식하는 가운데 필연적으로 가장 적절한 모범적 결과를 보여주었다. '붉은색'에 연관된 발견은 옐리 드나이어에서 발견되는 상황 중 가장 전형적인 예라고 볼 수 있다.

마지막으로 볼 것은 옐리 드나이어의 색채 용어 사용 현상이 벌린 그리고 케이가 진화적 연속성에 기초해 예측한 패턴에 확실하게 들어맞는 것 같지는 않다는 것이다. 우선 옐리 드나이어에서 가장 전통적인 양식에 해당하는 대표적 색채는 '흰색', '검정색', '붉은색' 등 세 가지를 들 수 있다. 앞서 말했던 기본 색채 용어에 의하면 로셀섬 언어는 진화적 연속 흐름에서 두 번째 단계에 속한다고 볼 수 있다. 그러나 이 말대로라면 기본 색채 이론이 검정색 그리고 흰색 용어들이 색채 스펙트럼에서 광범위한 영역에서 적용되어야 하리라는 사실을 예상할 수 있을지 모른다. 즉, 검정색을 초록색 혹은 파랑색 범위까지 그리고 붉은색을 노란색 범주까지 등으로 예측할 수 있다. 로셀섬 언어도 역시 양식 결정 부분에서 다양한 단계를 통해 추정이 가능한 '기본' 색채 용어들을 보여준다. 그러나 이와 같은 현상은 추정적 초점 색채가 특정한 색에 귀결되어야 한다고 믿는 관점에서 볼 때 놀라울 정도로 핵심을 벗어나는 결과인 것이다.

레빈슨이 현장 연구를 기초로 밝혀낸 사안이란 색채 표현에 연관된 양식 결정의 수위를 볼 때 이 모든 결과 그리고 벌린 그리고 케이가 제안한 연속성 사이에 일치성이 존재한다는 사실이다. 옐리 드나이어 패턴은 왼편 그리고 오른편 방향에서 정도 차이가 나타나며 왼편으로는 양식 결정 표현들이 최대인 반면 오른편으로는 최소한의 양식 결정 표현이 나타난다. 이에 대한 도식은 다음과 같다. (여기서 '양식 결정'이란 화자들이 색채에 용어를 연결시키는 데 보여주는 동의 상황을 가리킨다.)

흰색 > 검정색 > 붉은색 > 초록색 > 노란색 > 파랑색

마지막 분석으로서 위 도식이 예시하는 요점은 언어에 색채 용어들이 출현하는 개략적인 순서가 크게 보아 공통성(일종의 함축적 등급)을 갖는다는 사실이다. 그러나 로셀섬에서의 증거로 인해 색채 영역에서의 엄격한 의미론적 보편성 발상의 위상에 흠집이 생겼다고 할 수 있다.

그렇다면 이를 벗어날 수 있는 대안이 무엇일까? 색채 용어 자체와 언어에 이들 용어가 만들어진 상황은 틀림없이 신경학적 요소들의 조종을 받지만, 옐리 드나이어의 증거를 보면 색채 표현들의 도출 '방식'이 철저한 의미론적 보편성보다는 오히려 활용 기반적 '그리고' 문화 압력성 등 두 가지가 결정할 수 있는 자격을 갖고 있음을 제시해준다.

옐리 드나이어 그리고 문화 등이 색채 용어가 발생하는 지점에서 발견될 수도 있다. 그러나 이 두 요소들만이 독자적으로 색채를 결정하지 못하기 때문에 색채 '용어들'을 색채 자체와 연관된 대상 물체 그리고 해당 물체의 외적 특징 등과 완전히 분리시킬 수가 없다. 사실은 옐리 드나이어에서 색채를 위해 발생한 용어가 정확이 지칭하는 색채 초점들이 해당 용어들이 생기는 데 역할을 보여주었던 대상 물체들의 색채에 여전히 관련되어 있음을 확인할 수 있었다. 예를 들어 '붉은색' 용어를 놓고 볼 때 이 색채 용어 도출과 특정 조류 색채의 연관성을 뚜렷하게 발견할 수 있다. 그래서 옐리 드나이어에서 정해진 색채 '용어'가 지정하는 특수 색조는 신경학적 제어 기능에 기반하는 추정상의 '보편성' 관점으로부터 정해지는 것이 아니다. 이런 주장은 용어들의 양식 결정을 유발시키는 단계로 접어들게 하며, 이런 상황은 벌린 그리고 케이가 예측했던 패턴에 들어맞지 않는 현상이기도 하다.

좀 더 일반적 관점에서 본다면 활용으로서의 언어 이론에서 색채 용어가 생기는 방향을 색채 용어가 일단 색채 자체의 근본 원천 대상 물체로부터

분리되면서 색깔만을 가리키는 단계에 접어들게 되면, 이런 역사적 흐름 속에서 색채 범주를 소유하는 대상 물체 그리고 해당 물체의 외적 특징 등이 색채 용어들이 결정되는 기본적인 토대가 된다. 이런 관점이 실현되기 위해서 색채 용어가 해당 색채의 원천이 되었던 대상 물체로부터 벗어나면서 독립적으로 시각적·질적 특성과 연계된 양상 결정에 돌입해야만 한다. 그리고 일단 이런 과정에 들어서게 되면 용어가 적용될 만한 초점의 범주가 현저한 역할이 가능한 문화적 원형으로부터보다는 차라리 신경학적 요소들로부터의 제어가 가능하게 된다. 이 부분은 예로서 옐리 드나이어의 앵무새 종이 보여주었던 붉은색이라는 특정 색채를 상기하면 된다. 그리고 시간이 흐르면서 색채의 언어적 구성 내부에 다른 색채 용어들이 유입되면서 색채 분포도에서 위치를 차지하는 현상이 나타나게 된다. 그래서 색채 도출에 대한 설명은 이와는 다른 각도에서 원인을 설명하지 말아야 한다.

활용으로서의 해당 사건들의 설명에 관련된 증거는 활어活語든 사어死語든 다른 언어에서도 발견할 수 있다. 예를 들어 산스크리트어Sanskrit에서의 영어 '붉은색red' 용어와 원시 독일어 '붉은색rauthaz' 등에 대응하는 용어로서 'rudhira'를 찾을 수 있다. 산스크리트어의 이 용어는 '붉은색' 그리고 혈액 두 가지 모두를 지칭하며, 활용으로서의 언어 이론이 타당하다면 이 색채 용어는 당연히 혈액이라는 대상 물체로부터 도출되는 것이 마땅하다. 그리고 현재 캐나다 북극 지역의 에스키모 중 이뉴잇어Inuit에서 '붉은색'이란 용어가 말 그대로 "피 같은"의 의미로 용어 도출 과정을 입증해준다.

아동 안목을 통한 색깔

벌린 그리고 케이가 색채와 언어 상대성에 관해 보여주었던 접근 방식이 확실성을 얻기 위해서라면 증거에 집중해서 활용으로서의 언어 이론을 좀 더 지지하는 노력을 경주해야 한다. 이런 가운데 또 하나의 옹호 방식이 아이들이 색채 표현들을 습득하는 방법을 참고하는 것이다. 만약 벌린 그리고 케이 주장이 맞다면 아이들이 진화적 패턴으로 설정된 순서를 따라서 색채 용어들을 습득하리라는 추정이 가능하다. 여기서 말하는 패턴은 주요 색채 '흰색', '검정색'에 이어서 '붉은색', '파랑색', '초록색', '노란색' 등과 같은 나머지 색채가 따르는 순서 형태를 가리킨다. 이런 이유에서라면 기본 색채 용어의 출현에서의 진화적 순서가 인간의 선천적 색채 감각을 조성하는 색채 '원소들'이 무엇보다도 신경생물학적 방향을 반영하리라고 예측할 수 있다. 그러기에 언어 습득에서 기본 색채 용어들의 출현은 색채를 위한 추정적인 의미론적 보편성의 상대적 우선권을 따라야만 한다. 심리학자 데비 로버슨Debi Roberson 그리고 줄스 데이비도프Jules Davidoff 등은 연구 과정들을 통해 앞서 제기한 결과를 실험에 옮기려고 부단히 노력했다.

두 사람과 동료들은 한 연구에서 남서아프리카 언어 힘바어Himba 그리고 영어를 습득하는 아이들이 추정되는 기본 색채 용어들을 획득해나가는 연속적 과정을 조사했다.[43] 벌린 그리고 케이에 따르면 영어에 11개의 기본 색채 용어가 존재하지만, 동일한 기준을 힘바어에 적용시키면 5개의 색채 용어를 찾을 수 있다. 이 연구는 3년 동안 진행되면서 영어에서 28명, 힘바어에서 63명의 어린이 대상자를 중심으로 수행되었다. 조사는 아이들이 색채 용어들을 습득하기 이전 시기에 시작되었다. 이 연구는 이후 단계에서 6개월을 사이에 두고 실험을 토대로 진행되었다. 각 단계 실험 지점마다 아이들에게 다양한 실험이 적용되었다. 예를 들어 아이들에게 당시 알고 있던 모든 색의 명칭을 답하도록 했고, 아이들에게 'Aid Matte' 자극(문셀 색채 조각들과 유사함)을 보여주었으며, 자신들이 맞닥뜨린 색채들의 명칭을 말하도록 했다.

이 실험이 보여주었던 놀라운 발견은 다음과 같다. 영어든 힘바어든 어떤 언어에서도 색채에 관해 고정된 순서의 전개 상황을 찾을 수 없었다. 그리고 두 언어 그룹에서 아이 개개인이 상당한 수위의 다양한 결과를 보여주었다. 예를 들어 일부 아이는 '고동색' 그리고 '회색' 명칭이 벌린 그리고 케이 조사에 의하면 순서에서 두 편에 속하는데도 불구하고 실험에서는 순서상 꽤 앞부분에 출현했고, 반면에 다른 아이들은 여전히 뒷부분의 순서를 보여주었다. 최종적으로 이 연구를 토대로 언어 색채 범주들이 의미론적 보편성에 기반을 두지 않는다는 관점을 확인할 수 있다.[44] 만일 색채 범주들이 보편성에 의한다면 색채 용어 습득 측면에서 모든 언어 자체 및 언어 패턴에서의 벌린 그리고 케이의 연구 결과가 확실하게 반영되어야 할 것이다.[45]

핑커의 반격

핑커가 2007년에 출판한 『사고의 요소들』은 루시, 로버슨, 데이비도프 등의 신워프주자들의 접근 방식에 대한 반격이 주요 목적이었다. 그는 공간의 언어 상대성에 관한 레빈슨의 연구 중 일부에 주의를 기울였다. 여기서 공간이란 앞으로 우리가 다룰 내용의 한 측면이기도 하다. 핑커의 논증에서의 상세한 부분들이 여기서는 핵심 부분이지는 않더라도 그가 추구한 결론은 중요하다. 핑커는 신워프주의자들이 자신에게 퍼부었던 모든 공격에 대해 언급하면서 이들이 여전히 사람들이 사용하는 언어가 인지 과정을 재구성하는 데 확실한 증거를 제시하지 못한다는 주장을 피력했다. 그리고 이런 주장은 언어들이 반드시 언어에만 국한된 편향성을 갖기 때문이라는 이유에 기초를 둔다. 언어들이 생각을 표현하는 데 개별적 특성을 갖고 있으며, 또는 한 언어에서 볼 수 있는 표현 방식이 다른 언어에서는 절대 발견할 수 없다는 이유만으로는 언어가 사고 그리고 지각 등에 영향을 미치거나 근본적인 여파를 가져오리라고 무조건 기대할 수는 없다.

앞으로 살펴보겠지만 색채로부터 출발해서 시공이라는 다른 영역에서 언어 상대성을 바라볼 때 신워프주의자들은 심리학 실험실에서 사람의 언어가 인지의 재구성 과정으로 귀결되는 데 다른 방향으로 시도하고 두드리기 위한 과업들을 활용한다. 핑커의 불평스러운 비평은 신워프주의자들이 피실험자들로 하여금 지나친 영향력의 언어 사용자로서 역할을 행하도록 강요한다는 데 있었다. 즉, 이와 같은 역할의 감행으로 마치 워프주의 효과가 있는 것처럼 보이지만, 사실 핑커 자신은 이런 상태는 절대 없어!라는 입장이다. 과업 자체들이 인위적으로 피실험자들을 특별한 방향으로 행동하도록 유도하기도 한다. 정리하자면 핑커는 다음처럼 "다양한 언어 화자들이 분명하지도 않은 과업 속에서 다른 방향들로 치우치게 한다"라는 말을 제시했다.[46]

핑커의 요점은 여러 그룹의 화자들이 서로 다른 방식으로 '행동'하거나 또한 우연히 다른 방법으로 구조화된 언어를 '발화'한다는 사실만으로 언어가 행위를 '초래'한다고 말할 수 없다는 데 있다. 핑커의 신워프주의 프로그램 전체에 대한 반대는 "워프주의가 원인과의 상관관계로부터 믿기 힘든 논리적 비약에 기반을 둔다"라는 말에 반영되어 있다.[47] 다음에서 보게 될 예를 든다면 호주 지역 토착 원주민이 주요 위치 지점을 활용하면서 공간 관계성을 부호화시키는 언어를 소유하고 있다. 이 원주민들이 말을 할 때는 "컵이 단지의 남쪽에 있다"라는 말을 사용하며, 동일한 상황에 대한 영어식 표현으로서 "컵이 단지 왼쪽에 있다"라는 방식을 사용하지 않는다. 그리고 만일

원주민에게 눈가리개를 쓰게 하고 잠시 빙빙 돌게 해서 어지럽게 만들어도 그들은 여전히 같은 문장에서 컵과 단지의 위치를 말할 때 방향성 단어 "동쪽" 대신 "남쪽"을 사용하는 모습을 보인다. 레빈슨은 추측으로 방향을 잡아내는 추측 항법이 언어에서 기인한다는 주장을 언급하면서 바로 워프주의 효과를 내세웠다. 이에 대해 핑커는 "사이비 같으니라고! 상관관계는 원인-결과 요인이 아니야"라는 말로 대답했다.

그렇다면 신워프주의자들이 핑커의 의혹을 무슨 수로 해결할 수 있을까? 흠, 일단 상호관계만을 관찰하려는 입장에서 벗어나려고 해야 하며, 여기서 상호관계 중심 관점이란 심리학 실험실과 현장 조사에서 찾았던 행동으로서의 과업들이 보여줄 수 있는 모두를 가리킨다. 신워프주의자들은 원인-결과 관계를 밝혀야만 한다. 행동적 과업으로서 피실험자들에게 과제를 부여하고 그 반응을 관찰하는 방식으로 마치 저변 원인만을 '연역적으로 추론'하는 시도에 다른 방식들의 보완이 따라야 한다. 그리고 이 방법들이란 바로 언어의 활용 없이도 인지 처리 과정을 직접적으로 조사, 연구하는 방식이다. 그리고 언어 활용을 제외시키는 이유는 피실험자로 하여금 "다른 방향으로 치우지게" 하는 가능성으로서 지나친 영향력을 미칠지도 모르기 때문이다.

앞서 제기한 질문에 답하기 위해서 두 가지 언어 사이에 발견되는 체계적 차이들이 지각 처리 과정의 자동 수준에서 해당 언어들의 화자들에게 영향을 주는 바를 밝혀줄 수 있는 방법이 필요하다. 여기서 지각 처리 과정이 고려 대상에 포함되기 위해서는 피실험자들이 아직 언어에 노출된다거나 의식적으로 자신의 지각 내용을 자각하기 이전 단계에 있어야 한다는 조건을 지켜야 한다. 이 말은 지각 경험이 의식의 자각 단계까지 도달하기 이전에 인지 작용이 두뇌에서 초 단위의 시간적 간격을 두고 작업을 수행하는 방식을 연구해야 할 당위성을 의미한다.

그리스풍 푸른 빛깔

최근에 신경과학자 기욤 티에리Guillaume Thierry, 심리학자 파노스 아타나소풀로스Panos Athanasopoulos 그리고 두 사람의 연구원들의 놀라운 연구에서 무의식 수위에서 색채 지각에 대한 언어의 효과를 조사했다.[48] 그들의 연구가 직접적으로 핑커의 반격을 언급했다. 즉, 언어가 자동적이면서 하위 단계로서 무의식적 지각 처리 과정에 영향을 미치지 않으며, 따라서 언어가 아주 근원적으로는 사고에 영향을 줄 수 없다는 관점을 견지하고 있었다.

티에리 그리고 아타나소풀로스는 직접적으로 두뇌가 초 단위의 시간 범위 내에서 색채를 어떻게 지각하는지를 조사했다. 여기서 지각 과정 조사는 지각에 연관된 경험이 의식적 자각을 허용하는 수준에 아직 미치지 못한 단계에서 그리고 피실험자 본인이 시각으로 바라보는 대상을 '자각'하기 이전 단계에서 고려되어야 한다. 실험의 조사 방식은 지각적 자극을 처리할 때 두뇌에서 발생하는 전기적 신호를 측정하는 방법이다. 이런 종류의 두뇌 활동이 피실험자 두뇌 표피에 설치된 전극에 전달되면서 확인된다. 이 방법을 비침투적이라고 볼 수 있으며, 이때 피실험자는 수영모자 유형의 덮개를 머리에 쓴다. 그리고 이 덮개에 위치한 전극들이 기계 장치에 연결되면서 드디어 두뇌의 전기적 활동을 기록할 수 있게 된다. 그리고 피실험자들이 각기 다른 색으로 나타나는 색채를 보게 되면, 시각 경험을 처리하는 두뇌 부위들이 특정 시간 단위 내에서 전기적 자극을 생성한다. 이 전기적 자극 그리고 이들이 생성되는 시간적 간격 등이 초 단위라는 아주 작은 단위까지 측정을 시행할 수 있게 해줄 뿐만 아니라, 실험 시행자가 지각적 색채가 아직 피실험자의 의식적 자각에 지정되기 이전에라도 피실험자 개인이 색채 자극을 어떤 방식으로 처리하는지 평가하는 기회를 열어준다.

만일 워프가 옳다면 다른 언어들이 인간으로 하여금 자동적이면서 선의

식화 단계에서 색채를 인식하는 방법에 영향을 미치는 데 차이를 보여줄 것이다. 즉, 언어에서의 차이점들이 아직도 색채 경험이 의식의 자각 범위 내부에 솟아오르기 이전에 환경 속에서 인간이 인식하는 방법을 재구성시킬 수 있어야만 한다. 이 점을 조사하기 위해 티에리 그리고 아타나소풀로스는 특정 색채가 그리스어 그리고 영어에서 부호화되는 방법을 이용했다. 영어가 파랑색 색채 스펙트럼을 망라하는 단어를 '파랑색'으로서 하나만을 소유하는 반면 그리스어에는 짙은 청색 범주로서의 'ble' 그리고 옅은 청색 범주로서의 'ghalanzio' 두 가지가 존재한다. 실험에서 피실험자들에게 컴퓨터 화면에 전개된 각기 다른 색의 색조 연속체를 보여주었다. 그리고 피실험자들로 하여금 색조가 시간의 약 20% 정도의 확률로 정사각형인 경우 단추를 누르도록 했다. 여기서 정사각형 형태란 중간에 색의 초점 형성을 가능하게 하는 데 이점이 있고, 이 실험에서는 정사각형에서의 초점은 조사자의 진정한 목표와는 실제로 아무 관계가 없다. 즉, 색조에 초점을 맞추기보다는 실험자들은 실제로 파랑색의 다른 색조들이 지각되었을 때 두뇌 활동이 어떨 것인가에 대해서 흥미를 갖고 있었다. 지칭될 지점을 마련하기 위해 피실험자들을 옅은 그리고 짙은 초록색 색조에 노출시켰다. 이 경우에는 영어 그리고 그리스어 둘 모두 초록색을 위해 단지 한 가지 단어만 존재했다.

바로 이것이 실험 연구자들이 찾아낸 결과다. 즉, 그리스어 화자들의 두뇌 활동이 파랑색 범주 안에서 차이점들에 민감할 수 있지만 초록색에서는 결과가 다르다는 사실을 가리킨다. 반대로 영어 화자의 두뇌 활동이 파랑색 범주 및 초록색 범주 어디에서도 다른 색조에 대한 민감성을 보이지 않았다. 이 실험으로부터 나온 결과는 그리스어 파랑색 그리고 영어 파랑색에서 동일 색조에 연관된 용어의 존재 여부를 통해서뿐만 아니라 색채에 대한 하위 수준이면서 자동적 지각 등에서 화자의 모국어에서의 언어 구분하기의 대상 사이에 확실한 관계성이 존재한다는 사실을 말한다. 피실험자들이 자신이 보는 색채를 의식하기 이전에는 그리스어 화자들의 두뇌가 파랑색 범주에 대해 영어 화자들과는 다른 방향에서 반응을 보인다. 그리고 이런 현상에서 내릴 수 있는 타당성 있는 결론은 그리스어와 영어에서 파랑색 범주를 부호화시키는 방법에서의 상대적인 차이가 분명하게 그리스인들의 인식을 재구성했다는 점이다.

이 실험은 핑커가 같은 수준에서 주고받았던 비평을 피해간다. 즉, 핑커는 화자들이 어느 정도는 의식적 반성을 통해서 결과적으로 발견을 왜곡하게 되는 과업의 변동 등에 반응한다고 보았다. 어떤 이유든 피실험자들은 이런 과업의 목적이란 색채에 주목하기보다는 색조(정사각형들)들을 찾아내는 것임을 알아야 한다. 더욱이 두뇌 활동은 피실험자들 두뇌 내부의 의식적 자각으로 다가올 지각 경험이 발생하기 전에 측정에 들어가고 있었다.[49]

더 깊은 연구에서 동료 부토네가 티에리와 그의 연구원들과의 공동 연구를 통해 그리스 파랑색 실험을 지속했다.[50] 앞서 다른 실험에서 사용했던 두뇌 전기 자극들을 측정하는 동일한 방법을 활용하면서 부토네 그리고 동료 등이 색채가 아닌 사람들이 물리적 대상을 분류하는 방법에 대하여 언어 전체에서 나타나는 상대적 효과에 연구를 집중시켰다. 예를 들어 스페인어에서는 영어와 달리 '컵' 그리고 '머그'를 가리키는 용어로 'taza'만 사용된다. 부토네는 연구 과정을 통해서 그리스 파랑색 색채의 경우에서처럼 언어에 특정화된 차이점들이 화자들로 하여금 물리적 대상을 지각하고 분류하는 방법에 더욱 민감하게 만든다는 사실을 발견했다. 이를 보면 영어 화자들이 스페인어 화자들보다 음료 용기에 더 민감해 한다고 볼 수 있다. 그리고 이전처럼 연구자들이 하위 수준 지각 현상을 검사하면서 분류에 연관된 판단이 피실험자 의식 자각 단계에 들어서기 전에는 앞서 발견된 결과가 정말로 워프주의 효과를 제시함을 확인했다. 다른 방법들로 물체의 명칭을 설정하는 다양한 언어들이 인지에 대해 재구성 효과를 발생시킨다. 즉, 이 말은 다

른 언어 화자들이 대상 물체를 언어에 특정화된 방법으로 지각한다는 상황을 가리킨다.[51)]

케이는 동료 심리학자 테리 레기어Terry Regier와 2009년 저술에서 강력하게 워프가 일부만 감안하더라도 어떤 면에서 정당성을 가질 수 있음을 마지못해 인정하는 모습을 보여주었다. 내가 지금까지 제시한 엄청난 증거들이 축적 상황에 마주해서 케이 그리고 레기어는 "워프 가정이 두 가지 방향, 즉 ① 언어가 반 정도 수준의 시각 분야에서 우선적으로 색채 지각에 미치는 영향, ② 언어들의 색채 명칭 결정하기가 보편적 그리고 언어-특정적 결정 요인에 의한 설정[52)] 등의 관점들에서 시각 분야의 반 정도의 수위 이내에서 50% 정도 정당할 수 있다"라는 사실을 인정했다. 달리 말하면 어쨌든 케이가 언어로 하여금 색채 지각 그리고 양상 결정에 대한 역할을 인정한다는 내용이다.

성별이 모든 것

이 장에서는 언어 그리고 인간 정신세계 양쪽에서 인간의 색채 경험 그리고 표현 부분에 집중했다. 그리고 이런 과정에는 충분한 이유가 있다. 즉, 색채가 언어 상대성을 조사하는 전통적 시험 기반이면서 심리학자 르네버그 그리고 브라운 등이 1950년대 시도한 연구 조사까지 거슬러 올라가기 때문이다.

그렇지만 1990년대 이래 다른 영역의 범위가 언어 상대성 원리를 시험하기 위해 조사 대상이 되었다. 언어에서 성별이 문법적 성으로서 프랑스어의 남성, 여성 등이 부호화되었으며, 독일어에는 중성까지 보태져서 세 가지 성별이 포함되어 있다. 그리고 문법적 성이 때로 현상과 완전히 동떨어져서 프랑스어에서 'vagina'는 남성 관사가 붙어서 'le vagin'처럼 정해진 반면 해당 패턴이 전형적으로 생물학적 현실과 일치하며, 문법적 성을 소유한 언어에서는 남자 대상이 문법적으로 남성으로 나타나며 여자 대상이 문법적으로 여성으로 나타난다. 다만 독일어에서 젊은 여성을 위한 단어가 잘 알려진 바와 같이 하나의 성별이 아닌 중성으로 표기되어서 'das Mädchen'으로 사용된다.

신워프주의 연구자들은 성이 포함된 언어의 화자들이 세상을 지각하는 방법에 영향을 미치는지 아닌지를 조사한 적이 있었다. 언어가 광범위하게 생물학적 기준을 따르면서 패턴을 결정하지만 일부 대상 물체들의 성이 무엇인가에 대해서는 분명하지 않다. 예를 들어 과일 사과에 대한 일상적인 예를 살펴보기로 하자. 만일 영어가 문법적 성을 부호화한다면 단어 '사과'가 남성인지 여성인지 등이 분명하지 않다. 그리고 예로서 사과와 같은 대상을 위해 성을 부호화하는 언어에서는 예시로서 성이 전통에 의해서 고정되기도 하며, 따라서 특정 언어의 화자들이 사과에 부여된 성과 해당 대상의 생물학적 특징을 찾지 못해도 큰 이의 없이 해당 성을 인정받을 수 있다. 그리고 이런 경우 '사과' 성은 독일어에서는 남성, 스페인어에서는 여성임을 확인할 수 있다.

심리학자 레라 보로디츠키Lera Boroditsky 그리고 그의 연구원들이 언어 사이에 문법적 성이 스페인어 그리고 독일어에 차이를 가져오는지 여부를 확인하기 위해 앞서 보았던 성의 차이에서의 측면을 연구에 사용했다.[53] 한 연구에서 독일어 그리고 스페인어 모국어 화자들이 영어를 통해서 자신들의 언어에 산재한 대상 물체 중 문법적 성이 일치하지 않는 대상물에게 고유 성명을 정하고 이들 명칭들을 배우게 했다. 예를 들어 특정 사과만을 지정해서 패트릭 또는 패트리샤 등의 이름을 정하고 독일어, 스페인어 화자들에게 배우게 한 것이다. 그리고 피실험자들을 이들 대상물에 대해서 배우게 한 이후 이들 스스로가 기억하는 내용에 관한 시험에 참여시켰다. 보로디츠키는 이 실험에서 화자들이 자신들의 언어에 나타나는 성별과 학습 과정에서 배웠던 이름의 문법적 성이 일치하는 경우 더 쉽게 기억하는 성향을 발견했다.[54] 이 말을 다시 살펴보면 언어 상대성이라고 볼 수 있으며, 문법적 성이 언어에 특정화된 방향에서 기억에 영향을 미친다는 면을 보여주는 것이다.

또 다른 실험에서 보로디츠키 그리고 그의 연구원들은 독일어, 스페인어 화자들에게 자신들의 언어에서 문법적 성에서 대립 관계에 놓인 대상 물체들로서 '열쇠'와 '다리' 등처럼 생물학적 성별에 무관한 예들의 질적 특성을 묘사하도록 했다.[55] 이 실험에서 24개의 대립들을 기반으로 독일어, 스페인어 양 언어 화자들이 대상물을 설명하면서 한결같이 성별에 특정화된 고정관념을 제시하는 것을 알게 되었다. 예를 들어 독일어에서 '열쇠'가 남성이지만 스페인어에서는 여성이다. 보로디츠키 그리고 연구 동료들이 독일어 화자들은 열쇠를 일종의 '딱딱한, 무거운, 삐죽삐죽한, 금속성의, 톱니 모양의, 유용한' 등으로 묘사하고, 스페인어 화자들은 이와 반대로 '금으로 된, 복잡한, 작은, 사랑스러운, 반짝이는, 조그마한' 등으로 묘사하는 것을 밝혀냈다.

이와는 반대로 '다리'의 경우 독일어는 여성으로 스페인어는 남성으로 표현한다. 독일어 화자들은 다리의 특성을 말할 때 '아름다운, 우아한, 연약한, 평화로운, 예쁜, 날씬한' 등처럼 말한다. 이에 대해서 스페인어 화자들은 다리를 보면서 '커다란, 위험한, 기다란, 강건한, 튼튼한, 높이 솟은' 등으로 그린다.[56] 이와 같은 현상으로서 화자들이 대상물을 볼 때 생물학적 성별에 기초해서 문법적 성의 분류를 '이행'한다는 사실을 알 수 있다. 그리고 이로써 모국어 화자들이 스스로 생물학적 성별에 분명한 사전 지식이 없더라도 대상 물체들을 분류하고 때로는 성별을 어떻게 나름 판단하는지를 이해할 수 있다.

그렇지만 핑커가 이런 종류의 행동적 과업 수행에 반대에서 이런 결과들을 일컬어 "제멋대로야"라고 칭하면서, 이런 실험은 결국 특정 언어 화자들에게 왜곡된 상황을 제공함으로써 화자들의 평가가 이미 "특정한 다른 방향으로 쏠리게 함"이라고 비평했던 표현을 기억해보기 바란다.[57] 그리고 이 말에도 일리가 있어 보이는 이유는 독일어 그리고 스페인어 화자들이 일상적으로 열쇠, 다리 등의 대상물 등을 바라보면서 해당 물건들의 남성, 여성 등의 성별 특성에 대해 별로 적극적으로 따지지 않기 때문이다. 즉, 이 말은 이런 실험에서 피실험자들에게 주어지는 조건은 꽤 인위적인 과제이며, 심리학 실험에서의 조작이라는 측면을 지적한다. 문법적 성이 실질적인 워프 효과로서 언어 상대성을 발생시키는 사안을 증명하려면 두뇌가 이 상황에서 어떻게 작동하는지를 보여주는 직접 증거가 있어야만 한다.

이와 유사한 상황에 대한 실험이 나의 동료들인 부토네, 아타나소풀로스, 티에리에 의해서 실행되었다.[58] 그리스 파랑색 연구에서의 방법을 사용하면서 부토네 그리고 동료들이 문법적 성과 무관한 영어의 화자들을 섭외하고 제2외국어로 영어를 학습하는 스페인어 화자들도 같이 실험에 참가시켰다. 만일 문법적 성이 언어 외 사고에 영향을 미친다면 영어 및 스페인어 실험군 내에서 두뇌 활동의 다른 패턴을 기대할 수 있을 것이다.

이것이 바로 실험이 보여준 내용이었다. 즉, 피실험자들에게 컴퓨터 모니터에 스페인어에서 동일한 문법적 성에 속하는 2개의 대상 물체 이미지를 한 번에 한 가지씩 제시했다. 그리고 피실험자들이 세 번째 이미지를 보게 했다. 스페인어 실험군에서는 꽤 여러 번 반복해서 세 번째 대상물의 문법적 성이 두 번째 대상물과 동일하게 나타났다. 그리고 비슷한 빈도로 문법적 성이 반대로 나타나기도 했다. 요점이라면 피실험자들이 실험 자체의 문법적 성에 대한 관련성을 모른다는 사실이다. 오히려 피실험자들은 세 번째 이미지 그림이 앞에서 보았던 두 가지 그림들과 의미적 범주에 일치성이 있는지 아닌지를 명시하도록 교육받았다. 이런 과정을 위해서 피실험자들이 유사성 혹은 차이성을 표현하도록 자판에서 각기 다른 버튼을 누르게 했다.

그리스 파랑색 실험에서처럼 연구자들은 두뇌로부터 나오는 전기 활동을 측정했고, 여기에는 피실험자들 두피에 부착한 전극을 활용했다. 영어 화자의 실험군에서는 효과 자체를 발견하지 못했으며, 문법적 성에 대한 표식이 영어에 없기 때문에 영어 화자들은 문법적 성과 무관하게 유사성 혹은 차이성으로서 세 번째 그림을 분류했다. 이와 반대로 스페인어 화자들은 세 번째 그림을 잠시 보고서도 해당 이미지가 처음 두 가지 이미지와 문법적 성이 다르다는 이유에서 두뇌 활동이 현저하게 증가하는 모습을 보였다. 심리학자들은 문법적 처리를 반영하는 것으로 알려진 두뇌 부위 그리고 시간 척도에서 증가된 전기적 동작의 형태를 관찰하면서 두뇌가 처리하는 정보에 노력이 많이 필요하다는 상황을 이해할 수 있다. 그리고 이 실험에서 발견된 사항들은 다음과 같다. 일단 피실험자들이 실험에 사용된 이미지와 그로 인한 시각적 자극 등을 토대로 언어를 처리하지 않는다고 해도 스페인어 화자들은 주어진 이미지들을 분류할 때 언어 정보로서 문법적 성을 자동적으로 그리고 무의식적으로 작동시킨 것 같다. 세 번째 그림의 문법적 성이 제대로 맞아 들어가지 않을 때 두뇌 활동에서의 증가가 바로 앞부분 설명의 증거가 된다. 이에 반대로는 영어 화자들이 성별 부분에서 어떤 결과도 보이지 않는 현상이다.

이와 같은 발견은 언어의 상대적 방향에 의거한 비언어적 분류 과정의 과제에 대한 강력한 영향력의 결정적 증거를 제공해준다. 즉, 스페인어 화자들은 앞의 과제가 언어와 아무 관련성이 없다고 해도 해당 과제에서 문법적 성을 반드시 사용한다는 사실을 의미한다. 이와 반대로 문법적 성에 관한 의식이 전혀 없는 영어 화자들은 분류 과정 판단 속에서 해당 정보를 배치하는 능력을 보여주지 못한다.

이제부터 잠시 동안 내가 제5장에서 살펴보았던 모듈화 주제로 돌아가보자. 인간의 사과에 대한 문법적 성의 상대적 효과의 결과 중 하나가 바로 여기에 해당하며, 이 말은 인간 정신세계 모듈이라는 이론 기반의 약화 상태를 가리킨다. 어찌 말하든 언어가 정신세계에서 독립된 모듈로서 언어 그리고 시각이 분리된 모듈임을 인정한다면, 시각 정보에 의거한 비언어적 분류 과정 판단에 어떤 영향력도 발휘하지 말아야 할 것이다. 그렇지만 스페인어 화자들이 시각적 자극에서 발생하는 판단을 형성하는 데 도움을 주기 위해서 무의적으로 문법적 정보에 접근한다는 사실을 보면 시각적 입력이 비록 문법적 범주들이 지금의 과업에 관련성이 없을 때에도 여전히 언어 정보에 의해 강화된다는 측면을 강력하게 제시하고 있음을 알 수 있다. 이런 발견은 만일 정신세계를 모듈로 봐야 하는 조건하에서라면 불가능해야 한다. 마지막 분석으로부터 다양한 두뇌 시스템이 본능으로서의 언어 이론의 주장에서 언급된 것보다 훨씬 복잡하게 얽혀 있는 상태를 확인할 수 있다.

시공에 대하여

마무리 부분의 입증으로 인간 경험의 근본 영역인 시공의 부분으로 돌아가겠다. 신워프주의 전통에서 공간에 대한 가장 중요한 연구 작업 중 일부가 네이메헌 지역Nijmegen(•네덜란드 북쪽) 심리언어학 맥스 플랭크Max Planck 연구소에서 레빈슨 그리고 같은 팀원 등에 의하여 이행되었다. 레빈슨은 세계 언어들이 공간 내부에서 대상 물체 소재를 파악하는 세 가지 단계를 적용시킨다는 사실을 발견했다.[59] 그 첫 번째에는 표적이 되는 대상물의 위치 파악을 위한 주요 지형지물의 내재된 특성의 활용이 포함된다. 예를 들어

〈도식 7-1〉 인간의 공간적 좌표를 나무에 투영하기

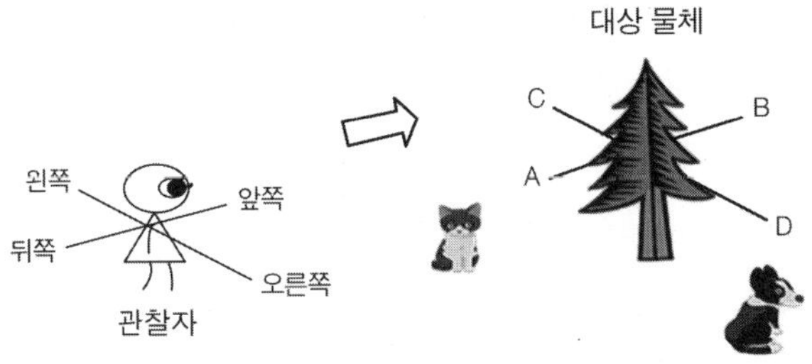

자료: Shinohara and Matsunaka(2010: 296) 발췌.

'The cat is sitting in front of the window cleaner's house(고양이 한 마리가 창문닦이 집 앞에 앉아 있다)'라고 말할 때 고양이를 발견할 수 있으리라고 여겨지는 집 주변 지역을 생각하게 되는데, 그 이유는 우리는 정확하게는 일단 집이라고 하면 뒤 방향, 앞 방향, 옆 방향 형태를 갖추리라고 기대하기 때문이다.

이와 반대로 'The cat is sitting in front of the tree(고양이가 나무 앞에 앉아 있다)'에서는 나무 구조를 봤을 때 공간 특성을 활용할 수가 없다. 즉, 어쨌든 나무 형태는 원형을 갖추기 때문에 완전히 특정 방향을 정하기 어렵게 좌우 대칭이며, 집의 구조와는 다르게 나무에는 한 방향성을 정할 수 없기 때문에 옆쪽, 앞쪽, 뒤쪽을 보여주는 집 구조와 다르게 나무에서 한쪽 '편'을 정해서 앞쪽, 뒤쪽 중 고양이가 어디에 있는지를 정하기 어렵기 때문에 문장에서 표현하려는 전체적인 윤곽을 찾기가 어렵다. 이와 같은 환경에서 영어와 같은 언어는 나무에 '인간의' 공간적 좌표를 배정하기 위해서 나무 자체에 적절한 시점을 기획할 수가 있다. 예를 들어 'The cat is in front of the tree'를 말하면 곧 어디로 가야 할지 그리고 고양이를 어디에서 찾을지를 가늠할 수 있다. 그러나 알아야 할 점은 나무가 방향성으로만 본다면 좌측 혹은 우측을 갖고 있지 않다는 사실이다. 오직 인간만이 할 수 있다! 그리고 우리는 인간의 관점을 실제로 투영하기 위해 인간의 신체적 여러 측면을 활용하지만, 나무와 같은 주요 지형지물은 본질적으로 좌측, 우측 등이 없다고 할 때 주변 대상 물체의 위치를 밝히기란 쉽지 않을 것이다. 이런 설명은 〈도식 7-1〉에 제시되어 있다.

〈도식 7-1〉에서 인간 관찰자의 신체적 중심축이 나무에 투영되어 있다. 그럼으로써 관찰자의 앞쪽이 나무의 A 중심축에 일직선으로 놓여 있으며, 뒤쪽은 B 중심축과 일치하고, 오른쪽은 C와 왼쪽은 D와 일치한다. 그리고 이런 관점에서 나무가 이제 관찰자를 '마주하고' 있다.

마지막으로 인간의 물리적 환경이 공간에서 대상 물체 위치를 설정할 수 있도록 참조 시스템을 제공한다. 예를 들어 컴퍼스 도구의 지점들은 지구의 자심慈心(자기 코어core)을 참조한다. 그리고 그런 방향에서 우리는 방향 결정을 위한 참조의 완전한 그리고 고정된 틀을 제고하며, 이런 상황이 대상 물체의 여러 여건을 확인할 수 있기 때문에 'The mountain range is north of the tree(산맥이 나무 북쪽 방향에 있다)'라는 문장에서 위치 확인이 가능하게 된다. 이런 경우 산맥의 위치가 컴퍼스로 확인되며, 이 도구는 지구의 핵심 지점을 참조하여 기능을 수행한다.

흥미로운 점은 모든 언어가 공간에서 대상 물체 위치를 확인하는 데 앞에서 언급한 전략 모두를 사용하지는 않는다는 사실이다. 이제는 충분히 밝혀져 있는 하나의 예가 바로 구구이미티르어의 경우다. 구구이미티르어에 관련해서 흥미로운 것은 이 언어가 완전 참조 틀로서 컴퍼스의 지점들을 유일하게 사용한다는 점이다. 영어만이 오직 동서남북 방향을 주요 지점으로서 대규모 지리적 거리를 묘사하기 위해 사용하며, 'Africa is south of Europe

(아프리카가 유럽 남쪽에 있다)'를 보면 이 부분을 이해할 수 있지만, 구구이미티르어의 화자들에게 가능한 것은 오직 언어적 전략뿐이다. 이 언어에서 그리고 인류학자 윌리엄 폴리William Foley가 언급한 내용에서 "해가지지 않으며, 서쪽으로 가고, 그리고 포크가 내 왼편에 있지 않고, 서쪽에 놓여 있고, 썰물이 나가는 것이 아니라 동쪽으로 간다"[60]라는 묘사 문구를 남겼다.

이런 표현의 중요한 결과가 구구이미티르어의 화자들이 공간 중 어디에 있더라도 자신들의 시스템에서의 주요 지점들에 관련지어서 자신들의 위치를 알아내야만 한다. 어떻게 말하든 펜이 '동쪽 방향에' 있는지 아닌지를 알아내는 가능성을 위해서라면 이 언어의 화자는 동쪽이 어느 쪽인지를 알아내기 위해 시각 분야에서 두드러진 주요 지형지물에 의거해서 반드시 추측 방향 측정 능력이 가능해야만 한다.

이 부분을 좀 더 조사하기 위해 레빈슨은 구구이미티르어 그리고 네덜란드어 양쪽 모국어 화자들을 각자 소유한 추측 방향 측정 능력에 관련지어서 비교를 시도했다. 즉, 여기서 말하는 능력은 화자들이 동서남북 방향을 나침반 도움 없이 찾아내는 기능을 의미한다. 영어처럼 네덜란드어도 세 가지 공간 참조 전략을 사용한다. 만약 워프가 옳았다면 구구이미티르어 화자들이 네덜란드어 화자들보다 추측 방향 측정 능력에 능숙하다고 볼 수 있을 것이며, 이래서 추측 방향 측정 능력을 요구하는 대상으로서 오직 한 가지 공간 참조 전략에만 의존하는 상황이 그들의 비언어적 방향 표지판으로서의 기능을 향상시킬 수 있었는지 모르겠다.[61]

레빈슨은 구구이미티르어 화자들이 제한된 시야만을 허용하면서도 우리에게 익숙하지 않은 지형인 울창한 밀림 안에 있게 될 때는 그들이 동서남북 등의 특별한 방향들을 확인하면서 4% 이하의 오차 정도로 자신들의 위치를 알아낼 수 있다는 사실을 발견했다. 이런 사안은 정확도에서 수위가 떨어지는 네덜란드 화자들로 이행된 실험을 비교하면서 대조했다. 이것이 제시하는 점은 공간 영역에서의 실제 워프 효과였으며, 이 말은 즉 언어로 공간을 표현하는 속성이 화자들의 추측 방향 측정 능력인 비언어적 능력들을 위한 결과를 소유하는 상태다.

워프주의 효과는 시간 영역에서도 발견되었다. 심리학자 보로디츠키가 영어 그리고 만다린어에서의 분리점과 함께 두 언어의 화자들이 시간을 추론하는 방법 등을 조사했다.[62] 영어 그리고 대부분의 인구어 언어에서 초기 혹은 후기 시간 등을 포함하는 시간상 연속성이 비유적으로는 공간에서의 수평적 중심축 방식으로 표현되었다. 예를 들어 두 사건을 'The transistor came before the microchip(트랜지스터가 마이크로칩 이전에 있었다)' 식으로 묘사할 때 영어는 두 대상의 관계를 마치 앞 사건이 뒤 사건을 위치상 앞서고, 뒤 사건이 따르는 모습으로 양상 결정을 한다. 만다린어에서는 이런 패턴을 그릴 동안에는 추가적으로 시간적 사건을 수직 중심축에서의 연속적 형태로 부화시켜 나타낸다. 이는 'The transistor is higher than the microchip(트랜지스터가 마이크로칩보다 높이 있다)'라는 가상적인 영어 문장에 대응시킬 수 있다.

만다린어에서는 '아침'이라는 단어가 'shang-ban-tian上半天'이며, 이 단어는 글자 그대로라면 'upper-half-day(위쪽으로 반 하루)'를 의미하지만, 이후 시간에 해당하는 오후는 'xia-ban-tian下半天'으로서 글자 그대로라면 'lower-half-day(아래쪽으로 반 하루)'를 의미한다.[63] 앞선 그리고 후의 사건을 수직 공간으로의 연속체로 양상 결정하는 것이 영어 화자의 관점에서는 이상해 보일 수도 있다. 그럼에도 불구하고 여러 언어에서 시간적 연속성 관계들을 표현하는 데 상당한 공통점이 나타나기도 한다. 그리고 이런 패턴은 경험에 의해서 동기화되는 것 같으며, 따라서 대상 물체가 비탈길에 있을 때 앞부분은 애초에 비탈 위쪽에 위치하지만, 바로 이어서 중력 때문에 물체가 아래쪽으로 떨어지는 결과로 귀결된다. 이런 상황을 〈도식 7-2〉로 나타냈다.

〈도식 7-2〉 비탈길 모델

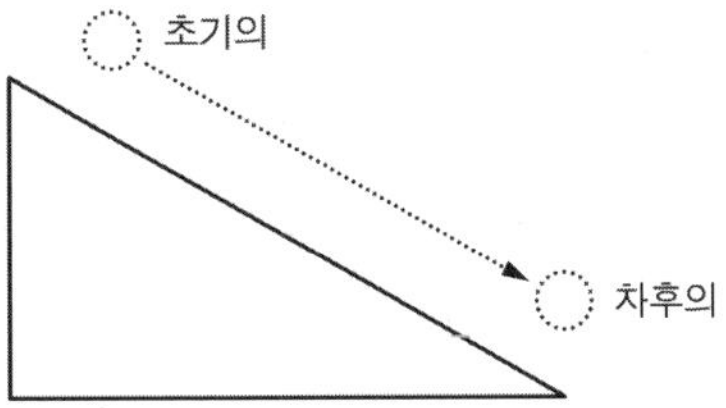

자료: Shinohara(2000: 5) 발췌.

보로디츠키 그리고 동료들은 영어와 만다린어를 활용해서 이 언어들의 차이가 해당 언어의 화자들이 비언어적 환경에서 시간 영역과 상호관계를 맺는 방법 과정에 정말로 영향을 미치는지 아닌지에 대해 조사를 진행했다.[64] 이 연구 진행을 위해서 연구자들이 영어 그리고 만다린어 화자들에게 우디 앨런Woody Allen의 젊은 시절 그리고 노년 시절 사진 2개를 제시했다. 피실험자들이 흰색('초기의') 그리고 검정색('차후의')의 두 키 중 하나를 누름으로써 두 번째 사진이 첫 번째 사진보다 초기인지 혹은 차후인지를 지칭하도록 했다. 이 실험자들은 일부 피실험자들을 위해서 자판 키들을 수평축 형태로 옆 방향 연속 형태로 배치했다. 그리고 두 번째 조건으로서 해당 키들을 수직 방향의 연속 형태로 배치했다. 그리고 각각의 조건(수평적 대 수직적) 내에서 키들의 연속 형태가 서로 바뀌도록 해서 수평적 조건의 일부 피실험자들을 위해 '초기의' 키를 '차후의' 키 오른쪽에 위치시켰으며, 다른 피실험자들에게는 같은 기능의 키를 '왼쪽'에 위치시켰다. 수평적 공간에서 만다린어 그리고 영어 화자들은 초기 사건들이 왼쪽에 그리고 차후 사건들은 오른쪽에 오게 했고, 이것은 두 언어에서의 기록 방향에 반영되었다. 그 다음에 이 실험자들은 피실험자들이 정확한 버튼을 누르는 데 얼마나 긴 시간이 걸리는지 측정했다.

영어 그리고 만다린어 화자들이 '초기의/차후의' 키들이 양쪽 언어와 순서상 일치해서 연속적으로 나열되어 있는 수평적 중심축에서는 더 신속하게 정확한 키를 눌렀다. 그렇지만 순서가 일치하지 않는 경우에는 정확한 키를 선택하는 데 훨씬 느린 모습을 보였다. 이런 현상이 가리키는 요점은 양쪽 언어 화자 그룹에서 언어가 비언어적 행동 과업에 효과를 보여주는 것 같다. 실험 참가자들은 키들의 물리적 배치가 그들의 언어에서 초기의 그리고 차후의 사건들이 어떻게 부호화되는지와 잘 들어맞지 않았을 때 반응 속도가 느려졌다.

흥미로운 것은 수직 조건에서 영어 화자들이 정답 버튼의 위치가 아래쪽 혹은 위쪽인지에 대한 상황에 관계없이 버튼을 누르는 속도 수위에서 별로 큰 차이를 보이지 않았다는 것이다. 그렇지만 만다린어 화자의 경우 피실험자들이 키들이 만다린어에서 '초기의'(더 위쪽의) 그리고 '차후의'(더 아래쪽의) 관계를 위시해서 연속적 형태를 취해야 할 때 일관성 있게 훨씬 빠른 모습을 보여주었다. 이 모습은 분명 워프주의 효과를 제시하는 것이다. 이 효과란 영어 그리고 만다린어 화자들이 행동 과제에서 갈라지는 형국을 가리키는 것이며, 여기서 과제는 이들 언어들이 시간상의 연속적 관계들을 체계적으로 부호화시키는 방법에 의해 분명하게 영향을 받는 대상이다.

물론 핑커가 제기한 레빈슨 그리고 보로디츠키 등의 주장에 대한 반대는 앞서 제시한 발견이 원인-결과가 '아니라' 상관관계에 해당된다. 그러나 이 장에서 살폈던 증거 중 나머지들에 연계해서 만약 시간 그리고 공간이 색채, 성별 등과 같이 완전히 다르게 행동하는 모습을 보인다면 앞서 언급한 내용은 이상해보일지 모른다. 색채 그리고 성별 영역에서 언어 상대성 원리의 실례를 제시한다면 우리는 같은 결과를 다른 영역에서도 발견할 수 있을 것이다. 그리고 연구자들이 자신들의 관심을 시간과 공간 영역 속에서 전주의 지각적 처리 수준에 워프주의 상대성의 직접적 입증에 자신들의 관심을 돌리기 전까지는 모든 것이 시간 문제에 지나지 않는다.

언어적 상대성이란?

본 장 앞부분에서 신워프주의 전통으로부터 찾아낸 일부를 추려보았다. 이들이 언어 상대성에 관한 워프의 이론에 정당성이 있다는 상황을 꽤 입증하는 것 같다. 특히 이 장에서 언어의 구조화 측면을 고려하면서, 근본적인 방법으로 특별히 전주 수준에서 사고의 습관화된 패턴들의 속성을 어떤 방법으로 형태를 갖추게 하는지도 함께 생각해보았다. 또한 언어가 소유하는 색채 용어들의 숫자와 속성에 대한 고려와 함께 어떻게 언어가 시간과 공간을 구조화시키면서 양상 결정을 하는지 그리고 어떻게 언어가 문법적 성을 부호화시키는지 등을 세심하게 살폈다. 그 외에도 사고에서와 마찬가지로 부토네 그리고 동료들이 시행했던 연구에서와 같이 색채의 지각 혹은 시각적 자극으로서의 지각에 의존해 대상 물체의 양상 결정 등과 같은 정신적 기능의 자동적·무의식적 측면 속에 양면에서 발생하는 수반적인 재구성화하기를 살펴봤다. 이와 같은 예들에서 인지 과정이 지각에 적용되는 방법은 의식적 자각이 출현하기 전에 여러 언어에서의 근원적 분리 과정에 상호 연관성의 상태를 보여주는 듯하다.

마지막 분석으로 언어적 상대성이 인간이 다른 이들의 사고에 어떻게 영향을 미치는지에 전혀 관련되지 않은 것 같으며, 어떤 사람도 언어의 뚜렷한 기능으로서 사고에 영향을 주려는 측면에 문제를 제기하지 않는다. 즉, 여기서 말하는 기능이란 인간이 언어를 사용하는 사람들 전체를 설득하고, 얼버무리게 하고, 요구하고, 유혹하려는 목적을 가리킨다. 어쩌면 차라리 언어 상대성이 궁극적으로 언어 사용자의 인지 장치에 영향을 주는 현상이다. 이것은 바로 활용되고 있는 언어의 결과이며, 예로서 그리스어보다 영어를 사용하는 힘을 빌어서 나의 사고에서 나타나는 습관적 패턴들이 색채 용어에서 볼 때 상대적 방향으로 구조화 아니면 재구조화되는 상태라고 할 수 있다. 우리는 특정 용어에 대한 선호와 상관없이 다소 차이가 나는 용어 속에서 색채를 지각한다. 심리학자 게리 루피안Gary Lupyan이 언어 증강 사고로서 처리 과정을 묘사했다.[65] 내가 화자인 언어가 바로 내 자신에게 같은 결과를 보여준다. 즉, 이 말은 인간이 스스로 사용하는 언어들로부터 도출될 결과로서 약간씩 다른 정신세계를 갖고 있음을 가리킨다.[66] 그래서 언어 상대성은 사용될 단어 역할을 통해서 다른 사람들에게 확신을 주는 것에 관심을 두는 것이 아니라, 오히려 성장 과정에서 우연히 습득된 언어가 인간 정신세계에 무슨 일을 일으키는지에 관련되어 있다. 그리고 그런 양상에서 언어 상대성은 최종적으로는 활용으로서의 현상이어야 한다.

기호적 시스템으로서 언어, 즉 의미론적·문법적 지식 단위로 조성된 대상이 특정 유형의 사고를 생산한다고 보는 바가 훨씬 타당성을 갖는 듯하다. 그리고 앞서 언급한 대상, 즉 결과로서 특정 언어가 다른 종류의 사고 패턴을 저해한다.[67] 마지막 분석으로서 이 장 혹은 이 저서가 밝히려는 궁극적 목표는 언어 그리고 인간 정신세계가 어떻게 보든 전혀 상호 연관성을 갖지 않으며, 더 뚜렷한 사실은 언어, 정신세계 등이 공생 관계라는 특징이다. 이 외에도 앞의 두 요건들은 크게 보면 경험 그리고 활용에 의해서 형태가 갖춰지게 된다.

8

회복된 언어 그리고 정신

Language and mind regained

이 저서에서 나는 언어 본능의 그릇된 견해인 '언어에 대한 그릇된 오해'를 생각해보았다. 언어에 대한 오해는 여섯 가지의 그릇된 오해로 구성되어 있다. 여기에는 언어가 독립적이라는 오해, 동물 언어소통 시스템과 무관하다는 오해(제2장), 모든 언어가 언어 보편성으로서 자세하게는 보편문법하에 놓여 있다는 오해(제3장), 보편문법이 선천적이며 DNA에 의해서 제어된다는 오해(제4장), 보편문법이 분리되어 있으며 정보에서 정신세계 내부어 모듈로 압축되어 있다는 오해(제5장), 자연언어들이 사고의 언어로서 선천적 멘탈리스가 존재하기 때문에 습득이 가능하다는 오해(제6장), 끝으로 사고의 습관적 패턴이 다양한 언어들의 구조 그리고 조직에 의해서 영향을 받지 않는다는 오해(제7장) 등의 요인들이 포함되어 있다.

지금까지 각각의 오해들에 대한 대안을 장의 전개를 따라 제안했음에도 여전히 활용으로서의 언어 이론을 꾸준히 채워나가야 한다. 그리고 마지막 장에서 눈에 띄는 여러 가지 문제들을 검토할 것이다.

가장 먼저 언어가 동물 의사소통 시스템과 연관되어 있다면 지구상 동물들 어느 것에서도 인간 언어에 근접하는 어떤 것도 발견할 수 없을까? 이런 측면에서 인간을 특별하게 만드는 것은 결국 문화 지능이며, 이를 통해 친사회적 그리고 상호협동의 행위가 나타난다고 주장하고자 한다. 물론 사회성을 보이는 동물들이 있기는 하지만 '호모사피엔스'에서 드러난 문화 지능의 속성은 다른 종들과 비교해서 탁월하며, 언어가 전형적인 예로서 포함된 선진의 상징적 행위 집합 및 발달을 가능하게 했다.

그렇지만 인간만이 유독 종에 특정화된 문화 지능을 소유한다는 사실이 다음과 같은 질문을 낳기도 한다. 즉, 언어 발생은 어떻게 나타났을까? 저자로서는 인간의 이전 존재들이 진화적 궤적 과정 중 어느 시점에서 문화 지식이 보강된 정신세계 능력인 상호작용 능력을 발생시켰다고 말하고 싶다. 그리고 이런 사전 조건이 바로 인간 언어까지 도달하게 한 것이다.

이런 관점에서 인간 정신세계 문법의 속성을 검토할 것이다. 즉, 만일 언어가 단어의 학습이 아닌 선천적 규칙으로 본능으로서의 언어 이론에서 주창하는 단어 그리고 규칙에 대한 접근 방식이 주된 요인이라면, 정신세계 문법이 실제로 어떤 형태일 것인가? 하는 의문이 생긴다. 일단 여기서 활용으로서의 언어 이론이 인간에게 보여주는 역할에 대해 정신세계 문법에 관련하여 나의 견해를 간략하게 전개하면서 나름의 생각을 서술할 것이다.

그러나 만일 절대적 언어 보편성이 없다고 하더라도 언어 사이에 여전히 공통점이 존재하는 이유는 무엇일까? 대부분의 언어가 명사, 동사를 소유하는 것 같다. 여러 언어들이 단어 배열 순서 혹은 격 시스템 중 하나 또는 둘 모두를 갖고 있으며, 이를 기반으로 언어 요소 사이의 관련성을 지정한다. 그리고 문법의 출현, 발달, 변화 등의 방법에서도 공통점이 존재한다. 언어 보편성 대신 경험에서의 보편 측면의 존재를 발견할 수 있으며, 이런 측면들이 인간 언어의 설정 공간에서 제어 수단 역할을 수행한다는 의견을 개진하고 싶다.

그리고 지금까지 말한 시점에 기초하여 어떤 이유로 그토록 많은 수의 다양성이 존재할까? 또한 어떤 이유로 그렇게 무지막지한 수의 언어가 존재할까? 하는 질문들을 던지려고 한다. 우선 언어가 어떻게 진화했는지 그리고 왜 진화가 진행되었는지 부분에 연계된 진화적 생물학으로부터 가장 최신의 연구 중 일부를 제시할 것이다. 그리고 지속적으로 부풀어만 가는 인간 언어 다양화에 대해서도 고려해보려고 한다.

마지막으로 언어에 대한 이해의 오류에 고별의 반성을 제의할 것이다. 바로 본능으로서의 언어 이론에 대해서 말이다. 그러나 먼저 해야 할 일부터 처리하려고 한다. 우선 인간이라는 종을 지구상 다른 종들로부터 따로 분리시키는 요인이 무엇인지에 대한 생각부터 시작해보자.

문화 지능 및 점차적 증강 효과

동물 세계에서 의사소통 시스템의 범위가 있음에도 불구하고 인간 언어의 복잡성은 기타의 소통 방식과는 수준에서 질적으로 차이를 보이는 측면이 있다. 그리고 앞서 언급한 복잡성은 언어가 표식을 허용하는 전달 내용들의 속성 및 유형, 언어가 습득되는 방식 그리고 좀 더 중요한 것은 언어가 수행하는 기능들의 범위 등을 포함한다. 인간의 지능 그리고 침팬지, 오랑우탄 등의 영장류 동물들 사이에 질적 차이가 있다면 과연 앞에서 언급한 차이점을 무엇으로 설명할 수 있단 말인가? 영장류 동물학자이면서 심리학자인 토마셀로가 이런 차이는 '문화 지능'으로부터 생각해볼 수 있다는 견해를 제안했다.[1] 원숭이류를 포함해서 동물들의 사회적 행위가 대부분 개별적 특성을 보이며, 결국 이는 각자의 경쟁에 달려 있다고 했다. 그리고 동물의 먹이, 삶의 자원, 번식에서 보여주는 경쟁을 성공을 보장하기 위해 발달한 결과라고 보았다. 인간 역시 주위에서 삶의 터전을 위한 다양한 요소들을 위해 경쟁에 참가하는 가운데 긍정적인 결과를 갖기 위해 인지적 능력들을 발전시켰다.

그렇지만 인간이란 종은 이런 와중에 상호협동을 수월하게 하는 기술도 발전시켰다. 물론 이런 협동은 종종 반대 결과를 낳기도 했지만 말이다. 인간은 혼자 힘만으로는 해결하지 못하는 문제 그리고 도전에 맞닥뜨리게 되면 해결의 수월성을 위해 함께 협조하는 능력을 소유하고 있기도 하다. 그리고 이런 능력이 진화에서 두드러진 이점들을 부여해주었다. 호모사피엔스의 상호협동은 문화 지능이라는 아주 복잡다단한 형태로부터 발생했고, 이런 행동 패턴은 그룹에 참여하는 방향의 진화를 거듭한 결과이기도 하다.[2] 어쩌면 여기서 제기한 능력이 바로 지구상에서 인간과 기타 동물들을 분리시키는 요인이 아닐까 하는 생각이 든다.

원숭이류 동물들이 진화 이전의 어린이 수준의 능력에 준하는 꽤 놀라운 인지력을 보이기는 하지만, 인간 유아들은 이들보다 훨씬 복잡다단한 문화 지능을 전개한다.[3] 아직 글을 깨우치지 못한 아이라도 무엇인가를 읽고자 하는 부분에서 침팬지와 비교가 되지 않는 능숙함을 보이며, 이것은 우리가 아이들을 관찰하면서 그들이 예로서 시각 단서만으로도 사람들의 정신세계 상태를 짐작해내는 능력이 있다는 것을 통해서도 이해할 수 있다.[4] 인간의 문화 지능은 어린이가 특히 어른의 가르침에 대응하는 세상에 나오는 데 필요한 능력을 의미한다. 예를 들어 한 실험에서 아이들이 게임을 하면서 인형을 바라볼 때 자신들이 이미 알고 있던 방식과 다른 규칙으로 동일한 게임을 바로 시행하면 강하게 반발하는 모습을 보여주었다. 게다가 아이들이 여러 문화 속에서 상당 기간 동안 반드시 몸을 담아야 하는 공식 학교 시스템은 어쩌면 상호협동의 한 면모를 현실화한 것이기도 하다. 성인들은 일부러 자신들의 시간과 노력을 들이면서 의도적으로 아이들을 가르치며, 이런 과정이 바로 아이를 위한 최선이라 여긴다.[5)]

사실 인간 언어가 '매우 탁월한' 상호협동 행위의 확실한 예라고 볼 수 있다. 인간은 상호협의를 거치면서 사회 그룹 사이에서 전달 기호 종류 및 그들의 의미에 관해 동의를 구하며, 이런 과정 안에서 언어 약속인 관습을 설정한다. 즉, 언어가 활용 속에서 그리고 활용을 거치면서 출현하고, 여기에서 인간은 본능에만 의존하기보다는 자신들이 제기한 임의적 기호들이 무엇을 지칭해야 하는지에 관해 상호 동의 과정을 밟는다. 많은 문화들도 앞서 말했던 언어 관습의 영역을 둘러치면서 규칙화하는 기구들을 소유하고 있으며, 1635년 프랑스에서 구성된 프랑스 아카데미Académia française 기구가 바로 여기에 해당되는 예다.

영국 철학자 폴 그라이스Paul Grice가 인간이 언어 의사소통을 시행할 때 상대방도 대화에 상호협조하는 행위를 하리라는 기대를 한다는 상황을 발견했다. 그라이스는 사람들이 대화할 당시 방금 언급한 상호협동의 원칙에 준하는 몇몇 무언의 좌우명을 따르는 것 같은 상태도 발견했다.[6)] 예를 들어 한 사람이 질문을 던지면 답을 하면서 대화자들의 진실성 그리고 관련성 등에 먼저 추정과 판단을 가져보려고 한다. 그리고 협조 관계에 저촉되는 상황조차도 때로 상호협동을 보일 수 있다고 인식한다. 한 번은 자신의 숙모 할머니가 직접 구웠지만 별로 인기가 없는 (숙모 할머니가 듣지 못한 곳에서 가족들 사이에서 "굽는 돌"이라고 불리던) 웨일즈 케이크 받기를 거절하기 위해서 글루텐 알레르기를 핑계 삼는 사람을 본 적이 있었다. 그러나 일단 "제가 글루텐 알레르기에요"라는 말을 전하려는 반응이 분명하게 관련성의 좌우명을 무시하는 처사라고 본다. 숙모 할머니께서 조카 손주에게 "굽는 돌"을 전하는 가운데 숙모 할머니 마거릿Margaret은 알레르기를 묻지 않는 상황이었기에 주는 사람, 받는 사람 사이의 관계를 고려한 적절한 답은 바로 "아닙니다. 괜찮습니다"라는 표현일 것이다. 그렇지만 병을 핑계로 했던 실제 대답은 여전히 상호협동을 보인다. 그 이유는 젊은 조카가 숙모 할머니의 기분을 감안하려고 노력했다고 보기 때문이다.

인간의 뇌는 대부분의 경우 침팬지보다 세 배 이상의 크기다. 그러나 인간에게 부여되는 인지적 장점이 반드시 두뇌 크기만으로 결정되지는 않는다. 토마셀로가 인간을 다른 종의 동물들과 따로 분류시키는 것이 바로 문화 지능이라는 점을 강조했다. 문화 지능은 인간에게 일반적 방법에서 인지적 장점을 향상시킬 수 있다. 예를 들어 인간 아이들은 다른 사람들을 모방하는 과정에서 신체 인지의 기술들을 완성시킨다. 그리고 인간이 서로 모방하는 이유는 바로 상대방의 행위를 그대로 이행함으로써 서로가 이해하고 있다는 상황을 전달할 수 있기 때문이다. 인간은 본능적으로 상호협동 행위를 인지하고, 이해하며, 나아가 서로에게 화답하는 모습을 보여준다. 이런 과정은 언어의 사전적 능력을 갖춘 아이들이 도구 사용을 모방하고, 또한 칼, 포크, 그리고 텔레비전 리모컨까지 여러 장치들을 사용하는 방법을 배우게 한다. 그리고 이런 모습은 종종 부모들의 짜증을 유발하기도 한다. 얼마 전 아직 두 단어 구의 생성까지는 도달하지 못한 내 딸아이가 내가 항상 텔레비전을 볼 때마다 반드시 선택하는 프로그램으로 일단 시작하면 내 자신이 완전 몰입해서 결코 눈을 떼지 못했던 〈닥터 후Dr Who〉 프로그램을 시청하는 시간 동안 아이는 한 번도 거르지 않고 텔레비전 리모컨을 찾아서는 끄고 켜는 동작을 반복하는 행위를 지속했다.

앞서 제4장에서 보았듯이 아이들은 언어 상징을 학습할 때도 모방에 의존한다. 사실 인간 문화 지능에서 확신할 수 있는 점은 인간이 다른 영장류 동물들과 함께 공유하는 인지 능력이 공동작업 및 의사소통은 물론 문화 학습 그리고 문화 전달을 위한 목적으로서 한 그룹의 기술 모음을 갖는다는 사실이다. 문화 지능은 특수한 제도의 발생을 주도하며, 그 이유는 사람들이 하나의 그룹으로 공동의 하나의 믿음을 갖거나 또는 마치 자신들이 믿는 바대로 하나의 양상으로 행동하기 때문이다. 금전, 결혼, 왕조, 수상 등 모든 대상은 상호협동의 행위와 수행을 거치면서 인간의 친사회적 지능의 성격으로 문화라는 미명하에 활용을 거듭하면서 구성과 수정을 겪게 된다.

그와 더불어 또 다른 인지 능력들을 스스로 완성하면서 문화 지능이 인간의 상호협동 행위에 의해 탄생한 요소들이 시간이 지나면서 수정을 거듭하면서 거듭나는 상황을 허용한다. 예를 들어 상호협동 행위들을 통해 인간 문화가 미래 세대들이 구축하고, 복잡성을 조금씩 증가시키는 복합적 기술들을 생성했다.[7] 여기서 말한 한걸음씩의 증가 효과란 복잡성이 기하급수적으로 발달하면서 시간의 흐름 속에서 (사실 여기서 시간의 개념은 상대적으로는 짧은 기간, 순간에 해당됨) 복잡성에서 증가를 이끌어간다는 것이다.

예를 들어 대략적으로 250만 년 전부터 약 1만 2000년 전에 걸친 시대를 망라하는 구석기 시대Paleolithic era(그리스 어원)를 생각해보자. 이 시기 동안 초기 오스트랄로피테쿠스Australopithecines, 후기 '호모하빌리스Homo habilis' 그리고 '호모에렉투스Homo erectus' 등을 포함해서 유인원들이 사용했던 도구들을 보면 단순히 적절한 도구로서 돌을 찾던 기술에서 중기 석기시대에서의 좀 더 세련된 타제 기술로의 진화를 보여주었다. 네안데르탈인들이 유럽 지역에서 활동했던 약 30만 년 전부터 5만 년 전까지 석기 기술이 '인간속'의 여러 종들로 하여금 타제한 돌을 나무막대 끝에 매다는 끝이 뾰족한 창을 제작하게 했다. 이것은 사냥 성공률을 엄청나게 증가시켰다. 약 5만 년 전에 해당하는 구석기 시대 후반부에는 새로운 기술이 부상하기 시작했고, 보석을 탄생시키면서 동굴 벽화와 함께 조각용 석기, 뼈, 나무 등으로 제작된 세련된 도구들을 사용해서 제조한 거주지 구축 등이 출현했다.

〈표 8-1〉 과거 1만 2000년에 걸친 기술 발달 추세 및 점진적 증가 효과

시대	기술
신석기 시대 기원전 10000~4000	철제 제작에서 불의 사용, 토기, 지렛대, 석기무기 카누 및 썰매 운송, 농업
청동기시대 기원전 4000~1200	바퀴, 기록, 농사기술, 마차 운송 철제 끝 무기, 화살과 활, 가죽 갑옷
철기시대 서기 500~1450	쐐기돌 아치형 구조, 승마용 안장, 항해 갤리선 비늘 형태 갑옷
르네상스시대 서기 1450~1700	인쇄, 화약, 장총, 완전 장비 범선
산업혁명시대 서기 1700~1900	대량생산 공장, 증기기관, 기차 철로, 다이너마이트 폭발물 연발총, 전기
세계대전시대 1900~1945	자동차, 비행기, 라디오, 대양 기선, 잠수함, 탱크, 자동총 핵분열 폭탄, 수력 전기
현대시대 1945~현재	핵연료, 컴퓨터, 우주인 탑승 우주선, 호버크라프트 복합형 미사일, 원자력 전기, 생체 이식, 폭격기 복제, 나노기술의 탄생

기원전 1만 년 전 부근부터 기원전 4000년 전 사이에 해당되는 신석기 시대Neolithic era(그리스어 어원)에 토기, 지렛대, 철제 제작에서의 불의 사용 등 기술에서 폭발적 발전이 시작되었다. 이 시기에 걸쳐서 카누, 썰매 등 이동 수단들이 빠른 수송을 위해 구축되었다. 이후 청동, 철, 강철 등이 제조되었고, 발명품들의 범위 그리고 복잡성이 점점 향상되었다. 예를 들어 20세기에 들어서면서 기술 발전은 현기증을 일으킬 정도가 되었다. 새로운 세기가 비행기로 시작해서, 최초 자동차를 필두로 여객기, 호버크라프트, 원자력 연료, 컴퓨터, 제트 비행기, 로켓, 생체이식 등이 생겨나기 시작했다. 그리고 증가 추세는 미래 100년 이후 기술에서 굉장한 도약으로 나타날 것이다.

인간 상호교류의 원동력

문화 지능은 인간 행위에서 친사회적 성향을 가능하게 하는 반면, 여전히 인간이 어떻게 언어를 갖게 되었는지를 충분하게 설명하지 못한다. 레빈슨은 인간이 문화 지능에 더해 상호작용 지능도 아울러 소유하고 있다고 제안했다. 즉, 특정 목적을 위해 설정된 커뮤니티 내부에서 다른 구성원들과 상호작용에 참가하려는 성향이 있음을 가리킨다.[8] 상호작용이란 특별한 유형의 상호협동 행위이며, 이런 형태의 행동은 인간 문화 지능의 결과로서 출현 기반을 생각해볼 수 있다. 그렇지만 중요한 사실은 인간이 서로 상호작용을 수행하는 능력이 언어와 무관하다는 점이며, 단지 우리로서는 이런 능력이 인간 사이에 언어가 발생하는 핵심적 진화 발달을 가능하도록 기반을 조성했다고 볼 수 있지 않을까 싶기도 하다.

예를 들면 레빈슨이 로셀섬에서의 현장 연구에서 제기했던 일화를 들 수 있다. 여기서 섬에 대해서 앞서 언급한 파푸아뉴기니 내 먼 도서 지역을 기억하면 된다. 어느 날 레빈슨이 홀로 있을 때 28세 언어 장애인 크페무워Kpé muwó가 지나가고 있었다. 그는 마을에서 유일한 언어 장애인이었으며, 가까운 지역이라고 해봐야 도보로 3시간 이상 떨어진 곳까지 가야 비슷한 사람을 찾을 수 있었다. 비록 레빈슨 그리고 크페무워는 서로 언어와 문화가 달랐지만 '대화'를 시도했다. 즉, 크페무워가 마을에서 암으로 죽어가는 한 여인에 대한 이야기를 전한 것이었다. 레빈슨은 크페무워가 손짓 발짓 등의 상황에 대한 상징적 행동을 사용하면서 전하는 '말하기' 내용을 자신이 이해하는 데 놀라움을 금할 수 없었다.

인간의 보편적 요인으로 상호작용 지능에 연관된 또 다른 예인 파티용 흉내 맞추기 게임 샤레이드Charades를 보면 게임 참여자들이 단서로 제공된 정보를 사용해서 적절한 단어를 추측해야 한다. 그러나 주어진 단서들은 주로

〈그림 8-1〉 팀 와이어트Tim Whyatt의 『샤레이드』 만화 그림

자료: 저작권자(Tim Whyatt)의 허가를 받아 재인용함(whyatt.com.au).

몸동작 혹은 제스처 동작 등에서 제시되며, 이들은 상대방의 추측에 답을 주는 반응이 있어야 한다. 이를 통해 샤레이드 게임은 인간이 공유한 상호작용 지능의 표본적 예라고 할 수 있으며, 〈그림 8-1〉에 이에 대한 상황이 유쾌한 형태로 예시되어 있다.

그리고 상호작용 지능이 인간 종에 깊이 내재된 듯싶다. 유아들이 애초부터 쌍방 양보(주고-받기)를 의식하는 모습을 보여주기도 한다. 먼저 말문을 떼기 전인 9개월 정도의 아기에게 '말 걸기'를 해보자. 일단 아기가 답으로 보모와 대화하는 것처럼 잠시 조용히 자신이 말할 기회를 기다리는 등의 형태로 옹알이로 답하는 상황을 보게 될 것이다. 게다가 옹알이의 길이 및 강도가 어른의 말 걸기 길이 및 강도에 밀접한 연관성을 보여준다. 또한 측정에 따라서 빠르게는 유아가 태어난 지 48시간이면 의사소통 상호작용을 행하기도 한다.[9]

브로카 실어증으로 언어 상실을 겪고 있는 어른조차 상호작용 및 의사소

통을 수행할 수 있다.[10] 이 경우 모두를 보면서 레빈슨은 "인간이 어느 정도 잠재력을 갖춘 의미-만들기 신비 능력을 갖추고 있다"라는 결론을 제안했다. 언어가 상호작용을 가능하도록 만든 것이 아니라 상호작용 지능이 언어를 의사소통 수단으로서 가능성을 열어준 것이다.[11]

인간 상호작용에 보편적으로 나타나는 수많은 특성이 있다. 그 첫째는 인간의 반응이 행동보다는 의사소통의 의지라는 점이다. 예를 들어 한 사람의 기침이 사래가 들린 행동으로, 즉 행위를 반영할 수 있다. 혹은 기침하는 사람을 보면서 그가 조금 복잡한 상황에서 상대방에게 조용히 하라는 무언의 암시로서 마치 의도적인 행동을 한다고 여길 수 있다.

더욱이 의도적 행동은 수령자에게 매우 선명하게 그의 마음속에 전달되도록 계획된 것일 수 있다. 잘 알려진 한 경우를 보면 퀴즈쇼 〈백만장자 되기Who Wants to be a Millionaire?〉 프로그램에서 찰스 잉그램Charles Ingram 소령이 100만 파운드를 따는 데 속임수를 썼다는 혐의를 받았다. 그가 답을 하는 동안 방청객 사이에서 기침소리가 답을 찾는 단서로 사용되었다는 지적으로서 쇼 호스트가 정확한 답을 읽으면 기침소리를 내는 방법으로 그 소령으로 하여금 거액 상금을 따도록 도움을 주었다는 것이다.

다음 예는 내가 이미 정통한 내용으로서 의사소통 수단을 위한 상호작용이 언어와 무관하다는 사안이다. 본 저서 제3장에서 골딘-메도의 경이로운 '개별적-수화'를 사용하는 아이들, 즉 한 번도 수화 교육을 받지 못한 청각장애 아동에 대해 생각해본 적이 있다. 해당 장에서 이들 아동들이 상징적 손가락 가리킴이나 손동작을 활용한 제스처 등을 의사소통을 위해 발전시키는 방법을 묘사했다. 이 예에서 확인된 사실은 다음과 같다. 즉, 인간 내부에서 의사소통 능력이 인간 정신세계의 특성이며 상호작용 지능에서 비롯된다는 것이고, 실제로 이런 능력은 언어와 무관하고 "언어가 단지 자체 잠재성을 어마어마하게 증폭시킬 뿐이다".[12]

그 외에도 상호작용은 상호협동이기도 하다. 이 말이 반드시 인간이 서로 함께 지낸다는 의미는 아니다. 이 말의 의미는 간단하게 인간이 의사소통을 할 때는 언제라도 상호작용의 목적을 위해 상호협동을 이행하는 상황을 가리킨다. 저명한 심리학자 허버트 클라크Herbert Clark가 인간의 상호작용을 '공동 행동하기'로 묘사했다.13) 예를 들어 인간이 웨인의 카우보이 장화(제1장에서 언급함) 한 켤레를 사려고 상점에 들렀을 때 고객 그리고 판매 점원 사이의 상호작용이 상호협동의 모습을 보이며, 여기서 판매 점원은 상점에 들어오는 고객에게 "도와드릴까요? 고객님!"과 같은 공식적 인사를 던지거나 또는 유니폼을 입거나 신분증을 패용하는 방식으로 자신의 '업무 봉사'의 가능성을 알림으로써 고객이 상점에서 원하는 목적을 실행할 수 있게 한다. 그리고 이런 업무 봉사 전체는 바로 한 켤레의 장화를 구입하는 특별한 목표점을 향하게 된다. 이보다 좀 더 지루해 보이는 상호작용도 목표 지향적이다. 집 담장 넘어 이웃과 험담을 주고받는 행위가 주변 사람들의 수상한 점 등에 대해 유용한 정보를 제공하거나 또는 한 가족이 여름휴가를 떠나 있는 동안 집에 남겨진 고양이에게 먹이를 대신 주는 때로는 도움을 줄 수 있는 누군가를 사귀는 데 중요한 기능 역할을 담당할 수 있다.

끝으로 상호작용이 나름의 구조를 갖추고 있다. 다만 이와 같은 구조는 규칙보다는 차라리 기대심리에서 발생한다. 예를 들어 질문이 답을 요구하고, 순차적으로 반복되는 연속 구조를 갖는다. 전화를 걸 때 발신자가 수신자로부터 '여보세요'를 반드시 요청하지 않더라도 일종의 의사소통 개시 경로 표식으로 기다리며, 발신으로서 상품 판매용 녹음 내용을 들어봐도 수신자가 '여보세요'로 답하는 시간을 주기 위해 잠시 휴지기를 두고 녹음 내용을 시작하는 패턴을 보이기도 한다.

앞에서 제시한 카우보이 장화 구입에서의 공동 행동하기 경우를 보면 사건의 연속이 바로 앞서 말한 형식을 따른다. 판매 점원이 고객에게 다가서

〈표 8-2〉 공동 행동하기의 자질 예들

대본화되기	일부의 공동 행동하기가 결혼식 등처럼 매우 글로 짜인 것으로 보이지만, 슈퍼마켓에서의 조우는 대본을 갖추지 않는다. 또한 행동 중에는 대본화 그리고 비대본화 양끝의 중간에 위치할 수 있다.
형식상 절차	또한 공동 행동하기도 양 극단에서 다양함을 보이며, 일부 행동 중 법정 증언처럼 매우 형식적이지만, 찻집에서 커피, 차 등을 나누면서 험담을 주고받는 완전히 비형식적인 예들도 있다.
언어의 활용	이 항목은 언어가 주어진 행동에 대하여 필수적인 정도 수준에 관련된다. 다시 말하면 극단에 치우치거나 중간에 걸친 사건들이 존재한다. 예를 들어 전화 발신은 완전히 언어에 의존하지만, 축구 경기는 속성에서 결코 언어에 연관성이 없다.
상호협동 대 상호대립	공동 행동하기는 속성에서 온전히 상호협동으로부터 상호대립까지 범위에 걸쳐 있다. 예를 들어 상점에서 상품 구매를 보면 구입의 결과를 위해 고객과 점원이 상호협동으로 행동하는 경우가 있다. 이와 반대로 테니스 경기는 협동 대신 어떤 의미에서 상호대립의 경우로 경기자들은 상대방의 패배를 바란다.
참가자 역할의 균형 수위	다른 참가자들이 서로 다른 역할을 갖는 경우로 상점에서 고객 균형 수위 그리고 판매 점원이 공동 행동하기가 여기에 속한다. 중요한 점은 이 역할들이 대칭적 혹은 비대칭적이며, 이 말은 이 역할들이 공동 행동하기의 목적 실현에 중요성 그리고 공헌도 측면에서 균형적인지 아닌지에 관련성을 보여준다는 것이다. 예를 들어 상점에서 구입하기가 동등 혹은 대칭의 수준을 포함하며, 즉 참가자 둘 다 고객과 점원으로서 판매 실현을 위해 동등한 역할을 담당한다. 이와 반대로 일부 행위에서 한 참가자가 마치 정치인이 대중에게 연설하는 과정에서 연설자가 청중보다 좀 더 주도적인 것처럼 특별히 주도적일 수 있다. 이 경우 참가자 역할 사이는 공동 행동하기의 목적에서 볼 때 연설하기처럼 비대칭 형태가 된다.

자료: Clark(1996)에서 인용.

서 도움을 제의하고, 고객은 자신의 발 사이즈를 확인하려는 점원과 상호작용에 들어서게 되며, 점원은 고객 사이즈에 맞는 제품을 신어볼 수 있도록 창고에서 물건을 가져오고, 고객이 사겠다는 의사 표현과 함께 값을 치르면 점원이 해당 장화를 포장하는 것으로 마무리된다. 이와 같은 공동 행동하기에는 여러 종류의 과정들이 합쳐져 있지만, 〈표 8-2〉를 볼 때 종류가 달라도 그 안에서 결국 공통적 자질을 찾을 수 있다. 앞에서 묘사했듯 인간 상호작용의 특성들이 의사소통의 가능성을 열어주는 공통적 인지 기반 구성물에 도움을 받는 것 같다.[14] 레빈슨은 이 상황을 "상호작용 엔진"이라고 칭하고, 이것이 사람들 사이에서 의사소통을 허용하는 지식 그리고 행위의 연장세트라고 보았다. 이 연장세트는 상호작용을 가능하게 하는 수많은 요소들로 구성되어 있다.[15] 첫째, 우리는 인간을 사고, 희망, 믿음을 지닌 종으로 볼 수 있어야 하며, 이 점은 철학자들이 정신세계의 이론으로서 일컫는 사안으로서 우리가 다른 사람들도 역시 정신세계를 갖추고 있음을 깨달아야 한다는 점을 가리킨다. 우리는 다른 이들이 생각하고, 느끼는 것과 더불어 이들이 특수한 상황에서 무엇을 하려 할지에 대해서 자신을 맞춰가는 능력이 있어야 한다. 또한 다른 사람의 의사소통 의도를 인지하는데, 예로서 기침의 경우 단순히 기침 자체의 행위에 초점을 맞추기보다 해당 행동이 가리키는 특별한 의미를 읽는 능력이 필요하다. 끝으로 상호작용 구조의 내적 속성을 이해하고 파악해서 여기에 가장 걸맞은 예로 질문-대답의 순차적 대화 형식 등을 이해하는 면모도 갖춰야 한다. 이들 요소들은 상호작용을 가능하게 하고, 상호작용 엔진에 연료가 된다. 즉, 다른 사람들이 정신세계를 갖추고 있어서 당신 그리고 내가 하듯 사고 그리고 느낌에 대해 우리와의 동일한 상황이 가능하다는 사실을 이해함으로써 우리가 의사소통 의도를 표하는 방식으로 다른 사람들에게 영향을 주려는 시도를 감행할 수 있다.

여기서 설명의 핵심은 인간 종족이 문화 지능을 소유하고 있고, 이를 토대로 상호협동 행위가 비로소 나타난다는 사실이다. 문화 지능이란 이후 더욱 특수화된 형태의 상호작용 지능을 발생시킨다. 그럼으로써 언어가 인간 사이에서 출현하는데, 이것은 앞에서 줄곧 지적했던 오류의 요점인 인간 문법 전용 유전자의 선천적 소유가 주요 원인이 아님을 알아야 한다. 어쩌면 오히려 언어의 탄생을 인간 종족이 특정한 목적성을 갖고 있는 지능, 즉 문화 그리고 상호작용에 연관되면서 다른 종들에게서 관찰되는 요인들과는 질적으로 차이가 있는 능력에 원인이 있다고 봐야 한다.

그렇지만 여기에도 조심스러운 부분이 있다. 즉, '지능'이라는 용어는 정신세계의 모듈과 다르다는 사실이다. 지능은 특정 그리고 전용으로서의 기능을 지닌 신경 구조로부터 기인하지 않는다. 지능은 대체로 다양한 정신세계 능력들의 총집합의 결실이며, 양발 보행 인류 조상 유인원들이 적응했던 생태계 적소(적합한 환경 상태)의 결과이기도 하다.

언어의 부양

그러면 인간의 상호작용 엔진이 어떻게 언어를 진화시킬 수 있었을까? 언어 발생의 근원을 상호작용으로 수용한다면 문화 지능의 특화된 유형이 답이 될 수 있지 않을까 싶기도 하고, 이 말은 곧 수용 가능한 시나리오 중 하나로서 언어가 사회적 환경 범주 속에서 부상했던 것이 아닐까 하고 생각해볼 수도 있다. 즉, 에버렛의 말을 빌리자면 언어를 바로 "문화 도구"의 전형적 예라고 할 수 있을 것이다.16)

비교심리학자 로빈 던바Robin Dunbar가 언어의 발생에 대해서 말하면서 비언어적 상호작용이 인간의 비언어적 조상들의 사회적 상호작용을 위한 역할을 맡았던 환경 안에서 언어 발생의 기원에 관한 주장을 피력했다. 특히 언어가 생기는 이유에 대해 험담의 용이성을 주요 원인으로 제안했다. 여기서 험담은 사회적 상호작용의 원조 형태라고 보았다. 던바는 언어가 조상 인간 사이에서 또 다른 유인원 종들이 털을 고르는 등의 몸치장하기 역할을 답습하는 가운데 나타났다고 보았다. 한 연구에서 던바가 뉴기니 지역 카파노라족Kapanora tribe의 구성원들이 하루 중 약 1/3 정도 이상의 시간을 사회적 상호작용(혹은 험담)에 몰입한다는 상황을 확인했다. 이것은 젤라다비비Gelada baboons(에티오피아 지역 원숭이)들이 하루 중 20% 이상의 시간 동안 털 고르기에 집중하는 모습과 비교해서 마치 험담과 유사한 기능으로 두 예들을 생각해볼 수 있다.[17]

서구 사회인들의 행위 중 낚시 등을 제외하면 많은 사람이 일을 하던 놀이를 하던 대부분 사회적 상호작용에 참여하면서 70% 이상의 시간을 할애하는 것 같다.[18] 이런 모습은 마치 현재 혹은 과거의 인간이 무리로서 행동하는 가능성을 열어주는 문화 지능의 도래로 전이되면서, 이를 계기로 바로 이어서 시작될 발전의 다음 단계가 이런 지능이 상호작용의 정교화 방향을 터주고, 또한 인간이 사는 방법[19]이기도 한 무리 생활-유형을 더욱 증강시키는 기회가 될지도 모른다. 인간의 무리는 시간이 지나면서 그 규모가 증가했고, 이것 또한 문화 그리고 상호작용 지능이 주된 역할을 보여주었으며, 따라서 규모 면에서 작은 공동체로부터 고대의 도시-상태를 거쳐 근대 국가 형태로 변모해가는 과정을 따라갔다. 그리고 새로운 경제적 그리고 정치적 단위들의 출몰과 더불어 최근 유럽연합EU을 필두로 현재 인간 무리가 규모 면에서 엄청난 확장을 예정한 상태다.

또한 언어가 인간이 효율적으로 삶을 영위하는 공동체들이 규모에서 증가를 유발시키는 데 중요한 역할을 담당했으리라는 견해를 지지하는 증거가 '존재'한다. 던바가 유인원들이 두뇌 크기와 그들이 서식하는 지역의 평균적 규모 사이에 연관성이 있다는 사실을 확인했다.[20] 최근 페이스북Facebook과 같은 미디어 수단 등의 영향권 내에 들어 있는 세계 지역을 보면 많은 사람이 마치 친구가 수천 명에 달한다는 착각에 빠져 있는 것 같다. 그리고 최신 10대 아이돌 스타들의 트위터Twitter를 통해 그들을 추종하는 수많은 사용자들도 수십만 명 이상의 다른 이들과 소통할 수도 있다. 그러나 현실 세계에서는 개인이 최대로 맺을 수 있는 친구 사이가 기껏해야 150명 정도의 안정적·지속적 관계에 그친다. 그리고 이 숫자는 약 1만 2000년 전 인간이 최초로 영구적 정착에 들어서면서 맺었던 인간관계 수준과 거의 비슷하다. 역사 속에서 첫 번째 마을은 150명 정도였다. 이 말의 요점은 언어가 사회적 상호작용의 편이성을 마련해주었으며, 아울러 좀 더 확장된 무리(규모가 커지면 관계성이 모호해지기는 하지만)에서의 사회적 관계 맺기를 상대적으로 '쉽게 해주는' 수단으로서 대두되었다고 보는 관점이다.

언어가 주축이면서 인간의 집단적 상호작용 엔진에 의거한 전통적 및 새로운 대중매체 등이 인간 주변의 영장류에서는 엄두도 내지 못할 수준으로 사회적 무리 규모의 확대를 유발시켰다. 이런 사실로부터 언어가 어느 곳에서도 가능성이 희박한 관계성 유지 가능성을 마련해주었다고 말할 수 있을 것이다. 이런 규모의 확장은 바로 인간만이 지닌 두뇌 크기로부터 상상 이상의 관계성 수준 및 수의 측면을 가늠해볼 수 있을 것이다. 문화 지능이 이와 같은 사회적 환경 맥락 속에서 상호작용 수행 능력을 수월하게 한 것이다. 그리고 언어가 출현했고, 복제를 거듭했으며 인간 상호작용 지능을 엄청나게 증강시킨 것이다.

던바가 험담의 용이성을 위해 언어가 발생했다고 보았고 나름 설명했던 측면은 반드시 옳다고만 보기도 어렵고 또한 전문가들 중에는 던바 설명 중 자세한 부분을 예로 들면서 반대 의견을 제시하기도 했지만, 다른 한편으로 볼 때 사회적 상호작용이 언어 발달에 중요한 기능을 담당했다는 사실에 꽤 믿음이 가기도 한다.

인간 정신세계 문법 양상에 대하여

만약 언어가 사회적 상호작용에서의 수월성 및 증강을 위해 출현했다면 언어 형태의 갖춤 방법은 과연 무엇일까? 이 장에서 나는 활용으로서의 언어 이론이 인간 언어를 지탱하는[21] 인간 정신세계 문법에 관해 무엇을 언급해야만 하는지 등의 사항들을 고려해볼 것이다.

인간 언어 문법은 언어적 단위들로 구성된다. 이들 단위들이 형태 그리고 의미로 전통적인 한 쌍 구조를 이룬다. 예를 들어 가장 전형적인 언어 단위는 단어이며, '고양이', '속옷', '질투' 등이 여기에 속한다. 단어들은 1개 혹은 2개 이상의 추상적 소리 단위 연속체로서 다른 말로 음소 모음, 형태, 개념, 의미 등으로 불릴 수 있고, 이 단위들은 전통적으로 외형적으로는 연속 구조와 연계되어 있다. 예로 '고양이'를 생각해보자. 이 단어에는 먼저 3개의 분절 요소들이 특수화된 순서로 배열되어 있으면서 이것은 영어 화자들의 정신세계 속에서 특별한 유형의 의미, 즉 동물과 연결되어 있는데 형태로는 네 발과 함께 입 주변 수염, 그리고 서구 사람들이 애완용으로 선택할 때 특별히 한 가지 종을 선택하는 데 핵심 기준이 되는 꼬리 등을 갖추는 대상이다. 〈그림 8-2〉는 본 책에서 이 내용에 관련된 그림을 제시한 것이다.

앞에서 제시한 '고양이' 등의 언어적 단위들은 하나의 쌍 구조를 따르는 형태 그리고 의미라는 요소들로 구성되며, '고양이' 자체를 '구성소'라고도 명명한다. 그리고 사실 인간의 정신세계 문법은 근본적으로 구성소들의 목록으로도 볼 수 있다.

물론 모든 구성소가 단어 유형은 아니다. 어떤 것들은 훨씬 복잡하고 추상적이기까지 하다. 예를 들어 숙어를 놓고 보면 이 말을 이해할 수 있다. 'He kicked the bucket'이라는 숙어를 볼 때 내부적으로 단어들이 정해진 순서에 의해서 배열되어 있지만, 문제는 단어 하나하나의 의미 조합만으로는

〈그림 8-2〉 언어적 단위: 고양이

자료: Evans and Green(2006) 발췌.

전체 의미 맥락을 잡아내기가 쉽지 않다. 이런 이유로 숙어적 표현은 정상적 상황에서라면 주어진 단어에 의해서 관리인이 기분이 상해서 양동이를 발로 차버린 상황으로 이해할 수 있다. 아무리 표현을 들여다봐도 '차다' 그리고 '양동이' 두 단어는 극단적 수단이 아니라면 의미적 변화가 생길 수 없다. 예를 들어 'He kicked the mop'이라는 표현에서는 아마도 매우 실망한 관리인이 화가 나 있는 모습을 실제로 확인할 수 있을 것이다. 이 표현이 비록 외형적으로 'He kicked the bucket'과 유사한 면이 있기는 해도 결코 '그가 죽었다'에 가까운 의미를 가리킬 수 없을 것이다.

의미적 측면에서 'He kicked the bucket' 등의 숙어가 의미만 두고 보면 '고양이'라는 단어보다 더 추상적이다. 해당 숙어의 의미는 내부를 구성하는 단어를 하나씩 소유한 의미의 조합으로는 전체 맥락을 알기 어렵다. 다르게 말하면 숙어 전체 의미는 단어 하나하나 의미를 쌓아가서는 추측조차 할 수 없다. 오히려 전체에 걸쳐 독자적으로 부여된 의미를 하나의 독립 단위로 알아야 한다. 형태적으로 보면 숙어가 내부 하위 단위인 단어와 관련 없다는 이유로 의미상 훨씬 추상적으로 여길 수 있다. 예를 들어 '찼다' 그리고 '양동이' 두 요소가 숙어에서 당연히 있어야 하지만, 그와 대조로 '그'는 일종의 대명사로서 필연적 요소가 아니며 어떤 면에서는 대명사라는 이유가 필연성의 결여를 결정하지도 않는다. 때로는 편하게 'John/Jane kicked the bucket'이라고 대명사 대신 고유명사를 통해서 표현이 가능하다. 게다가 숙어 전체 의미를 위해서, 비록 동사 어간이 '차다'이지만, 어미를 부착해서 '찼다'가 최소한 과거형 동사로서 숙어 표현 내부에 반드시 있어야 하는 것은 아니다. 단지 이렇게 동사 형태를 바꾸는 것이 의미적으로 확실한 변화가 발생해서 숙어 표현 전체 의미에 변동이 생긴다면 모를까.

이제 숙어 표현을 바꿔서 'Jane will/is going to/might kick the bucket'을 생각해보자. 이 예에서 알 수 있는 것은 주어가 특수한 대상으로 결정되지 않더라도 의미에 크게 변화를 일으키지 않는다는 사실이다. 이 말은 인간의 정신세계 문법에서 일종의 구성소로서 의지력을 소지한 주어들만이 가능하며, 예로서 무생물의 대상으로 바위를 주어로 'kick the bucket'에 함께 사용할 수 없다. 그러나 주어에 대해서만 좀 더 자세히 살핀다면 해당 위치에 '톰, 딕, 해리' 등의 사람 또는 물체 중 무엇을 사용할 수 있는지에 대해서 정확한 기록을 갖고 있지 않다. 이 부분은 후에 언어를 활용하면서 그리고 인간의 의사소통 의도에 의해서 요구되는 상황을 거치면서 어느 정도 채울 수 있다고 본다. 유사한 측면으로 시제도 상세하게 기술되지 않았다. 다시 말하면 구성 중에서 'kicking of the bucket'(죽음에 이르는 상황) 표현에 관련지어서 나타나는 시간대가 반드시 표시되어야 한다는 당위성을 위해서 기록으로 나타나 있어야 한다.

정리하면 숙어에 대한 인간 지식의 일부는 꼭 두뇌 장기 기억 부위를 차지하고 있어야만 숙어 표현에서 주어 위치에 나타날 다양한 고유명사(존, 제인 등), 대명사(그, 그녀 등) 등의 제한된 범주의 주어 유형 세트는 물론 동사

'차다'에 적용될 시제, 법(조동사)에서의 변동 등을 가리키는 단계에 도달할 수 있을 것이다. 이것은 모국어 화자들이 '단순히' 하나의 숙어 구성소만을 소유하고 있음에도 그 안에 포함된 정보 부피가 정말 놀라울 정도로 대단한 수준을 보여주는 것이다.

다른 유형의 구성으로서 형태와 의미 양쪽 모두에서 여전히 추상성을 지닌 경우가 있다. 그중 하나를 보면 'The window cleaner gave the super-model his heart(창문닦이가 슈퍼모델에게 마음을 주었다)'라는 표현에 반영된 문장 수준의 문법적 패턴이 해당된다. 일단 문장 전체를 이해하려면 동사를 기준으로 해당 동사에 의해서 의미적으로 영향을 받는 수순을 따라 하위 단위로 분리할 수 있다. 예를 들어 'the window cleaner'는 동사로 보면 행위를 수행하는 주체자다. 그리고 'The supermodel'은 동사 의미로만 보면 행위의 수령자 역할을 맡는다. 또한 'the heart'는 창문닦이의 사랑하는 마음을 지칭하며, 이 감정이 슈퍼모델에게 전달되면서 슈퍼모델 자신은 동사 'gave'가 묘사하는 행동의 최종 목표 대상이 된다. 그렇지만 중요한 점은 이 문장을 읽을 때 대상이 각자 무엇인지를 인식해야만 해서 우선 사건이 전달을 시작하는 행위자, 전달되는 사건, 사건의 수령자, 그리고 전달의 대상물이 있어야 한다. 이와 같은 정보 모두는 특별하게도 바로 앞에 제시된 구조에서만 나타난다.

여기서 말하려는 요지는 추상적 '행위자' 존재 역할, 추상적 '전달을 수용하는 수령자' 역할 등이 있어야 하며, 바로 각각의 역할에 들어맞는 특정 단어들이 문장에 위치해 있어야 의미가 완성된다는 점이다. 즉, 'The window cleaner gave the supermodel his heart'에서 역할에 해당되는 부위 단어를 확인해야 한다는 것이다. 이 예문의 저변을 형성하는 구조를 보면 바로 추상적 형태로서 해당 역할 부위들의 포함 여부를 알 수 있다.

지금까지 말한 설명은 너무도 중요하지만 어쩌면 확실하게 부각되지 않을 수 있어서, 내가 지금까지 말하려는 의도를 확인시키는 차원에서 해당 표현을 좀 더 세밀히 관찰하려고 한다. 바로 'The window cleaner gave the supermodel his heart' 문장에서 추상적 요인을 직접 적어 보면, X CAUSE Y TO RECEIVE Z, where X, Y and Z represent, respectively, the doer, the recipient and the object of transfer.(X 원인제공 Y 수령자로서 Z, 여기서 X, Y, Z 요소들은 각자 순서에 따라서 행위자, 수령자, 전달 대상물 등을 가리킨다.) 요소 각각의 순서는 필연적이지만, 다른 경우에서라면 상당한 정도의 순서 탄력성이 허용되기도 한다. 동사 'give'가 전달 의미를 함유하고는 있지만, 동사 'bake'를 고려해서 문장 표현을 'The window cleaner baked a cake(창문닦이가 케이크를 구웠다)'라고 변경시켜보자. 여기서 'To bake'가 하나의 대상 물체가 오븐 속에서 가열을 받는 동안 다른 물체로 거듭나는 행위에 연계되어 있고, 여기서 새롭게 나타난 물체가 바로 케이크이고 이것은 케이크 믹스를 굽는 과정에 의해 나타난 결과다. 굽기는 정상적 상황이라면 전달을 가리키지는 않는다. 그러나 동사 'bake'를 'X CAUSE Y TO RECEIVE Z(X 원인제공 Y 수령자로서 Z)' 구성에 적용시키면, 동사 'bake'는 의미상 바로 변모를 거치면서 결과적으로 해당 구성 요건을 토대로 전달을 발생시키는 의중 정도로 전달이 굽기 행위로 인해 '나타나지는' 상태에 이르게 된다. 예를 보면 'The window cleaner baked the supermodel a cake(on their first anniversary)'[창문닦이가 슈퍼모델에게 케이크를 구워주었다(그들의 첫 번째 기념을 위해)']다.

이로써 'X CAUSE Y TO RECEIVE Z'처럼 주어진 문장과 연계된 추상적 구조가 전체 의미를 대변하고 있음을 확인했다. 이 구조의 특징은 문장을 채울 단어와 직접적 연계성을 갖지 않는다는 사실이며, 이 구조가 지칭하는 의미는 단지 모국어 화자 머릿속에만 존재하면서 실제 단어와는 일대일 대응 관계에 있지 않다는 것이다. 따라서 우리는 구조에만 의거해서 X, Y, Z

에 해당될 수 있는 단어들을 채움으로써 화자가 그때그때 의도하는 의미를 전달하는 가능성을 열어줄 수 있다.

그렇지만 구성된 결과 형태는 과연 무엇인가? 의미와 같이 'X CAUSE Y TO RECEIVE Z' 구조는 추상적이다. X, Y, Z에 들어갈 단어가 분류되어 정해진 것도 아니다. 인간의 정신세계 문법에서 보면 X는 명사구 위치로 역할을 한다. 이 구조를 보면 전달 의미를 수반하는 요소 혹은 전달자에 연관된 것으로 해석될 수 있는 동사가 존재한다. 그래서 동사는 'cause to receive (수령자에게 원인 제공)'의 기능 부위와 짝을 형성하게 된다. 그리고 앞에서의 추상적 구조에 포함된 Y, Z 등도 X와 마찬가지로 다음 예시처럼 명사구를 필요로 한다.

의미 부분: X CAUSE Y TO RECEIVE Z

형태 부분: NP1 VERB OF TRANSFER NP2 NP3

그리고 이와 같은 기본 구조가 아주 다른 전달 장면의 경우들을 허용하며, 여기에 해당되는 예를 제시하겠다.

The window cleaner gave the supermodel a bouquet of roses.

(창문닦이가 슈퍼모델에게 장미 부케를 주었다.)

The supermodel threw the window cleaner an evil look.

(슈퍼모델이 창문닦이에게 무서운 표정을 지었다.)

The window cleaner offered the supermodel his hand in marriage.

(결혼식에서 창문닦이가 슈퍼모델에게 손을 내밀었다.)

The supermodel passed the window cleaner anti-balding hair treatment.

(슈퍼모델이 창문닦이에게 대머리 방지 약을 주었다.)

정리하면 이들 문장 그리고 또 다른 많은 예 모두는 인간이 'X CAUSE Y TO RECEIVE Z'라는 추상적 구성을 정신세계 내부에 소유한다는 이유에 근거해서 나름의 타당성을 가질 수 있다.

활용으로서의 문법 견해는 결과적으로 본능으로서의 견해로부터의 관점과 아주 다르다. 문법이 구성요소로 이루어져 있고, 형태-의미 쌍 구조가 앞에서 제시한 추상적 구성에서는 의미 그리고 형태 양쪽 모두에서 다르게 나타날 수 있다. 그리고 이로부터의 결과로 단어(혹은 어휘) 그리고 규칙(혹은 통사론) 사이에 원리로 결정된 구분이 존재하지는 않는다. 근본적으로 정신세계 문법은 구성요소를 모은 저장소로서 독립된 단어로부터 문장 수위 구조를 갖춘 숙어까지 모두를 망라하며 이처럼 종합된 요소는 스스로 갖게 될 특정 소리 요인이 어떻게 어우러지느냐에 따라 다양한 외형적 차이를 보일 수 있다. 단어가 스스로 전체를 완전하게 특수화시킨 상태로서 독립적으로 존재하지만, 숙어는 예로 'kick the bucket'을 볼 때 부분적으로 특수화되었다고 봐야 한다. 극단적으로는 문장 수위 구성 구조를 갖춘 'X CAUSE Y TO RECEIVE Z'나 혹은 이 외의 유사한 구조의 예들을 염두에 두어도 여전히 단어와 달리 추상성 정도가 꽤 높음을 발견할 수 있다.

그렇다면 어떤 방법으로 단어 혹은 숙어 등에 대한 시각이 유아들 사이에서 문장 구성화 과정의 기반이 되는 추상적 구성 구조 유형의 습득이 가능한 이유를 설명할 수 있단 말인가? 이에 대한 답을 생각해보면 문장 수위 구성 구조화('규칙들')가 단어들이 유아들이 접촉하는 입력 단계에서 조합을 형성하는 방식 가운데 추상적 구성 구조로서 부상하지 않을까 하고 여길 수도 있다. 아이들이 추상적 구성 구조 'X CAUSE Y TO RECEIVE Z'를 반영하는 표현들을 듣게 될 때 그들이 들었던 표현들에 포함된 해당 패턴이 서서히 그리고 고통을 수반하면서 추상적 단계로 접어들면서 정신적 문법 단위로서 '스키마'를 발생시키는 것이 아닐까 싶다. (이와 같은 과정은 제4장에서 설명했다.) 아이가 4세 정도에 이르면 아이들이 매우 복잡한 정신세계 코퍼스와 같은 단어로 형성된 자료모집단을 갖추게 되고,[22] 이런 과정과 함께 단어들의 고정된 패턴(예로서 숙어를 지칭) 그리고 좀 더 추상적인 문장 수위 구성 구조 등도 아울러 소유하는 단계에 들어서며, 여기서 명심할 점은 앞서 제시한 사항들은 모두 아이들이 마주하게 될 언어로부터 추출한 결과물들이란 사실이다. 이들 사항들은 아이들 속에 축적되면서 상대적 관점에서 추상적 단계의 스키마 혹은 문법적 '규칙들'을 형성하게 된다.

그렇지만 여기서 핵심 열쇠가 바로 '규칙들'이 원리적 관점에서 단어와 대동소이하다는 사실이다. 단어들과 마찬가지로 규칙들은 구성요소들이며, 변함없이 형태 그리고 의미라는 한 쌍의 구조를 갖고 있다. 단어, 규칙 사이의 차이점이 있다면 질적인 것으로서 구성요소 내에서 하나의 짝을 형성하는 형태 그리고 의미의 구조를 기반으로 한다는 점에서 유사하지만 추상의 수준과 관련한 차이가 바로 그것이다.

그래서 의문점이 나오는데, 바로 앞서 제시한 구성요소들의 정신세계 코퍼스가 어떤 방법으로 의사소통을 허용하는가? 하는 질문이다. 본질적으로 보면 인간이 단어를 조합할 때 실제로 수행하는 요점이라면 단어를 합쳐 가면서 더 큰, 더 추상적인 문장 수위 구성 구조를 형성해나간다. 때로는 이런 결과 중 좀 더 크고, 더 많은 구성요소 속에서 단어 종류에 따라 합쳐질 수 있는 가능성을 제어하는 것을 발견할 수 있다. 이에 해당하는 적절한 구성 구조 중 하나로 숙어 'kick the bucket'을 보면 된다. 숙어는 원래 상당히 제약된 구성 과정을 갖고 있으며, 자세히 들여다보면 무슨 종류의 단어를 조합해야 제대로 형성된 구조가 나오는지 알 수 있을 정도로 선별의 제어 대상임을 알 수 있다. 예를 들어 'kick the bucket'이라는 숙어에서는 'kick the bucket'으로 하여금 어떤 외형적 모습을 가져야만 하는지를 특화시킨 단계가 반영되어 있다. 그러나 앞에서 보았듯이 이 숙어에서 주어 자리는 다른 요소들이 위치할 수 있는 가능성을 열어두고 있기도 하다. 이와는 반대로 앞서 제시한 'X CAUSE Y TO RECEIVE Z'라는 추상적 구성 구조는 더욱 광범위한 범주로 'kick the bucket'이란 숙어가 다양한 수의 다른 단어들과 어울릴 수 있는 가능성을 열어놓는다.

마지막 분석으로 언어가 수많은 수준의 복잡성 그리고 추상성을 중심으로 구성요소들의 집합체인 자료 모집단을 제공하고 있음을 보려고 한다. 언어 활용이 단어를 포함해서 다양한 구성요소들의 집합 결과들을 포함하고 있고, 그렇기 때문에 외형적으로 일단 구성요소 중 가장 구체적인 단어들이 조합 과정을 거치면서 구 그리고 더 큰 문장 유형의 발화들을 조성하고, 이들은 결국 중요성이 훨씬 높은 구성요소들로 거듭나게 된다. 인간이 언어를 사용하는 중 새로운 문장들을 생성할 때 실질적으로 하는 일이란 이들 추상적 문장 수위 구성 구조들을 또 다른 단어들과 통합시키는 작업이라고 보면 된다.[23]

이처럼 단어들 그리고 더욱 추상적인 문장 수위 스키마 등 둘 모두를 구성요소로서 여기는 견해에서 한 가지 결과가 정신세계 문법이 엄청난 중복과잉을 전개한다는 사실을 간과하지 말아야 한다. 예를 들어 '소녀들'과 같이 이미 특화된 표현이 '소녀'라는 단어로부터 그 태생의 예측이 가능해서 두 형태를 보면서 '소년들'을 '[NOUN-s]'([명사-들])처럼 단어 '소녀'라는 단어에서 출발한 복수형 스키마로서 첨가시킬 수는 있지만, 그럼에도 여전히 해당 단어 '소녀들'은 정신세계 문법 내부에서는 단수 형태 '소녀'에 연계되어야 하며, 따라서 복수 형태 스키마로서 [명사-들]의 구조로 저장된다. 그리고 여기서 나타나는 중복의 원인은 바로 인간이 언어를 습득하는 방법에서 유래된 것으로서 구성요소들이 바로 빈도수 그리고 반복성에 연루된 상황을 가리킨다.

앞서 제시한 제4장에서 보았듯이 언어 습득 과정에서 빈도수 그리고 반복성의 결과는 언어가 한 뭉치 구조로서 학습 과정에 있다. 언어학자 바이비가 말하길 "뭉치 짓기가 단어의 정형화된 혹은 이미 조합성이 결정된 연결 구조의 형성 그리고 활용 뒤에서 이루어지는 과정이며, 해당 연결체로서 'take a break(잠시 쉬다)', 'break a habit(버릇을 고치다)', 'pick and choose(까다롭게 고르다)' 등을 예로 볼 수 있다".[24] 언어 습득 초기 단계에서 이와 같은 뭉치 구조들이 언어 활용 측면에서 반복의 과정으로 인해 전체 단위를 한꺼번에 배우게 되며, 이를 통해 단어 '소녀' 그리고 '소녀들'이 어떤 이유로 정신세계 문법에 출현하는지를 설명할 수 있다. 그리고 이후 스키마들은 추상화를 더 거치면서 결국 문법의 '규칙들'을 만들어내게 된다. 그럼으로 인해 복수 형태 스키마 [명사-들]이란 형태의 규칙이 복수형 어미 '-s'가 지속적으로 적용된 수많은 예로부터 추출되고, 이런 과정 속에서 복수 형태의 의미가 나타나게 된다.

그렇지만 이런 상황은 다음 단어 'portcullises(내리닫이 쇠창살문들)'의 예에 쉽게 적용시킬 수 없는데, 그 이유는 이 표현은 일단 빈도수가 매우 낮기 때문이다. 대신 이 형태를 보면 여전히 '[NOUN-(e)s]'의 조합 구조를 찾을 수 있어서 이 표현의 단수 형태가 'portcullis'임을 확인할 수 있다.

마지막으로 활용으로서의 언어 이론을 보면 언어 단위로서 구성요소들은 일종의 연결망 형태로서 개인 정신세계 내부에 구조적 체계를 형성한다. 다만 여기에는 언어의 더욱 특정화된 예들을 제시하는 데 역할을 담당하면서 언어 행위 결과 생성을 확실하고 구체적으로 실현하는 데 관련된 상당한 추상성을 갖춘 스키마들이 수반된다. 이런 방식에서 인간 각자가 머리 내부에 상당한 수준의 내적 상하 구조 조직으로서의 문법을 소유하기 때문에 그 안을 보면 추상성에서 수준 낮은 스키마들이 추상성 수준이 더 높은 스키마들의 하위 부분을 구성한다. 예를 들어 영어에서 전치사 'for', 'on', 'in' 등이 명사구와 하나의 구성요소를 만들어 최종적 구성요소로서 전치사구를 형성하

〈도식 8-1〉 정신세계 문법의 상위계층 조직을 보여주는 예

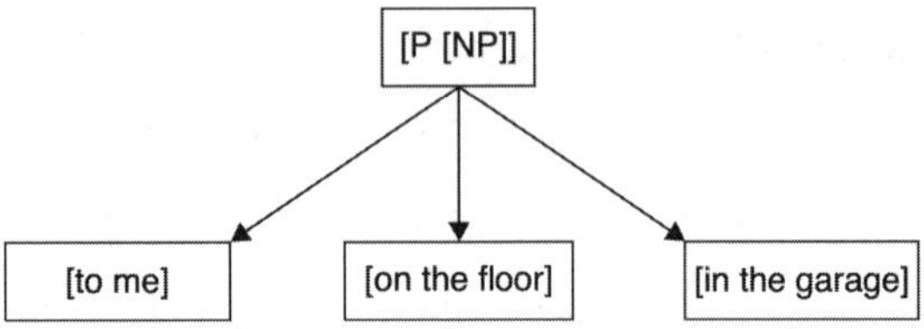

는 경우를 보자. 다음 예에서는 명사구를 대괄호 내부에 배치했다.

to [me] ([나] 에게)

on [the floor] ([마루] 위에)

in [the garage] ([차고] 안에)

이 예에서 'to me', 'on the floor', 'in the garage' 표현들은 영어 화자들이라면 의례히 수차례 들었을 법한 내용으로서 아마도 발생 및 대면 빈도수가 충분히 높아서 대부분의 화자들 머릿속에 한 뭉치로 저장되어 있을 것이다. 그렇지만 이 표현들 속에서 또 다른 구성요소의 정보로서 스키마 [P [NP]] 같은 정말 스키마적인 구조 그리고 상당히 스키마적인 의미로서 'DIRECTION OR LOCATION WITH RESPECT TO SOME PHYSICAL ENTITY(외형적 물체로서의 대상의 관점에서 방향 혹은 위치)'를 찾을 수 있다. 앞의 예에서 이미 특정한 기능을 갖춘 'to me', 'on the floor' 등이 바로 추상적 스키마 구조 [P [NP]]에 속할 수 있는 표현들이다. 나는 이런 관계성을 〈도식 8-1〉에서 예시

하려고 하며, 이 도식에서 또한 추상성이 높은 그리고 구체성이 높은 스키마 사이의 관계성이 제시될 것이다.

경험의 보편적 현상

제3장에서 절대적인 언어적 보편성을 오류로 정의하는 의견을 상세하게 제시했다. 그러나 언어는 종종 다양함이라는 측면에서 경이로운 존재이지만 모든 언어들이 공통적으로 갖고 있는 공통점은 바로 기본적인 인간 경험의 현상을 전달하는 수단으로서 우리에게 출현했다는 사실이다. 매일 인간이 영어, 말레이어, 월로프어, 구구이미티르어 화자로서 말을 영위하든 아니든 일상은 항상 무엇인가 물건을 이리저리 옮겨야 하고, 누군가에게 전달하면서, 주어진 일들로 하루일과를 보낸다. 그 외에도 인간의 일상적 생활상이 여러 차례 반복적으로 발생하며, 이런 생활 모습은 출신 지역, 지역문화 등과는 하등 관계없이 수행되는 일과다. 이와 같은 일상의 모습이 바로 인간 모두에게 골고루 퍼져 있는 공통 현상으로서 우리는 이것을 보편적이라고 말할 수 있다. 그리고 인간 경험의 일상적 장면들은 세상 전체 어느 것에서도 그대로 언어에 암호로서 반영되어 있다. 그렇다고 이런 상황을 토대로 언어가 동일한 방식으로 보편적 양상을 부호화시켰다고 말하는 것은 아니며, 세상 삶의 형태와 언어의 관련성을 언급한 이유는 이런 삶의 현상들이 단순히 여러 언어에서 관습적으로 반복되는 언어적 원천 자료가 될 수 있음을 지적하기 위해서다.

앞부분에서 'X CAUSE Y TO RECEIVE Z' 구성 구조를 언급했다. 이와 같은 문장 수위 구성 구조가 경험의 보편적 현상의 한 예시가 된다. 하루에도 수없이 인간은 무엇인가를 주고받으며, 예로서 비스킷을 아이에게 전달하기, 친구로부터 돈 빌리기, 학생에게 책 주기, 가게 점원에게 지불하기 등의 행동들을 한다. 그리고 영어에서 지금 제시한 여러 행동들을 문장 수위 구성 구조를 이용해서 물건 전달이라는 장면에 포함된 핵심적인 부문을 암호화시킨다. 물건을 전달하는 과정에서의 해당 대상물 및 행위자로서의 사람 등 자세한 부분에서 차이가 있겠지만, 영어에서는 전달 과정을 구체적 전달 행위 및 대상물이 포함된 'The supermodel gave the window cleaner a hanky(슈퍼모델이 창문닦이에게 손수건을 주었다)' 표현부터 훨씬 추상적 전달 행위 및 대상물이 포함된 'The suprmodel gave the window cleaner a piece of her mind(슈퍼모델이 창문닦이에게 자기 마음 한 자락을 주었다)' 표현까지[25] 이들 예시 문장들이 포함된 전체 범주 안에서 전달하는 행동 자체를 가능하게 하는 사전 제작 템플릿(외형 틀, 형판)이 제공될 수 있다.

전달 장면이 상대적으로 복잡해 보이는 데 반해 이보다 복잡성에서 훨씬 간단하면서 동시에 보편성을 가질 수 있는 또 다른 유형의 관계성을 지칭하는 예를 찾을 수 있다. 예를 들어 세상의 인간이 하나의 사건을 개념화시키는 과정에서 하나의 사건을 다른 사건에 속하는 식으로 의미를 확립시키는 것 같다. 이와 같은 소유의 개념은 상당히 보편성을 띠고 있는 것으로 보이며, 이런 관계성은 인간 경험의 중심이 되기도 한다. 언어들은 때로는 눈에 띌 정도로 앞서 말했던 관계성을 표현하는 방법에서 차이를 나타낸다.[26] 여기서 가리키는 소유는 영어 표현 방식에서 'John's shoes(John의 신발)'에서처럼 소유격 '-'s'가 기능을 담당하고, 다른 예 'Queen of England(영국 여왕)'에서는 전치사 'of'가 동일한 기능을 수행하며, 또 다른 경우에서는 소유 관계만을 위한 표식을 사용하거나 또는 다른 방식을 동원해서 동일한 관련성을 표현한다. 그러나 내가 알기로는 모든 언어에서도 앞서 말했던 소유 관계의 부호화 방법으로서 제시된 방식 중 한 가지 혹은 두 가지를 선택해서 사용한다고 알려져 있다.

이와는 좀 다르게 또 다른 종류의 보편성들이 경험 범주에 연관되며, 여기에는 시간 그리고 공간이 포함된다. 여기서 나는 공간 그리고 시간에 대하여 그 속성을 상대적 추상성에 의거해서 고려하려는 것이 아니다. 사실 철학적 논의에 따르면 시간을 실존 요소로 보거나 아니면 인간 정신에 의해서 창조된 환상으로 간주하는 두 대립된 주장들이 존재한다.[27] 공간 그리고 시간 등과 같은 주제들의 존재론적 현존 상태와 상관없이 인간은 매일매일 삶을 통해 시공 전체에 걸쳐서 여러 장소에 존재하는 생명체다. 여기서 우리는 장소에서 여기 그리고 저기, 시간에서 지금 그리고 그때 등의 차이를 구별할 수 있어야 한다. 그리고 세계 언어들의 문법적 시스템이 일정한 어휘 그리고 문법 원천 자료를 마련해줌으로써 인간이 시간 속에서 현재 그리고 과거, 공간 속에서 자신의 물리적 환경에 견주어 상대적 위치를 파악할 수 있어야 한다.[28] 언어에 시간 혹은 상(완료, 진행 등) 등을 위한 문법적 시스템이 존재하든 또는 시간적 분류를 다른 방법으로 표식하는 등의 방법이 존재하든 하등 상관없이 언어는 각자 해당 언어 화자들에게 구현된 경험의 시공간 세계 내부에서 자아 중심적 경험에 대하여 표현을 허용하거나 사고를 열어주는 원천 자료들을 제공해준다. 예로서 아몬다와(약 150명에 달하는 아마존 인디언 종족들 중에 하나의 오지 종족)와 같은 종족은 산업혁명 이전 사회로서 토착 달력, 시간 계산 시스템을 갖추고 있지 않음에도 불구하고 사건 자체, 사건들의 연속성 및 순환적 상황, 그들 생활의 큰 부분을 차지하는 농사 순환 중심의 관련성 등을 개념화하기 위해 어휘 그리고 문법 원천 자료를 소유하고 있다.[29]

여기 마지막 분석에서 객관적 연구자라면 누구든 단순히 명색으로서만이 아니라 실제로 언어 보편성을 확인하려고 노력을 경주하려고 한다. 그리고 이런 시도의 이유가 인간의 '보편성'이 언어에만 '깃든' 것이 아니기 때문이다. 보편성은 말 그대로 인간이 공유하는 경험 종류로부터 도출되며, 넓게는 모든 인간 경험이 발생하는 동일한 물리적 환경 그리고 인간에게 주어진 신체상의 공통적 구조들이 만들어놓은 결과인 것이다. 신체적 측면을 보면 인간 두뇌 그리고 신체 구조 등이 전체적으로 비슷하고, 이런 상황은 인간이 말하는 언어에서의 차이와는 무관하다고 생각한다. 그리고 이런 점이 바로 모든 언어는 언어-특수적 전략의 유무 및 형태에 관계없이 표현할 수 있어야 한다는, 즉 발화 가능성의 당위성을 갖는다는 공통점이 존재한다는 사실을 분명하게 보여준다.

다양한 언어의 존재 이유

그렇지만 만일 인간 경험의 보편적 현상들이 존재한다면 어떤 이유로 그렇게도 많은 수의 언어가 분포할까? 생물학 연구에서의 발전 덕분에 언어들이 진화하는 방식이 점점 더 분명해지고 있다. 그리고 이런 상황은 많은 수의 언어가 분포하는 이유와 언어들이 너무도 다른 모습으로 나타나는 이유 등 모두를 위한 서광의 빛이 된다.

생물학 진화에서 중요한 개념이 바로 변동에 대한 것이다. 유전자 모음의 관점에서 종들에게 변동이 나타날 때 이 상황은 다양화로 향하게 되고, 시간 개념에 대비시키면 진화로 나타나며, 이런 과정 속에서 새로운 종이 탄생하게 된다. 변동이라는 개념은 또한 이 세계에 여러 종류의 수많은 언어들이 분포하는 이유를 이해하는 데 핵심 축이 될 수 있으며, 언어 내부에서의 변동이 다양화의 기초를 제공하게 된다. 그리고 본질적인 핵심 요소인 시간과 함께 언어가 탄생하고, 서서히 초기 발생한 조상어로부터 변모되는 과정 속에서 다양화에 들어선다.

가장 눈에 띄었던 다양화 중 하나의 예로서 세계 언어 내부에서 발견된

다수의 분별 음성들이 있다. 태평양 지역의 언어인 로토카스Rotokas는 오직 12개의 분별 음성, 즉 음소들로 구성되어 있다. 다른 예로 아프리카 지역 언어인 코이산Khoi-San 언어들을 보면 100가지 이상의 분별 음성을 소유하고 있다.

호모사피엔스인 인간은 17만 년 전 아프리카 지역에서 생겨났다.[30] 최초의 발생 지역을 기반으로 생활하다가 약 10만 년 전부터 일부가 여러 지역으로 퍼져나가면서, 인간이 지구라는 행성에서 여러 거주 지역을 점차 차지하기에 이르렀다. 그러나 유전적 다양화 부분은 결국 아프리카에서 제일 활발했으며, 아프리카 지역을 벗어나 원래 지역으로부터 멀어지면서 유전자에서의 변화도 그만큼 잦아들게 되었다. 이것은 진화 생물학자들이 '선구자 효과(창시자 효과)'라고 명명한 현상의 예로서 이 효과는 하나의 큰 집단에서 하위 그룹이 떨어져나가면서 자신들 내부에 유전적 변동을 훨씬 적게 가져간다는 사실을 가리킨다. 그래서 아프리카로부터 지구 여러 지역으로 이동하는 지속적인 이주가 결과적으로 유전적 다양화를 약화시키는 상황을 초래하게 되었다.[31]

최근 인간 언어를 구성하는 음성 요소들에 관한 연구를 보면 앞서 언급한 선구자 효과의 결과에 놀라울 정도로 유사한 상태를 발견했다. 비록 예외가 없는 것은 아니지만 지역적으로는 미주 북서쪽 해안가로부터의 수많은 원주민 언어를 포함해서 인간이 아프리카로부터 더 멀리 다가섰던 이주를 염두에 둔다면 언어에 발생하는 변동 수위가 아프리카로부터 거리에 비례해 현저히 감소하는 현상을 어느 정도 간파할 수 있다. 아프리카에서 언어들이 그 수적 측면에서 많은 수의 음소들을 소유하던 반면, 인간이 태평양을 거쳐 미주까지 이주하면서 거리상 매우 멀어지게 되었고, 이런 상황은 이주 지역에서의 언어에 음소 수를 상당히 줄이는 결과를 초래했으며, 이는 태평양 지역 언어들을 보면 음소들이 수적으로 아주 적다는 사실을 통해 추정이 가능하다.

이와 같은 예를 통해 제기된 패턴이 바로 언어가 변화하고, 다양화가 생물적 진화와 밀접한 관계를 갖는 이유라고 볼 수 있다. 즉, "큰 집단에 속한 작은 하부 인구집단이 따로 떨어져 서식지를 찾게 되면, 이들은 본래 속해 있던 큰 집단의 변동 중 일부만을 가져가게 되고, 이주 이후 시간이 흐르면서 자신들 속에서 또 다른 기반에서 변동을 경험하게 되는" 사실을 의미한다.32) 이 말은 언어적 측면에서 새로운 언어 공동체가 앞으로 다양한 방법으로 원래 그룹으로부터 받았던 사항들을 발달시킨다는 의미로서 특정 언어 화자들에게 허용된 언어 자료들, 즉 언어 구조 구성요소들이 앞서 제기한 변동 과정을 거치면서 자신들이 속했던 원래 집단의 언어와 다른 모습의 언어 구조 구성요소들을 갖추는 상황을 가리킨다.

언어 다양화의 또 다른 이유가 표류 현상에서 기인하기도 한다. 언어의 음성 시스템, 문법 혁신, 의미상 변이 등을 포함하는 변화들이 한 공동체에서 발생하면 단지 100~200년만 지나도 변이 이전과 이후 사이에 전혀 어떤 연관성도 인식하기 어렵게 될 수 있다. 영어를 예로 보면 독일어와 아주 다른 모습으로서 비록 두 언어 모두가 같은 공동체에 속했고, 두 언어 모두 동일한 조상 언어를 두고 있었으며, 이 언어가 바로 1500년 전 지금은 덴마크 유틀란트반도Jutland 지역과 네덜란드 일부가 포함하는 북독일 지역에 거주했던 사람들이 사용하던 언어였다. 그렇지만 사람들이 하나에서 여럿으로 분리를 시작하면서 언어도 시간의 흐름과 함께 점차 멀어지게 되었으며, 이런 변화가 축적되면서 단지 3~4세대만이 지났을 뿐인데 이 두 언어들은 상호 소통이 불가능한 지경까지 다다르게 되었다.

그리고 이런 표류 현상이 계통-특이성 방식으로 진화를 거듭했다. 여기서 유럽 언어 전체의 모어母語 개념이 나타났고, '유럽-인도-조상 언어Proto-Indo-European: PIE' 혹은 짧게 '인구 조어'가 바로 여기에 해당한다. 그러나 인구 조어가 어쩌면 'the Queen of England's litter of corgis(영국 여왕의 코르기 강아지의 배변 깔개)'에서[33] 보이듯이 혼합적 내부 구조의 명사구를 결여하고 있을지도 모른다. 이런 현상이 독일어(영어 포함) 그리고 로망스어(프랑스어 포함)에서 시간이 지나면서 나타나게 되었다.[34] 이것을 바라볼 때는 언어에 부여된 저변의 청사진으로 보는 대신 점진적 진화 표류 과정의 결과를 봐야 하며, 결국 영어 그리고 프랑스어의 조상이었던 초기 모어들이 겪었던 변동의 결과라고 이해해야만 한다.

다시 말하면 언어 변화가 매우 다변적으로 나타나는 수위를 의미한다고 보면 된다. 영어가 실제로 1000년 정도만 흘렀을 뿐인데도 알아보기 어려울 정도로 변화를 겪었지만, 독일어 계통에 속하는 아이슬란드어는 영어에 비해 조상 언어 형태로부터 거의 변화를 보이지 않았다. 아이슬란드의 최근 화자들은 크게 애쓰지 않고도 약 800백 년 전 고대 아이슬란드로 기록된 아이슬란드 전설 이야기를 이해할 수 있다. (여기서 고대 아이슬란드어는 고대 노르딕어의 방언이기도 하다.) 영어의 현대 화자들은 약 600년 전 초서Chaucer의 중세 영어 기록에도 매우 생경한 느낌을 받는다. 게다가 "First Grammatical Treaties"로 알려진 기록물에 적힌 12세기 표현이 반영된 고대 아이슬란드어의 글자 시스템을 보면 근대 아이슬란드어와 거의 비슷한 모습을 유지하고 있으며, 최근 화자들도 이 기록에 적힌 내용을 어느 정도 큰 어려움 없이 읽을 수 있다.

그렇지만 개별적 언어가 일단 변화에 들어서면 그 변화 양상의 속도에 다양한 모습을 보이는 반면, 언어 변화 속도만 볼 때 몇천 년만에라도 언어의 공통 조상 언어에 분포하던 공통점을 알려주는 단서들의 흔적을 완전하게 없앨 수도 있다. 언어가 사회적 행위의 형태이면서 또한 사람들의 일상적 상호작용 그리고 활용 안에서 유지 또는 진화를 수행하는 대상이기에 이런 관점에서 지리적 분리 현상이 다른 언어적 공동체들의 각기 다른 방식으로서의 변화와 현저한 별도의 궤도 추종 등을 의미하기도 한다. 예를 들어 고전 라틴어의 근대 후손들로는 프랑스어, 이탈리아어, 스페인어, 포르투갈어, 루마니아어 등이 있다. 그러나 이들 각 언어들은 서로 다를 뿐만 아니라 상호 이해가 불가능할 정도의 방언들로 구성되어 있다.

지리적 분리가 새로운 언어가 잉태되는 계기가 되는 조건을 제공하기도 한다. 언어란 사회법, 정치, 교육 시스템에서는 물론이거니와 사회에서의 풍습, 관습, 제도 등을 반영하는 대상이기도 하다. 언어를 보면 해당 지역의 행위, 믿음, 태도, 사회-문화적 실행 형태 등을 반영하거나 또는 (강화시키기도) 한다. 우리는 언어를 발화자들에게 나타나는 앞에 제시된 사항들로 대변시킬 수 있으며, 아울러 사람들이 일부지만 언어를 통해 상호협동적으로 구성하고 실행에 옮기는 문화적 환경으로 이해할 수도 있다. 언어란 바로 사회생활에 속하는 모든 요소를 합친 모자이크 중 한 부분이기도 하다. 변화의 혁신 및 확장에서 나타나는 정상적 과정이 문화적 다양화를 반영하며, 나아가 시간의 흐름과 함께 아주 당연하게 지대한 수준의 언어적 다양화로 귀결된다.

특이한 사회 그룹 속에서 언어 변화의 일상적 과정에 더해 다양화의 속도가 사람들의 이주로부터 현격한 충격을 받기도 한다. 여러 사회-문화적 무리 출신의 사람들이 서로 접촉하게 되면 항상 언어의 다양화 흐름 수치에 커다란 변모가 발생한다. 언어 접촉이 종종 언어적 시스템 내부에 예측을 불허하는 변경을 일으키고, 이런 과정은 결국 더 큰 범위로 변화를 유발시킨다. 언어 접촉은 전쟁, 침략, 제국 건설과 식민지화, 탐험과 여행, 노예 산업, 이동 수단 발달, 그리고 무수히 많은 다른 요인하에서 발생한다.

끝으로 언어는 어머니로부터 딸로 연결되는 방식의 진화 없이도 탄생이 가능하며, 이 점은 라틴어가 이탈리아어, 프랑스어, 루마니아어 등의 원천이 되는 과정에서 알 수 있다. 수화 중 개인에게만 특화된 표현 방식에서 언어가 제스처로부터 인간의 상호작용 엔진 덕택으로 창조될 수 있다. 이와 같은 요인 모두가 언어의 신속한 다양화를 이끌어내기도 한다. 인간이 개략적으로 영어의 원조를 초기-독일어로 되짚어갈 수 있으며, 여기서 초기-독일어의 원조는 유럽-인도-조상 언어로 끌고 갈 수 있다. 그러나 시간으로 보면 그리 길지 않은 시간으로서 약 수천 년에 불과할 뿐이다. 이런 사실에도 불구하고 인간 언어가 변화 과정을 가리키는 계통 흐름하에서 초기에 과연 어떤 방식으로 발음되었는지는 현재로서 추측조차 쉽지 않은 상황이다.

그렇지만 한 가지 확실한 점이 있다면 세계가 한 묶음으로 가까워지고, 영어 자체가 하나의 국제화 언어로서 위상을 갖게 된 지금의 세계적 환경에도 불구하고 다양화는 지속적으로 걸음을 이어가고 있다. 언어 변화를 결정하는 기준을 찾기 위한 진화 컴퓨터 프로그램 모델의 구축으로서의 최근 발전에서도 언어 진화를 이야기할 때 단순히 추정에 멈추는 보편성에 의존하기보다는 오히려 계통 역사 내에서 관찰되는 패턴에 기반을 둔다. 그리고 진화라는 강력한 힘 덕분에 어족 그리고 해당 그룹을 구성하는 언어가 실제로 괄목할 만한 수준으로 멀어지고 있고, 인간 언어와 시간 관계가 깊어질수록 언어 사이의 거리는 마치 표류 현상에서와 같이 더욱 멀어지고 있다.[35] 또한 미래에는 다른 모두를 감안하지 않는다고 해도 한 가지만은 분명해지리라 본다. 즉, 언어는 진화, 변화, 다양화를 지속할 것이고, 이 과정에서 인간 언어가 갖추게 될 디자인 공간이 확장하는 양상을 보일 것이다.

최후의 반추 …

본 장을 마치면서 본능으로서의 언어 이론에 관하여 마지막 반성을 제시하려고 한다. 촘스키 교수가 자신의 경력을 통해 언어를 의사소통과 분리시켜보려는 차원에서 부단한 노력을 기울였다. 그는 언어를 바라볼 때 선천적으로 문법 규칙을 장착한 타고난 능력으로 간주했기 때문에 상호 의사소통하려는 수단인 언어 활용 방식을 가리키는 실행 부분performance으로부터 분리시켜야 한다는 주장을 지속적으로 제기했다. 에버렛이 명확하게 관찰했듯이 촘스키의 주장에 직면하면서 이런 내용이 실제로 극도로 이상하다는 의견을 개진했다.[36] 그렇다면 촘스키 교수 등의 학자들이 언어가 근본적으로 의사소통 그리고 의미 전달하기 등과 관련성이 없다는 관점을 주장하려는 이유는 왜일까? 아마도 그 이유는 만일 언어의 핵심 목적이 의사소통의 수월성에 있다면 최소한 두 사람이 동시에 우연 돌연변이를 획득해야 하며, 이를 토대로 언어를 갖게 되고, 이로써 지구상에서 인간을 다른 종들로부터 별개로 둘 수 있는 계기를 갖게 될 것이라는 데 있을 것이다.[37] 그러나 두 개인이 동시에 돌연변이를 겪게 될 확률은 그 가능성이 희박하기 짝이 없을 것이다.

촘스키의 논리는 다음과 같다. 즉, 만약 언어가 무시무시한 형태 속에서, 어마어마한 도약을 통해서, 의사소통이 아닌 다른 목적을 위해서 진화에 들어선다면 이에 대한 설명은 더 많은 타당성을 가질 수 있다는 관점이 바로 그 말이다. 촘스키는 언어가 인간 사고를 용이하게 하기 위해 단숨에 출현했다고 봤으며, 이 점은 우리가 볼 수 있듯이 언어가 무엇보다도 개념들을 부호화시키고 외재화시키는 수단을 제공한다는 부분에서 확인 가능하다. 촘스키는 2002년 저작에서 "언어활동이 넓게는 스스로 수행되기도 하며, 이런 상황은 어른들로부터의 '내적 발화' 그리고 어린이들에게는 독백 등에서 찾을 수 있다"라는[38] 말을 남겼다. 그리고 이런 방식으로 본다면 언어의 진화적 유전자는 어쩌면 의사소통과는 무관할 수 있다. 의사소통 목적으로서의 언어 활용이 말하자면 일종의 부수적 혜택으로서 나타났다고 볼 수 있다. 촘스키는 또한 일단 사고하기를 지지하는 입장에서 언어 활용이 초기

인간 사이에 퍼졌기 때문에 그 이후 언어 자체에 의사소통 수단이 덧붙여진 것이라는 논리를 제의했다. 그런 이유에서 언어가 의사소통 기능을 갖고 있다는 논리는 애초부터 틀린 관점이라고 여겨졌다.

제2장에서 촘스키가 언어는 단숨에 거의 완벽한 형태로 한 개인에게 일종의 진화에서의 갑작스러운 뛰어오름으로서의 도약 모습으로 출현했다고 주장한 이야기를 언급했다. 즉, "개략적으로 10만여 년 전에는 언어가 없었다 … . [그러나] … . 두뇌 내부 기록 장치가 한 개인에게서 발생했고, 그를 일컬어 프로메테우스라고 불렀다." 그리고 물론 앞서 언급한 인용이 어쩌면 언어 착수를 부추겼다고 볼 수도 있다.[39] 또한 일단 언어 역할이 더욱 미묘한 수준의 사고를 위한 진화적 진보를 수월하게 해주고 나서야 비로소 언어에서 의사소통 기능이 나타나게 되었다. 이와 같은 내용이 바로 촘스키의 설명 논리다.

그렇지만 그와 같은 무시무시한 설명은 따를 수가 없으며, 이런 생각을 따르는 아주 굳건한 본능으로서의 언어 이론 대표 주창자인 핑커조차 받아들이기 어려웠을 것이다.[40] 어쨌든 독자적인 광범위의 진화적 뛰어오르기(거시적 규모의 돌연변이)가 근대 신다윈주의 현대 이론과는 맞지 않는 것 같다. 그 외에도 지각 있는 모든 진화 연구자들이 믿는 방향에도 맞지 않는 것 같다. 꼭 정확하다고 말하기 어렵더라도 인간 언어 시발점이 촘스키가 추측한 대로 10만 년 이상이라고 보는 관점은 꽤 높은 개연성이 있는 듯싶다.

최근 연구에서 덴 드디외Dan Dediu 그리고 레빈슨 등이 인간 자체는 제외시키고 '인간속'으로 분류된 마지막 생존 존재로서 '네안데르탈인'이 애초부터 언어를 소유했다는 주장을 제기했다.[41] 네안데르탈인은 이미 60만 년 전에 유라시아 지역에 분포해 있었으며, 이것은 어쩌면 '호모사피엔스'가 아프리카에 진출하기 이전으로 간주할 수 있다. 그리고 네안데르탈인이 언어를 갖기 위해 인간 그리고 네안데르탈인의 공동 조상에게 있었던 언어 이전에 최소한 조상 언어 형태로 언어라는 것이 반드시 존재해야만 했다. 즉, '하이델베르크 원인'의 화석 잔재들이 1300만 년 전 아프리카 그리고 유럽 지역 양쪽에서 발견되었으며, 이 화석을 통해 해당 종이 바로 '호모사피엔스' 그리고 '호모네안데르탈'이라는 추측을 해볼 수 있다. 정리하자면 일부 종족에서의 언어 능력이 마치 10만 년 전 '인간속'에 나타났다고 할 수 있고, 이것은 어쩌면 시기상 17만 년 전 인간 출현 이전이라고도 할 수 있다. 그런 점에서 우리는 촘스키가 제기한 갑작스럽게, 설명을 넘어서는, 진화적 뛰어오르기(도약) 주장으로서 마치 성경에서 신이 '언어가 있어라!'라고 명령하듯이 봐야 한다는 부담에 의혹의 눈길을 주지 않을 수 없다. 또한 가장 중요한 점은 이런 질문을 하지 않을 수 없다는 사실이다. 과연 지각 있는 사람이라면 언어가 의사소통 외의 다른 목적을 위해 진화했다는 사실이 타당하단 말인가?

마지막 분석으로서 제기하고 싶은 점은 인간 언어의 분별적 자질들이 인간 언어 그리고 비인간 의사소통 시스템을 명확하게 나눌 수 없다는 사실이다. 오히려 해당 자질들이 인간 외의 다른 종들이 결코 소유하지 못하는 문화 지능이라는 특별한 사항을 지적한다고 봐야 한다. 반대 경우를 보여주는 많은 증거에도 불구하고 인간은 하나의 종으로서 유전적으로 상호협동 경향을 갖는다고 봐야 한다. 이 부분이 바로 의사소통 시스템과 더불어 인간의 인지 능력을 진보시키면서 확정을 가능하게 하며, 이런 능력들은 인간 조상들이 원숭이들과 공유하는 사항이기도 했다. 언어는 인간 문화 지능의 전형적인 예이며, 친사회적 동기 및 상호작용 엔진 위에 구축되어 있다. 언어는 인간 삶의 수단이며, 동시에 인간을 인간이라고 가리킬 수 있는 항목이기도 하다.

주

제1장

1) Mithen(1996).

2) www.nobelprize.org/nobel_prizes/literature/laureates/1993/morrison-lecture.html

3) 비록 언어가 반드시 교육 수준이 궁극적인 언어 성취도에 관련성이 있음을 암시하는 사회경제학적 측면을 도외시할 필요가 없다는 사실을 밝혀준 내용(Dabrowska and Street, 2006)을 본다고 해도 말이다.

4) Lakoff(2004).

5) Bolinger(1980).

6) 1954.6.21. ≪맨체스터 가디언Manchester Guardian≫에 게재된 편지 발췌.

7) 2013.6.5. 인터넷 사이트(www.guardian.co.uk/football/bolg/2013/jun/05/jose-mourinho-celsea-fling?INTCMP=SRCH)에 수록된 기사인 "조제 모리뉴Joaé Mourinho의 복귀가 영국 축구계의 요동을 부추기다!" 참조.

8) Popper(1959).

9) Tomasello(2003).

10) Dawkins(1986).

11) Everett(2013).

12) Chemero(2009).

13) Fromkin and Rodman(1997: 19).

14) Brinton(2000: Chapter 1).

15) Mithen(1996).

16) Dawkins(2010).

17) Chomsky(2004, 2009).

18) Deacon(1997).

19) Levinson and Gray(2012).

20) Hardcastle(1976).

21) Tomasello and Herrmann(2010).

22) Varela et al.(1991).

23) Deacon(1998).

24) Arbib(2012); Pika et al.(2005).

25) Hurford(2007, 2012).

제2장

1) http://www.huffingtonpost.com/2012/07/26/tori-smoking-orangutan-_n_1708105.html, 2012.7.26. 수록됨.

2) Chomsky(2010: 58~59).

3) 자세한 사안은 Hurford(2007) 참조.

4) Huaser et al.(2002).

5) Everett(2005).

6) Von Frisch(1953).

7) Seyfarth et al.(1980).

8) Hauser et al.(2002).

9) Marcus(2006).

10) Genter et al.(1980).

11) Payne and McVay(1971); Suzuki et al.(2006).

12) Antunes et al.(2011).

13) Antunes et al.(2011).

14) Rendell and Whitehead(2003a, b).

15) Norris et al.(2000).

16) Pika et al.(2005).

17) Searle(1969).

18) Searle(1969).

19) Kellogg and Kellogg(1933).

20) Barney et al.(2012).

21) Nishimura et al.(2003).

22) Lieberman et al.(1969, 1974).

23) Gardner and Gardner(1969, 1974).

24) Fouts et al.(1978).

25) Premack(1974, 1986); Premack and Premack(1983).

26) Lovgren(2005).

27) Pika et al.(2005); Tomasello(2011).

28) Terrace(1979).

29) Pinker(1994: 337~339).

30) Hurford(2007, 2012).

31) Hurford(2012: x).

32) Hockett(1966).

33) Emmorey(2002); goldin-Meadow and Mylander(1990); Klima and Bellugi(1979).

34) Pepperberg(1983, 2000).

35) MacNeilage(2008).

36) Arbib(2012); Mukamel et al.(2010).

37) Arbib(2010); Corballis(2003); Tomasello(1999).

38) Corballis(2003).

39) Rizzolatti and Craighero(2004).

40) Herman et al.(1984).

41) Herman et al.(1984).

42) Gardner and Gardner(1969).

43) savage-Rumbaugh and Lewin(1996).

44) Arnold and Zuberbühler(2006); Yip(2006).

45) Ouattara et al.(2009).

46) Rumbaugh(1977).

47) 그렇지만 라나의 어휘 순서에 대한 자각은 사라를 본뜬 것은 아니었다. 이유는 사라가 정작 통사적 상황을 터득하지 못했기 때문이다(Premack and Premack, 1983).

48) Sandler et al.(2011).

49) Hillix et al.(2004).

50) Mulcahy and Call(2006).

51) Byrne and Whiten(1988).

52) Call and Tomasello(2008); Lurz(2011); Pika et al.(2005); Schmelz et al.(2012); Tomasello and Call(1997).

53) Crockford et al.(2011).

54) Patterson and Linden(1985).

55) Clayton et al.(2001); Clayton et al.(2007).

56) Heinrich and Pepper(1998).

57) Terrace(1979); Terrace et al.(1979).

58) Lieberman(1984).

59) Savage-Rumbaugh et al.(1986: 305).

60) Byrne and Whiten(1988).

61) Tomasello(2008).

62) Pika et al.(2005).

63) Tomasello(2008).

제3장

1) Chomsky(1980a: 48).

2) Chomsky(1965).

3) *Ethnologue*: www.ethnologue.com

4) Crystal(2002).

5) Fishman(2000); Nettle and Romaine(2002).

6) Evans and Levinson(2009).

7) Evans and Levinson(2009: 438).

8) Austin and Bresnan(1996).

9) Levinson(1996: 133).

10) Chomsky(1965).

11) Pinker(1994: 238).

12) 상세한 비평을 위해서 Givon(1984) 참고.

13) Evans and Levinson(2009).

14) 패턴의 이중성에 초점을 맞춰 완성되고, *Language & Cognition* 특별호 2012(4/4) 판에 수록된 자료도 함께 참조.

15) Jakobson and Halle(1956).

16) Ladeforged and Maddieson(1996).

17) Perrehumbert(2000: 12).

18) Evans and Levinson(1996).

19) Enfield(2004).

20) Jlinek(1995).

21) 검토 및 논의를 위해 Evans and Green(2006) 2장 참조.

22) 예를 들어 어떤 사람이 어느 정도로 소유하고 있는가를 누구라도 전체 합계를 완수할 수 있다면, 말하자면 이런 부류의 공식 응용의 방향이 일부 상황에서라면 가능할지도 모르는 일이다.

23) Matthews(1981: 255).

24) Dryer and Haspelmath(2011), http://wals.info/

25) Dryer and Haspelmath(2011: Chapter 81) 이후.

26) Van Valin and La Polla(1997).

27) Grenberg(1986: 14).

28) Evans and Levinson(2009).

29) Chomsky(1981).

30) Jackendoff(2002).

31) Sampson(2001)에서 논의 과정 확인.

32) Popper(1959) 참고.

33) Dryer(1998).

34) Pederson(1993).

35) Croft(2000).

36) 크로프트의 영감이 바로 데이비드 훌David Hull(1989)이 제기한 일반선택설Generalised Theory of Selection이라고 할 수 있다.

37) Dawkins(1976).

38) Croft(2000); Keller(1994).

39) LePage and Tabouret-Keller(1985).

40) Croft(2000: 75).

41) Labov(1994).

42) Jesprson(1909).

43) 이것은 장모음이 위쪽 방향으로 이동하는 소위 모음 추이로 널리 알려져 있는 현상에 상응한다.

44) 논의로서 Evans(2009); Evans and Green(2006); Tyler and Evans(2003) 참고.

45) Trask(1996).

46) Campbell(2010); Trask(1996).

47) Trask(1996).

48) Renfrew(1990).

49) Bouckaert et al.(2013).

50) Campbell(2010: 8).

51) Smith(1997).

52) Goldin-Meadow(2003).

53) Senghas(2005).

54) Sandler et al (2005).

55) Marsaja(2008).

56) Evans and Levinson(2009); Goldin-Meadow(2003).

57) Sandler et al.(2005)

58) Chomsky(1980b: 48).

59) Dunn et al.(2011).

제4장

1) Tomasello(2003: 19).

2) Chomsky(1975: 4).

3) Tomasello(2003).

4) NcNeil(1966: 69).

5) Chomsky(2002: 41).

6) Chomsky(1975: 11).

7) Gallisted(2007).

8) Chomsky(1980a: 110).

9) Pinker(1994: 12).

10) Berwick et al.에서 언급한 자극의 빈곤에 대한 최근 논의 참고.

11) Crain(1991); Crain and Nakayama(1986).

12) Prinz(2002: 210).

13) Boyd and Goldberg(2011); Goldberg(2011); Suttle and goldberg(2011).

14) Gold(1967).

15) Bates et al.(1999: 599).

16) 자극의 빈곤에 관한 상세한 비판을 위해 Pullum and Scholz(2002) 참고.

17) Azevedo et al.(2009); Herculano-Houzel(2009).

18) Drachman(2005).

19) Alonso-Nanclares et al.(2008).

20) Churchland(1995).

21) Bates et al.(1999: 593).

22) Wills(1991).

23) Edelman(1987); Wills(1991).

24) Bates et al.(1999); Elman et al.(1996)

25) Sur, Pallas and Roe(1990).

26) Stanfield and O'Leary(1985).

27) Bruno et al.(2012); Greenough et al.(1993); Merzenich(1995); Pons et al.(1991).

28) Edelman(1987).

29) Deacon(1997).

30) Rakic(1995).

31) Bates et al.(1997).

32) Bates et al.(1997).

33) Elman et al.(1996).

34) Radford(1990: 61).

35) Chomsky(1981); Chomsky and Lasnik(1993).

36) Bloom(1973).

37) Braine(1963).

38) Ambridge and Lieven(2011); Tomasello(2003).

39) Bates et al.(1984); Bates and MacWhinney(1989); De Villiers and De Villiers(1973).

40) Tomasello(1992).

41) Brooks and Tomasello(1999).

42) 관련된 연구 자료에 대한 검토를 위해 Tomasello(2003) 참고.

43) Naigles and Hoff-Ginsberg(1998).

44) Theakston et al.(2002).

45) Huttenlocher et al.(2002).

46) Tomasello(2003: 110).

47) Lieven et al.(2003).

48) Saffran et al.(1996).

49) 재검토를 위해서 Tomasello(2003, 2008) 참고.

50) Tomasello(2003).

51) Fantz(1963).

52) Legerstee(1991).

53) Trevarthen(1979).

54) Meltzoff(1995).

55) Carpenter et al.(1998).

56) Bybee(2001, 2006, 2010).

57) 언어 습득에서 돌출성 그리고 우연성의 역할을 연구한 결과로서 Ellis(2006) 논문 참고.

58) Boyd and Goldberg(2011); Goldberg(2011); Suttle and Goldberg(2011).

59) Bickerton(1981, 1984).

60) Maratsos(1984); Samarin(1984); Seuren(1984).

61) Goldin-Meadow and Mylander(1990); Goldin-Meadow(2003)도 역시 참고.

62) Casasanto(2013).

63) Goldin-Meadow(2003); Kendon(2004); McNeill(1992).

64) Arbib(2012, 2013); Arbib et al.(2008).

65) Casasanto(2013: 373).

66) Langacker(2002: 2); Langacker(2000)도 역시 참고.

67) Bybee(2010).

68) 활용으로서의 언어 습득에 관한 상세한 논의로서 Tomasello(2003) 참고. 본능으로서의 언어 이론과 활용으로서의 언어 이론 등이 아동 언어 습득을 위해 보여주는 부분을 논리적으로 비교, 대조한 자료로서 Ambridge and Lieven(2011) 참고.

69) Scholz and Pullum(2006).

70) 활용으로서의 언어 이론 영역에 대한 뛰어난 개요 자료로서 Ibbotson(2013) 참고.

제5장

1) Fodor(1983); Chomsky(1980a) 그리고 Gardner(1985) 등도 역시 참고.

2) Pinker(1994: 45); Smith and Tsimpli(1995)도 역시 참고.

3) Pinker(1994: 46).

4) Broca(1877); Harrington(1987: 65~66)에 해석 포함.

5) Chance and Crow(2007).

6) Caplan(2006).

7) Pinker(1994: 46).

8) Gardner(1974: 60~61).

9) Lai et al.(2001).

10) Pinker(1994: 49).

11) Chomsky(2011).

12) Smith(1999: 26).

13) Grodzinsky and Santi(2008).

14) Maess et al.(2009).

15) Plaza et al.(2009).

16) Plaza et al.(2009).

17) Dronkers et al.(2007).

18) Corballis(2003); Fadiga et al.(2005); Skipper et al.(2007).

19) Corballis(2003); 비교 자료 Arbib(2012).

20) Uttal(2001).

21) Pulvermüller(1999).

22) Dąbrowska(2004).

23) Vargha-Khadem et al.(1995).

24) Enard et al.(2002).

25) Dąbrowska(2004: 75).

26) Bellugi et al.(1992); Karmiloff-Smith et al.(1995); Mervis and Bertrand(1993).

27) Bates and Goodman(1999).

28) Capirici et al.(1996).

29) Singer Harris et al.(1997).

30) Bellugi et al.(1994).

31) Karmiloff-Smith(2001: 50~51).

32) Bishop(1997, 2006); Leonard(1998).

33) Johnston(1994).

34) Thal and Katich(1996).

35) Townsend et al.(1995).

36) Bishop(1997); Leonard(1998); Tallal et al.(1996).

37) Mody et al.(1997).

38) Bates et al.(1995); Dale(1991); Dale et al.(1989); Fenson et al.(1993); Fenson et al.(1994); Marchman and Bates(1994).

39) Bates and Goodman(1999).

40) Bates and Goodman(1999).

41) Caselli et al.(1995).

42) Bates and Goodman(1999).

43) Jahn-Samilo et al.(2000).

44) Bates and Goodman(1997, 1999); Tomasello and Slobin(2004).

45) Pinker(1994: 97).

46) Pinker(1994: 437).

47) Pinker(1997).

48) Prinz(2006).

49) Machery(2007: 827).

50) Prinz(2006); Sallace(2010).

51) Carruthers(2006).

52) Cosmides(1989).

53) Stone et al.(2002).

54) Prinz(2006); Wallace(2010).

55) Tooby and Cosmides(1992); Carruthers(2006)도 참고.

56) Jackendoff(1987, 1992)도 참고.

57) McGurk and McDonald(1976).

58) Hötting and Roder(2004).

59) Pinker(2002: 238).

60) Dawkins(2010).

61) Rose and Ross(2001)에 수록된 논문 및 참고자료 참고.

62) Quartz(2002).

63) Finlay and Darlington(1995).

64) Gibbs and Van Orden(2010: 149).

65) Machery(2007: 827).

66) Gibbs and Van Orden(2010)에 포함된 대단위 모듈화에 대한 신랄한 비판 참고.

67) Prinz(2006).

68) Deacon(1997).

69) varela et al.(1991).

70) Gibbs and Van Order(2010).

71) Mahmoudzadeha et al.(2012).

72) Varela et al.(1991).

73) Karmiloff-Smith(1994).

74) Fromkin et al.(2013: 479).

제6장

1) Fodor(1975, 1998, 2008).

2) Hurford(2007).

3) Prinz(2002: 1).

4) Fodor(1975: 68).

5) Pinker(1994: 82).

6) Fodor(1975, 2008); Pinker(1997).

7) Jackendoff(1987, 1992).

8) Wynn(1992, 1995).

9) McGonigle and Chalmers(1977).

10) Bond et al.(2003).

11) Hobbes([1651] 2012: part I, Chapter 5).

12) Fodor(1975: 27).

13) Harnad(1990).

14) Maslin(2001).

15) Pinker(1997: 79).

16) Pinker(1997: 79).

17) Pinker(1997: 79).

18) Pinker(1997: 79).

19) 상세한 논의를 위해 Wallace(2010) 참고.

20) Chomsky(1957).

21) Wallace(2010: 103).

22) Pustejovsky(1995)에서 이 말을 의미성semanticality이라고 지칭했다.

23) Fodor(2008).

24) Fodor(2008).

25) Fodor(2008: 143).

26) Sinha(1988).

27) Clark(1997).

28) Chemero(2009).

29) Thelen(1995); Thelen and Smith(1994).

30) Churchland(2002); Grush(1997, 2004).

31) Clark(1997).

32) Lakoff and Johnson(1980, 1999).

33) Lakoff and Johnson(1980) 발췌 예들.

34) Dahan and Tanenhaus(2004).

35) Isenberg et al.(1999); Martin and Chao(2001); Pulvermüller(1999); 이 외 역시 Buccino et al.(2005) 참고. 검토를 위해 Taylor and Zwaan(2009) 참고.

36) Dahan and Tanenhaus(2004); Stanfield and Zwaan(2002); Zwaan and Yaxley(2003).

37) Büchel et al.(1998); Martin and Chao(2001).

38) Isenberg et al.(1999).

39) LeDoux(1995).

40) Glenberg and Kaschak(2002); Klatzky et al.(1989); Spivey et al.(2000).

41) Zwaan(2004: 36); Clark(1997)도 참고.

42) Glenberg and Kashak(2002).

43) Lakoff and Johnson(1980).

44) Gasasanto and Dijkstra(2010).

45) Lakoff and Johnson(1999).

46) 연관 견해에 대하여 Jackendoff(1983, 1992) 참고.

47) Li and Gleitman(2002: 266).

48) Scholz and Pullum(2006).

제7장

1) Bloom and Keil(2001: 354).
2) Whorf(1956: 213).
3) Pinker(1994: 52).
4) Pinker(1994: 58~59).
5) Lupyan(2012a, b).
6) Casasanto(2008).
7) Fodor(1985: 5).
8) Fodor(1985: 5).
9) Fodor(1985: 5).
10) Pinker(1994, 2007).
11) Pourcel(2005).
12) Sapir(1985: 159).
13) Whorf(1956: 221).
14) Lee(1996).
15) Lee(1996); Pourcel(2005)도 역시 참고.
16) Pourcel(2005: 14).
17) Brown(1976: 128); Brown and Lenneberg(1954); Lenneberg(1953); Brown(1957, 1958)도 역시 참고.
18) Whorf(1956: 239).
19) Levinson(2003: 3).
20) Rosch(1977: 519).
21) Lumsden and Wilson(1981); Shepherd(1991); Thompson(1995).
22) Berlin and Kay(1969: 109).
23) Saunders(2000: 82).
24) Kay and Mcdaniel(1978: 630).
25) Rosch Heider(1972).
26) Rosch Heider(1972).
27) Berlin and Kay(1969: 13); Kay et al.(2009)도 참고.
28) Hurvich and Jameson(1957).
29) De Valois and De Valois(1993).
30) Bornstein et al.(1976).
31) Lucy(1992a, b, 1997); Saunders(2000)도 참고.
32) 예를 들어 Saunders(2000) 참고.

33) Lucy 연구 외에도 Gentner and Goldin-Meadow(2003); Gumperz and Levinson (1996) 등의 연구도 함께 참고.

34) Lyons(1995); Wierzbicka(1996).

35) Lucy(1997).

36) 색채 용어에 관하여 심리적 기반을 따르는 입장에 대한 비평으로는 D'Andrade(1989); Saunders and van Brakel(1997). 진화의 연속적 순차성 제안의 비판에 관해서는 Casson (1997); Lyons(1995) and MacLaury(1992) 등을 참고. 기초 색채 용어의 정의에 관한 비평으로서 Crawford(1982); Davies and Corbett(1995); Maffi(1990); Moss(1989) 참고. 문셀 색채 체계를 활용하는 데 선입견적인 효과가 포함되어 있음을 지적하는 비평에 대해서는 Lucy and Schweder(1979) 참고.

37) 예로서 Day and Berlin(1997); Kay and Kempton(1984); Kay and MacDaniel(1978), Kay et al.(2009) 등의 자료들 참고.

38) Levinson(2000).

39) Kay(1999). 명심할 점은 이와 같은 관점이 언어 안에 기초 색채 용어가 갖춰지는 요건으로서 진화 순서 단계를 따르는 주장과는 별개라는 사실이다. 이런 관점에서는 언어가 비록 완벽한 기초 색채 용어라는 요건을 갖추지 않아도 일부 기초 색채 용어만으로도 충분히 색채 범위를 망라하는 것이 가능하다.

40) Davies and Corbett(1995); Davies et al.(1992).

41) Berlin and Kay(1969: 13).

42) Levinson(2000: 26).

43) Roberson et al.(2004).

44) 다수의 언어에 관한 연구들이 지금까지는 언어가 화자들이 색채 분류들을 스스로 구분하고 인식하는 방법에 영향을 미친다는 부분에 초점을 맞추고 결론을 내린 상황이었다. 이에 대해서는 특히 Daoutis et al.(2006); Davidoff et al.(1999); Davies and Corbett (1998); Roberson et al.(2005); Roberson et al.(2008); Winawer et al.(2007) 등을 참고.

45) 힘바어 그리고 영어에서 발견된 사안이 다른 연구들(예를 들어 Macario, 1991; Mervis et al., 1975; Pitchford and Mullen, 2002; Shatz et al., 1996)이 보고한 결과들과 일치한다.

46) Pinker(2007: 148).

47) Pinker(2007: 139, Daniel Cassanto를 인용).

48) Thierry et al.(2009).

49) Thierry et al.(2009).

50) Boutonnet et al.(2013).

51) Lupyan(2012a)도 역시 참고.

52) Regier and Kay(2009: 439).

53) Boroditsky et al.(2003).

54) Boroditsky et al.(2003).

55) Boroditsky et al.(2003).

56) Boroditsky et al.(2003) 참고.

57) Pinker(1997: 148).

58) Boutonnet et al.(2012).

59) Levinson(2003).

60) Foley(1997: 217).

61) Levinson(2003).

62) Boroditsky(2001); Boroditsky et al.(2011).

63) Yu(1998).

64) Boroditsky et al.(2011).

65) Lupyan(2012a, b).

66) Evans(2009) 참고.

67) Deutscher(2011: 151).

제8장

1) Tomasello(1999, 2008).

2) Dunbar(1996).

3) Tomasello(2008, 2011).

4) Tomasello(2011).

5) Pika et al.(2005); Tomasello(2011).

6) Grice(1989).

7) tomasello(1999).

8) Levinson(2006).

9) Melzoff and Moore(1977); Bruner(1976)도 참고. Trevarthen(1979).

10) Goodwin(2003).

11) Levinson(2006: 43).

12) Levinson(2006: 45).

13) Clark(1996).

14) Levinson(2006); Tomasello(2008).

15) Levinson(2006).

16) Everett(2012).

17) Dunbar(1996).

18) Levinson(2006).

19) Dunbar(1996).

20) Dunbar(1992).

21) 자세한 논의는 Evans(2009)를, 그리고 개괄적 이해를 위해서는 Evans and Green(2006); Goldberg(1995, 2006); Langacker(2008) 등도 참고.

22) Taylor(2012).

23) 문법에 관한 활용으로서의 관점에 대한 상당한 수준의 이해를 돕는 자료로서 Evans and Green(2006, especially Chapter 14) 참고. 좀 더 전문적 개요를 위해서는 Goldberg(1995) and Langacker(2008)를 참고.

24) Bybee(2010: 34).

25) 문장 수준의 언어적 구성이 인간 경험에 기초한 특수 상황을 암호화한다는 관점을 가리키는 상황, 즉 암호화 가설은 Goldberg(1995) 참고.

26) 예를 들어 Aikhenvald and Dixon(2013); Börjars et al.(2013); Nichols and Bickel(2005) 등을 참고.

27) Evans(2013)에서의 논의 참고.

28) 자세한 논의는 Talmy(2000)를 참고.

29) Sinha et al.(2011).

30) Mithen(1996).

31) Levinson and Gray(2012).

32) Levinson and Gray(2012: 170).

33) Van de Velde(2009a, b, 2010, 2011).

34) Faarlund(2001: 1713); Himmelmann(1997); Ledgeway(2011, 2012); Luraghi(2010); Perridon and Sleeman(2011).

35) Levinson and Gray(2012).

36) Everett(2012, 2013).

37) Paul Ibbotson(개인적 의견 교환).

38) Chomsky(2002: 76~77).

39) Chomsky(2010: 58~59).

40) 핑커는 『언어의 본능』에서 "촘스키가 다윈 진화론에서 자연 선택이 자신이 주장한 언어의 원천을 과연 설명할 수 있을까라는 의심을 가짐으로써 많은 독자의 의혹을 자아냈다"(1994: 24)라는 내용의 언급을 토대로 인정의 의중을 내비쳤다.

41) Dediu and Levinson(2013).

참고문헌

Aikhenvald, A. and R. Dixon. 2013. *Possession and Ownership: A Cross-linguistic Typology*. Oxford University Press.

Alonso-Nanclares, L., J. Gonzalez-Soriano, J. R. Rodriguez and J. DeFelipe. 2008. "Gender differences in human cortical synaptic density." *Proceedings of the National Academy of Sciences, USA*, 105/38, pp. 14615~14619.

Ambridge, B. and E. V. M. Lieven. 2011. *Child Language Acquisition: Contrasting Theoretical Approaches*. Cambridge University Press.

Antunes, R., T. Schulz, S. Gero, H. Whitehead, J. Gordon and L. Rendell. 2011. "Individually distinctive acoustic features in sperm whale codas." *Animal Behaviour*, 81/4, pp. 723~730.

Arbib, M. A. 2013. "Précis of how the brain got language." *Language and Cognition*, 5/2–3, pp. 107~132, plus comments, pp. 133~272.

_____. 2012. *How the Brain Got Language: The Mirror System Hypothesis*. Oxford University Press.

_____. 2010. "Mirror system activity for action and language is embedded in the integration of dorsal and ventral pathways." *Brain and Language*, 112/1, pp. 12~24.

Arbib, M. A., K. Liebal and S. Pika. 2008. "Primate vocalization, gesture, and the evolution of human language." *Current Anthropology*, 49/6, pp. 1053~1063.

Arnold, K. and K. Zuberbühler. 2006. "The alarm-calling system of adult male putty nosed monkeys, Cercopithecus nictitans martini." *Animal Behavior*, 72, pp. 643~653.

Austin, P. and J. Bresnan. 1996. "Non-configurationality in Australian Aboriginal languages." *Natural Language and Linguistic Theory*, 14, pp. 15~68.

Azevedo, F., L. Carvalho, L. Grinberg, J. Farfel, R. Ferretti, R. Leite, W. Filho, R. Lent *et al.* 2009. "Equal numbers of neuronal and nonneuronal cells make the human brain an isometrically scaledup primate brain." *The Journal of Comparative Neurology*, 513/5, pp. 532~541.

Barney, A., S. Martelli, A. Serrurier and J. Steele. 2012. "Articulatory capacity of Neanderthals, a very recent and human-like fossil hominin." *Philosophical Transactions of the Royal Society B*, 367/1585, pp. 88~102.

Bates, E., P. Dale and D. Thal. 1995. "Individual differences and their implications for theories of language development." in P. Fletcher and B. MacWhinney(eds.). *Handbook of Child Language* (pp. 96~151). Oxford: Basil Blackwell.

Bates, E., J. Elman, M. H. Johnson, A. Karmiloff-Smith, D. Parisi and K. Plunkett. 1999. "Innateness and emergentism." in W. Bechtel and G. Graham(eds.). *A Companion to Cognitive Science*(pp. 590~601). Oxford: Blackwell.

Bates, E. and J. Goodman. 1999. "On the emergence of grammar from the lexicon." in B. MacWhinney(ed.). *The Emergence of Language*(pp. 29~79). Mahwah, NJ: Lawrence Erlbaum.

Bates, E. and J. Goodman. 1997. "On the inseparability of grammarand the lexicon: evidence from acquisition, aphasia and real-time processing." *Language and Cognitive Processes*, 12/5-6, pp. 507~584.

Bates, E. and B. MacWhinney. 1989. "Functionalismandthecompetition model." in B. MacWhinney and E. Bates(eds.). *The Crosslinguistic Study of Sentence Processing*(pp. 3~73). Cambridge University Press.

Bates, E., B. MacWhinney, C. Caselli, A. Devescovi, F. Natale and V. Venza. 1984. "A cross-linguistic study of the development of sentence interpretation strategies." *Child Development*, 55, pp. 341~354.

Bates, E., D. Thal, D. Trauner, D. Aram, J. Eisele and R. Nass. 1997. "From first words to grammar in children with focal brain injury." in D. Thal and J. Reilly(eds.). Special issue on the origins of communication disorders. *Developmental Neuropsychology*, 13/3, pp. 275~343.

Bellugi, U., A. Bihrle, H. Neville, T. Jernigan and S. Doherty. 1992. "Language, cognition, and brain organization in a neurodevelopmental disorder." in M. Gunnar and C. Nelson(eds.). *Developmental Behavioral Neuroscience*(pp. 201~232). Hillsdale, NJ: Lawrence Erlbaum.

Bellugi, U., P. Wang and T. L. Jernigan. 1994. "Williams syndrome: an unusual neuropsychological profile." in S. Broman and J. Grafman(eds.). *Atypical Cognitive Deficits in Developmental Disorders: Implications for Brain Function*(pp. 23~56). Hillsdale, NJ: Lawrence Erlbaum.

Berlin, B. and P. Kay. 1969. *Basic Color Terms: Their Universality and Evolution*. Cambridge University Press.

Berwick, R. C., P. Pietroski, B. Yankama and N. Chomsky. 2011. "Poverty of the stimulus revisited." *Cognitive Science*, 35, pp. 1207~1242.

Bickerton, D. 1984. "The language bioprogram hypothesis." *Behavioral and Brain Sciences*, 7, pp. 173~221.

_____. 1981. *Roots of Language*. Ann Arbor, MI: Karoma Publishers.

Bishop, D. V. 2006. "What causes specific language impairment in children?" *Current Directions in Psychological Science*, 15/5, pp. 217~221.

_____. 1997. *Uncommon Understanding: Development and Disorders of Language Comprehension in Children*. Hove: Psychology Press Limited.

Bloom, L. 1973. *One Word at a Time*. The Hague: Mouton.

Bloom, P. and F. Keil. 2001. "Thinking through language." *Mind and Language*, 6, pp. 351~367.

Bolinger, D. 1980. *Language: the Loaded Weapon*. London: Longman.

Bond, A. B., A. C. Kamil and R. P. Balda. 2003. "Social complexity and transitive inference in corvids." *Animal Behaviour*, 65, pp. 479~487.

Börjars, K., D. Denison and A. Scott. 2013. *Morphosyntactic Categories and the Expression of Possession*. Amsterdam: John Benjamins.

Bornstein, M. H., W. Kessen and S. Weiskopf. 1976. "The categories of hue in infancy." *Science*, 191, p. 4223.

Boroditsky, L. 2001. "Does language shape thought? English and Mandarin speakers' conceptions of time." *Cognitive Psychology*, 43/1, pp. 1~22.

Boroditsky, L., O. Fuhrman and K. McCormick. 2011. "Do English and Mandarin speakers think about time differently?" *Cognition*, 118/1, pp. 123~129.

Boroditsky, L., L. Schmidt and W. Phillips. 2003. "Sex, syntax, and semantics." in D. Gentner and S. Goldin-Meadow(eds.). *Language in Mind: Advances in the study of Language and Cognition*(pp. 61~80). Cambridge, MA: MIT Press.

Bouckaert, R., P. Lemey, M. Dunn, S. J. Greenhill, A. V. Alekseyenko, A. J. Drummond, R. D. Gray, M. A. Suchard and Q. D. Atkinson. 2012. "Mapping the origins and expansion of the Indo-European language family." *Science*, 337/6097, pp. 957~960.

Boutonnet, B., P. Athanasopoulos and G. Thierry. 2012. "Unconscious effects of grammatical gender during object categorisation." *Brain Research*, 1479, pp. 72~79.

Boutonnet, B., B. Dering, N. Viñas-Gusach and G. Thierry. 2013. "Seeing objects through the language glass." *Journal of Cognitive Neuroscience*, 25/10, pp. 1702~1710.

Boyd, J. K. and A. E. Goldberg. 2011. "Learning what not to say: the role of statistical preemption and categorization in 'a'-adjective production." *Language*, 81/1, pp. 1~29.

Braine, M. D. S. 1963. "The ontogeny of English phrase structure: the first phrase." *Language*, 39, pp. 1~14.

Brinton, L. J. 2000. *The Structure of Modern English*. Amsterdam: John Benjamins.

Broca, P. 1877. "Sur la circonvolution limbique et la scissure limbique." *Bulletins de la Société d'Anthropologie*, 12/2, pp. 646~657.

Brooks, P. and M. Tomasello. 1999. "How children constrain their argument structure constructions." *Language*, 75, pp. 720~738.

Brown, R. W. 1976. "Reference: n memorial tribute to Eric Lenneberg." *Cognition*, 4, pp. 125~153.

_____. 1958. *Words and Things*. New York: Macmillian.

_____. 1957. "Linguistic determinism and the part of speech." *Journal of Abnormal and Social Psychology*, 55, pp. 1~5.

Brown, R. W. and E. H. Lenneberg. 1954. "A study in language and cognition." *Journal of Abnormal and Social Psychology*, 49, pp. 454~462.

Bruner, J. 1976. "From communication to language – a psychological perspective." *Cognition*, 3, pp. 255~287.

Bruno, R., M. M. Merzenich and R. Nudo. 2012. "The fantastic plastic brain." *Advances in Mind Body Medicine*, 26/2, pp. 30~35.

Buccino, G., L. Riggio, G. Melli, F. Binofski, V. Gallese and G. Rizzolatti. 2005. "Listening to action-related sentences modulates the activity of the motor system: a combined TMS and behavioral study." *Cognitive Brain Research*, 24, pp. 355~363.

Büchel, C., C. Price and K. Friston. 1998. "A multimodal language region in the ventral visual pathway." *Nature*, 394, pp. 274~277.

Bybee, J. 2010. *Language, Usage and Cognition*. Cambridge University Press.

_____. 2006. *Frequency of Use and the Organization of Language*. Oxford University Press.

_____. 2001. *Phonology and Language Use*. Cambridge University Press.

Byrne, R. W. and A. Whiten. 1988. *Machiavellian Intelligence: Social Expertise and the Evolution of Intellect in Monkeys, Apes, and Humans*. Oxford University Press.

Call, J. and M. Tomasello. 2008. "Does the chimpanzee have a theory of mind? 30 years later." *Trends in the Cognitive Sciences*, 30, pp. 187~192.

Campbell, L. 2010. "Language isolates and their history, or, what's weird, anyway?" Paper delivered at the 36th annual meeting of the Berkeley Linguistics Society, Berkeley, CA, 7 February.

Capirici, O., L. Sabbadini and V. Volterra. 1996. "Language development in Williams syndrome: a case study." *Cognitive Neuropsychology*, 13/7, pp. 1017~1039.

Caplan, D. 2006. "Aphasic deficits in syntactic processing." *Cortex*, 42/6, pp. 797~804.

Carpenter, M., N. Akhtar and M. Tomasello. 1998. "Fourteen- to 18month-old infants differentially imitate intentional and accidental actions." *Infant Behavior and Development*, 21, pp. 315~330.

Carruthers, P. 2006. *The Architecture of the Mind: Massive Modularity and the Flexibility of Thought*. Oxford University Press.

Casasanto, D. 2013. "Gesture and language processing." in H. Pashler, T. Crane, M. Kinsbourne, F. Ferreira and R. Zemel(eds.), *Encyclopedia of the Mind*(pp. 372~374). Thousand Oaks, CA: Sage Publications.

_____. 2008. "Who's afraid of the Big Bad Whorf? Cross-linguistic differences in temporal language and thought." *Language Learning*, 58/1, pp. 63~79.

Casasanto, D. and K. Dijkstra. 2010. "Motor action and emotional memory." *Cognition*, 115/1, pp. 179~185.

Caselli, M. C., E. Bates, P. Casadio, L. Fenson, J. Fenson, L. Sanderl and J. Weir. 1995. "A cross-linguistic study of early lexical development." *Cognitive Development*, 10, pp. 159~199.

Casson, R. W. 1997. "Color shift: evolution of English color terms from brightness to hue." in C. L. Hardin and L. Maffi(eds.). *Color Categories in Thought and Language*(pp. 224~239). Cambridge University Press.

Chance S. A. and T. J. Crow. 2007. "Distinctively human: Cerebral lateralisation and language in Homo sapiens." *Journal of Anthropological Sciences*, 85, pp. 83~100.

Chemero, A. 2009. *Radical Embodied Cognitive Science*. Cambridge, MA: MIT Press.

Cheney, D. L. and R. M. Seyfarth. 1990. *How Monkeys See the World: Inside the Mind of Another Species*. University of Chicago Press.

Chomsky, N. 2011. Language and the cognitive science revolution(s). Lecture given at Carleton University, 8 April.

_____. 2010. "Some simple evo-devo theses: how true might they be for language?" in R. Larson, V. Déprez and H. Yamakido(eds.). *The Evolution of Human Language*(pp. 54~62). Cambridge University Press.

_____. 2009. *Cartesian Linguistics: A Chapter in the History of Rational Thought*(Third Edition). Cambridge University Press.

_____. 2004. "Language and mind: current thoughts on ancient problems." Part I & Part II. in Lyle Jenkins(ed.). *Variation and Universals in Biolinguistics*(pp. 379~405). Amsterdam: Elsevier.

_____. 2002. *On Nature and Language*. Cambridge University Press.

_____. 1981. *Lectures on Government and Binding*. Dordrecht: Foris.

_____. 1980a. *Rules and Representations*. New York: Columbia University Press.

_____. 1980b. "On cognitive structures and their development: a reply to Piaget." in M. Piatelli-Palmarini(ed.). *Language and Learning: The Debate between Jean Piaget and Noam Chomsky*(pp. 35~54). Cambridge, MA: MIT Press.

_____. 1975. *Reflections on Language*. New York: Parthenon.

_____. 1965. *Aspects of the Theory of Syntax*. Cambridge, MA: MIT Press.

_____. 1957. *Syntactic Structures*. The Hague: Mouton.

Chomsky, N. and H. Lasnik. 1993. "The theory of principles and parameters." in J. Jacobs *et al.*(eds.). *Syntax: An International Handbook of ContemporaryResearch*, Vol. 1(pp. 506~569). Berlin: WalterdeGruyter.

Churchland, P. M. 1995. *The Engine of Reason, the Seat of the Soul: A Philosophical Journey into the Brain*. Cambridge, MA: MIT Press.

Churchland, P. S. 2002. *Brain-Wise: Studies in Neurophilosophy*. Cambridge, MA: MIT Press.

Corballis, M. 2003. *From Hand to Mouth: The Origins of Language*. Princeton University Press.

Clark, A. 1997. *Being There: Putting Brain, Body and World Together Again*. Cambridge, MA: MIT Press.

Clark, H. 1996. *Using Language*. Cambridge University Press.

Clayton, N. S., J. M. Dally and N. J. Emery. 2007. "Social cognition by food-caching corvids: the western scrub-jay as a natural psychologist." *Philosophical Transactions of the Royal Society B*, 362, pp. 507~552.

Clayton, N. S., D. P. Griffiths, N. J., Emery and A. Dickinson. 2001. "Elements of episodic-like memory in animals." *Philosophical Transactions of the Royal Society B*, 356, pp. 1483~1491.

Cosmides, L. 1989. "The logic of social exchange: has natural selection shaped how humans reason?

Studies with the Wason selection task." *Cognition*, 31, pp. 187~276.

Crain, S. 1991. "Language acquisition in the absence of experience." *Behavioral and Brain Sciences*, 14, pp. 597~650.

Crain, S. and M. Nakayama. 1986. "Structure dependence in children's language." *Language*, 62, pp. 522~543.

Crawford, T. D. 1982. "Defining 'Basic Color Term'." *Anthropological Linguistics*, 25, pp. 338~343.

Crockford, C., R. M. Wittig, R. Mundry and K. Zuberbühler. 2011. "Wild chimpanzees inform ignorant group members of danger." *Current Biology*, 22, pp. 142~146.

Croft, W. 2000. *Explaining Language Change*. London: Longman.

Crystal, D. 2002. *Language Death*. Cambridge University Press.

Dąbrowska, E. 2004. *Language, Mind and Brain: Some Psychological and Neurological Constraints on Theories of Grammar*. Edinburgh University Press.

Dąbrowska, E., and J. Street. 2006. "Individual differences in language attainment: Comprehension of passive sentences by native and non-native English speakers." *Language Sciences*, 28, pp. 604~615.

Dahan, D. and M. K. Tanenhaus. 2004. "Continuous mapping from sound to meaning in spoken-language comprehension: evidence from immediateeffects ofverb-based constraints." *Journal of Experimental Psychology: Learning, Memory and Cognition*, 30, pp. 498~513.

Dale, P. S. 1991. "The validity of a parent report measure of vocabulary and syntax at 24 months." *Journal of Speech and Hearing Sciences*, 34, pp. 565~571.

Dale, P. S., E. Bates, S. Reznick and C. Morisset. 1989. "The validity of a parent report instrument of child language at 20 months." *Journal of Child Language*, 16, pp. 239~249.

D'Andrade, R. G. 1989. Cultural cognition. in M. I. Posner(ed.). *Foundations of Cognitive Science*(pp. 795~830). Cambridge, MA: MIT Press.

Daoutis, C., A. Franklin, A. Riddett, A. Clifford and I. R. L. Davies. 2006. "Categorical effects in children's colour search: a cross-linguistic comparison." *British Journal of Developmental Psychology*, 23, pp. 1~29.

Davidoff, J., I. Davies and D. Roberson. 1999. "Colour categories of a stone-age tribe." *Nature*, 398, pp. 203~204.

Davies, I. and G. Corbett. 1998. "A cross-cultural study of colorgrouping: tests of the perceptual-physiology account of color universals." *Ethos*, 26/3, pp. 338~360.

_____. 1995. "A practical field method for identifying probable Basic Color Terms." *Languages of the World*, 9/1, pp. 25~36.

Davies, I., I. C. MacDermid, G. Corbett, D. Jerrett, T. Jerrett, H. McGurle and P. T. Snowden. 1992. "Color terms in Setswana: a linguistic and perceptual approach." *Linguistics*, 30, pp. 1065~1103.

Dawkins, R. 2010. *The Greatest Show on Earth*. London: Black Swan.

_____. 1986. *The Blind Watchmaker*. New York: W. W. Norton and Co.

_____. 1976. *The Selfish Gene*. Oxford University Press.

Deacon, T. 1997. *The Symbolic Species: The Co-evolution of Language and the Brain*. New York: W. W. Norton and Co.

Dediu, D. and S. C. Levinson. 2013. "On the antiquity of language: the reinterpretation of Neandertal linguistic capacities and its consequences." *Frontiers in Psychology*, 4, pp. 397.

Deutscher, G. 2011. *Through the Language Glass: Why the World Looks Different in Other Languages*. London: Arrow Books.

De Valois, R. L. and K. K. De Valois. 1993. "A multi-stage color model." *Vision Research*, 3, pp. 1053~1065.

De Villiers, J. G. and P. A. De Villiers. 1973. "A cross-sectional study of the acquisition of grammatical morphemes in child speech." *Journal of Psycholinguistic Research*, 2/3, pp. 267~278.

Drachman, D. 2005. "Do we have brain to spare?." *Neurology*, 64/12, pp. 2004~2005.

Dronkers, N. F., O. Plaisant, M. T. Iba-Zizen and E. A. Cabanis. 2007. "Paul Broca's historic cases: high resolution MR imaging of the brains of Leborgne and Lelong." *Brain*, 130/5, pp. 1432~1441.

Dryer, M. S. 1998. "Why statistical universals are better than absolute universals." *Chicago Linguistic Society*, 33: The Panels, pp. 123~145.

Dryer, M. S. and M. Haspelmath. 2011. The World Atlas of Language Structures Online(http://wals.info/).

Dunbar, R. I. M. 1999. "The social brain hypothesis." *Evolutionary Anthropology*, 6/5, pp. 178~190.

_____. 1996. *Grooming, Gossip and the Evolution of Language*. London: Faber and Faber.

_____. 1992. "Neocortex size as a constraint on group size in primates." *Journal of Human Evolution*, 22/6, pp. 469~984.

Dunn, M., S. J. Greenhill, S. C. Levinson and R. D. Gray. 2011. "Evolved structure of language shows lineage-specific trends in word-order universals." *Nature*, 473, pp. 79~82.

Edelman, G. M. 1987. *Neural Darwinism: The Theory of Neuronal Group Selection*. New York: Basic Books.

Ellis, N. 2006. "Language acquisition as rational contingency learning." *Applied Linguistics*, 27/1, pp. 1~24.

Elman, J., A. Karmiloff-Smith, E. Bates, M. H. Johnson, D. Parisi and K. Plunkett. 1996. *Rethinking Innateness: A Connectionist Perspective on Development*. Cambridge, MA: MIT Press.

Emmorey, K. 2002. *Language, Cognition, and the Brain: Insights from Sign Language Research*. Hillsdale, NJ: Lawrence Erlbaum.

Enard, W., M. Przeworski, S. E., Fisher, C. S. Lai, V. Wiebe, T. Kitano, A. P. Monaco and S. Pääbo. 2002. "Molecular evolution of FOXP2, a gene involved in speech and language." *Nature*, 418/ 6900, pp. 869~872.

Enfield, N. 2004. "Adjectives in Lao." in R. M. W. Dixon and A. Y. Aikhenvald(eds.). *Adjective Classes: A Cross-linguistic Typology*(pp. 323~347). Oxford University Press.

Evans, N. and S. C. Levinson. 2009. "The myth of language universals: language diversity and its importance for cognitive science." *Behavioral and Brain Sciences*, 32/5, pp. 429~448.

Evans, V. 2013. *Language and Time: A Cognitive Linguistics Approach*. Cambridge University Press.

_____. 2009. *How Words Mean: Lexical Concepts, Cognitive Models and Meaning Construction*. Oxford University Press.

_____. 2004. *The Structure of Time: Language, Meaning and Temporal Cognition*. Amsterdam: John Benjamins.

Evans, V. and M. Green. 2006. *Cognitive Linguistics: An Introduction*. Edinburgh University Press.

Everett, D. 2013. "60 years of cognitive science." Lecture given to the British Academy, London, 4 October.

_____. 2012. *Language: The Cultural Tool*. New York: Vintage.

_____. 2005. "Cultural constraints on grammar and cognition in Pirahã: another look at the design features of human language." *Current Anthropology*, 46, pp. 621~646.

Faarlund, J. T. 2001. "From ancient Germanic to modern Germanic languages." in M. Haspelmath, E. König, W. Österreicher and W. Reible(eds.). *Language Typology and Language Universals*, Vol. II (pp. 1706~1719). Berlin: Mouton de Gruyter.

Fadiga, L., L. Craighero, M. F. Destro, L. Finos, N. Cotillon-Williams, A. T. Smith and U. Castiello. 2005. "Language in shadow." *Social Neuroscience*, 1/2, pp. 77~89.

Fantz, R. L. 1963. "Pattern vision in newborn infants." *Science*, 140/3564, pp. 296~297.

Fenson, L., P. Dale, J. Reznick, E. Bates, D. Thal and S. Pethick. 1994. *Variability in early communicative development. In Monographs of the Society for Research in Child Development*. University of Chicago Press.

Fenson, L., P. Dale, J. S. Reznick, D. Thal, E. Bates, J. Hartung, S. Pethick and J. Reilly. 1993. *The MacArthur Communicative Development Inventories: User's Guide and Technical Manual*. San Diego: Singular Press.

Finlay, B. L. and R. B. Darlington. 1995. "Linked regularities in the development and evolution of mammalian brains." *Science*, 268, pp. 1578~1584.

Fishman, J. 2000. *Can Threatened Languages be Saved? Reversing Language Shift, Revisited – A 21st Century Perspective*. Bristol: Multilingual Matters.

Fodor, J. 2008. *LOT2: The Language of Thought Revisited*. Oxford University Press.

_____. 1998. *Concepts: Where Cognitive Science Went Wrong*. Oxford University Press.

_____. 1985. "Précis of 'Modularity of Mind'." *Behavioral and Brain Sciences*, 8, pp. 1~42.

_____. 1983. *Modularity of Mind*. Cambridge, MA: MIT Press.

_____. 1975. *The Language of Thought*. Cambridge, MA: MIT Press.

Foley, W. A. 1997. *Anthropological Linguistics: An Introduction*. Blackwell.

Fouts, R. S., G. L. Shapiro and C. O'Neil. 1978. "Studies of linguistic behavior in apes and children." in P. Cavalieri and P. Singer(eds.). *Understanding Language Through Sign Language Research*(pp. 29~41). New York: Academic Press.

Fromkin, V. and R. Rodman. 1997. *An Introduction to Language*(sixth edition). New York: Heinle and Heinle Inc.

Fromkin, V., R. Rodman and N. Hyams. 2013. *An Introduction to Language*(tenth international edition). New York: Heinle and Heinle Inc.

Gallistel, C. R. 2007. "Learning organs[English original of L'apprentissage de matières distinctes exige des organes distincts]." in J. Bricmont and J. Franc(eds.). *Cahier no 88 Noam Chomsky*(pp. 181~187). Paris: L'Herne.

Gardner, B. T. and R. A. Gardner. 1974."Comparing the early utterances of child and chimpanzee." in A. Pick(ed.). *Minnesota Symposium on Use of Signs by Chimpanzees with Humans: Child Psychology*, Vol. VIII(pp. 3~23). Minneapolis: University of Minnesota Press.

Gardner, H. 1985. *The Mind's New Science: A History of the Cognitive Revolution*. New York: Basic Books.

_____. 1974. *The Shattered Mind*. New York: Vintage.

Gardner, R. A. and B. T. Gardner. 1969. "Teaching sign language to a chimpanzee." *Science*, 165, pp. 664~672.

Gentner, D. and S. Goldin-Meadow. 2003. *Language in Mind: Advances in the Study of Language and Thought*. Cambridge, MA: MIT Press.

Genter, T. Q., K. M. Fenn, D. Margoliash and H. C. Nusbaum. 2006. "Recursive syntactic pattern learning by songbirds." *Nature*, 440, pp. 1204~1207.

Gerhardt, H. C. 1994. "The evolution of vocalization in frogs and toads." *Annual Review of Ecology and Systematics*, 25, pp. 293~324.

Gibbs, R. W. and G. van Orden. 2010. "Adaptive cognition without massive modularity." *Language and Cognition*, 2, pp. 149~176.

Givon, T. 1984. *Syntax Volume I*. Amsterdam: John Benjamins.

Glenberg, A. M. and M. P. Kaschak. 2002. "Grounding language in action." *Psychonomic Bulletin and Review*, 9, pp. 558~565.

Gold, E. M. 1967. "Language identification in the limit." *Information and Control*, 10/5, pp. 447~474.

Goldberg, A. E. 2011. "Corpus evidence of the viability of statistical preemption." *Cognitive Linguistics*, 22/1, pp. 131~154.

_____. 2006. *Constructions at Work*. Oxford University Press.

_____. 1995. *Constructions: A Construction Grammar Approach to Argument Structure*. University of Chicago Press.

Goldin-Meadow, S. 2003. *Hearing Gesture: How Our Hands Help Us Think*. Cambridge, MA: Harvard University Press.

Goldin-Meadow, S. and C. Mylander. 1990. "Beyond the in put given: the child's role in the acquisition of language." *Language*, 66/2, pp. 323~355.

Goodwin, C. 2003. *Conversation and Brain Damage*. Oxford University Press.

Greenberg, J. 1986. "On being a linguistic anthropologist." *Annual Review of Anthropology*, 15, pp. 1~24.

Greenough, W. T., J. E. Black and C. S. Wallace. 1993. "Experience and brain development." in M. H. Johnson(ed.). *Brain Development and Cognition: A Reader*(pp. 290~322). Oxford: Blackwell.

Grice, H. P. 1989. *Studies in the Way of Words*. Harvard: Harvard University Press

Grodzinsky, Y. and A. Santi. 2008. "The battle for Broca's region." *Trends in Cognitive Sciences*, 12/12, pp. 474~480.

Grush, R. 2004. "The emulation theory of representation: motor control, imagery, and perception." *Behavioral and Brain Sciences*, 27, pp. 377~442.

_____. 1997. "The architecture of representation." *Philosophical Psychology*, 10/1, pp. 5~23.

Gumperz, J. and S. C. Levinson. 1996. *Rethinking Linguistic Relativity*. Cambridge University Press.

Hardcastle, W. 1976. *Physiology of Speech Production: Introduction for Speech Scientists*. New York: Academic Press.

Harnad, S. 1990. "The symbol grounding problem." *Physica D*, 42: pp. 335~346.

Harrington, A. 1987. *Medicine, Mind and the Double Brain: A Study in Nineteenth-Century Thought*. Princeton University Press.

Hauser, M. D., N. Chomsky and W. T. Fitch. 2002. "The faculty of language: what is it, who has it, and how did it evolve?" *Science*, 298, pp. 1569~1579.

Heinrich, B. and J. Pepper. 1998. "Influence of competitors on caching behaviour in the common raven (Corvus corax)." *Animal Behavior*, 56, pp. 1083~1090.

Herculano-Houzel, S. 2009. "The human brain in numbers: a linearly scaled-up primate brain." *Frontiers in Human Neuroscience*, 09.031.

Herman, L. M., D. G. Richards and J. P. Wolz. 1984. "Comprehension of sentences by bottlenosed dolphins." *Cognition*, 16, pp. 129~219.

Hillix, W. A. and D. P. Rumbaugh. 2004. *Animal Bodies, Human Minds: Ape, Dolphin and Parrot Language Skills*. New York: Kluwer Academic.

Himmelmann, N. P. 1997. *Deiktikon, Artikel, Nominalphrase: Zur Emergenz syntaktischer Struktur*. Tübingen: Max Niemeyer Verlag.

Hobbes, Thomas. [1651]2012. *Leviathan*. Critical edition by N. Malcolm(3 volumes). Oxford University Press.

Hockett, C. 1966. "The problem of universals in language in J. Greenberg(ed.)." *Universals of Language* pp. 1~29). Cambridge, MA: MIT Press.

Hötting, K., F. Rösler and B. Röder. 2004. "Altered multisensory interaction in congenitally blind humans: an event-related potential study." *Experimental Brain Research*, 159, pp. 370~381.

Hull, D. 1989. *The Metaphysics of Evolution*. Stony Brook: State University of New York Press.

Hurford, J. 2012. *The Origins of Grammar*. Oxford University Press.

_____. 2007. *The Origins of Meaning*. Oxford University Press.

Hurvich, L. M. and D. Jameson. 1957. "An opponent-process theory of color vision." *Psychological Review*, 64/1–6, pp. 384~404.

Huttenlocher, J., M. Vasilyeva and P. Shimpi. 2002. "Syntactic priming in young children." *Journal of Memory and Language*, 50, pp. 182~195.

Ibbotson, P. 2013. "The scope of usage-based theory." *Frontiers in Psychology*, 4, pp. 255.

Isenberg, N., D. Silbersweig, A. Engelien, S. Emmerich, K. Malavade, B. Beattie, A. C. Leon and E. Stern. 1999. "Linguistic threat activates the human amygdala." *Proceedings of the National Academy of Science, USA*, 96, pp. 10456~10459.

Jackendoff, R. 2002. *Foundations of Language: Brain, Meaning, Grammar, Evolution*. Oxford University Press.

_____. 1992. *Languages of the Mind: Essays on Mental Representation*. Oxford University Press.

_____. 1987. *Consciousness and the Computational Mind*. Cambridge, MA: MIT Press.

_____. 1983. *Semantics and Cognition*. Cambridge, MA: MIT Press.

Jahn-Samilo, J., J. C. Goodman, E. Bates, M. Appelbaum and M. Sweet. 2000. *Vocabulary Learning in Children from 8 to 30 Months of Age: A Comparison of Parental Report and Laboratory Measures. Project in Cognitive and Neural Development, Technical Report #00–06*. La Jolla: University of California, San Diego.

Jakobson, J. and M. Halle. 1956. *Fundamentals of Language*. Amsterdam: Mouton.

Jelinek, E. 1995. "Quantification in Straits Salish." in E. Bach, E. Jelinek, A. Kratzer and B. Partee(eds.). *Quantification in Natural Languages*(pp. 487~540). New York: Kluwer Academic.

Jesperson, O. 1909. *A Modern English Grammar on Historical Principles*(Volume I). Heidelberg: Carl Winter.

Johnston, J. R. 1994. "Cognitive abilities of children with language impairment." in R. V. Watkins and M. L. Rice(eds.). *Specific Language Impairments in Children*(pp. 107~121). Baltimore, MD: Paul H. Brookes.

Karmiloff-Smith, A. 2001. "Research into Williams syndrome: the state of the art." in C. A. Nelson and M. Luciana(eds.). *Handbook of Developmental Cognitive Neuroscience*(pp. 691~700). Cambridge, MA: MIT Press.

_____. 1994. *Beyond Modularity: A Developmental Perspective on Cognitive Science*. Cambridge, MA: MIT Press.

Karmiloff-Smith, A., E. Klima, U. Bellugi, J. Grant and S. Baron-Cohen. 1995. "Is there a social module? Language, face processing, and theory of mind in individuals with Williams Syndrome." *Journal of Cognitive Neuroscience*, 7/2, pp. 196~208.

Kay, P. 1999. "The emergence of Basic Color Lexicons hypothesis: a comment on 'The vocabulary of colour with particular reference to ancient Greek and classical Latin' by John Lyons." in A. Borg (ed.). *The Language of Color in the Mediterranean: An Anthology on Linguistic and Ethnographic Aspects of Color Terms*(pp. 76~90). Stockholm: Almqvist and Wiksell.

Kay, P. and B. Berlin. 1997. "Science≠imperialism: response to Saunders and van Brakel." *Behavioral and Brain Sciences*, 20/2, pp. 196~201.

Kay, P., B. Berlin, L. Maffi, W. R. Merrifield and R. Cook. 2009. *The World Color Survey*. Stanford, CA: CSLI Publications.

Kay, P. and W. Kempton. 1984. "What is the Sapir-Whorf hypothesis?" *American Anthropologist*, 86, pp. 65~79.

Kay, P. and C. K. McDaniel. 1978. "The linguistic significance of the meanings of Basic Color Terms." *Language*, 54, pp. 610~646.

Keller, R. 1994. *On Language Change: The Invisible Hand in Language*. London: Routledge.

Kellogg, W. N. and L. A. Kellogg. 1933. *The Ape and the Child: A Study of Environmental Infiuence Upon Early Behavior*. New York: McGraw-Hill.

Kendon, A. 2004. *Gesture: Visible Action as Utterance*. Cambridge University Press.

Klatzky, R. L., J. W. Pellegrino, B. P. McCloskey and S. Doherty. 1989. "Can you squeeze a tomato? The role of motor representations in semantic sensibility judgments." *Journal of Memory and Language*, 28, pp. 56~77.

Klima, E. S. and U. Bellugi. 1979. *The Signs of Language*. Cambridge, MA: Harvard University Press.

Labov, W. 1994. *Principles of Linguistic Change, Vol. I: Internal Factors*. Oxford: Blackwell.

Ladefoged, P. and I. Maddieson. 1996. *The Sounds of the World's Languages*. New York: Academic Press.

Lai, C. S. L., S. E. Fisher, J. A. Hurst, F. Vargha-Khadem and A. P. Monaco. 2001. "A fork-head gene is mutated in a severe speech and language disorder." *Nature*, 413, pp. 519~523.

Lakoff, G. 2004. *Don't Think of an Elephant! Know Your Values and Frame the Debate – The Essential Guide for Progressives*. New York: Chelsea Green Publishing.

Lakoff, G. and M. Johnson. 1999. *Philosophy in the Flesh: The Embodied Mind and its Challenge to Western Thought*. New York: Basic Books.

_____. 1980. *Metaphors We Live By*. University of Chicago Press.

Langacker, R. W. 2008. *Cognitive Grammar: A Basic Introduction*. Oxford University Press.

_____. 2002. *Concept, Image and Symbol. Second Edition*. Berlin: Mouton de Gruyter.

_____. 2000. "A dynamic usage-based model." in M. Barlow and S. Kemmer(eds.). *Usage-based Models of Language*(pp. 1~63). Stanford, CA: CSLI Publications.

Ledgeway, A. 2012. *From Latin to Romance: Morphosyntactic Typology and Change*. Oxford University Press.

_____. 2011. "Syntactic and morphosyntactic typology and change." in A. Ledgeway, M. Maiden and J.-C. Smith(eds.). *The Cambridge History of the Romance Languages*(pp. 382~471). Cambridge University Press.

LeDoux, J. E. 1995. "Emotion: clues from the brain." *Annual Review of Psychology*, 46, pp. 209~235.

Lee, P. 1996. *The Whorf Theory Complex: A Critical Reconstruction*. Amsterdam: John Benjamins.

Legerstee, M. 1991. "The role of person and object in eliciting early imitation." *Journal of Experimental Child Psychology*, 51, pp. 423~433.

Lenneberg, E. H. 1953. "Cognition in ethnolinguistics." *Language*, 29, pp. 463~471.

Leonard, L. B. 1998. *Children with Specific Language Impairment*. Cambridge, MA: MIT Press.

LePage, R. B. and A. Tabouret-Keller. 1985. *Acts of Identity: Creolebased Approaches to Ethnicity*. Cambridge University Press.

Levinson, S. C. 2006. "On the human 'interaction engine'." in N. J. Enfield and S. C. Levinson(eds.). *Roots of Human Sociality: Culture, Cognition and Interaction*(pp. 39~69). Oxford: Berg.

_____. 2003. *Space in Language and Cognition: Explorations in Cultural Diversity*. Cambridge University Press.

_____. 2000. "Yélî Dnye and the theory of basic color terms." *Journal of Linguistic Anthropology*, 10/1, pp. 3~55.

_____. 1996. "Frames of reference and Molyneux's question: cross-linguistic evidence." in P. Bloom, M. Peterson, L. Nadel and M. Garrett(eds.). *Language and Space*(pp. 109~169). Cambridge, MA: MIT Press.

Levinson, S. C. and R. D. Gray. 2012. "Tools from evolutionary biology shed new light on the diversification of languages." *Trends in Cognitive Sciences*, 16/3, pp. 167~173.

Li, P. and L. Gleitman. 2002. "Turning the tables: language and spatial reasoning." *Cognition*, 83/3, pp. 265~294.

Lieberman, P. 1984. *The Biology and Evolution of Language*. Cambridge, MA: Harvard University Press.

Lieberman, P., E. S. Crelin and D. H. Klatt. 1972. "Phonetic ability and related anatomy of the newborn and adult human, Neanderthal man, and the chimpanzee." in D. Quiatt and J. Itani(eds.). *Hominid Culture in Primate Perspective*(pp. 233~251). Boulder: University Press of Colorado.

Lieberman, P., D. Klatt and W. Wilson. 1969. "Vocal tract limitations on the vowel repertoires of rhesus monkeys and other nonhuman primates." *Science*, 64/3884, pp. 1185~1187.

Lieven, E. M., T. Cameron-Faulkner and M. Tomasello. 2003. "A construction based analysis of child directed speech." *Cognitive Science*, 27, pp. 843~873.

Lovgren, S. 2005. "Chimps, humans 96 percent the same, gene study finds." National Geographic News, 31 Aug.

Lucy, J. A. 1997. "The linguistics of color." in C. L. Hardin and L. Maffi(eds.). *Color Categories in Language and Thought*(pp. 320~346). Cambridge University Press.

_____. 1992a. *Language Diversity and Thought: A Reformulation of the Linguistic Relativity Hypothesis*. Cambridge University Press.

_____. 1992b. *Grammatical Categories and Cognition: A Case Study of the Linguistic Relativity Hypothesis*. Cambridge University Press.

Lucy, J. A. and R. Schweder. 1979. "Whorf and his critics." *American Anthropologist*, 81, pp. 581~615.

Lumsden, C. and E. O. Wilson. 1981. *Genes, Mind and Culture: The Co-evolutionary Process*. London: World Scientific Publishing Co.

Lupyan, G. 2012a. "Linguistically modulated perception and cognition: the label feedback hypothesis." *Frontiers in Cognition*, 3:54.

_____. 2012b. "What do words do? Toward a theory of language-augmented thought." in B. H. Ross(ed.). *The Psychology of Learning and Motivation*, Vol. LVII(pp. 255~297). New York: Academic Press.

Luraghi, S. 2010. "The rise (and possible downfall) of configurationality." in S. Luraghi and V. Bubenik (eds.). *A Companion to Historical Linguistics*(pp. 212~229). London: Continuum.

Lurz, R. W. 2011. *Mindreading Animals: The Debate over What Animals Know about Other Minds*. Cambridge, MA: MIT Press.

Lyons, J. 1995. "Colour in language." in T. Lamb and J. Bourriau(eds.). *Colour: Art and Science*(pp. 194~224). Cambridge University Press.

Macario, J. F. 1991. "Young children's use of colour in classification: foods and canonically coloured objects." *Cognitive Development*, 6, pp. 17~46.

Machery, E. 2007. "Massive modularity and brain evolution." *Philosophy of Science*, 74, pp. 825~838.

MacLaury, R. 1992. "From brightness to hue." *Current Anthropology*, 33/2, pp. 137~186.

MacNeilage, P. 2008. *The Origin of Speech*. Oxford University Press.

Maess, B., S. Koelsch, T. C. Gunter and A. D. Friederici. 2001. "Musical syntax is processed in Broca's area: an MEG study." *Nature Neuroscience*, 4, pp. 540~545.

Maffi, L. 1990. "Somali color term evolution: grammatical and semantic evidence." *Anthropological Linguistics*, 33/3-4, pp. 316~334.

Mahmoudzadeha, M., G. Dehaene-Lambertz, M. Fourniera, G. Kongoloa, S. Goudjila, J. Dubois, R. Grebea and F. Walloisa. 2013. "Syllabic discrimination in premature human infants prior to complete formation of cortical layers." *PNAS*, 19/110, pp. 4846~4851.

Maratsos, M. 1984. "How degenerateis the in put to Creoles and where do its biases comes from?" *Behavioral and Brain Sciences*, 7, pp. 200~201.

Marchman, V. and E. Bates. 1994. "Continuity in lexical and morphological development: a test of the critical mass hypothesis." *Journal of Child Language*, 21, pp. 339~366.

Marcus, G. F. 2006. "Language: startling starlings." *Nature*, 440, pp. 1117~1118.

Marsaja, I. G. 2008. *Desa Kolok - A Deaf Village and its Sign Language in Bali, Indonesia*. Nijmegen: Ishara Press.

Martin, A. and L. L. Chao. 2001. "Semantic memory and the brain: structure and processes." *Current Opinion in Neurobiology*, 11, pp. 194~201.

Maslin, K. T. 2001. *An Introduction to the Philosophy of Mind*. Oxford: Blackwell.

Matthews, P. H. 1981. *Syntax*. Cambridge University Press.

McGonigle, B. O. and M. Chalmers. 1977. "Are monkeys logical?" *Nature*, 267/5613, pp. 694~696.

McGurk, H. and J. MacDonald. 1976. "Hearing lips and seeing voices." *Nature*, 264/5588, pp. 746~748.

McNeill, D. 1992. *Hand and Mind: What Gestures Reveal About Thought*. University of Chicago Press.

_____. 1966. "Developmental psycholinguistics." in F. Smith and G. A. Miller(eds.). *The Genesis of Language*(pp. 15~84). Cambridge, MA: MIT Press.

Meltzoff, A. 1995. "Understanding the intentions of others: re-enactment of intended acts by 18-month-old children." *Developmental Psychology*, 31, pp. 838~850.

Meltzoff, A. and M. Moore. 1977. "Imitation of facial and manual gestures by human neonates." *Science*, 198, pp. 75~78.

Mervis, C. B. and J. Bertrand. 1993. "Acquisition of early object labels: the roles of operating principles and input." in A. Kaiser and D. B. Gray(eds.). *Enhancing Children's Communication: Research Foundations for Intervention*(pp. 287~316). Baltimore: Brookes.

Mervis, C. B., J. Bertrand and J. R. Pani. 1975. "Transaction of cognitive linguistic abilities and adult input: a case study of the acquisition of color terms and color-based subordinate object categories." *British Journal of Developmental Psychology*, 13, pp. 285~302.

Merzenich, M. M. 1995. "Cortical plasticity: shaped, distributed representations of learned behaviors." in B. Julesz and I. Kovacs(eds.). *Maturational Windows and Cortical Plasticity in Human Development: Is There a Reason for an Optimistic View?*(pp. 73~86). Reading, MA: Addison Wesley.

Mithen, S.(1996). *The Prehistory of the Mind: A Search for the Origins of Art, Science and Religion*. London: Phoenix.

Mody, M., M. Studdert-Kennedy and S. Brady. 1997. "Speech perception deficits in poor readers: auditory processing or phonological coding?" *Journal of Experimental Child Psychology*, 64, pp. 199~231.

Moss, A. E. 1989. "Basic Color Terms." *Lingua*, 78, pp. 313~320.

Mukamel, R., A. D. Ekstrom, J. Kaplan, M. Iacoboni and I. Fried. 2010. "Single-neuron responses in humans during execution and observation of actions." *Current Biology*, 20, pp. 750~756.

Mulcahy, N. J. and J. Call. 2006. "Apes save tools for future use." *Science*, 312/5776, pp. 1038~1040.

Naigles, L. R. and E. Hoff-Ginsberg. 1998. "Why are some verbs learned before other verbs? Effects of input frequency and structure on children's early verb use." *Journal of Child Language*, 25, pp. 95~120.

Nettle, D. and S. Romaine. 2002. *Vanishing Voices*. Oxford University Press.

Nichols, J. and B. Bickel. 2005. "Possessive classification and obligatory possessive inflection." in M. Haspelmath, M. S. Dryer, D. Gil and B. Comrie (eds.). *The World Atlas of Language Structures*(pp. 242~245). Oxford University Press.

Nishimura, T., A. Mikami, J. Suzuki and T. Matsuzawa. 2003. "Descent of the larynx in chimpanzee infants." *Proceedings of the National Academy of Science, USA*, 100/12, pp. 6930~6933.

Norris, T., J. Jacobsen and S. Cerchio. 2000. *A Comparative Analysis of Humpback Whale Songs Recorded in Pelagic Waters of the Eastern North Pacific: Preliminary Findings and Implications for*

Discerning Migratory Routes and Assessing Breeding Stock Identity. NOAA Technical Memorandum, N0 AA-TM-NMFS-S W FSC-295. US Department of Commerce, National Oceanic and Atmospheric Administration, National Marine Fisheries Service, Southwest Fisheries Science Center.

Ouattara K., A. Lemasson and K. Zuberbühler. 2009. "Campbell's monkeys use affixation to alter call meaning." *PLoS ONE*, 4/11, pp. e7808.

Patterson, F. and E. Linden. 1985. *The Education of Koko.* New York: Holt.

Payne, R. S. and S. McVay. 1971. "Songs of humpback whales." *Science*, 173/3997, pp. 585~597.

Pederson, E. 1993. "Geographic and manipulable space in two Tamil linguistic systems." in A. U. Frank and I. Campari(eds.). *Spatial Information Theory*(pp. 294~311). Berlin: Springer-Verlag.

Pepperberg, I. M. 2000. *The Alex Studies: Cognitive and Communicative Abilities of Grey Parrots.* Cambridge, MA: Harvard University Press.

_____. 1983. "Cognition in the African Grey parrot: preliminary evidence for auditory/vocal comprehension of the class concept." *Animal Learning Behavior*, 11, pp. 179~185.

Perridon, H. and P. Sleeman. 2011. "The noun phrase in Germanic and Romance: common developments and differences." in P. Sleeman and H. Perridon(eds.). *The Noun Phrase in Romance and Germanic: Structure, Variation, and Change*(pp. 1~21). Amsterdam: John Benjamins.

Pierrehumbert, J. 2000. "The phonetic grounding of phonology." *Bulletin de la Communication Parlée*, 5, pp. 7~23.

Pika, S., K. Liebal, J. Call and M. Tomasello. 2005. "Gestural communication of apes." *Gesture*, 5/1-2, pp. 41~56.

Pinker, S. 2007. *The Stuff of Thought.* New York: Viking Press.

_____. 2002. *The Blank Slate.* New York: Penguin.

_____. 2001. *Words and Rules.* London: Phoenix.

_____. 1997. *How the Mind Works.* New York: W. W. Norton and Co.

_____. 1994. *The Language Instinct.* New York: William Morrow.

Pitchford, N. J. and K. T. Mullen. 2002. "Is the acquisition of Basic Colour Terms in young children constrained?" *Perception*, 31, pp. 1349~1370.

Plaza, M., P. Gatignol, M. Leroy and H. Duffau. 2009. "Speaking without Broca's area after tumor resection." *Neurocase*, 15/4, pp. 294~310.

Pons, T. P., P. E. Garraghty, A. K. Ommaya, J. H. Kaas, E. Taub and M. Mishkin. 1991. "Massive cortical reorganization after sensory deafferentation in adult macaques." *Science*, 252/5014, pp. 1857~1860.

Popper, K. 1959. *The Logic of Scientific Discovery.* London: Routledge.

Pourcel, S. 2005. "Relativism in the linguistic and cognitive conceptualisation of motion events across verb-framed and satellite-framed languages." Unpublished Ph.D. thesis: Department of Linguistics, University of Durham.

Premack, D. 1986. *Gavagai! Or the Future History of the Animal Language Controversy.* Cambridge,

MA: MIT Press.
_____. 1974. *Intelligence in Ape and Man*. Hillsdale, NJ: Lawrence Erlbaum.
Premack, D. and A. J. Premack. 1983. *The Mind of an Ape*. New York: Norton.
Prinz, J. 2006. "Is the mind really modular?" in R. J. Stainton(ed.). *Contemporary Debates in Cognitive Science*(pp. 22~36). Malden, MA: Blackwell Publishing.
_____. 2002. *Furnishing the Mind*. Cambridge, MA: MIT Press.
Pullum, G. K. and B. C. Scholz. 2002. "Empirical assessment of stimulus of poverty arguments." *The Linguistic Review*, 19, pp. 9~50.
Pulvermüller, F. 1999. "Words in the brain's languages." *Behavioral and Brain Sciences*, 22, pp. 253~336.
Pustejovsky, J. 1995. *The Generative Lexicon*. Cambridge, MA: MITPress.
Quartz, S. R. 2002. "Toward a developmental evolutionary psychology: genes, development, and the evolution of the human cognitive architecture." in S. Scher and M. Rauscher(eds.). *Evolutionary Psychology: Alternative Approaches*(pp. 1~35). Dordrecht: Kluwer.
Radford, A. 1990. *Syntactic Theory and the Acquisition of English Syntax: The Nature of Early Child Grammars of English*. Oxford: Blackwell.
Rakic, P. 1995. "A small step for the cell, a giant leap for mankind: a hypothesis of neocortical expansion during evolution." *Trends in Neuroscience*, 18, pp. 383~388.
Regier, T. and P. Kay. 2009. "Language, thought and color: Whorf was half right." *Trends in Cognitive Sciences*, 13/10, pp. 439~446.
Rendell, L. E. and H. Whitehead. 2003a. "Vocal clans in sperm whales." *Proceedings of the Royal Society of London Series B: Biological Sciences*, 270, pp. 225~231.
_____. 2003b. "Comparing repertoires of sperm whale codas: a multiple methods approach." *Bioacoustics*, 14, pp. 61~81.
Renfrew, C. 1990. *Archaeology and Language: The Puzzle of Indo-European Origins*. Oxford University Press.
Rizzolatti, G. and L. Craighero. 2004. "The mirror-neuron system." *Annual Review of Neuroscience*, 27, pp. 169~192.
Roberson, D., J. Davidoff, I. R. L. Davies and L. R. Shapiro. 2004. "The development of color categories in two languages: a longitudinal study." *Journal of Experimental Psychology: General*, 133, pp. 554~571.
Roberson, D., I. R. L. Davies, G. Corbett and M. Vandervyver. 2005. "Freesorting of colors across cultures: are there universal grounds for grouping?" *Journal of Cognition and Culture*, 5, pp. 349~386.
Roberson, D., H. S. Pak and J. R. Hanley. 2008. "Categorical perception of colour in the left and right visual field is verbally mediated: evidence from Korean." *Cognition*, 107, pp. 752~762.
Rosch, E. 1977. "Human categorization." in N. Warren(ed.). *Advances in Cross-cultural Psychology*,

Vol. I(pp. 1~49). New York: Academic Press.

Rosch Heider, E. 1972. "Probabilities, sampling, and ethnographic method: the case of Dani colour names." *Man*, 7, pp. 448~466.

Rose, H. and S. Rose. 2001. *Alas Poor Darwin: Arguments Against Evolutionary Psychology*. New York: Vintage.

Rumbaugh, D. M. 1977. *Language Learning by a Chimpanzee: The Lana Project*. New York: Academic Press.

Saffran, J., R. Aslin and E. L. Newport. 1996. "Statistical learning by 8-month-old infants." *Science*, 274/5294, pp. 1926~1928.

Samarin, W. 1984. "Socioprogrammed linguistics." *Behavioral and Brain Sciences*, 7, pp. 206~207.

Sampson, G. 2001. *The 'Language Instinct' Debate*(revised edition). London: Continuum.

Sandler, W., M. Aronoff, I. Meir and C. Padden. 2011. "The gradual emergence of phonological form in a new language." *Natural Language and Linguistic Theory*, 29/2, pp. 503~543.

Sandler, W., I. Meir, C. Padden and M. Aronoff. 2005. "The Emergence of Grammar in a New Sign Language." *Proceedings of the National Academy of Sciences*, 102/7, pp. 2661~2665.

Sapir, E. 1985. *Selected Writings in Language, Culture, and Personality*. Edited by D. G. Mandelbaum. Berkeley:UniversityofCaliforniaPress.

Saunders, B. 2000. "Revisiting basic color terms." *Journal of the Royal Anthropological Institute*, 6, pp. 81~99.

Saunders, B. and J. von Brakel. 1997. "Are there nontrivial constraints on colour categorization?" *Behavioral and BrainSciences*, 20, pp. 167~228.

Saussure, F. de. 2013. *Course in General Linguistics*.(New edition.) Translated and annotated by R. Harris. London: Bloomsbury.

Savage-Rumbaugh, S. and R. Lewin. 1996. *Kanzi: The Ape at the Brink of the Human Mind*. New York: John Wiley.

Savage-Rumbaugh, S., K. McDonald, R. A. Sevcik, W. D. Hopkins and E. Rubert. 1986. "Spontaneous symbol acquisition and communicative use by pygmy chimpanzees (pan paniscus)." *Journal of Experimental Psychology: General*, 115/3, pp. 211~235.

Schmelz, M., J. Call and M. Tomasello. 2012. "Chimpanzees predict that a competitor's preference will match their own." *Biology Letters*, 9, 20120829.

Scholz, B. C. and G. K. Pullum. 2006. "Irrational nativist exuberance." in R. Stainton(ed.). *Contemporary Debates in Cognitive Science*(pp. 59~80). Oxford: Blackwell.

Searle, J. 1969. *Speech Acts: An Essay in the Philosophy of Language*. Cambridge University Press.

Senghas, A. 2005. "Language emergence: clues from a new Bedouin sign language." *Current Biology*, 15/12, pp. 463~465.

Seuren, P. 1984. "The bioprogam hypothesis: fact and fancy." *Behavioural and Brain Sciences*, 7, pp. 208~209.

Seyfarth, R. M., D. L. Cheney and P. Marler. 1980. "Monkey responses to three different alarm calls: evidence of predator classification and semantic communication." *Science*, 210, pp. 801~803.

Shatz, M., D. Behrend, S. A. Gelman and K. S. Ebeling. 1996. "Colour term knowledge in two-year olds: evidence for early competence." *Journal of Child Language*, 23, pp. 177~199.

Shepherd, R. H. 1991. "The perceptual organization of colors: an adaptation to regularities of the terrestrial world?" in J. Barkow, L. Cosmides and J. Tooby(eds.). *The Adapted Mind*(pp. 495~532). Oxford University Press.

Shinohara, K. 2000. *Up-down orientation in time metaphors: analysis of English and Japanese*. Manuscript, Tokyo University of Agriculture and Technology.

Shinohara, K., and Y. Matsunaka. 2010. "Frames of reference, effects of motion, and lexical meanings of Japanese front/back terms." in V. Evans and P. Chilton(eds.), *Language, Cognition and Space: The State of the Art and New Directions*(pp. 293~315). London: Equinox.

Singer Harris, N. G., U. Bellugi, E. Bates, W. Jones and M. J. Rosen. 1997. "Contrasting profiles of language development in children with Williams and Down syndromes." in D. J. Thal and J. S. Reilly(eds.). Specialissue on origins of language disorders. *Developmental Neuropsychology*, 13/3, pp. 345~370.

Sinha, C. 1988. *Language and Representation: A Socio-Naturalistic Approach to Human Development*. Brighton: Harvester Press.

Sinha, C., V. da Silva Sinha, J. Zinken and W. Sampaio. 2011. "When time is not space: the social and linguistic construction of time intervals and temporal event relations in an Amazonian culture." *Language and Cognition*, 3/1, pp. 137~169.

Skipper, J. I., S. Goldin-Meadow, H. C. Nusbaum and S. L. Small. 2007. "Speech-associated gestures, Broca's Area, and the human mirror system." *Brain and Language*, 101/3, pp. 260~277.

Smith, C. 1997. *Sign Language Companion: A Handbook of British Signs*. London: Human Horizons.

Smith, N. 1999. *Chomsky: Ideas and Ideals*. Cambridge University Press.

Smith, N. and I.-M. Tsimpli. 1995. *The Mind of a Savant*. Oxford: Blackwell.

Spivey, M. J., M. Tyler, D. C. Richardson and E. Young. 2000. "Eye movements during comprehension of spoken scene descriptions." in L. R. Gleitman and K. R. Joshi(eds.). *Proceedings of the Twentysecond Annual Meeting of the Cognitive Science Society*(pp. 487~492). Mahwah, NJ: Erlbaum.

Stanfield, B. B. and D. D. O'Leary. 1985. "Fetal occipital cortical neurones transplanted to the rostral cortex can extend and maintain a pyramidal tract axon." *Nature*, 313/5998, pp. 135~137.

Stanfield, R. A. and R. A. Zwaan. 2001. "The effect of implied orientation derived from verbal context on picture recognition." *Psychological Science*, 12, pp. 153~216.

Stone, V. E., L. Cosmides, J. Tooby, N. Kroll and R. T. Knight. 2002. "Selective impairment of reasoning about social exchange in a patient with bilateral limbic system damage." *PNAS*, 99/17, pp. 11531~11536.

Sur, M., S. L. Pallas and A. W. Roe. 1990. "Cross-modal plasticity in cortical development: differentiation and specification of sensory neocortex." *Trends in Neuroscience*, 13, pp. 227~233.

Suttle, L. and E. Goldberg. 2011. "Partial productivity of constructions as induction." *Linguistics*, 49/6, pp. 1237~12369.

Suzuki, R., J. R. Buck and P. L. Tyack. 2006. "Information entropy of humpback whale songs." *Journal of the Acoustical Society of America*, 119/3, pp. 1849~1866.

Tallal, P., S. Miller, G. Bedi, G. Byma, X. Wang, S. Nagarajan, C. Schreiner, W. Jenkins and M. Merzenich. 1996. "Language comprehension in learning impaired children improved with acoustically modified speech." *Science*, 271, pp. 81~84.

Talmy, Leonard. 2000. *Toward a Cognitive Semantics*(2 volumes). Cambridge, MA: MIT Press.

Taylor, J. A. 2012. *The Mental Corpus: How Language is Represented in the Mind*. Oxford University Press.

Taylor, L. J. and R. A. Zwaan. 2009. "Action in cognition: the case of language." *Language and Cognition*, 1, pp. 45~58.

Terrace, H. 1979. *Nim*. New York: Kopf.

Terrace, H., L. A. Petitto, R. J. Sanders and T. G. Bever. 1979. "Can an ape create a sentence?" *Science*, 206/4421, pp. 891~902.

Thal, D. J. and J. Katich. 1996. "Predicaments in early identification of specific language impairment: does the early bird always catch the worm?" in D. J. Thal, K. N. Cole and D. Phillip(eds.). *Assessment of Communication and Language*(pp. 1~28). Baltimore, MD: Brookes Publishing Company.

Theakston A. L., E. V. Lieven, J. Pine and C. Rowland. 2004. "Semantic generality, input frequency and the acquisition of syntax." *Journal of Child Language*, 31, pp. 61~99.

Thelen, E. 1995. "Motor development: a new synthesis." *The American Psychologist*, 50/2, pp. 79~95.

Thelen, E. and L. B. Smith. 1994. *A Dynamic Systems Approach to the Development of Cognition and Action*. Cambridge, MA: MIT Press.

Thierry, G., P. Athanasopoulos, A. Wiggett, B. Dering and J.-R. Kuipers. 2009. "Unconscious effects of language-specific terminology on preattentive color perception." *Proceedings of the National Academy of Science, USA*, 106/11, PP. 4567~4570.

Thompson, E. 1995. *Colour Vision. A Study in Cognitive Science and the Philosophy of Perception*. London: Routledge.

Tomasello, M. 2011. "Human culture in evolutionary perspective." in M. Gelfand(ed.). *Advances in Culture and Psychology*(pp. 5~51). Oxford University Press.

_____. 2008. *The Origins of Human Communication*. Cambridge, MA: MIT Press.

_____. 2003. *Constructing a Language*. Cambridge, MA: Harvard University Press.

_____. 1999. *The Cultural Origins of Human Cognition*. Cambridge, MA: Harvard University Press.

_____. 1992. *First Verbs: A Case Study of Early Grammatical Development*. Cambridge University

Press.

Tomasello, M. and J. Call. 1997. *Primate Cognition.* New York: Oxford University Press.

Tomasello, M. and E. Herrmann. 2010. "Ape and human cognition: what's the difference?" *Current Directions in Psychological Science*, 19/3, pp. 3~8.

Tomasello, M. and D. I. Slobin. 2004. *Beyond Nature-Nurture: Essays in Honor of Elizabeth Bates.* Hove: Psychology Press.

Townsend, J., B. Wulfeck, S. Nichols and L. Koch. 1995. *Attentional deficits in children with developmental language disorder. Technical report CND-9513.* Center for Research in Language, University of California at San Diego.

Trask, R. L. 1996. *Historical Linguistics.* London: Arnold.

Trevarthen, C. 1979. "Communication and cooperation in early infancy: a description of primary intersubjectivity." in M. Bullowa(ed.). *Before Speech: The Beginning of Human Communication* (pp. 321~347). Cambridge University Press.

Tyler, A. and V. Evans. 2003. *The Semantics of English Prepositions: Spatial Scenes, Embodied Experience and Cognition.* Cambridge University Press.

Uttal, W. R. 2001. *The New Phrenology: The Limits of Localizing Cognitive Processes in the Brain. Cambridge*, MA: MIT Press.

Van de Velde, F. 2011. "Left-peripheral expansion of the English NP." *English Language and Linguistics*, 15, pp. 387~415.

_____. 2010. "The emergence of the determiner in the Dutch NP." *Linguistics*, 48, pp. 263~299.

_____. 2009a. *De Nominale Constituent: Structuur en Geschiedenis.* Leuven University Press.

_____. 2009b. "The emergence of modification patterns in the Dutch noun phrase." *Linguistics*, 47, pp. 1021~1049.

Van Valin, R. D. and R. J. LaPolla. 1997. *Syntax: Structure, Meaning, and Function.* Cambridge University Press.

Varela, F., E. Thompson and E. Rosch. 1991. *The Embodied Mind: Cognitive Science and Human Experience.* Cambridge, MA: MIT Press.

Vargha-Khadem, F., K. Watkins, K. Alcock, P. Fletcher and R. Passingham. 1995. "Praxic and nonverbal cognitive deficits in a large family with a genetically transmitted speech and language disorder." *Proceedings of the National Academy of Sciences, USA*, 92, pp. 930~933.

Von Frisch, K. 1976. *Bees: Their Vision, Chemical Senses, and Language*(revised edition). Ithaca, NY: Cornell University Press.

_____. 1953. *The Dancing Bees: An Account of the Life and Senses of the Honey Bee.* New York: Harvest Books.

Wallace, B. 2010. *Getting Darwin Wrong: Why Evolutionary Psychology Won't Work.* New York: Academic Press.

Whorf, B.-L. 1956. *Language, Thought and Reality: Selected Writings of Benjamin Lee Whorf.* Edited by John B. Carroll. Cambridge, MA.: MIT Press.

Wierzbicka, A. 1996. *Semantics: Primes and Universals.* Oxford: Oxford University Press.

Wills, C. 1991. *Exons, Introns, and Talking Genes: The Science Behind the Human Genome Project.* New York: Basic Books.

Winawer, J., N. Witthoft, M. C. Frank, L. Wu, A. R. Wade and L. Boroditsky. 2007. "Russian blues reveal effects of language on color discrimination." *Proceedings of the National Academy of Science, USA*, 104/19, pp. 7780~7785.

Wynn, K. 1995. "Origins of numerical knowledge." *Mathematical Cognition*, 1, pp. 35~60.

_____. 1992. "Addition and subtraction by human infants." *Nature*, 358, pp. 749~750.

Yip, M. 2006. "The search for phonology in other species." *Trends in Cognitive Sciences*, 10/10, pp. 442~445.

Zwaan, R. A. 2004. "The immersed experiencer: toward an embodied theory of language comprehension." in B. H. Ross(ed.). *The Psychology of Learning and Motivation*(pp. 35~62). New York: Academic Press.

Zwaan, R. A. and R. H. Yaxley. 2003. "Hemispheric differences in semantic-relatedness judgments." *Cognition*, 87, pp. B79~B86.

찾아보기

ㅇ

ㅈ

ㅊ

기타

지은이

비비안 에반스(Vyvyan Evans)

비비안 에반스는 언어학 학자로 그리고 디지털 의사소통 기술 전문가로 널리 알려져 있다. 미국 워싱턴의 조지타운 대학교(Georgetown University)에서 언어학 박사학위를 취득했고, 서섹스 대학교(University of Sussex), 브라이튼 대학교(University of Brighton), 뱅고어 대학교(Bangor University)에서 강의를 수행했다. 연구 활동으로서 의사소통의 미래 양상에 연관된 주제에 집중하고 있으며 인간의 소통 분야에서의 무한한 능력 가능성을 조사하고 있다. 이와 관련해 언어 의미, 인간 정신, 상상력, 진화, 언어의 미래 등과 연관된 14권의 저서를 출판했고, 여기에는 *The Emoji Code: The Linguistics Behind Smiley Faces and Scaredy Cats*(2017), *The Crucible of Language: How Language and Mind Create Meaning*(2015) 등이 포함된다. 최근에는 학술적 활동의 일환으로서 방송 분야에도 활발하게 참여하고 있다.

옮긴이

김형엽

고려대학교 글로벌학부 영미학 교수. 고려대학교에서 영어영문학 학사학위, 동 대학교 대학원에서 영어학 석사학위, 미국 일리노이 대학교(University of Illinois at Urbana-Champaign)에서 언어학 박사학위를 취득했다. 주 연구 분야는 음운론, 형태론, 영어교육, 번역학, 언어철학 등이다. 주요 저서로는 『왜 우리 아이의 영어성적은 오르지 않을까?: 좌·우뇌 통합 영어독서법』(공저, 2016), 『인간과 언어: 언어학을 통해 본 서양철학』(2001) 등이 있고, 역서로는 『왜 우리만이 언어를 사용하는가: 언어와 진화』(2018), 『언어의 역사』(2016), 『언어의 탄생』(2013) 등이 있다.

원호혁

고려대학교 응용언어문화학협동과정 응용언어학전공 석사학위를 취득했다. 학위논문으로 「대학원 형태적 분석에 기반한 한국어 부정형 고찰」(2018)이 있으며, 「게임 '하스스톤'의 창조적·문화적인 한국어 의역에 대하여」(2020), 「게임 'Paper, Please'의 번역을 통한 콘텐츠 현지화 사례 연구」(2019), 「게임 번역에서의 외래어 사용에 대하여」(2018), 「게임 '로보토미 코퍼레이션'을 통한 게임 현지화 연구」(2018), "Grammatical Judgment of Korean Short-form Negation as Prefix"(2018), "Translating Korean Negation: Based on the Lexically Layered Model"(2017) 등의 학술논문을 저술했다.

한울아카데미 2247

언어는 본능이 아니다

지은이 | 비비안 에반스　　옮긴이 | 김형엽·원호혁
펴낸이 | 김종수　　펴낸곳 | 한울엠플러스(주)　　편집책임 | 배소영
초판 1쇄 인쇄 | 2020년 8월 26일　　초판 1쇄 발행 | 2020년 9월 9일

주소 | 10881 경기도 파주시 광인사길 153 한울시소빌딩 3층
전화 | 031-955-0655　　팩스 | 031-955-0656
홈페이지 | www.hanulmplus.kr　　등록번호 | 제406-2015-000143호

Printed in Korea.　ISBN 978-89-460-7247-3 93700 (양장)　978-89-460-6930-5 93700 (무선)

* 책값은 겉표지에 표시되어 있습니다.
* 이 책은 강의를 위한 무선판 교재를 따로 준비했습니다.
강의 교재로 사용하실 때는 본사로 연락해주시기 바랍니다.